historia

siglo veintiuno editores, sa
CERRO DEL AGUA 248, MEXICO 20, D.F.

siglo veintiuno de españa editores, sa
C/PLAZA 5, MADRID 33, ESPAÑA

siglo veintiuno argentina editores, sa

siglo veintiuno de colombia, ltda
AV. 3a. 17-73 PRIMER PISO. BOGOTA, D.E. COLOMBIA

portada de anhelo hernández

primera edición en español, 1983

ISBN 968-2318-3

impreso y hecho en méxico / printed and made in mexico

ÍNDICE

PREFACIO

Hacer compatible la necesidad del cambio en los procesos productivos y entre ellos, como factor básico, la producción de la tierra y su ciencia, la agricultura, con el transcurso de la vida social convertida en historia, es una de las tareas destinadas a los gobernantes; de ello existe constancia a lo largo de la ocupación territorial del país.

Techotlalatzin, abuelo de Netzahualcóyotl, incluyó como parte importante del arte de gobernar, las leyes relativas al uso de la tierra y a los beneficios de su producción e hizo heredero de esta legislación al príncipe poeta, quien la incorporó al conjunto conocido como Leyes del Oro. El establecimiento del gobierno confederado de la Triple Alianza, respetó la legislación acolhua y volviéndola azteca, la instauró como norma legal obligatoria en el amplio territorio confederado.

En Mesoamérica, los alimentos básicos del pueblo eran dones de los dioses y el maíz —su máxima expresión— era planta sagrada. Todo lo relacionado con la agricultura tenía origen divino, y el Tecuhtli, en su carácter de administrador de la tierra productiva, debía vigilar y hacer cumplir las normas del derecho de propiedad y uso de la tierra y sus productos, contando para ello con toda una adecuada estructura económica, política y social.

Al mismo tiempo, al otro lado del gran mar llamado Ilhuica Atl los señores de Castilla y León se empeñaban en establecer su hegemonía sobre los feudos esparcidos a lo largo y ancho de la península y en expulsar de sus territorio a los sarracenos. La tierra empobrecida de la Mesta castellana proveía de vida y sustento al pueblo y nobleza, y su producto mal alcanzaba para alimentarles. Los reyes se ocupaban de legislar, buscando hacer menos severas las condiciones del dominio señorial, pero, sin embargo, el peso de los censos, tributos y diezmos mermaban la escasa producción agraria, manteniendo al pueblo atado a *domines* y *abades*. Tal es el caso de Alfonso X autor de *Las Partidas*.

La reconquista, después de la derrota sarracena, necesitó de la repoblación, y las leyes protectoras de los colonos y sus nuevos asentamientos cobraron importancia al sustentar la política agraria necesaria a los nuevos modos de propiedad y producción territorial. Juan II y Enrique IV establecieron la moderna legislación, dándole mayores facultades a la corona, frente a los grandes terratenientes.

Al realizarse el descubrimiento de América, los conceptos jurídicos del derecho de dominio territorial de la corona de Castilla y Aragón sobre las regiones conquistadas, fueron trasladados a las islas del mar océano y de ahí a la tierra firme mesoamericana. El encuentro de los dos sistemas de observancia de la ley en materia de uso y tenencia del suelo pasaría a constituir el Derecho de propiedad territorial en la Colonia.

Al finalizar el siglo XVIII, la concentración de la tierra en las grandes propiedades agrarias de la Iglesia —principalmente de los jesuitas— y de los hispanos favorecidos, acrecentaron las diferencias entre mexicanos y españoles, tanto que Carlos III hubo de intervenir ordenando la expulsión de la Compañía por considerarla enemiga peligrosa ante la influencia económica, social y política adquirida en la Colonia.

Abad y Queipo, en 1799, escribió a Carlos IV su famosa Representación denunciando la acumulación de la tierra, el aumento en la dificultad de sostener y perfeccionar el cultivo de las haciendas y la forma en la cual sus propietarios acudían a los capitales piadosos para salvarlas y caían en manos del agio. Entre tanto —al decir de Westano Luis Orozco— los pueblos quedaron sin propiedad y el grueso de los hacendados no les permitían ni siquiera el arrendamiento de la tierra para labrarla y obtener, en calidad de medieros, su sustento.

La lucha de la Independencia tuvo raíces agrarias; a pesar del decreto real del 26 de mayo de 1810, por medio del cual Fernando VII eximió de tributos a los indios y ordenó se les dieran tierras a la mayor brevedad, gracia también concedida a las castas, la insurrección prendió el mes de septiembre siguiente. En plena guerra, Calleja pronunció el Bando del 28 de abril de 1813 ordenando a las diputaciones provinciales proceder a la repartición de tierras a los indios, y Morelos, miembro del supremo gobierno libertador de América mexicana, expuso ante el congreso constituyente de Chilpancingo la necesidad de dividir las grandes haciendas y acabar con los gañanes y esclavos, haciendo de ellos propietarios cultivadores.

Durante casi un siglo, el pueblo luchó por obtener el derecho a la tierra; varias revoluciones armadas sucedieron entre 1814 y 1910, cuando, finalmente, Zapata volvió a reclamar *tierra* y *libertad.*

La historia de nuestro país ha sido la manifestación continua de cómo el hombre se ha empeñado en hacer que la relación entre tierra y vida social se vaya adecuando a las necesidades de la vida diaria. Si bien, los movimientos revolucionarios reclamaron la tierra mediante el uso de las armas, a partir del triunfo de la revolución constitucionalista la legislación de 1917 le dio su sentido social al permitir la instauración de la Reforma Agraria para hacer efectivo el lema zapatista de: "la tierra es de quien la trabaja".

El artículo 27 constitucional otorga a la nación la propiedad de las tierras y agua y la faculta para transmitir su dominio. Con ello la legislación agraria estableció la creación del ejido como institución social y en el mismo artículo, se apoyó el presidente Cárdenas para devolver a las antiguas comunidades campesinas lo que les había quedado después de la aplicación de la legislación liberal del siglo XIX.

El tema de este libro, donde se plantea la evaluación del derecho de propiedad territorial durante cuatro siglos de la vida de nuestra nación, se inicia con el estudio de los antecedentes históricos tanto en la legislación azteca como en la castellana; ambos derechos fundamentaron el Derecho indiano sobre la propiedad de la tierra, aplicable hasta finalizar la colonia.

Quedó integrado en dos partes básicas, a saber: los antecedentes históricos y el análisis del Derecho en sí; para realizarlo, se investigó en fuentes directas, en archivos y en la lectura y análisis de innumerable bibliografía. Todo ello permitió comparar las instituciones económicas y sociales más importantes del virreinato, mismas que son analizadas bajo el punto de vista jurídico junto con las instituciones sobrevivientes del México prehispánico y de España.

Por otra parte, el Derecho indiano, comprendido en sus aspectos históricos, jurídicos y legales, es un campo vastísimo de aprendizaje, en donde destacan figuras de renombre mundial, quienes han producido obras indispensables para la realización de este estudio. Entre ellas mencionaremos como clásicos las obras de Solórzano Pereyra y León Pinelo; en la época actual, Valdeavellano, García Gallo, Lalinde y Abadía y Juan Manzano y Manzano, por mencionar a los maestros hispanos, Sánchez de Albornoz, Ots y Capdequí, José Miranda, Ramón Iglesia y Rafael de Altamira, entre aquellos que habiendo abandonado España, pasaron a radicar a América, donde continuaron realizando estudios sobre las relaciones entre su país de origen y las tierras de su enormes dominios ultramarinos. En América Latina se utilizaron las obras de mexicanos estudiosos de Derecho indiano tan distinguidos como Silvio A. Zavala, Enrique Florescano, Guillermo Flores Margadant y Beatriz Bernal. De los latinoamericanos Méndez Montenegro, Mariluz Urquijo, Eduardo Martiré y Tao Anzuategui, entre otros. Todos ellos continuadores de la tradición de eruditos analistas de las Leyes de Indias.

Entre los autores europeos y norteamericanos que en forma permanente y constante se han ocupado de estudiar la legislación e historia de las Indias, acudimos a Thomas Vance, D. H. Brandig, Leslie Bryde Simpson y Hanke Lewis, quienes en sus obras nos ofrecieron sus amplios conocimientos sobre España, su Derecho y sus relaciones con América. En tanto Chevalier, Bazant, Gibson, Liebman y Úrsula Ewald fueron parte de las fuentes a las cuales acudimos para conocer la situación económica y social de los antiguos poseedores de la tierra mesoamericana y sus nuevos ocupantes.

La preparación de este libro, formó parte de los estudios de doctorado, realizados en la Facultad de Derecho de la Universidad Nacional Autónoma de México.

Desde el punto de vista de la temática de la tesis doctoral, la revisión quedó a cargo de la Dra. Beatriz Bernal, miembro del Instituto de Estudios Jurídicos de la UNAM, quien hizo los comentarios históricos y jurídicos pertinentes y a quien agradezco profundamente el trabajo compartido.

Finalmente, quisiera manifestar mi reconocimiento a mi esposo, Ignacio Iturbe Zabaleta, y a mis hijos, Juan Pablo Gómez y Diego López, por la paciencia que me prestaron durante mis años de trabajo.

I. ANTECEDENTES HISTÓRICOS

1. EL DERECHO AZTECA EN MATERIA DE PROPIEDAD TERRITORIAL

Mesoamérica,[1] territorio convertido en virtud de la conquista hispana, en la Nueva España del mar océano, fue una de las áreas donde se desarrollaron las altas culturas indígenas americanas. Las culturas otomí, olmeca, teotihuacana y tolteca habían prácticamente desaparecido al arribo de los españoles, pero las culturas tarasca, maya, huasteca y azteca sirvieron de muestra vigorosa y espléndida de cómo eran quienes poblaban esta región: los pueblos de la zona mesoamericana integraron armónicamente la ciencia, el arte, la religión, la técnica y la producción, en un resultado tan acabado que aún impresiona y cautiva a quien se aventura en el estudio de sus manifestaciones.

El territorio mesoamericano limitaba al norte con los ríos Sinaloa y Pánuco; al occidente con el Lerma; el Tula y Moctezuma en el oriente; y al sur con las repúblicas de El Salvador y Honduras, la parte noroeste de Nicaragua y la zona noroccidental de Costa Rica. Al arribo de las tribus nahoas, grupo al cual pertenecían los aztecas, las zonas hacia las fronteras norte y al exterior del área descrita estaban pobladas por los grupos llamados genéricamente chichimecas, los cuales eran recolectores y cazadores de muy bajo desarrollo socioeconómico, en tanto las áreas limítrofes con la frontera sur —actualmente el territorio centroamericano y las actuales Colombia, Venezuela y Ecuador— acusaban un desarrollo agrícola importante debido a la influencia de las culturas mesoamericanas y andinas.

Dentro del área total de Mesoamérica se encuentra el Altiplano Central o Cuenca de Anáhuac, región caracterizada por condiciones ecológicas específicas y con un desarrollo cultural

[1] Kirchoff, Paul, *Mesoamérica, sus límites geográficos. Composición únnica y caracteres culturales.* Acta Americana I, México 1943; Welley Gordon R., *The patterns of farming life and civilization,* Texas, Hand Books of Middle American Indians, vol. I, University of Texas Press, pp. 446 y ss.; Canseco Vincourt, Jorge, *La guerra sagrada,* México, 1966, p. 21.

relativamente homogéneo; los grupos étnicos residentes en los valles lacustres descendían de troncos culturales comunes: olmecas y otomíes, establecidos en los territorios aledaños a los antiguos grandes lagos de la Meseta Central y del valle de México desde por lo menos 10 000 a.c.[2]

Entre los rasgos culturales comunes a una sociedad agrícola mesoamericana podríamos mencionar los siguientes: los cultivos de maíz, maguey, nopal, frijol, chile, calabaza y cacao; la utilización de la coa para cavar la tierra y la pala o *huectli* en el cultivo agrícola,[3] la adaptación de sistemas de cultivo basados en sistemas de regadío que permitieron el establecimiento de concentraciones urbanas evolutivas y la utilización del sistema de roza para la preparación de las tierras de cultivo o bien la utilización de *chinampas* en las áreas lacustres.

Por lo que respecta a las formas de vida y cultura, los pueblos mesoamericanos construyeron las pirámides escalonadas con pisos de estuco, utilizaron el sistema pictográfico de jeroglíficos, emplearon calendarios astronómicos altamente perfeccionados con la utilización del siglo de 104 años y el medio siglo de 52;[4] entre otros indicadores más de la complejidad y desarrollo de su cultura tenemos los aspectos cosmológico y cosmogónico donde ambiente, hombre, tierra y cosmos estaban ligados en íntima relación religiosa. León Portilla comenta al respecto que el pensamiento cosmológico náhuatl había llegado a distinguir claramente entre lo que era explicación verdadera —sobre bases firmes— y lo que no rebasaba aún el estadio de la mera credulidad mágico religiosa. En otras palabras, valiéndonos anacrónicamente de un nuevo término occidental, resulta lo más aproximado para expresar la distinción percibida por los sabios na-

[2] Piña Chan, Roman, *Las culturas preclásicas de la Cuenca de México*, México, Fondo de Cultura Económica, 1955, p. 17; Wolf, Erick R., *Sons of the shaking earth*, Chicago, The University of Chicago Press, 1959, p. 49; Vaillant, George C., *A correlation of archeological and historical secuences in the Valley of Mexico*, cit. por Barba de Piña Chan Beatriz, *Tlapacoya un sitio preclásico de transición*, México, Escuela Nacional de Antropología e Historia, 1956.

[3] Bernal, Ignacio, *El mundo olmeca*, México, Ed. Porrúa, 1968; Michael D. Coe, *America's first civilization*, Nueva York, American Heritage Publishing Co., 1956, pp. 25-31.

[4] Caso, Alfonso, *Los calendarios prehispánicos*, México, UNAM, 1967; León y Gama, Antonio, *Descripción histórica y cronológica de las dos piedras*, México, Dirección de Difusión Cultural del Instituto Politécnico Nacional, 1978.

hoas, que sabían separar lo verdadero –lo científico– de lo que no era tal.[5]

La posibilidad del crecimiento de múltiples núcleos urbanos en Mesoamérica se debió, como en todas las culturas de economía productiva, al desarrollo de la agricultura de regadío.[6] Aplicando un criterio ecológico o de relación específica entre un ambiente natural y un equipo cultural determinado, se puede afirmar que la urbanización de la Mesa de Anáhuac o Altiplano Central, de las mesetas de Yucatán y de las costas de los actuales estados de Jalisco, Nayarit, Michoacán, Veracruz y Tabasco, se logró gracias a la agricultura y al desarrollo de los sistemas de riego, en forma semejante a lo ocurrido en las áreas fértiles de Mesopotamia y Egipto. Las características arquitectónicas de las ciudades y edificaciones construidas por las civilizaciones indígenas mesoamericanas fueron de una magnificencia semejante a las babilónicas y egipcias. Pero además, coincidieron con las antiguas culturas del medio oriente asiático y de Egipto en la forma de edificar sus ciudades disponiendo ejes coordinados hacia los cuatro puntos cardinales a partir del centro de un cuadrángulo cosmogónico utilizado para ordenar la traza urbana, dándole al número cinco –punto central del eje– el carácter religioso que acusan todas las altas culturas del mundo preclásico.

En Mesoamérica, el concepto del hombre como ser perteneciente al cosmos, se manifestó en innumerables mitos y los *tlalteme* o filósofos, tratando de comprender el origen temporal del mundo y su posición cardinal en el espacio, forjaron toda una serie de concepciones de rico simbolismo que cada vez iban depurando y racionalizando más, no sólo en las ciudades históricas encontradas por los conquistadores en su ruta de conquista y guerra, sino aun en las ciudades ya desaparecidas en 1513 (Tula, Teotihuacan, Monte Albán y Palenque) en las que existían estas relaciones patentes entre dioses y hombres. Jorge

[5] León Portilla, Miguel, *La filosofía náhuatl, estudiada en sus fuentes,* México, Universidad Nacional Autónoma de México, 1974, p. 84.

[6] Palerm, Ángel, y Wolf, Erick, *Agricultura y civilización en Mesoamérica,* México, Revista de Ciencias Sociales, 1954, vol. 5, pp. 25-26; Palerm, Ángel, *Obras hidráulicas prehispánicas en el sistema lacustre del valle de México,* México, Instituto Nacional de Antropología e Historia, 1973; Wolf, Erick, *Sons of the shaking earth,* Chicago, The University of Chicago Press, Londres, 1959, pp. 48 y ss.; Amabilis, Manuel, *La arquitectura precolombina en México,* México, Ed. Orcón, 1956, pp. 83 y ss.

Hardoy,[7] arquitecto estudioso de la urbanización precolombina ha demostrado ampliamente que los arquitectos indígenas sobresalieron en el diseño de grandes conjuntos construidos en terrenos donde gradualmente fueron tomando forma urbana grupos de edificios simétricamente dispuestos con admirable exactitud, aun en los centros ceremoniales construidos sobre los terrenos accidentados de Chiapas y del Petén.

Siglos después, las culturas nahoas fueron modelando su desarrollo cultural al tomar elementos de la mayoría de las antiguas culturas con las que entraron en contacto cuando bajaron del norte del continente y peregrinación por los territorios ya civilizados de Mesoamérica. Manifestaciones de tal interconexión se encuentra desde Chicomostoc, en donde se supone fue su primer asentamiento, hasta las actuales repúblicas de Costa Rica y Colombia en Centroamérica, donde la influencia maya clásica se deja sentir confundida con vestigios olmecas y aun toltecas y teotihuacanos.[8]

En su largo recorrido —por tiempo y espacio— los nahoas se vieron sometidos también a la influencia de grupos étnicos culturales diferentes con quienes tuvieron fricciones como en el caso de su encuentro con los chichimecas y otomíes. Los acolhuas, mexicas —llamados mexictín hasta antes de la fundación de México-Tenochtitlan— y tecpanecas, conocidos genéricamente como aztecas al constituirse en la Triple Alianza, llegaron a tener como aliados a los otomíes en virtud de sus encomiables características guerreras.

Evidencias de este proceso de contacto, son los restos culturales encontrados en Xochicalco, Chalollan y Coatlan, sedes del poderío inicial olmeca; Coatlinchán, Acolman y Teotihuacan, del teotihuacano; Cuauhtitlán, Culhuacán y Tollan, del esplendor tolteca; los asentamientos más recientes de los grupos chinampecos, cultivadores de las chinampas: Coyoacán, Xochimilco, Mixquic, Cuitlahuac y Tlacochalco, y de los nonohualcas, Iztapalapan, Mexicalzingo, Huitzilopochco y Aculco. Cuando arribaron a la región lacustre del valle de Anáhuac fundaron en un islote México-Tenochtitlan, para establecer su residencia final frente a los florecientes señoríos de Atzcapotzalco y Tezcoco. Ello aconteció en 1325.

[7] Hardoy, Jorge E., *Pre-Columbian cities*, Nueva York, Walken and Company, 1964, pp. 37-284.

[8] León Portilla, Miguel de, *De Teotihuacan a los aztecas*, México, Antología, Universidad Nacional Autónoma de México, 1971, p. 144.

El llamado Imperio de Anáhuac o Imperio azteca, nombre con el cual los primeros cronistas españoles designaron el territorio conquistado, fue en realidad el conjunto de señoríos establecidos en la Mesa de Anáhuac, bajo el control político-económico de la Confederación de la Triple Alianza:[9] Tezcoco y Tenochtitlan y Tlacopan, unidos en el ejercicio de la guerra y gobierno ante la serie de necesidades de defensa común frente a los dominios señoriales de otros grupos étnicos de mayor arraigo en Mesoamérica como eran los tlaxcaltecas y huexotzingos, los mixtecos y zapotecos, y los totonacas y huastecos.[10] Para el historiador López Austín:

> Dos fueron los puntos claves del tratado de la confederación: el primero, la alianza perpetua entre los tres estados, para la conservación del predominio político y económico; el segundo, ofensivas militares en conjunto para terminar de sujetar a los rebeldes e iniciar una serie de conquistas en las que según unos, dos quintas partes corresponderían a los vencedores de la última guerra y una a la tecpaneca.[11]

Netzahualcóyotl, señor de Tezcoco, fue el creador de lo que más tarde habría de ser poderío azteca. Al vencer a sus enemigos de tribu, reunió el mayor poder en la cuenca del valle de México. A partir de entonces se dedicó a consolidar la región acolhuaque –su tribu era la acolhua–, desarrollando el poder económico y cultural de sus ciudades; con su gran sabiduría, supo proteger y convertir en aliados a los tenochcas, quienes ya bajo el gobierno de Izcóatl habían iniciado sus campañas de conquista. Acolhuas y mexicas formaron una alianza de guerra y vencieron a los tecpanecas de Atzcapotzalco y a los culhuas de Culhuacán –con quienes les unían lazos de parentesco tribal– manifestados cuando aceptaron que el primer tlatoani de los mexicas, Acamapixtli, se uniera en matrimonio con Ilancueitl hija del Tlatoani de Culhuacán descendiente de Quetzalcóatl Topiltzin. De este matrimonio surgieron los primeros nobles o *pipiltin;* los hijos de Acamapixtli tuvieron al mismo tiempo

[9] Alvarado Tezozomoc, Hernando, *Crónica mexicana o crónica mexicayotl,* notas de Manuel Orozco y Berra, México, Editorial Galatea, 1944, pp. 56 y ss.

[10] Zorita, Alonso de, *Los señores de la Nueva España,* México, Imprenta Universitaria, 1942, pp. 14-17.

[11] López Austín, Alfredo, *La constitución real de México-Tenochtitlan,* México, Universidad Nacional Autónoma de México, 1961, pp. 35-36.

sangre tolteca y sangre del clan o *calpulli*. Caso[12] complementa la información basándose en el estudio de los cronistas en el sentido de que todos los jefes de los *calpullis* o clanes acolhuas le dieran una hija a Acamapixtli para que tuvieran en ella descendencia, consolidándose así la primera generación de la nobleza mexica. Con ello finaliza la primera etapa del proceso evolutivo social y político de los mexicas o tenochcas. Fue entonces cuando adoptaron el nombre gentilicio de aztecas, en recuerdo de la mitológica Aztlán, de donde decían proceder las tribus nahoas.

El éxito en la guerra contra Atzcapotzalco permitió a Itzcóatl reestructurar las condiciones de las clases sociales, dando mayores privilegios a los *pipiltin* o nobles y a los guerreros Al disponer de las tierras y dominios de los vencidos y de siervos o mayeques, procedió a repartirlas en propiedad entre los *pipiltin*, individuos sin tierras propias, obligándolos a labrar determinado predio; Itzcóatl también les concedió títulos y empleos dentro de la nueva organización política de Tenochtitlan, instaurada según el modelo de Tezcoco.[13]

A partir de 1428, los confederados extendieron su dominio de este a oeste, entre el Golfo de México y el Océano Pacífico; por el norte, hasta los límites de las tierras chichimecas y otomíes: Querétaro y Guanajuato; por el sur hasta El Salvador y Costa Rica. De acuerdo con Davis, salvo Mextitlán y Totepec hacia el sur, Mesoamérica fue territorio azteca.[14] En su expansión, los aztecas establecieron una relación de carácter económico, social y político con los señoríos conquistados. Carecían de recursos humanos suficientes para formalizar una verdadera ocupación territorial. Mantenían los sistemas de gobierno de los pueblos conquistados y exigían de los mismos enormes tributos para invertirlos en nuevas guerras de conquista y abastecer los grandes almacenes de productos de consumo necesario que serán posteriormente distribuidos entre su propia población.[15]

[12] Caso, Alfonso, *Evolución política y social de los aztecas*, en *Antología de Teotihuacán a los aztecas*, México, Universidad Nacional Autónoma de México, 1977, p. 345.

[13] Clavijero, Francisco Javier. *Capítulos de historia y disertaciones*, México, Imprenta Universitaria, 1944, pp. 48 y ss.; López, Austín, *La constitución..., op. cit.*, p. 74.

[14] Davis, Nigel B., *Los señoríos independientes del Imperio azteca*, México, 1968, pp. 215 y ss.

[15] Orozco y Berra, Manuel, *Historia antigua y de la Conquista de México*, México, Editorial Porrúa, 1960, t. III, pp. 222 y ss.; Zorita, Alonso de, *Los señores de la Nueva España, op. cit.*, pp. 120-131.

Realmente, nunca lograron integrar un dominio territorial y político en tanto no ejercieron un control absoluto de la población sometida. El dominio azteca era superficial: Mesoamérica continuaba siendo un conjunto de regiones incorporadas pero no vencidas que, al unirse a los conquistadores, creyeron lograr su liberación.

Por ello, señoríos como los de Tlaxcala y Huexotzingo aportaron sus ejércitos para la conquista del territorio azteca y más tarde su venganza contribuyó a la destrucción de los símbolos restantes del señorío imperial, tal y como ocurrió con los señoríos de Michoacán, Jalisco y Nayarit que se unieron a los españoles en sus guerras de expansión territorial.[16]

LA OCUPACIÓN TERRITORIAL EN LA TRIPLE ALIANZA

En los señoríos náhuatl o nahoa de Mesoamérica, se denominaba *hueyétl-altépetl* a la cabecera de una provincia o región compuesta bien por varios *altépetl* o bien por uno solo, cuando éste estuviera lo suficientemente organizado. En esta forma, la unión de las tres ciudades de la Confederación de Triple Alianza: Tezcoco, Tenochtitlan-Tlatelolco y Tlacopan se consideraban como el *hueyétl-altépetl* de mayor importancia en virtud de la homogeneidad en las formas de vida, cultura y estructura económica y social.

Los confederados, aunque mantenían organización y gobierno independiente en cada uno de los tres señoríos, se encontraban unidos por un pacto de guerra. De acuerdo con Alonso de Zorita:

> Al señor de México habían dado la obediencia los señores de Tezcoco y Tacuba, en los casos de guerra, y en los demás eran independientes, porque no tenían el uno que hacer en el señorío del otro, aunque algunos pueblos tenían comunes y repartían entre sí los tributos, los de unos igualmente, y los de otros se hacían cinco partes, dos llevaba el señor de México y dos el de Tezcoco y uno el de Tacuba.[17]

[16] Cortés, Hernán, *Cartas de relación de la Conquista de América,* México, Editorial Nueva España, S. A., t. I, p. 162; Alva Ixtlixochitl, Fernando, *Obras históricas, op. cit.,* pp. 214-220; Hernández, Francisco, *Antigüedades de la Nueva España,* México, Ed. Pedro Robredo, 1946, pp. 210-211.

[17] Zorita, Alonso de, *Los señores de la Nueva España, op. cit.,* pp. 11 y ss.

En virtud de la expansión territorial por las conquistas de los ejércitos de la Triple Alianza, el valle de Anáhuac quedó dividido en tres diferentes tipos de pueblos sujetos a México-Tenochtitlan. López Austín establece la siguiente clasificación: PRIMERO.—Sujetos totalmente a México. Regía el Derecho mexicano: *a*] Colonias mexicanas; *b*] Pueblos cuyo *Tlatoani* vencido era incorporado a la corte mexicana; *c*] Territorios sin gobierno autónomo, propiedad del Estado o con derechos de particulares mexicanos, fuera de Tenochtitlan; y *d*] Antiguos señoríos conquistados, en los que Tenochtitlan colocaba un funcionario para su gobierno. SEGUNDO.—Sujetos parcialmente a México. Regía el Derecho propio. Pueblos que conservan su *Tlaloque,* pero que admitían *calpixques* mexicanos para el cobro de tributos fijos pactados. TERCERO.—*Protegidos.* Pueblos independientes, que en calidad de aliados obsequiaban a Tenochtitlan, sin determinación de cantidad, y a los cuales protegía el Estado mexicano.[18]

El propio autor afirma que tanto los pueblos sujetos como los protegidos servían para dar salida a los productos manufacturados en la capital, finos o baratos, pero cuyos precios señalados para su venta en los pueblos protegidos casi nunca correspondían a su valor real. El control del comercio exterior por parte de los aztecas los hacía colocar su mercancía en la forma más conveniente a sus intereses.[19]

De acuerdo con el Códice Mendocino,[20] los tributos recaudados en toda Mesoamérica Central, conocida como Imperio azteca o Anáhuac, llegaban a Tenochtitlan, Tezcoco y Tlacopan procedentes de tres grandes fuentes de abastecimiento o señoríos.

La primera fuente era la constituida por los señoríos independientes del Imperio azteca que, en un pacto comparable a los actuales pactos de no agresión, accedían a tributar voluntariamente al Imperio azteca cierto número de productos exclusivos de sus regiones a cambio del respeto a los funcionarios y gobernantes y la posibilidad de no contribuir con recursos humanos a los ejércitos y a las guerras floridas.[21] Estos señoríos

[18] López Austín, Alfredo, *La constitución real de México-Tenochtitlan, op. cit.,* pp. 46-49.
[19] *Ibid.*
[20] *Códice Mendocino,* o Colección de Mendoza, México, San Ángel Ediciones, S. A., 1979, parte II, pp. 40-118.
[21] Caso, Alfonso, *El pueblo del sol,* México, Fondo de Cultura Económica, 1971, p. 24.

no admitían ni siquiera la presencia de los mayordomos aztecas llamados *calpixqui* que debían realizar la contabilidad de los tributos; su independencia gubernamental y administrativa era absoluta. Constituían el resto de Mesoamérica a excepción del territorio que hemos venido denominando Altiplano Central o valle de Anáhuac, y eran los siguientes: Michoacán, Coatzacoalcos, el señorío mixteco de Coaixtlahuacan, la región de Totepec (al norte del actual estado de Hidalgo), los señoríos del valle de Puebla, Tlaxcala y Yopitzinco y Cholula (al sur del estado de Oaxaca).[22]

La segunda fuente era la de aquellos señoríos en los cuales se mantenía la independencia del gobierno autónomo, pero se imponía el control del recaudador o *calpixqui*. En estos señoríos los tributos se señalaban también de acuerdo con la producción regional y se les obligaba a una aportación fija de materias primas y artículos elaborados, específicamente establecidos. Cuando por alguna razón no se cumplía con los señalamientos, el señorío quedaba sujeto a multas o sanciones que deberían ser cubiertas o pagadas con recursos humanos o trabajos forzados semanarios, llamados *coatesquite*,[23] dándose el caso de algunas formas de esclavitud que provinieron del establecimiento obligatorio de servicios personales indefinidos.[24]

La tercera fuente estaba formada por aquellas regiones en las que la Triple Alianza o, cualquiera de sus tres componentes, elegía a los *tecuhtlin* y transfería su territorio íntegro, al dominio y dependencia de la Confederación de Anáhuac, como ocurrió con Atzcapotzalco, Xochimilco, Coyoacán y, posteriormente, con Chalco.

Para los efectos de la resistencia al poder azteca, estas dos últimas categorías pueden considerarse dentro de una sola. En tanto los señoríos independientes manifestaron sus decisión y fuerza para no ser sometidos ni militar, ni comercial, ni políticamente, los dependientes aceptaron su rendición ante la fuerza indiscutible del ejército azteca y, después, ante la imposibi-

22 Davies, Nigel B., *Los señoríos independientes del Imperio azteca, op. cit.*, pp. 215-224; Romerovargas Iturbide, Ignacio, *Organización política de los pueblos de Anáhuac,* tesis doctoral, México, Universidad Nacional Autónoma de México, 1957, pp. 220-223.

23 La traducción específica de esta palabra significa: trabajar en cosa de tributos. Carochi, Horacio, *Compendio del arte de la lengua mexicana,* Puebla-México, Imprenta El Escritorio, 1910, p. 363.

24 López Austin, Alfredo, *La constitución real de México-Tenochtitlan, op. cit.*, pp. 74-76.

lidad de defender sus recursos económicos y humanos del uso y disfrute total que de los mismos hacían los dominadores.

En la cuenca de México, los pueblos ribereños fueron sometidos uno a uno al poder de la Triple Alianza. Tlatelolco, también mexica, fue excluido del pacto inicial debido a sus diferencias políticas con los tenochcas y, por sus propios valimientos, fue el último señorío en ofrecer tributo a los confederados debido entre otras cosas a la influencia definitiva que ejercía su mercado en la vida económica de toda el área.[25]

El Derecho azteca

El siglo pasado se distinguió por el avance de las ciencias sociales y la que se llamó economía política a lo cual contribuyeron necesariamene Karl Marx y Friedrich Engels, creadores del sistema materialista de la historia. Pero con anterioridad a la metodología dialéctica, investigadores como Morgan,[26] habían empezado a descubrir la supervivencia de tradiciones y sistema de vida ancestrales entre los iroques de Norteamérica, por medio de cuyo estudio pudo reconstruir la estructura social de tan antiguas culturas. Por su parte, historiadores mexicanos: Chavero, Orozco y Berra, Pimentel y García Icazbalceta y Esquivel Obregón[27] entre otros, se ocuparon de estudiar y dar a conocer las instituciones sociales –entre ellas las fuentes del derecho y sus normas–, económicas y políticas de los pueblos mesoamericanos, según se describían en los códices salvados de la destrucción, de los libros y obras de los cronistas de ascendencia indígena, de los conquistadores y de los historiadores criollos, quienes orgullosos de ser mexicanos reivindicaron en

[25] El mercado de Tlatelolco fue el mayor del Altiplano. Díaz del Castillo, Bernal, *La histora verdadera de la conquista de la Nueva España*, México, Ed. Pedro Robredo, 1930, t. I, pp. 328 y ss.

[26] Morgan, Lewis H., *Ancient society of researches in the life of human progress from savagery through barbarism to civilization*, traducido por Edición Pavlov, s/f.

[27] Chavero, Alfredo, "Historia antigua de la Conquista de México", en Riva Palacio, Vicente, *México a través de los siglos*, México, Editorial Cumbre, S. A., 1958, pp. 523-661; Orozco y Berra, Miguel, *Historia antigua de la Conquista de México*, México, Editorial Porrúa, 1960, t. I; García Pimentel, Francisco y García Icazbalceta, Joaquín, *Nueva colección de documentos para la historia de México*, 5 ts. México, Antigua Librería de Andrade, Sucesores; Esquivel Obregón, Toribio, *Apuntes para la historia del Derecho en México*, 4 vols., México, Editorial Polis, 1937-1938.

sus obras a los hasta entonces vituperados indígenas; nos referimos a las obras de Carlos de Sigüenza y Góngora, Francisco Xavier Clavijero, Antonio de León y Gama y el padre Fabregá.[28] Todas estas fuentes para el estudio del Derecho de los pueblos mesoamericanos encontraron amplia difusión en las publicaciones y los *Anales del Museo de Historia,* dirigidos por Chavero o bien en ediciones especiales de aquellas obras que se hicieron fuera del país.

El estudio de las fuentes del Derecho precolombino.

En el estudio de la historia del Derecho mexicano, así como ha ocurrido en el planteamiento de otras disciplinas científicas, existen dos corrientes diferenciadas: la primera constituida por quienes niegan valor estructural a la organización social de los antiguos habitantes de Mesoamérica y, como consecuencia, intentaron desconocer la existencia de un sistema de derecho y su correlativo sistema judicial, caso en el cual se encuentra el maestro Esquivel Obregón,[29] la segunda corriente la formaron los investigadores de la que se conoce como escuela antropológica, los cuales habiendo egresado de la Facultad de Derecho de la UNAM, habrán de dedicar su vida profesional al estudio de las antiguas culturas mexicanas. Estos autores, entre otros aspectos, se ocuparon del estudio del Derecho maya y azteca y se les considera como los maestros de este movimiento nacionalista; entre ellos se destacan: Gamio, Toscano, Mendieta y Núñez y Toro,[30] y entre sus distinguidos sucesores: Alba, Moreno y López Aus-

[28] Sigüenza y Góngora, Carlos, *Relaciones históricas,* México, UNAM, 1940; Clavijero, Francisco Javier, *Capítulos de historia y disertaciones,* México, Imp. Universitaria, 1945; Veytia, Mariano, *Historia antigua de México,* 2 t. México, Editorial Delfín; Molina Fabregá, M., *El códice mendocino y la economía de Tenochtitlan,* México, *Revista Mexicana de Estudios Antropológicos,* vol. XIV, I parte, 1954-1955, pp. 302-332; León y Gama, Antonio, *Descripción histórica y cronológica de las dos piedras, op. cit.*

[29] Esquivel Obregón, Toribio, *Apuntes para la historia del Derecho en México, op. cit.,* t. I.

[30] Gamio, Manuel, "El carácter de las Leyes, comentarios", artículo publicado en México, Revista *La Justicia,* noviembre de 1949; Toscano, Salvador, *Derecho y organización social de los aztecas,* tesis profesional, México, Universidad Nacional Autónoma de México, 1937; Mendieta y Núñez, Lucio, *El Derecho mexicano antes de la Conquista,* México, *Revista Ethnos,* noviembre de 1920, mayo de 1921; Toro, Alfonso, *Historia de la Suprema Corte de Justicia de la Nación,* t. I, México, 1934.

tín.[31] Un tercer grupo es el constituido por los antropólogos: Mendizábal, Acosta Saignes, Monzón, Jiménez Moreno, Carrasco Pizana, León Portilla y Broda;[32] nos dan a conocer, con método y criterio modernos, la organización social y política de los pueblos mesoamericanos y la estructura jurídica y judicial a la cual se encontraba incorporada la vida de sus habitantes. Entre el grupo de jóvenes investigadores de la escuela antropológica sobresalieron los que se han dedicado a rescatar por medio de trabajo de campo los vestigios de una estructura normativa legal en las sociedades precolombinas, habiendo logrado con su trabajo modificar criterios que negaban la existencia de una estructura social y su derecho correspondiente.[33] Entre los autores extranjeros que se han ocupado del estudio del que fuera el Derecho vigente en Mesoamérica encontramos: Gerhard, Bandelier, Katz, Kohler y Spencer.[34]

Floris Margadant, maestro de historia del Derecho mexicano apunta a este respecto:

> en vísperas de la conquista parece haberse presentado un modesto movimiento codificador, quizás más bien para el uso de los jueces que para la orientación del público en general, al que suele ligarse el nombre del Rey Poeta de Tezcoco, Netzahualcóyotl. De las aproximadamente 80 leyes que se les atribuyen, 32 han llegado hasta nosotros en forma más o menos fehaciente, por lo demás, el derecho se manifiesta en costumbres, a menudo íntimamente ligadas a la reli-

[31] Alba, Carlos, *Estudio comparado entre el Derecho azteca y el Derecho positivo mexicano,* México, Ediciones especiales del Instituto Indigenista Mexicano, 1949; Moreno, Manuel M., *La organización política y social de los aztecas,* México, 1962; López Austin, Alfredo, *La constitución real de México-Tenochtitlan, op. cit.*

[32] Mendizábal, Miguel, *Civilizaciones aborígenes americanas* en *Obras completas,* México, 1946, t. II, pp. 73-75; Acosta Saignes, Miguel, *Los potchecas,* México, 1945; Monzón, Arturo, *El calpulli en la organización social de los tenochca,* México, Escuela Nacional de Antropología e Historia, 1975; Carrasco Pizana, *Estratificación social en la Mesoamérica prehispánica,* México, Instituto Nacional de Antropología e Historia, 1976, pp. 7-35; Broda, Johanna, *Los estamentos en el ceremonial mexica,* en *Estratificación..., op. cit.,* pp. 37-55; León Portilla, Miguel, *Los antiguos mexicanos a través de sus crónicas y cantares,* México, Fondo de Cultura Económica, 1972.

[33] González Torres, Yolot, "La esclavitud entre los mexicas", en *La estratificación..., op. cit.,* pp. 78-87; Corona Sánchez, Eduardo, *La estratificación social en el Acalhuacan, ibid.,* pp. 88-100; Olivera, Mercedes, *El despotismo tributario en la región de Cuauhtinchantepeaca, ibid.,* pp. 181-205.

[34] Katz, Frederick, *Situación social y económica de los aztecas durante los siglos XV y XVI,* México, Universidad Nacional Autónoma de México, Instituto de Investigaciones Históricas, 1966.

gión, tan conocidas de todos que no había necesidad de ponerlas por escrito. Sin embargo, de la élite (el rey, los nobles, en menor grado los sacerdotes y comerciantes) creaba una gran incertidumbre para la posición jurídica de los humildes.[35]

Antes de pasar a analizar el contenido del Derecho azteca, el maestro Floris Margadant establece una clasificación sistematizada de sus fuentes y las clasifica en: PRIMERO.—Códices; SEGUNDO.—Obras de historiadores indígenas poscortesianos; TERCERO.—Los cronistas y sus investigadores; CUARTO.—La moderna arqueología; la que hemos llamado escuela antropológica, el autor la divide en: QUINTO.—Los estudios de grupos primitivos en general; SEXTO.—Estudios de los grupos indígenas aplicados al conocimiento de las ciencias sociales. En nuestro criterio a esta clasificación deben agregarse los estudios que realizan los jóvenes antropólogos, tomando como material documentos inéditos del siglo XVI conservados en diversos archivos y mediante los cuales ha sido posible reconstruir el sistema social, el del uso y la tenencia del suelo, y la estructura jurídica y judicial de los pueblos mesoamericanos tal y como existía inmediatamente después de la conquista y antes de que fuera modificada por la implantación del régimen colonial.

El Derecho consuetudinario sobre el uso y tenencia del suelo.

La vida cotidiana de los pueblos de la Triple Alianza se regulaba principalmente por la costumbre, cuyas disposiciones guardaban celosamente los sacerdotes, los ancianos y la nobleza. Mendieta y Núñez apunta al respecto:

> El proceso que sigue el Derecho en su origen tiene el carácter de una ley sociológica y es el mismo en todos los grupos humanos que forman un pueblo; debemos presumir, por tanto, que entre los antiguos mexicanos el Derecho surgió de la costumbre.[36]

Las leyes y normas jurídicas de los pueblos de Anáhuac, se conservaron como parte de la tradición oral, pero al correr del

[35] Floris Margadant, Guillermo S., *Introducción a la historia del Derecho mexicano,* México, Ed. Esfinge, 1980, p. 16.

[36] *Ibid.,* pp. 16-17; Alcobiz, Andrés de, *El libro de oro, Codex Alcobiz;* García Icazbalceta, *Nueva colección de documentos para la historia de México, op. cit.*

tiempo y aumentar el nivel de evolución económica y cultural —como lo afirma el mismo autor—, el Derecho se hallaba relativamente desarrollado. Muestra de ello es el orden legislativo o derecho consuetudinario que llegó a pictografiarse, para convertirse en derecho escrito —valga la expresión— en el *Libro de oro de Netzahualcóyotl,* desafortunadamente desaparecido, y en el *Códice mendocino,* en la *Matrícula de tributos,* o en el *Memorial de los pueblos,* donde se especifican los pueblos tributarios, y los tributos cubiertos.[37]

Según se consolidaba la organización social, las normas jurídicas consuetudinarias se fueron especializando e incluso hubo relaciones contractuales perfectamente establecidas y reguladas. Entre ellas fueron utilizadas y practicadas por los aztecas en el desenvolvimiento del comercio los contratos de compraventa, permuta, sociedad, comisión, depósito, prenda, fianza, mutuo y transporte. Por otro lado, existen noticias de que el Estado emitía y limitaba los signos económicos y que fijaba los precios en casos especiales.

A su llegada al valle de México, los guías religiosos del pueblo mexictín seguramente consideraron la necesidad y la conveniencia de crear un régimen jurídico propio, como elemento indispensable y básico para su organización y desarrollo. Durante el gobierno de Moctezuma Ilhuicamina, con el apoyo del *Tlatoani* acolhuaque Netzahualcóyotl, aquél logró promulgar una legislación amplia sobre todo en materia militar, religiosa y de impuestos.[38] Mientras Tenochtitlan creció hasta tomar proporciones imperiales, Tezcoco amplió en menor medida el territorio señorial acolhuaque, pero continuó ejerciendo su influencia natural definitiva imponiendo, entre otras instituciones, la jurídica, esto es, las *Leyes de oro de Netzahualcóyotl,* que fueron adoptadas por los mexicas y posteriormente por la Confederación de la Triple Alianza como normas legislativas y para la organización de los tribunales.

Sahagún fue el primer cronista que se ocupó de la legislación azteca; Alva Ixtlixochitl y Alvarado Tezozomoc entre los cronistas de origen indígena y Torquemada, Zorita y Motolinía entre los hispanos, se ocupan de ello ampliamente en sus obras.[39]

[37] *Códice mendocino, op. cit.,* pp. 88 y ss. *Matrícula de tributos,* publicado en la *Colección antigüedades de México* y en los *Mapas Quinantzin,* de la colección del Museo Nacional de Antropología e Historia.

[38] Veytia, Mariano, *Historia antigua de México, op. cit.,* p. 180.

[39] Zorita, Alonso de, *Los señores de la Nueva España, op. cit.,* p. 37; Orozco y Berra, Manuel, *Historia antigua y de la Conquista de México,*

La legislación acolhua en materia de propiedad

La obra legislativa de Netzahualcóyotl fue en parte heredada de su abuelo Tecotlalatzin, un sabio señor que juró como emperador en 1357 y que dictó leyes sobre gobierno y política, ciencias y artes, disciplina militar, formación y establecimiento de tribunales de justicia; creó asimismo los consejos de guerra, de hacienda y de embajadores. En él podemos reconocer al autor del Derecho acolhua, continuado por Netzahualcóyotl.

El cronista Alva Ixtlixochitl recopiló la legislación de Netzahualcóyotl y dio a conocer en sus obras históricas las normas referentes al uso y tenencia del suelo, así como disposiciones concretas sobre la propiedad agraria. La Ley Tercera de las Veinte Ordenanzas de Netzahualcóyotl manda:

> que si dos personas sembrasen y hubiera diferencia sobre la tierra, que si alguno arrancaba el maíz, fuera injuriado paseándolo con el maíz al cuello en el tianguis o mercado. . . [la ley 16 ordena] que si algún principal mayorazgo fuese desbaratado o travieso, o si entre dos de estos tales, hubiera diferencia el que no quisiese, por ser soberbio y mal mirado, le fuesen quitando sus bienes y mayorazgos y fuese puesto en depósito de una persona que diese cuenta de ello para el tiempo que la voluntad del señor fuese.[40]

La severidad de las Leyes de Netzahualcóyotl contra el hurto de los productos agrícolas o de bienes de propiedad privada era aplicada sin distinción de estrato social. Casi siempre se castigaba con pena de muerte, a menos que la parte ofendida conviniese en ser indemnizada por el ladrón, en cuyo caso pagaba éste al fisco una cantidad igual a la robada. También podía el ladrón sufrir la pena de esclavitud a favor del agredido y si éste no lo aceptaba, el ladrón podía ser vendido por los jueces y con su precio se pagaba el robo. El usurpador de tierras ajenas, si eran de valor considerable, aunque fuese noble sufría la pena de muerte.[41]

Los robos cometidos en los sembrados y en violación al derecho de propiedad eran castigados con tanta severidad, que

op. cit., t. III, p. 106; Toscano, Salvador, *Derecho y organización social de los aztecas*, *op. cit.*, p. 24.

[40] Alva Ixtlixochitl, Fernando, *Obras históricas, sumaria relación de las cosas de la Nueva España*, México, Universidad Nacional Autónoma de México, 1973, pp. 385-386.

[41] Alva, H., *Estudio comparado entre el Derecho azteca y el Derecho positivo mexicano*, *op. cit.*, pp. 21-24.

bastaba, según algunos autores, robar cuatro mazorcas de maíz, y según otros, siete, para incurrir en la pena de muerte. Sin embargo, Netzahualcóyotl moderó el excesivo rigor de la legislación en este punto, disponiendo que en las orillas de las sementeras, por la parte que confinaba con los caminos públicos, se sembrase maíz y otras semillas para que pudiesen socorrerse de ellas los caminantes necesitados. Estas disposiciones las consignó en el conjunto de ochenta leyes que mandó guardar en sus señoríos o parcialidades.

Alva Ixtlixochitl menciona cómo Netzahualcóyotl cuidó especialmente de la conservación de los bosques, y con razón

> pues no conociéndose entonces el uso del sebo ni del aceite, se gastaban en los usos domésticos enormes cantidades de leña, y si no hubiera intervenido la autoridad en el corte de los árboles se hubieran aquellos destruido. Así que no se podía derribar un árbol en ciertos parajes sin incurrir en graves penas y para que se observasen estrictamente los reglamentos que se habían dado en el particular, tenía cuidado el mismo emperador de vigilar si se cumplía o no con ellos.[42]

En el propio autor se encuentran otros textos relativos al derecho de propiedad.

> Cuentan las crónicas cómo se dio el caso de Netzahualcóyotl al dar un paseo por el campo arrancara de una sementera dos mazorcas. Ante el hecho, el campesino propietario lo increpó haciéndole ver lo incongruente de su acción con la ley que él mismo había dictado —se refería a la Ley Tercera—, a lo que Netzahualcóyotl respondió pidiendo una disculpa y reconociendo humildemente lo grave de la falta que había cometido. En este relato se pueden apreciar dos características de la legislación acolhua. Primera: aun los ciudadanos más humildes exigían el respeto a la Ley; y segunda; aun los ciudadanos más prominentes se sometían a las normas legales.[43]

Las tierras llamadas *pillali* pertenecían a los caballeros y la ley destinaba los tributos procedentes de las tierras de los nobles o *pipiltin* al sostenimiento de sus gastos. Eran susceptibles de ser transmitidas por herencia entre gente del mismo rango o del servicio del *tlatoani*.[44] Podían ser trabajadas por los rente-

[42] Alva Ixtlixochitl, Fernando, *Obras históricas, sumaria relación de las cosas de la Nueva España,* México, Editorial Universidad Nacional Autónoma de México, 1973, pp. 385-386.

[43] *Ibid,* t. I, pp. 231-234.

[44] Zorita, Alonso de, *Los señores de la Nueva España, op. cit.,* pp. 40-41.

ros, llamados *mayeques,* quienes tenían derecho de sucesión a favor de sus hijos sobre el trabajo de la tierra señorial. Las tierras de las guerras favorecidas y ennoblecidas se llamaban *tecpillali.*[45]

Las tierras podían ser propiedad particular cuando se trataba de su uso y tenencia por parte de los señores o de los principales y nobles llamados *tlatocatlali* o *tlatocamilli,* que quiere decir tierras o sementeras del señor y por otra *itónatl intlacátl* que significa las tierras que acuden conforme a la dicha o ventura de los reyes o señores; los *tecpantlalli* pertenecían a los palacios de los señores y a los vasallos los llamaban *tecpanpouhque.*

Las tierras ganadas en la guerra se llamaban *yaotlali* y de éstas las principales se distribuían entre las cabezas del imperio; las restantes se repartían entre los señores y naturales que habían ayudado en la guerra de conquista.

La legislación de Tezcoco consideraba también las tierras de uso comunal que podían ser de cualquiera de los siguientes tipos: el *calpulli,* el *altepetlalli,* que es lo mismo que decir tierras pertenecientes a los barrios, al pueblo. En el primero se comprendía la tierra distribuida entre los miembros del *calpulli* para su economía, tanto de subsistencia como tributaria; los derechos de usufructo de la tierra podían ser heredados y cesaban por incultivo en dos años o por cambio de poblado; la tierra nunca podía ser vendida. En el *altepetlalli,* constituido por las tierras comunes del poblado, el trabajo se realizaba en beneficio de todos los miembros de la comunidad con algunas referencias para ayudar a la agente más necesitada o en favor de los ancianos. En estas tierras habitaba la gente común, o *macehuales,* quienes las daban en herencia a sus hijos y deudos con las calidades que ellos habían tenido. Las tierras pertenecían a los reyes. El *mitchimalli* era la zona de cultivo para el sostenimiento de los gastos militares y el *teotlalpan,* las tierras trabajadas para el financiamiento de los gastos del sacerdocio y la religión; ambas tierras eran también sujetas a la explotación colectiva.[46]

[45] González de Cossío, Francisco, *Historia de la tenencia y explotación del campo desde la época precortesiana hasta las Leyes del 6 de enero,* México, Talleres Gráficos de la Nación, 1957, p. 19.

[46] Torquemada, fray Juan de, *Monarquía indiana,* México, Ed. Porrúa, (5a. ed.), t. III, pp. 545-546.

El registro del uso y tenencia del suelo

En los códices, el uso y tenencia del suelo se representaban de colores, y de esta manera se controlaban:

a] De grana y rojo oscuro se pintaban las áreas de tierras destinadas al servicio del *Tlatoani* y las de su legítima propiedad familiar.

b] Las áreas pintadas de encarnado y rojo eran las correspondientes a las tierras de los principales, nobles y guerreros.

c] Se pintaban de color amarillo las áreas de tierras pertenecientes a los *calpullalli,* donde se alojaban sacerdotes y maestros, vigilantes o comisarios, educandos y la gente común.[47]

El uso del suelo y empleo de las tierras

El propio Zorita al igual que otros cronistas menciona la existencia de códices pictografiados donde se señalaban las autoridades y procedimientos legales relacionados con la administración y el uso de la tierra. Así, señala cómo los acolhuas daban diferentes usos al suelo estéril, explotando las calidades según su condición: entre ellos, era de las más preciadas el *tezontlallitezontle,* utilizado, en mezcla con cal, como material de construcción, a semejanza de como se emplea en la actualidad. Esta tierra porosa resultaba muy adecuada, por su bajo peso, para la edificación sobre el subsuelo pantanoso de los poblados situados a la orilla y entre las aguas de los lagos y, combinada con la piedra basáltica de los cerros cercanos, daba resistencia a los muros y edificaciones construidas con este sistema. Utilizaban la tierra llamada *atizátl* para fabricar adobes; en tanto que el barro, llamado *tezoquitl* y *contlali* era utilizado para hacer loza, vasijas y enseres característicos de nuestra cultura del maíz: las tinajas y comales para preparar el principal de los alimentos, la tortilla.

Emplearon también algunas tierras para obtener pinturas naturales, tanto para el uso personal como para las artesanías: Zorita relata cómo se usaba una tierra llamada *palli* para teñir de negro los cabellos de las mujeres; en tanto que la tierra *tlachichilli,* colorada, servía para entintar la loza. Como ejem-

[47] Monzón, Arturo, *El calpulli en la organización social de los tenochca, op. cit.*

plo de otros usos, podemos decir que el cieno de los lagos se utilizaba para agrandar las chinamperías.

El trabajo agrícola

La relación de prestación de servicios en la agricultura era la forma de establecer lo que actualmente pudiera considerarse una prestación de trabajo. Las formas más generalizadas del trabajo eran: la prestación del trabajo personal derivada de la esclavitud y la prestación de servicios personales motivada por la estratificación social y la derivada del sometimiento o vasallaje de los pueblos vencidos.

Existían leyes que castigaban el mal trato a los servidores y obligaban a los propietarios a darles techo y comida. Tal era el caso de los *mayeques* que, en calidad de renteros o terrazgueros, servían en una casa señorial, y de los esclavos.[48]

El esclavo podía, con el tiempo, recibir dinero por su trabajo, independizarse y casarse al comprar su libertad para poder mantener su casa y su tierra y podía comprar más adelante esclavos para trabajarla. La esclavitud no era de ningún modo hereditaria era una forma de castigo o de servicio de tipo voluntario. En este último caso, cualquier persona se podía vender como esclavo para sobrevivir, dado que, como se indica con anterioridad, se podían adquirir trabajadores en el mercado para la convivencia bajo este tipo de contratación.[49]

El trabajo prestado como servicio era generalmente de tipo doméstico y podía ser realizado en el hogar o en las propiedades rurales del contratante; existían también diversas formas de

49 *Ibid.*, p. 295, López Austín, Alfredo, *La constitución real de México-España,* México, Editorial Pedro Robredo, t. III, 1938, p. 294; *Tlacotli* era el esclavo, quien por su parte podía adquirir bienes y propiedades agrícolas susceptibles de ser trabajadas por *mayeques* y otros esclavos de su propiedad; Cuter, Jorge Enrique, *Contribución al estudio del Derecho prehispánico,* San José de Costa Rica, 1956, p. 223.

49 *Ibid.,* p. 295, López Austín, Alfredo, *La constitución real de México-Tenochtitlan, op. cit.,* pp. 73 y ss. La condición del *Tlacotli* era muy diferente al tipo de esclavitud acostumbrada en Roma y después en Europa, en tanto los dueños no tenían derecho de vida y muerte sobre él; además, podía adquirir bienes, tener familia, comprar a su vez otros esclavos y el servicio que hacía a su amo era limitado. La condición de los *tlacoltin,* no estaba sujeta a sucesión, y Spencer dice atinadamente que no formaban una clase particular, en su obra: *Los antiguos mexicas,* p. 774, citado por López Austín, Alfredo, en *La constitución..., op. cit.,* p. 74.

aparcería o trabajo agrícola. Si el campesino era joven el señor estaba obligado a reconocerlo como parte de la familia siempre y cuando perteneciera a su propio linaje.

El trabajo agrícola y las normas establecidas para el uso y la tenencia de la tierra bajo el control del *chinammécattl,* se encontraban organizados para permitir la mejor utilización de las tierras y el mayor rendimiento de las mismas. Las tierras de uso agrícola se distinguían en cuanto a su calidad y uso adecuados tal y como ha quedado escrito.

Cada uno de los cuatro barrios o *campan* en los que estaba dividido el *altépetl* se gobernaba por un *tecuhtli* o señor cuyas funciones eran las de comunicar al *cihuacóatl* cuáles eran las actividades y el comportamiento diario de los comisarios o vigilantes de los miembros del *calpulli,* llamados *tepixque.* El comisario atendía, dirigía y vigilaba el trabajo en general, pero especialmente el trabajo agrícola y el relativo a la producción de todos los artículos materia de tributo. Existía un número de comisarios proporcional al número de habitantes del *calpullalli* o tierras donde habitaba el *calpulli* o *gens.*

Las labores agrícolas en la mayor parte de los señoríos del Valle de Anáhuac, eran realizadas por tres clases de trabajadores campesinos: los *macehuales* (miembros del *calpullalli* con tierras asignadas, ya fueran sementeras o chinampas, y que eran llamados individualmente *calpulleque*), los mayeques (vasallos y renteros logrados en la guerra o por contratación y los aparceros, llamados *tepan-ninochiu.* Los esclavos, llamados *tlacotli* podían también realizar este tipo de labores, cuando por condiciones transitorias, como era entre otras celebrar un contrato especial, enajenaban su libertad.

Los trabajadores agrícolas tenían, al igual que el resto de los miembros del *calpulli,* el derecho de educar a sus hijos en las escuelas locales o *tepochcalli.* Si la inteligencia y el valor de éstos les hacía merecedores de distinciones y ascensos en su condición de escolares, podían acudir posteriormente a la escuela superior de los nobles llamada *calmecac* para aprender las prácticas religiosas o militares, lo que les daba posibilidad de enriquecerse y dejar su humilde condición. En la conformación social y jurídica acolhua, el servicio a la comunidad era el servicio a sí mismo: una integración entre individuo y *calpulli* y *calpulli-altépetl.*

LA ORGANIZACIÓN SOCIAL Y EL USO DE LA TIERRA EN MÉXICO-TENOCHTITLAN

Al fundarse México-Tenochtitlan, la estratificación social, política y religiosa mantenida por la tribu *mexictin* durante su peregrinación, le obligó a establecer una estructura que refleja el esquema tribal. En consecuencia, el pequeño islote debió ser dividido entre los grupos de linaje que integraban la totalidad de la tribu.[50] Debe entenderse por linaje no sólo a los descendientes en línea directa del sacerdote guía sino a todos los descendientes de un tronco común;[51] en este caso el linaje se atribuye por la actuación solidaria de los miembros del grupo en sus diversas actividades y, concretamente, en todas las que hubieron de realizarse durante el transcurso de la peregrinación de las tribus, desde Aztlán hasta la fundación, divididos en cuatro parcialidades que se conservaron después, una vez establecidas en la que sería la ciudad de México. Estas cuatro parcialidades eran más que clanes y su unión formaba la tribu.[52]

Según Alva Ixtlilxochitl,[53] los *calpulli* o grupos de linaje fueron trece, agrupados en cuatro clanes, guiados a su vez por cuatro Supremos Sacerdotes, el principal de los cuales fue Tenoch; los tres restantes llevaban los nombres de Cuahuacóatl, Copil y Xiuccaque. Al llegar al gran lago y encontrar el islote mencionado en la mitología, Tenoch ordenó de inmediato la construcción del templo a Huitzilopochtli y, a partir del mismo como punto central del cuadrángulo cósmico, se marcaron en forma de triángulos cuyo vértice superior convergía en el templo mencionado. Dichos barrios sagrados o *campan* llevaron los nombres de Moyotlán, Teopan, Tzacoalco y Coepopan. Cada uno de los cuatro Supremos Sacerdotes, incluyendo al propio Tenoch, en su calidad de guía, consagraron el territorio y ordenaron a los *calpulli* su ocupación. Las tierras otorgadas a cada uno de los trece *calpulli* o clanes, recibieron el nombre de *calpullalli* y el conjunto de *calpulli,* adscritos a la dirección y gobierno de cada uno de los cuatro Supremos Sacerdotes, fue llamado *campan* o barrio. Con el correr del tiempo se formó el *Altépetl* o Ciudad de Tenochtitlan y después el *Hueyétl-alté-*

[50] Alva Ixtlilxochitl, Fernando, *Obras históricas op. cit.*, t. II, p. 28.

[51] Alvarado Tezozomoc, Hernando, *Crónica mexicana o crónica mexicayotl, op. cit.*, p. 6.

[52] *Códice mendocino o Colección de Mendoza, op. cit.*, p. 6.

[53] Alva Ixtlilxochitl, Fernando, *Obras históricas op. cit.*, t. II, pp. 28-29.

petl, o sea, la Gran Tenochtitlan, sede, junto con Tezcoco y Tlacopan, del gobierno de la Triple Alianza.

En primer término se señalaron las tierras destinadas a Tenoch en su calidad de gobernante y al templo de Huitzilopochtli; después se señalaron los de los *campan* formados por los *calpulli* y dentro de éstos, los terrenos familiares llamados chinampas o sementeras. Posteriormente se delimitaron los terrenos para las escuelas, templos y recintos públicos para las celebraciones del pueblo. Al constituirse la nobleza, se les dotó de tierras para premiar a los militantes ennoblecidos. Finalmente, los macehuales o gente común ocuparon porciones diferenciadas. El resto del territorio pasó a formar el *altepetlalli* (o tierras de la ciudad) constituido por las zonas de cultivo exterior a las zonas urbanas, los montes, cotos de caza-bosques, sitios ceremoniales o sagrados y las tierras conquistadas a otros señoríos.[54]

Teorías sobre la organización social

Desde mediados del siglo pasado, cuando el estudio de Mesoamérica empezó a resultar de interés para los investigadores europeos y norteamericanos, el tema del nivel de evolución social y política alcanzado por los señoríos de la Triple Alianza al arribo de los españoles, ha sido motivo de apasionamiento y discusiones. Tanto por autores nacionales como por los propios extranjeros.

Los investigadores que en primer término se ocuparon del problema fue el grupo encabezado por A. F. Bandelier, H. Spencer y L. Morgan, quienes sostuvieron, hacia los últimos años del siglo pasado que, al arribo de los españoles, la sociedad tenochca no había abandonado su organización en clanes a base de *gens* o grupos tribales —*calpulli*— a los que Bandelier consideraba emparentados en línea directa por la descendencia de un antecesor común, o sea, unilineal y exogámico. Morgan sostuvo, después de estudiar el modelo de los indios iroqueses de los Estados Unidos, que la sociedad tenochca pertenecía al estado más primitivo de la organización social, o sea aquel relativo a la formación gentilicia o *gens* distribuida en territorios configurados a las necesidades de linaje o patria.

[54] Torquemada, fray Juan de, *Monarquía indiana, op. cit.*, t. III, páginas 41-42.

El segundo grupo, al cual pertenecen los investigadores mexicanos Toscano, Moreno y Monzón hacia las décadas de 30-40 sostuvieron, que el *calpulli* era un clan con cierta evolución hacia la estratificación social y con dependencia exogámica en diferentes niveles de evolución hacia la sociedad estratificada.

Moreno, en su obra ya clásica, refutó a Bandelier, quien afirmó enfáticamente:

> Los mexicanos no tenían idea de ninguna otra forma de sociedad que la basada sobre el clan...; hemos tratado de demostrar que en el México aborigen no había ni Estado, ni Nación, ni sociedad política de ninguna especie...; [se trataba de] una población separada en tribus autónomas en materia de gobierno y unidas para su mutua protección con poderes de legados en un consejo tribal con voto igualitario y democrático pero a la vez sujetos al mundo militar, lo que hacía de esta organización social de los antiguos mexicanos una democracia militar basada sobre una comunidad de vida.[55]

La refutación de Moreno empieza por hacer notar el contrasentido entre "democracia" y "militar" y continúa destacando cómo los antiguos mexicanos se regían por una organización política compleja en tanto no era feudal ni monárquica sino un estado rudimentario en vías de cristalización definitiva. Por lo que respecta a la supuesta democracia e igualdad de derechos apuntada por Bandelier, Moreno juzga la existencia de una sociedad regida por clases sociales, establecida en provecho de unos cuantos clanes o grupos aristocráticos y privilegiados en perjuicio del común del pueblo o macehuales, que constituían la mayoría de la sociedad, cuya clasificación en el Derecho público podría corresponder a una oligarquía teocrática militar; la sociedad adquirió francas tendencias hacia la monarquía absoluta bajo el gobierno de Moctezuma Ilhuicamina llamado por primera vez *Huey Tlatoani* o sea, Gran Señor, por haber conducido la expansión territorial del Imperio azteca hasta las costas del Golfo de México.

Monzón, en su estudio de profundas bases antropológicas, encuentra en la organización social de los tenochca elementos para fundamentar que en ella había indicios de clanes ambilaterales, o sea, con lazos de relaciones hereditarias paterno y materna con tendencias endogámicas, entre los cuales se pre-

[55] Moreno, Manuel M., *Organización política social de los aztecas*, tesis profesional, México, Universidad Nacional Autónoma de México, 1937, pp. 143-145 (2a. ed.). La cita de Bandelier se encuentra en la página 145 de su obra mencionada *supra*.

sentaba una fuerte diferenciación interna, por tener como principio formativo el contar la cercanía del parentesco con los ascendientes, una verdadera pirámide de rangos y de posiciones económicas que iba dentro del clan desde el jefe del *calpulli* a los rangos inferiores. Pero existía también, entre los clanes propiamente dichos, uno principal al que pertenecían los jefes de todo el grupo tenochca y que era el descendiente del sacerdote guía Tenoch. El autor considera que el sistema tributario adoptado por los tenochca había establecido el inicio de un cambio en la organización social hacia la sociedad estamentaria simple.[56] Ello se puede desprender de la existencia de la nobleza y el pueblo, *pipiltin* y *macehuales;* de la iniciación de la división social del trabajo por grupos de tipo gremial; de la división de la tierra de conformidad con las características de la persona beneficiada, como ocurría con la destinada a los guerreros distinguidos y valientes no tributarios y con la destinada a los dueños de las tierras enajenables; y, finalmente, por el inicio de la creación de la propiedad no comunal y enajenable, atribuible en propiedad privada a los nobles no sujetos a vínculo de servidumbre con el *tecuhtli.*

Para Monzón, esta sociedad no era todavía ni estamentaria ni clasista pues no existían posibilidades de acumular y, con ello, no existía el poder diferencial, aunque su base económica, agrícola y artesanal permitió la creación de una estructura social compleja y próxima a romper los lazos de una organización basada sólo en el parentesco por ascendencia común y que no llegó a alcanzar un grado de evolución semejante al de las altas costuras de tipo oriental como las de India, Egipto y China. Monzón juzga que la forma típica de las clases sociales —la de Grecia— es precisamente la iniciación de los rompimientos de los límites hereditarios de la estratificación social en estamentos y que esto se logró en México hasta después de la llegada de los españoles, que fue un cambio evolutivo provocado por la introducción de las nuevas formas castellanas de producción de la tierra.

En tercera posición se encuentran los trabajos más recientes de Kirchoff, quien arguye la existencia de clanes o *calpullis* sólo entre los macehuales o gente común y excluye de la misma a los nobles o *pipiltzin* a quienes les atribuyó una organización clasista.

[56] Monzón, Arturo, *El calpulli en la organización social de los tenochca, op. cit.,* pp. 23-30, y Caso, Alfonso, *Instituciones indígenas precortesianas,* México, Memorias del Instituto Nacional Indigenista, vol. VI, 1954, páginas 17-22.

Las últimas investigaciones antropológicas realizadas por Carrasco, Broda, Hicks y otros,[57] mediante el estudio de documentos inéditos y en trabajo de campo, establecen una nueva corriente cuyos resultados permiten afirmar que en las sociedades de Mesoamérica prehispánica existían verdaderos estratos sociales con tendencia evolutiva hacia una sociedad clasista basada en una estructura piramidal a la cabeza de la cual se encontraba el *Tlatoani* o gran señor de los diferentes dominios señoriales que constituían Mesoamérica. En segundo nivel, o sea al frente de la administración de los poblados, se encontraba el *tecuhtli,* propietario de la parte más importante de la tierra y la cedía para su uso a los diferentes estratos sociales. Les seguían en jerarquía el grupo de *teutles* o señores cabeza de los diferentes linajes, habitantes de los poblados o *altépetl* que constituían el gran señorío o *hueyétl-altépetl.* Los señores establecían en sus posesiones verdaderos mayorazgos donde los niveles de descendencia y parentesco desempeñaban un papel importante en cuanto a los derechos al uso y disfrute de la tierra y a la propiedad hereditaria de la misma, así como a su facultad para cederla en beneficio de los nobles.

El *Tecalli* o casa señorial era el centro de la división político-administrativa y las órdenes que de ahí surgían se transmitían al *calpulli* por medio del grupo de nobles servidores. En el estrato de *pipilzin* o nobles se encontraban las gamas de oficiales, artesanos, guerreros, profesionales, administradores y miembros de los tribunales y consejos, dentro de una estratificación basada sobre todo en la transmisión de las actividades de padres a hijos. La atingencia, el servicio al *altépetl* y a la casa señorial, era el medio más frecuente para ascender en el nivel y grado de nobleza.

Finalmente, existía el estrato de la gente común o macehuales cuya principal ocupación era el trabajo de la tierra y la realización de los oficios más comunes y serviles. Los campesinos, cuya actividad se consideraba respetable en virtud de la importancia económica que representaba para la comunidad, se di-

[57] Carrasco, Pedro, *Los linajes nobles del México antiguo,* en *Estratificación social en la Mesoamérica prehispánica,* México, 1976, p. 19; Broda, Johanna, *Los estamentos en el ceremonial mexica,* en *Estratificación...,* *op. cit.,* pp. 37-66; Hicks, Frederick, "Mayeque y Calpulleque" en el *Sistema de clases de México antiguo,* en *Estratificación...,* *op. cit.,* pp. 67-77. Los autores mencionados colaboraron en el simposio del XLI Congreso Internacional de Americanistas, organizado por Pedro Carrasco Pizana, celebrado en la Ciudad de México en 1976.

vidían en aparceros y renteros que podían ser *mayeques* o *calpulleques,* y en campesinos sin derecho a poseer tierra que trabajaban eventualmente. Los esclavos ocupados en las labores agrícolas representaban el grupo inferior del estrato campesino. Las actividades inferiores en la pirámide social eran: los cargadores o *tamemes,* los portadores de las canoas y los limosneros.

Las autoras Anguiano y Chapa,[58] contribuyeron en la obra que hemos venido comentando, con un estudio sobre la estratificación social en Tlaxcala en el siglo XVI; en su trabajo comprueban que entre los grandes estratos cuyos derechos sobre la tierra estaban perfectamente definidos, existía cierta movilidad social tanto en el traslado de los sitios donde habitaban hacia otros sitios mayores, como de lugar en el padrón de los usuarios de la tierra, y que existía cierta jerarquización entre unos rangos y otros. Tal es el caso de los *pillaquistiltin* o sea *pipiltin* eliminados del padrón de los nobles que han pasado a la categoría de macehuales sin tener derecho a recibir tributo pero sin estar obligados a ofrecerlo; de la misma manera los *teixhuihuan* debían reconocimiento a los *teteuctin* de cuya casa dependían y a quienes les debían servicios y vasallaje.

Por lo que respecta al uso de las tierras patrimoniales, Muñoz Camargo, citado por Mercedes Olivera,[59] indicó cómo las mejores tierras de cada *tecalli* o sea del dominio señorial, se reservaban para el usufructo directo del señor. Eran tierras de la propiedad y del patrimonio de los señores y podían legarse de padres a hijos junto con los *macehuales* que las trabajaban. Parte de estas tierras las repartía el señor entre sus deudos y parientes lejanos o protegidos, y el señor a su vez los reconocía como vasallos para protegerlos y recibirlos en su casa.

Además de las tierras patrimoniales, los señores de cada *tecalli* tenían jurisdicción sobre las tierras que formaban su señorío o *tlatocayo.* El cargo se legaba a los hijos del mayor al menor y en el caso de Tlaxcala, si no había descendencia, el pueblo determinaba quiénes recibían las tierras señoriales; pero en cualquier caso, tanto el cargo como la posesión de la tierra era confirmado por el *Huey-Tlatoani* o Gran Señor. M. Olivera comenta a este respecto:

La jerarquía interna de cada *tecalli* era también muy complicada y

[58] Anguiano y Chapa, *Estratificación social en Tlaxcala durante el siglo XVI,* en *Estratificación..., op. cit.,* pp. 118-155.

[59] Olivera, Mercedes, en *Estratificación..., op. cit.,* pp. 188-189.

de ninguna manera tenían los miembros del linaje que la integraban igualdad de derechos, tierras y poder.[60]

Los estudios mencionados comprueban que la estratificación social dependiente del derecho al uso de la tierra, atribuida por Kirchoff sólo al *calpulli,* ocurría también en forma usual entre la nobleza; los lazos de parentesco con el *Tlatoani* o con el *tecuhtli,* permitían a los miembros del linaje disfrutar de una dependencia económica y social relacionada con el ascendente común, y obtener los medios para mejorar los ingresos, ascender por la escala social a los puestos altos de la administración civil, del ejército o del sacerdocio, y recibir los privilegios señalados por el derecho a la nobleza.[61]

En nuestro criterio, y de acuerdo con los documentos analizados, consideramos que la organización social de los aztecas, tomando como modelo a los mexicas, partió de los clanes totémicos o *calpulli* asentados en los cuatro barrios o *campan,* formados a su vez por tres *calpulli* cada uno.

Se instauró una estratificación social basada en los linajes sacerdotales. Los sacerdotes se convirtieron de guías y caudillos, en electores supremos, y eligieron a cada uno de los cuatro *teutlis* o gobernantes de los *campan.* Transcurridos los años y fallecido Tenoch, fueron ellos también quienes eligieron para gobernar Tenochtitlan al joven Acamapixtli, nieto de Acamapixtli el viejo, *Tlatoani* de Culhuacan, pueblo unido a los mexicas por lazos de sangre y parentesco. De ahí surgió el primer linaje y abolengo señorial de los tenochcas, quienes de esta manera empezaron su gobierno civil.[62]

El señorío de Acamapixtli se estableció a partir del núcleo social constituido por su propia casa señorial llamada Tecalli. Como todas las demás casas señoriales, estaba situada al centro del *campan* o barrio principal de Tenochtitlan, llamado Teopan y se rodeaba del recinto palaciego mencionado en algunos escritos con el nombre de "los patios". Al decir de Alxa Ixtlilxochitl[63] los mexicas, y en consecuencia Acamapixtli y sus descendientes, eran miembros de la tribu acolhua, por lo que, al establecerse Acamapixtli como gobernante, fue llamado el Colhua *–tecuhtli–* por proceder de la tribu tecpaneca. Las *tres* tribus mencionadas pertenecían al grupo genérico nahuatlaca.

[60] *Ibid.*
[61] Alva Ixtlilxochitl, Fernando, *Obras históricas, op. cit.,* t. I, pp. 423-447.
[62] *Ibid.,* p. 313.
[63] Alva Ixtlilxochitl, Fernando, *Obras históricas, op. cit.,* pp. 314-315.

Al ampliarse el dominio territorial del Altépetl-Tenochtitlan por medio de las conquistas emprendidas por Itzcóatl, este *tecuhtli* empezó a extender el linaje culhua, ya convertido en mexica o tenochca, estableciendo lazos de parentesco por medio del matrimonio de sus hijos e hijas con miembros de las casas señoriales que gobernaban las provincias conquistadas, primero en las regiones aledañas al Valle de México y posteriormente hacia el sureste y noroeste del territorio mesoamericano; ésta es una prueba de cómo la sociedad tenochca se convirtió, en virtud de su propio desarrollo político y social, en exogámica y clasista.

El *calpulli* o grupo de linaje estaba constituido por el *tecuhtli,* su familia ennoblecida, los *pipiltzin* o nobles con diferentes grados de nobleza y los *mayeques, calpulleque* y *macehuales,* miembros de los estratos sociales inferiores. Al ocupar la tierra que le había sido previamente asignada, llamada *calpullalli,* el *calpullec* o cabeza del *calpulli,* señalaba en un plano el destino de las diferentes fracciones y asignaba a los varios tipos de campesinos o gente inferior las funciones y la forma de trabajo que debían desempeñar. Encargaba la vigilancia del trabajo al *centecpanpixque,* o sea cuidador de las sementeras y la cosecha.

Los *calpulleque,* a diferencia de los *mayeques* y *macehuales* tenían para su uso tierras de mayor extensión y podían abandonarlas aunque perdieran el derecho a su uso, pues podían pasar a servir a otro *tecuhtli* e inclusive pasar a prestar servicios al *Tlatoani* o señor soberano.

Zorita afirma:

> *Calpulli* es singular y *calpullec* es plural. De estos *calpullec,* o barrios y linajes, unos son mayores que otros y unos tienen más tierras que otros, según los antiguos conquistadores y pobladores las repartieron entre sí a cada linaje, y son para sí y sus descendientes; y si alguna casa se acaba o acababan muriendo todos, quedan las tierras al común del *calpulli.*[64]

Los *calpulleque,* por no tener condición de servidumbre sino estar en posesión de la tierra en virtud de los derechos correspondientes a su linaje, no eran objeto de transmisión en servicio y tenían garantizada su seguridad en la tenencia de la tierra siempre y cuando las cultivaran sin interrupción y pagaran sus tributos en bienes y servicios; además, podían transmitir estos derechos en forma hereditaria y ampliar sus propie-

[64] Zorita, Alonso de, *Los señores de la Nueva España, op. cit.,* p. 31.

dades territoriales, alquilando tierras adicionales fuera de otro *calpulli* o de los señores que por alguna forma de conquista hubieran ampliado sus territorios.

Los tributos cubiertos por medio del trabajo de los *calpulleque,* o sea de los habitantes del *calpullalli* se canalizaban al *tecuhtli* o señor de un señorío o de una población importante, y éste, a su vez, los hacía llegar al *Tlatoani* o señor de la cabecera de provincia. Los tributos de los otros *calpullalli* integrantes del *campan* que formaban el *altépetl* o poblado se entregaban también al *tecuhtli* respectivo para que los hiciera llegar al *Tlatoani,* o en su caso al *Huey-Tlatoani* o Gran Señor. Entre tanto, los mayeques tributaban directamente a un noble particular, lo que limitaba su acceso a ciertos puestos de jerarquía o nobleza en virtud de que no tenían posibilidad de obtener los favores ni del *tehutli* ni del *Tlatoani* a cambio de sus servicios. La vigilancia de los *campan* y los *altépetl* estaba encomendada al *cihuacóatl* y el cobro de los tributos al *calpixque,* ambos ayudantes directos del *Tlatoani.*

De los recientes estudios aquí mencionados y de la investigación directa de la autora, podemos concluir que las sociedades mesoamericanas, tanto las correspondientes a los grandes señoríos independientes del señorío de la Triple Alianza, como los miembros de esta misma, se encontraban en una etapa de transición entre la sociedad tribal y la sociedad civil tipo moderno, con estratificaciones marcadas y pronunciada tendencia hacia la constitución de clases sociales definidas. En el momento del arribo de los españoles, la estratificación social se encaminaba hacia una sociedad con cierta permeabilidad social debido, entre otros factores, al aumento de la producción agrícola y al consecuente incremento de los tributos, así como también la consiguiente redistribución de los productos. Ello ofrecía a los componentes de los diferentes estratos sociales mayores posesiones de riqueza en bienes suntuarios y alimenticios y mayor consolidación en el poder a los *tecuhtli,* al *tehtli* y, finalmente, al *Tlatoani* quien, al frente del gobierno de los *Hueyétl Altépetl,* regía una forma de sociedad más integrada y con mayor control político, económico y social.

De no haber sobrevenido la conquista, el factor de crecimiento de las sociedades mesoamericanas habría conducido al establecimiento de una sociedad con expansión en el intercambio de productos, basado ya no sólo en los tributos sino en el comercio, donde no se puede suponer ocurriría el verdadero establecimiento de un sistema monetario y el perfeccionamiento de la comercialización de la tierra y sus productos.

El uso de la tierra como base de la organización social

En Mesoamérica, como ha quedado analizado, el uso y la tenencia del suelo estaban en estrecha relación con la estratificación social que partía del servicio a los dioses realizada por el señor y la nobleza identificados con el sacerdocio, hasta llegar a los humildes macehuales, quienes debían prestar también servicio en las constantes fiestas religiosas. El trabajo de la tierra, y después las labores artesanales y la actuación en la guerra, permitía a los señores ennoblecer a quienes trabajaban a su servicio en los diferentes niveles.

Tierra propiedad del Tlatoani

a] *Tlacocatalli* o *tatocamilli.*—Eran las tierras propiedad del Gran Señor o *Tlatoani,* destinadas a su servicio. Las podían trabajar los *mayeques* y los esclavos a su servicio. Estas tierras estaban sujetas a derechos hereditarios y se encontraban en posesión de los señores de los diversos señoríos o reinos quienes podían disponer de ellos en uso y abuso *(ius fruendi, ius abutendi)* de las mismas.

b] *Teopantlalli* o *teotlalpan.*—Eran tierras destinadas por el *tlacatitlin,* o sea la persona encargada de distribuir la tierra, para el mantenimiento de los sacerdotes y del culto religioso. Las trabajaban los *mayeques* o vasallos aparceros y se cultivaban bajo la dirección de los sacerdotes.

c] *Yaoyotlalli.*—Tierras de conquista utilizadas para el sostenimiento de la guerra. Se dividían en *milchimalli* o *cacalomilli,* según se sembraran de milpa o cacao. Eran cultivadas por los *calpulleque* o tributarios miembros del *calpulli,* pero se encontraban situadas dentro de las propiedades señoriales. Servían para premiar a los guerreros nobles o a los ennoblecidos y sólo el *Tlatoani* disponía de ellas.

d] *Tecpantalli.*—Eran tierras destinadas al pago de los servicios de los cortesanos o gente del palacio llamados *tepanpouhque* o *tecpancalli,* que residían en el recinto real, encargados del servicio y mantenimiento de las casas reales o de acompañar al

Tlatoani. Al abandonar el servidor el puesto, el *Tlatoani* nombraba otro usufructuario.

e] *Tlatocalli.*—Tierras destinadas a la manutención de los comerciantes cuando estos salían en misión a nombre del *Tlatoani.*

f] *Tetlatemotlalli.*—Tierras destinadas en igual forma al pago de los jueces y magistrados de los tribunales y del consejo supremo real considerados como habitantes del palacio real.

g] *Tlaqueuatlitlalli.*—Tierras destinadas a arrendar a los *mayeques* y a quienes se distinguían por servicios al *Tlatoani.* La compensación del *Tlatoani* la hacían los *mayeques* por medio de los tributos cubiertos, principalmente alimentos, flores o productos terminados de indumentaria y abrigo.

Tierras de propiedad privada de los nobles

a] *Tecpantlalli.*—Tierras propiedad del *tecuhtli* heredadas de sus antepasados donde se establecía la *tecpancalli* o casa señorial de un linaje. Eran transmitidas por herencia y constituían una especie de mayorazgo con todas sus características. Se trabajaban por los *macehuales,* fueran *calpulleques* o *mayeques,* en forma de aparcería, terrazgueros o renteros. La limitante a este derecho de propiedad a que las tierras fueran vendidas a *macehuales.*

b] *Tlacopipiltzin.*—Posesiones antiguas de cada uno de los *tlacopipiltzin,* que formaban parte de su linaje. Eran *teuctetin* que se trasladaban a vivir al poblado o *altépetl* aunque no pertenecieran al mismo linaje, pues un linaje podía comprender varias casas nobles o varios *teuctetin,* cada uno con su título y posesiones separadas o cedidas por razones de matrimonio.

c] *Pillalli.*—Tierras propiedad de los *pipiltzin* descendientes en menor grado del *tecuhtli,* que pasaban a sus descendientes en el poder o que podían repartirse en propiedad entre sus otros hijos y hermanos, o bien que eran recibidas de manos del *Tlatoani* como pago por el cumplimiento de cargos administrativos como el del *calpixque* o recaudador de tributos. Las trabajaban los renteros y terrazgueros conocidos como *mayeques* o *calpulleques* según sus diferentes condiciones.

Tierras de propiedad comunal

a] *Calpullalli.*—Tierras destinadas al uso y posesión de los *mace-*

huales, miembros del *calpulli* o subdivisión política administrativa de un poblado o ciudad *altépetl* o *hueyétl-altépetl.* Sus habitantes podían ser de un solo linaje, o bien, gente común perteneciente a diversos orígenes y linajes. Cubrían tributos al *tecuhtli* dirigente de la casa señorial o *tecalli.*

b] *Altepetlalli.*—Todas las tierras pertenecientes al *altépetl* o pueblo. Las tierras sobrantes de los *calpulli,* situadas en las afueras del poblado se cultivaban por todos los miembros del *calpulli* o tierras destinadas a los gastos de la escuela o para la enseñanza militar o *tepanchcalli* y de los jóvenes del *calpulli* que acudían al servicio militar o a la guerra antes de ocupar altos cargos.

LOS TRIBUTOS COMO FORMA DE REDISTRIBUCIÓN DE LA PROPIEDAD AGRÍCOLA

El sistema tributario fue la forma de explotación económica adecuada para el desarrollo del Imperio azteca. En tanto el gobierno de la Triple Alianza ocupaba sólo a los estratos bajos de su población en el cultivo de la tierra, destinaba a los miembros de los otros grupos sociales al cumplimiento de las demás actividades: gobierno, sacerdocio, ejército, comercio y artesanías; eran funciones para las cuales se preparaba a la juventud seleccionada de los cuatro *calpullis* ennoblecidos. Para sostener a estas clases privilegiadas no bastaba la producción de los *calpullalli,* ni del *altepetlalli;* se necesitaba de los tributos para sostener a un pueblo cuya principal ocupación era la guerra.[65]

De acuerdo con López Austín había pueblos cuyas funciones eran tributar para determinados fines: cubrir el gasto de los templos, para los vestidos de los principales, para bosques, jardines y palacios, y otros que servían para el pago de los jueces del *calpullalli.* El tributo recabado en el mercado estaba destinado a gastos militares.

El sistema por propia índole, necesitaba complementarse con la distribución de la tierra: los productos recabados como tributos eran el fruto inmediato de la explotación agrícola o mi-

[65] Las características guerreras de los mexicas se desarrollaron ilimitadamente al establecerse en Tenochtitlan. La manifestación más clara de ello se encuentra en la identificación entre guerra y religión, pues para ellos el servicio de los dioses se cumplía en las guerras floridas.

nera, fuente de la riqueza incrementada por la explotación forestal.[66] Se recibía además tributos obtenidos por la caza y la pesca, y también producción artesanal entre las que eran más cotizadas las producciones de las artes, de la pintura, la plumería, la orfebrería y los tejidos de telas finas.

En México-Tenochtitlan, el florecimiento del comercio favoreció el cambio en el ambiente ecológico del *hueyétl-altépetl,* así como también les favorecieron el desarrollo originado por la expansión de la política tributaria.[67] Como consecuencia, se ampliaron las zonas habitables de México-Tenochtitlan y México-Tlatelolco se destinó a zona exclusiva de la expansión económica-mercantil. Su mercado fue el más importante de Mesoamérica y la clase *potcheca* que ahí habitaba, además de constituir un estado independiente, fue dotada como ha quedado escrito de privilegios exclusivos por parte del gobierno de la Triple Alianza.

Al describir la política tributaria de la Triple Alianza, Miguel Othón de Mendizábal comenta:

> Las castas inferiores estaban obligadas a tributar periódicamente de los diversos productos de su agricultura local y de sus industrias domésticas en cantidad y calidad minuciosamente estipulada en las matrículas. Estos tributos y las prestaciones, tanto de paz como de guerra, se tenían que pagar tanto a los señores de Tenochtitlan, Tezcoco y Tacuba, como a sus señores naturales y a las diversas jerarquías de jefes secundarios.[68]

Los recaudadores de tributos operaban en tiempo de Moctezuma Xocoyotzin en más de cincuenta sitios o cabeceras tributarias en el Valle de México. Cerca de la mitad de ellas eran comunidades gobernadas por un *Tlatoani,* con un gobierno descentralizado efectivo, que pagaban sus tributos a los recaudadores locales o bien al recaudador o *calpixque* representante del *tecuhtli* o a los agentes recaudadores no residentes en la comunidad, y a su vez entregaban los tributos al *calpixque* real quien los hacía llegar al *Huey-Tlatoani* Moctezuma.

El pago de estos tributos a los señores o *Tlatoani* locales, con-

[66] La principal recaudación era en maíz, frijol, mantas, telas y artículos para la guerra: escudos, flechas, lanzas, dardos y las armas en general.

[67] Cada región tributaria se significaba en la producción de determinados artículos sobre todo tratándose de bienes suntuarios.

[68] Mendizábal, Miguel Othón de, *Influencia de la sal en la distribución geográfica de los grupos indígenas de México,* en *Obras Completas,* vol. 10, México, 1946-1947, t. II, pp. 175-340.

sistía en la entrega de mantas de diversos tipos, lienzos, maderas de pino para antorchas, esteras, canastos, vasijas y otros artículos semejantes. Las provisiones diarias incluían maíz, pavos, cacao, tomates, chiles y sal. Estaban exentos del pago de tributos los nobles y principales, los guerreros ennoblecidos, aquellos que pagaban a otros señores, los ancianos y enfermos, los niños hasta de 14 años y los jóvenes que vivían con su familia, y en algunos casos los comerciantes, artesanos ennoblecidos o los mercaderes que como los *potcheca,* tenían un tratamiento preferencial; los *macehuales* que mantenían los templos y los que servían a los sacerdotes estaban exentos igualmente del tributo. Los sacerdotes estaban exentos de pagar tributos y recibían tributo de los miembros del *calpulli* en forma de trabajos en las tierras a su servicio.

Las fuentes tributarias eran la ley y los tratados internaciones o tratados de estado, celebrados con los vencidos. El *Tlatoani* y el *cihuacoatl* fijaban el monto de los tributos a los pueblos.[69] López Austín afirma que los pueblos tributarios no incorporados podían tributar a uno o a todos. La distribución la hacía el *Huey-Tlatoani* de Tenochtitlan.

El tributo era señalado según la superficie de tierras cultivable de acuerdo con su calidad: los *macehuales* pagaban más cuando cultivaban grandes parcelas y menos cuando eran pequeñas. Además del pago de tributos diarios o mensuales, existía el pago del tributo periódico de cada 80 días que era una forma excepcional que se pedía a los pueblos tributarios para abastecer los almacenes de palacio y, generalmente, se combinaba con el pago de tributos especiales que se exigían para la celebración de las fiestas religiosas más importantes de la comunidad.[70]

Gibson reconoce cómo en Tenochtitlan el uso de los tributos tenía un carácter esencialmente colectivo, en tanto el *calpulli* los entregaba a los almacenes de la región bajo la inspección del *calpixque,* de donde se trasladaba a la ciudad o *altépetl;* se entregaban además de cada 80 días, cada 20 o 40 días si eran productos industriales y una, o dos o tres veces al año cuando se trataba de productos agrícolas que se recababan al terminar

[69] Los rebeldes pagaban el doble y el particular moroso o renuente podía ser vendido como esclavo. La máxima autoridad en materia fiscal era el *cihuacoatl,* considerado como un "virrey" o como un primer ministro con facultades de plenipotenciario.

[70] Durán, Diego, *Historia de los indios de Nueva España,* México, Editora Nacional, t. I, p. 198, *op. cit.;* Monzón, Arturo, *El calpulli...*, *op. cit.,* p. 42.

las cosechas. La recaudación era colectiva y los almacenes de destino servían a la gran comunidad.[71]

Romerovargas logró reconstruir el sistema de recaudación de impuestos, base de la apropiación de riquezas materiales del *tlatoani* y la nobleza, en la siguiente forma:

> los tributos eran entregados en cada pueblo a un *calpixque* de la región y todos centralizados en Tenochtitlan, donde se distribuían entre los tres estados confederados. Algunas regiones y señoríos tributaban directamente a cada uno de los tres miembros de la Confederación, pero cuando se refería a conquistas hechas por los tres reinos, los productos se llevaban a Tenochtitlan, donde se repartían entre los tres estados de acuerdo con las normas estipuladas entre sí. Había *calpixques* especiales para la recaudación de impuestos especiales.[72]

El gran recaudador tenía como autoridad inmediata superior al *cihuacoatl* o primer ministro del señorío y estaba encargado de recoger los tributos de los *calpixque* quienes, a su vez, entregaban los productos al *petlacáltl,* encargado de los almacenes de alimentos; al tesorero encargado de las joyas y obras de arte; al *tlacochálcatl,* encargado del arsenal; así como al *tlaquimiloltecuhtli,* encargado de la hacienda del templo y al *tlillancálcatl,* el tesorero del gran *teocalli.* Los funcionarios mencionados tenían a su cargo llevar la contabilidad de los productos tributados ayudados por los *tlacuil* que completan su relación dando a conocer cómo se reunían los recaudadores, en las salas del palacio para dar cuenta de los tributos que tenían a su cargo e informar al señor, cuando éste les solicitara, de los tributos que tenía a su cargo; y así cada día tenía cada uno aparejado el tributo que estaba a su cargo. Los agentes fiscales o *calpixques* —como ha quedado escrito— vigilaban las cosechas y cultivos para el control de la producción.

Como lo afirmara Clavijero,[73] la mayor parte de los tributos se volvían en beneficio de los mismos vasallos, ya fuera destinándolos a gran número de ministros y magistrados que administraban justicia, ya premiando a los beneméritos del estado, ya socorriendo a los menesterosos, especialmente a las viudas,

[71] Gibson, Charles, *Los aztecas bajo el dominio español (1519-1810)* México, Siglo XXI (3a. ed.), 1977, p. 196.

[72] Romerovargas, Ignacio, *Organización política, op. cit.,* pp. 286-287 y 352.

[73] Clavijero, Francisco Javier, *Historia antigua de México, op. cit.,* t. I, p. 335.

a los huérfanos y a los viejos inválidos, quienes merecieron siempre particular atención de los señores. De la misma manera se distribuían los productos al pueblo en tiempos de escasez y carestía. Además, como informa Romerovargas, los gastos ocasionados por las obras públicas, el sostenimiento de las guarniciones, de los caminos y —agregamos nosotros— de los embajadores y el ejército, o de los artesanos dedicados al cultivo de las bellas artes se cubrían con los impuestos recaudados, por lo que, en última instancia, la redistribución de las cosechas y de sus productos, así como de los demás artículos elaborados y producidos por artesanos y campesinos era equitativa y justa.

El *Códice Chimalpopoca* nos proporciona una idea cabal de esta contribución tributaria:

> Como un ejemplo tratándose de Tlatelolco, el señorío eterno enemigo del Tenochca, debía además de reparar y mantener, proporcionar 40 cestos de cacao molido con harina de maíz *—cacahuapinol—;* 800 cajas de mantas grandes de algodón; 80 piezas de armas de plumas baladíes, y otras 89 rodelas de plumas. Menos las armas que las pagaban cada año, todo lo demás había de tributarlo de ochenta en ochenta días.[74]

En la *Crónica Mexicayotl* se encuentran también abundantes comentarios sobre la cuantía de la recaudación tributaria azteca obtenida del resto de los señoríos dependientes del Imperio.

LA COMERCIALIZACIÓN DE LOS PRODUCTOS DE LA TIERRA

El Imperio azteca dio una importancia especial al comercio, ya fuera distributivo (dentro de la propia población tenochca) o se realizara con los señoríos dentro del territorio mesoamericano.

Los diferentes mercados de cada cinco días, *macuitianguiatli,*[75] tenían una jurisdicción privativa que correspondía aproximadamente a un perímetro de dieciséis kilómetros, en donde

[74] *Códice Chimalpopoca,* trad. directa del náhuatl de Primo Feliciano Velázquez, México, Imprenta Universitaria, 1945, pp. 64-65.

[75] En México-Tenochtitlan existía también un gran mercado, localizado en el *campan* Moyotla, actualmente conocido con el nombre de San Juan de Letrán.

debían celebrarse obligatoriamente todos los trueques, sin que fuera permitido realizar ninguna transacción fuera de sus términos.

De acuerdo con el *Códice Florentino,* la legislación era sumamente severa contra quienes infringieran los usos y costumbres dentro del *tianguis,* o bien para quienes violaran las normas de respeto exigidas a favor de los comerciantes en general y especialmente tratándose de los *potcheca.* Sahagún también relata cómo se guardaba una gran disciplina en el recinto del mercado y menciona la existencia de jueces que juzgaban a los infractores de la ley especialmente a los ladrones y a los truhanes.

La organización de los potcheca

Por disidencia en cuanto a ciertas formas de gobierno, pero también por características raciales diversas —pues según Acosta Saignes, el grupo tenochca de los tlatelolcas debió proceder de la costa del Golfo de México—[76] el señorío tlatelolca se separó en 1337 de los tenochcas, y sus habitantes fundaron una entidad política llamada México-Tlatelolco. Por matrimonio entre una señora principal y un señor de Atzcapotzalco, la dinastía se inició en 1360. Fue éste un gobierno aristocratizante de comerciantes poderosos, cuya riqueza se basaba en la adquisición de bienes suntuarios y joyería elaboradas en las regiones tropicales de Mesoamérica y comercialización en Tenochtitlan.

Los *potcheca* se mantuvieron siempre como una casta cerrada propietaria de riquezas y protegida por una serie de provilegios.[77] Entre sus facultades especiales estaban la de representar al *Tlatoani* en misiones parlamentarias en carácter de embajadores plenipotenciarios cuando las misiones requirieran singular inteligencia para tomar medidas estratégicas y preparatorias a las campañas de conquista. Tenían además, un recinto especial en el Palacio de Gobierno y conservan sus costumbres ancestrales, entre las que destacan: el culto a Quetzalcoatl, establecido en Cholollan; la utilización del *ulli* o hule en actos religiosos dedicados a su dios exclusivo, llamado Paténcatl o el Mensajero; la conservación de sus prácticas sexuales; la penitencia por los pecados; el uso del tabaco y de abanicos y papel en las

[76] Acosta Saignes, *Los potchecas, op. cit.*
[77] López Austín, Alfredo, *La constitución..., op. cit.,* p. 69.

fiestas y ritos ceremoniales; y, lo que es más significativo, las deformaciones craneanas, características de los olmecas y huastecos. Todas estas características condujeron al investigador Acosta a diferenciarlos como procedentes del Golfo pertenecientes a las tribus huastecas cuyo culto a Quetzalcoatl conservaban.

Bernardino de Sahagún, relata cómo Ahuizotl encargó a los *potcheca* la misión especial de vigilar y atacar a sus enemigos de la costa mesoamericana a fin de procurarse artículos suntuarios cuya elaboración era característica de la región tropical y no del altiplano para, en esta forma, aumentar sus riquezas materiales, aunadas las territoriales adquiridas en las guerras de penetración. Esta evidencia sirve para confirmar la hipótesis de Acosta.

Como estado independiente, Tlatelolco extendió sus dominios hacia Tepeyac, Tecamachalco y Cacaxtla, población cercana a Tlaxcala.[78]

En 1473, la Triple Alianza venció al ejército tlatelolca, convirtió a la isla en estado tributario y colocó en el gobierno a altos militares tenochcas con objeto de prevenir la posible rebeldía de la clase *potcheca* enriquecida.[79]

Los *potcheca* hicieron llegar a Tlatelolco toda clase de artículos procedentes de la costa del Golfo de México y del Pacífico: algodón, jades, piedras labradas, aves, pieles de jaguar, frutas tropicales y exóticas, pero los trabajos de plumería y la indumentaria ricamente bordada por los habitantes eran de las áreas totonacas.

Traían de las costas de Nayarit y Jalisco brillantes telas de variados colores; de Guerrero, la joyería y el oro; del sur, las aves mixtecas, el quetzal y el papagayo, los caracoles y la cerámica, todo con el fin de aumentar el valor de la propiedad acumulada en los grandes almacenes del recinto palaciego de Tenochtitlan.[80]

[78] En época reciente se han descubierto en Cacaxtla, estado de Tlaxcala, unos magníficos murales pertenecientes a la decoración de una antigua fortaleza olmeca y en los cuales se plasma una batalla entre olmecas y mayas. Los olmecas aparecen como los derrotados. Este hecho nos comprueba incidentalmente que los Tlaltelolcas tenían nexos directos con los olmecas y aun que sus ejércitos militares estaban formados por olmecas.

[79] En esta guerra se habían unido a los tlatelolcas los señores de Culhuacan, Cuitlahuac (hoy Tlahuac) y Huitzilopochco, Alva Ixtlilxochitl, *Obras históricas, op. cit.*, t. II, p. 141.

[80] Cortés, Hernán, *Cartas y relaciones con otros documentos,* Buenos Aires, Emece Editores, 1946, p. 181.

Distribución de los productos

Para la guarda y distribución de los productos de la tierra, existían en el palacio de los señores, bajo el resguardo del *petlácatl,* edificios acondicionados como trojes y grandes almacenes de depósito llamados *petlacalco* o lugar de petacas.

Apunta Sahagún:

> Otra sala del palacio se llamaba *Petlacalco.* En este lugar posaba un mayordomo del señor, que tenía cargo y cuenta de todas las trojes de los mantenimientos de maíz que se guardaban para prevenimiento de la ciudad y república, que cabían a cada dos mil fanegas de maíz, en las cuales había maíz de veinte años sin dañarse; también había otras trojes en que se guardaba mucha cantidad de frijoles. Había también otras trojes en que se guardaba la sal gruesa por moler, que la traían por tributo de tierra caliente; también había otras trojes en que se guardaban fardos de chile y pepitas de calabazas de dos géneros, unas medianas y otras mayores. En estas alhóndigas estaban también aquellos que hacían algunos delitos, por los cuales no merecían muerte.[81]

Ya que no existía una moneda propiamente dicha, la capitalización o incremento de la riqueza en el sentido moderno era imposible. Sin embargo, los *Tlatoani* aumentaban día con día sus posesiones en bienes materiales y suntuarios. Se cuenta cómo Moctezuma Ilhuicamina logró reunir en los almacenes de su palacio un número enorme de artículos de vestido y abrigo, los cuales, al sobrevenir la inundación de Tenochtitlan, sirvieron para ser distribuidos y satisfacer las necesidades del pueblo afectado. De la misma manera, se distribuyeron las reservas de todos los productos alimenticios ahí conservados.[82]

La redistribución de la riqueza era muy frecuente, pues los *Tlatoani* acostumbraban corresponder la prestación de servicios distinguidos con la donación de toda clase de satisfactores que venían a acrecentar las propiedades y riquezas del sacerdocio, los jueces, guerreros, comerciantes, artistas, educandos y artesanos merecedores de honores especiales. También los ancianos desprotegidos y las viudas recibían asignaciones por parte del *Tlatoani.*[83]

Cada *calpulli* tenía también su propio *petlacalco,* donde se

[81] Sahagún, Bernardino, *Historia general, op. cit.,* t. II, p. 311.

[82] Alvarado Tezozomoc, Hernando, *Crónica mexicana,* notas de Manuel Orozco y Berra, México, Ed. Leyenda, S. A., 1944, pp. 151-154.

[83] Sahagún, Bernardino de, *Historia general, op. cit.,* t. II, p. 321.

recogía el fruto de las tierras comunales y el producto de las industrias. Con los productos almacenados se cubrían los tributos asignados y se pagaban las sanciones eventuales en que pudieran incurrir los habitantes del *calpullalli;* también se satisfacían las necesidades colectivas, se cubría la colaboración para la escuela pública comunal y se liquidaban los gastos de los guerreros.

EL TERRITORIO MESOAMERICANO A LA LLEGADA DE LOS CONQUISTADORES

Los conquistadores, a su arribo al Valle de Anáhuac encontraron, además del llamado Imperio azteca y sus dominios tributarios seis señoríos independientes que los aguerridos ejércitos de la Triple Alianza no habían podido someter; algunos de ellos —al correr del tiempo— se convirtieron en sus aliados.[84]

Tlaxcallan, Huexotzingo, Chocolollan, Metlalzinco, Mextitlan y Totoltepec formaban cada uno por sí solo una ciudad-estado aunque constituían un territorio unido por la composición étnica y lingüística de núcleos muy importantes de su población. El grupo otomiano u otomí debió haber estado al mando de la región, puesto que los antecedentes históricos confirmados por la arqueología en Tlaxcallan, Huexotzingo, zona donde se localizan Malinalco y Tulancingo, los mazahuas y matlalzincas, ramas otomianas, establecieron sus culturas; y Mextitlan y, Totoltepec son aún en la actualidad lugares donde habitan los grupos otomíes contemporáneos.[85]

Indudablemente, obedece a esta circunstancia el hecho de que la región se haya mantenido independiente, pues es de sobra conocido cómo los otomíes defendieron sus posesiones y señoríos con el valor y la tenacidad demostrada por sus guerreros, cualidades que, al establecerse la hegemonía azteca, les valió el ser incluidos en el ejército conquistador en circunstancias privilegiadas.

A este respecto, el cronista Múñoz Camargo relata cómo al arribo del capitán general a la frontera Tlaxcallan, fue reci-

[84] Cortés, Hernán, *Cartas de relación, op. cit.,* p. 142.

[85] Carrasco Pizana, Pedro, *Los otomíes,* tesis profesional, México, Publicaciones del Instituto de Historia, 1950.

bido de manera hostil por los indios otomíes de Texohuatzingo que guardaban aquella frontera, y Veytia confirma lo anterior cuando relata que los otomíes guardaban la frontera en la región de Texcoac. Muñoz Camargo también hace referencia a los esfuerzos de Moctezuma II por sobornar a los otomíes que guardaban las fronteras de Tlaxcallan en la región occidental del territorio.

Debido a la existencia de otomíes en territorio tlaxcalteca y a los vestigios arqueológicos recientemente descubiertos, se supone que Tlaxcallan fue señorío olmeca, habitado por ambos grupos a la llegada de los nahoas, y que posiblemente los olmecas hablaban otomí.[86]

Davies, hace referencia a las consideraciones que al respecto han formulado diversos investigadores: Soustelle considera que la zona principal de los otomíes quedaba al oriente del cerro Malintzin.[87] *La relación breve y verdadera,* de fray Alonso Ponce,[88] cita como evidencia de otomíes en Cuauhmantla –hoy Huamantla– y en otras partes del territorio tlaxcalteca como Atlacatepec y Hueyotilpan. Ponce confirma lo afirmado por Motolinía sobre la presencia bastante generalizada de otomíes:

> Hablaban los de Tlaxcallan y muchos de los sujetos la lengua mexicana, no tan corta ni pulida como los de México y Tezcoco, otros pueblos hay entre éstos que hablan la lengua otomí y todos caen en el obispado de Tlaxcallan.[89]

El extenso territorio mesoamericano llegó así a integrarse desde la frontera Chichimeca en los estados de Zacatecas y Durango, hasta la actual América Central, con excepción de los señoríos y regiones señalados por Davies y de los cuales ya se ha hecho mención.

Es evidente que entre los aztecas y los señoríos independientes, existieron varios nexos religiosos que permiten suponer una hegemonía cultural en Mesoamérica. Ejemplos de esto son los cultos territoriales a Itzpapalot, dios del agua; Xipetopec, dei-

[86] Wolf Erick, *Sons of the shaking earth, op. cit.,* pp. 37 y ss.

[87] Soustelle, Jacques, *La famille otomí-pame in Mexique Central,* París, Institut d'Ethnologie, 1937, p. 20.

[88] Ponce, fray Alonso, *Relación breve y verdadera de algunas cosas de las muchas que sucedieron al padre fray Alonso Ponce,* Madrid, Imprenta de la Viuda de Calero, t. I, p. 146.

[89] *Ibid.,* p. 119.

dad lunar y de la primavera; Quetzalcoatl, deidad mayor cuyo mito es indudablemente hegemónico.[90]

Fuera de estos lazos, no se ha encontrado que los aztecas ejercieran un dominio territorial absoluto, más bien basaban su sistema de control en el establecimiento de un gobierno y una guarnición militar, dando especial importancia a las zonas fronterizas, de cuya defensa se encargaban los otomíes.[91]

La situación territorial de Mesoamérica favoreció la independencia de los diferentes señoríos, los cuales subsistieron en los numerosos valles y regiones en que estaban ubicados imponiendo sus propias costumbres y su propio idioma. De acuerdo con Davies, se podría comparar el sistema azteca con el que el gobierno británico tenía establecido en la India, con su mezcla de control directo en ciertas áreas y de control directo en ciertas dinastías.

Además de estos territorios, había estados fronterizos que gozaban de una semi-independencia, como es el caso de Coatzacoalco. La política de conquista azteca tuvo, indudablemente, una base de carácter económico.

Moctezuma Xocoyotzin se distinguió por la tiranía ejercida por su gobierno sobre todo el territorio mesoamericano.[92] Sin duda fue debido a su ambición desmedida y a su deseo enfermizo de ejercer el poder que los conquistadores encontraron, desde su arribo a las costas de Veracruz, apoyo en todos los pueblos por donde iban pasando.

Los principales enemigos de Moctezuma eran, Tlaxcallan, Huexotzingo y Chololan, tres de los señoríos independientes cuyo valor había sido muchas veces demostrado. Los dos últimos, aliados en ese momento de Moctezuma, declararon la guerra a Tlaxcallan, la cual a su vez solicitó el apoyo de otros dos miembros, casi disidentes, de la Triple Alianza. El resultado del conflicto fue la derrota de los ejércitos de Moctezuma. Posteriormente empezaron algunas rebeliones en Tlatelolco, en la Mixteca y en Huexotzingo.

A partir de 1509, Moctezuma, convencido de que la ira de los dioses se había pronunciado en su contra, desató una serie de guerras: Icpatepec, Malintepec, Ixquixochtlan, Tacquiauhco, Cuatzontepec, Xaltepec, Cuatzontlan, del actual estado de

[90] Spranz, Bodo, *Los dioses en los códigos mexicanos del grupo Gorgia*, México, Fondo de Cultura Económica, 1973, pp. 85, 352 y 140.

[91] Soustelle, Jacques, *La famille otomi*, *op. cit.*, p. 488.

[92] Alvarado Tezozomoc, Hernando, *Crónica mexicayotl y Crónica X*, *op. cit.*, pp. 444-446.

Guerrero, y Amatlán, Molanco, Hueyapan, Tecochiapan, Malinaltepec, Huexotlan y Zacatepec, del actual estado de Oaxaca, son algunos de los cuarenta y cuatro señoríos que conquistó entre 1503 y 1519, hasta integrar un vasto imperio.[93]

La que actualmente llamaríamos la expansión política y económica en Mesoamérica, fue el origen de la pérdida del poder azteca, aunado este hecho al manejo equivocado de Moctezuma con respecto al derecho de la nobleza y los señoríos aliados.[94] La formación de una autocracia cada vez mayor, logró producir un descontento general entre los demás señoríos, sobre todo por la gran acumulación territorial y de riquezas materiales del poderoso *Huey-Tlatoani* mexica.[95] De tal forma los condicionantes para la conquista estuvieron dados a partir de los primeros años de gobierno de Moctezuma el joven.

[93] *Códice Mendocino,* versión facsimilar del gobierno de México, 1908.

[94] Davies, Nigel, *Los señoríos independientes, op. cit.,* p. 222.

[95] Desde Zempoala, Cortés fue advertido por los diferentes señores naturales del poder y fuerza de Moctezuma, Cortés, Hernán, *Cartas de relación, op. cit.,* pp. 120-123.

2. EL DERECHO CASTELLANO SOBRE LA PROPIEDAD DE LA TIERRA

El Derecho castellano, rigió como derecho supletorio en las Indias desde el momento en que el dominio de las islas y tierra firme descubiertas y por descubrir por Colón, quedó incorporado —en vitrud de las dos bulas *Inter caetera divinea*—, a la corona de Castilla. El Papa Alejandro VI, se refiere en la primera *Inter caetera,* a la incorporación en los siguientes términos:

> Así que todas sus islas y tierras firmes halladas y que se hallaren descubiertas y que se descubrieren... Por la Autoridad del Omnipotente Dios no es San Pedro concedidas y del Vicariato de Jesús Cristo, que exercemos en las tierras, con todos los señoríos de ellos, ciudades, fuerzas, lugares, villas, derechos, jurisdicciones y todas sus pertenencias, por tenor de las presentes las damos, concedemos y asignamos perpetuamente a vos y a los reyes de Castilla, y de León, vuestros herederos y sucesores, señores de ellas con libre, lleno y absoluto poder, autoridad y jurisdicción...[1]

Las concesiones señoriales las hace a Fernando e Isabel en su carácter de esposos, reyes de Castilla y León a sus herederos y sucesores los futuros y subsecuentes reyes castellanos, eliminando de los privilegios a Fernando, en su calidad de rey de Aragón y a su sucesores de esta corona. El pronunciamiento papal permitió a los Reyes Católicos considerarse soberanos propietarios de los dominios americanos: Isabel por pleno derecho y Fernando por lazos matrimoniales.[2] Fernando consideró la concesión pontificia también dada a su favor en cuanto rey de

[1] *Bula Inter caetera del 3 de mayo de 1493;* González de Cossío, Francisco, *Historia de la tenencia y explotación del campo desde la época precortesiana hasta las leyes del 6 de enero de 1915,* México, Talleres Gráficos de la Nación, 1957, t. I, p. 293.

[2] García Gallo, Alfonso, *Estudios de historia del Derecho indiano,* Madrid, Instituto Nacional de Estudios Jurídicos, 1972, p. 482.

Castilla, y por el término de su vida, esto es que a su muerte pasaría a su sucesores, razón por la cual llevó título de Señor de las Indias mismo que a su muerte transmitió, entre otros derechos a su hija doña Juana.

Diversos autores, mencionados por García Gallo,[3] han esgrimido sus hipótesis sobre los motivos que tuvo Alejandro VI para hacer la donación a los monarcas en su calidad de reyes de Castilla con lo cual eliminó al rey de Aragón y a sus descendientes de participar en el gobierno de las Indias; algunos autores lo atribuyen a diferencias entre el Papa y Fernando; otros a la necesidad de evitar la duplicación de funciones gubernamentales; García Gallo, opina que la razón de la preponderancia de Castilla radicó en la disputa con Portugal sobre los derechos del descubrimiento de las islas cercanas a las supuestas Indias, en la cual el Pontífice otorgó su protección a Castilla como una de las partes en litigio; en efecto, el texto de la bula mencionada otorga la protección pedida y confirma los derechos del reino castellano sobre las tierras descubiertas por Colón, y en virtud del título papal y de los derechos reconocidos por el descubrimiento, las Indias pertenecerán a los Reyes Católicos como reyes de Castilla; Fernando de Aragón en virtud de su matrimonio con Isabel de Castilla reinó sobre las Indias debido a que entraron al patrimonio real como bienes gananciales de la corona y en tanto las capitulaciones matrimoniales sentaban que estos bienes sí podían ser susceptibles de partición por indiviso, diverso de lo ocurrido con el reino de Castilla que como tal pertenecía en exclusiva a la reina Isabel, en tanto constituía una sola masa patrimonial.

Esta situación jurídica originó que, tanto Isabel como Fernando, dispusieran en sus respectivos testamentos de la mitad del territorio indiano, y lo otorgaran en herencia a su hija doña Juana. La heredera de Castilla y Aragón constituyó la integración territorial incluyendo los territorios indianos, y éstos pasaron íntegramente a su vez al heredero universal, Carlos I de España y V de Alemania.

Las opiniones emitidas por diversos autores jurídicos sobre cuándo ocurrió la incorporación formal de las Indias a la coro-

[3] *Ibid.*, pp. 474-476; Rumeu de Armas, Antonio, *Colón en Barcelona,* Sevilla, 1944, p. 52; Manzano, J. *¿Por qué se incorporaron las Indias a la corona de Castilla?* Madrid, *Revista de Estudios Políticos,* 1942; Pérez Imbid, Florentino, *Los descubrimientos en el Atlántico y la rivalidad castellano-portuguesa hasta el tratado de Tordesillas,* Sevilla, 1948.

na de Castilla, han producido diversos estudios: Pérez Embid,[4] considera que la incorporación formal de las Indias a la corona de Castilla tuvo lugar no a la muerte de Fernando V, sino en la reunión de las Cortes en Valladolid de 1518, cuando éstas solicitaron a Carlos I, "que no enajene cosa de lo tocante a la corona real", propuesta aceptada por el rey cuando el ya entonces Carlos V emperador, y su madre doña Juana, fueron recibidos y jurados reyes y señores de los reinos de Castilla y León. En aquella fecha, el emperador se comprometió ante sus súbditos y declaró que como reyes de las Indias, islas y tierra firme y el mar océano, que eran y serán de la corona de Castilla, ninguna ciudad, ni provincia, ni isla, ni otra tierra anexa a la corona real de Castilla, podían ser enajenadas ni apartadas de ella.

García Gallo, considera realizada la incorporación en 1493, en el preciso momento de la promulgación de las bulas papales, y que Carlos V se limitó a reconocerlo en el texto de las Provisiones Reales de 1519, 1520 y 1523; el monarca, tras de aludir nuevamente a la promesa real de no enajenar parte alguna del territorio afirma que las Indias son de la corona de Castilla e insiste:

> Por estar como ansí está jurado e de contenerse así en bulla de la donación, no avía necesidad de nueva seguridad, pero para mayor certeza y confianza de sus pobladores promete al rey no enajenarlas y tenerlas *como a cosa incorporado en ella,* la corona y si necesario es, de nuevo las incorporamos.[5]

El propio autor interpreta en estas palabras del emperador una ratificación del acto papal primitivo.

Desde el punto de vista jurídico, la incorporación significó para los habitantes de las Indias: *a*] su equiparamiento con los vasallos de Castilla; *b*] la vigencia subsidiaria de las leyes de Castilla en Indias, en defecto de las dictadas especialmente para éstas; y *c*] la instauración del gobierno y la administración de justicia procedente de Castilla con exclusión de la injerencia de cualquier otro reino español inclusive el aragonés.[6]

[4] *Ibid.,* p. 486, cita a Pérez Embid, Florentino, *op. cit.,* pp. 294-299.

[5] *Cedulario indiano recopilado por Diego de Encinas,* reproducción. Facsímil de la edición única de 1956, estudio e índice de Alfonso García Gallo, Madrid, 1946, pp. 58-60.

[6] García Gallo, Alfonso, *Génesis y desarrollo del Derecho indiano,* en *Estudios de historia del Derecho indiano, op. cit.,* pp. 126-132.

LOS ORÍGENES DEL DERECHO CASTELLANO

Los diferentes pueblos que habitaron la península ibérica antes de la colonización romana pueden agruparse en dos grandes ramas: celtas e iberos; divididos en subgrupos de diferentes niveles culturales y diferentes lenguas, religiones, derechos y grados de desarrollo de la vida económica;[7] dichos pueblos ocuparon el territorio en migraciones subsecuentes. Su población se dividía desde el punto de vista jurídico en hombres libres y siervos, sometidos a la potestad de un señor o *domine,* propietario de una entidad política o religiosa, o bien del rey.

Valdeavellano, considera la capa superior de la población libre como:

> Constituida por los nobles, príncipe, *maxime natu* y señores, los cuales habitaban en las ciudades y poseían latifundios y riquezas, en tanto que la gran masa de la población la integraban los habitantes libres de los poblados rurales, dueños de las tierras que cultivaban llamados *rustici* o *plebei.*[8]

La imposición del Derecho romano

La colonización de España, realizada por los romanos, produjo la absorción cultural y política de los pueblos locales, sometidos por la *deditia* o entrega incondicional y por el *foedus* o convenio de alianza. Las ciudades llamadas estipendiarias eran las sometidas por la *deditia;* aunque conservaban su régimen político, y eran autónomas en su gobierno interno, estaban sometidas al gobernador romano provincial a quien pagaban los tributos; las ciudades libres, exentas del pago de impuestos, eran ciudades reconocidas, al decir de Sánchez de Albornoz, como ciudades inmunes o libres, federadas en virtud de haber pactado una alianza o *foedus* con Roma.[9]

[7] Lalinde Abadía, Jesús, *Iniciación histórica al Derecho español,* Barcelona, Ediciones Ariel, 1970; Pidal, Pedro José, *Lecciones sobre la historia del gobierno y legislación de España,* Madrid, 1880.

[8] Valdeavellano, Luis G. de, *Curso de historia de las instituciones españolas,* Madrid, Biblioteca de la Revista de Occidente, (4a. ed.), 1975, pp. 111-113.

[9] Sánchez de Albornoz, Claudio, *Estudios sobre las instituciones medievales españolas,* México, Universidad Nacional Autónoma de México, 1965,

La expansión colonial dio a las ciudades una estructura romana; cuando se les negaba el sufragio y se les aceptaba el pago de la *manus* o tributo, se les llamaba municipio, y se regían por el derecho latino o derecho romano incompleto; o bien, se regían por el derecho romano completo, cuando las ciudades estaban constituidas por ciudadanos romanos, de cualquier origen pero amparados por la legislación romana antigua.[10] Vespaciano propició, entre 69-79, la romanización de las ciudades celtas e iberas organizándolas en municipios latinos regulados por leyes especiales. El proceso de romanización alcanzó su punto máximo en Iberia cuando el emperador Antonio Caracalla pronunció en 212, la *Constitución Antoniana;* por medio de ella se otorgó, sin distinción, la ciudadanía romana a los súbditos del Imperio, hecho que sin embargó no logró extinguir el régimen jurídico original.[11]

Las provincias romanas se habían constituido en colonias abastecedoras de productos agrícolas, ganaderos y mineros, con escasa producción industrial; por su producción cerealera, de aceite y vinos, se les consideraba *provinciae frumentariae;* producían ganado caballar y ovino; y de las ricas minas de Sierra Morena, Cartagena, Asturias y Portugal se enviaba al estado romano: oro, plata, hierro, cobre, plomo y estaño. Las principales industrias eran la agroindustrias derivadas de la agricultura, la ganadería y la pesca, además: la orfebrería, armería, la textil, del hilo, la lana, la cerámica y el vidrio.

El régimen de explotación de la tierra permitió coexistir a los pequeños y medianos propietarios con los latifundistas dueños de grandes propiedades territoriales, constituidas a partir del siglo I, bajo el régimen romano. La esclavitud fue el factor principal en el acaparamiento de la tierra; cuando la población disminuyó en virtud de la guerra de conquista, los pequeños propietarios o poseedores, ante la carencia de esclavos, o sea de

p. 21; afirma: En manos de los funcionarios y de los magistrados civiles, desde los procónsules hasta los curiales, estaba la administración de las provincias y de las ciudades.

[10] Lalinde Abadía, Jesús, *Iniciación histórica...*, *op. cit.*, pp. 32 y ss.

[11] Durante la época del Imperio romano, el derecho romano se convirtió en el derecho rival de todas las provincias, aunque las legislaciones nativas, en este caso las ibéricas, mantuvieron su fuerza. En tiempos de Dodeciano se aplicó como derecho sustantivo dejando el derecho nativo en lugar secundario. Valdeavellano, Luis, *Curso de historia de las instituciones españolas, op. cit.*, p. 126.

mano de obra gratuita, vendieron sus tierras a los propietarios más ricos, pasando a la situación de arrendatarios o colonos; asumían tal calidad por medio de la celebración de un contrato de aparcería o colonia partiaria o por una cesión rescindible en cualquier momento llamada *precarium*.[12]

Los latifundios o *saltus* estaban en manos de los ricos propietarios o ricos *omes* de la Iglesia, o de los emperadores romanos, y se constituían en territorios dispersos según el modelo de las grandes fincas orientales. El centro del latifundio era la villa o casa del propietario y en su defecto, el monasterio. El dueño se reservaba, para su cultivo, los campos circundantes conocidos como *terra dominicata;* el resto de la tierra cedida en arrendamiento a los colonos se llamaba tierra *indominicata;* el colono pagaba por su explotación un *censum* al propietario. El trabajo personal se estableció en el siglo II; se realizaba durante la siembra, la escarda y la recolección, en las tierras del propietario y era designado con el nombre de *opera et iugera.*

El poder económico de los propietarios les permitió, en el Bajo Imperio, ciertos derechos sobre los habitantes de sus villas y latifundios: *a*] la recaudación de impuestos con su beneficio consiguiente; *b*] la administración de justicia y *c*] la formación y pago de un ejército privado. Ello les dio preponderancia sobre los administradores públicos imperiales y ejecutores de la *Lex Provincie;* de ahí surgió el dominio señorial pues dejaron de ser simples dueños o propietarios para convertirse en señores independientes de la administración provincial y municipal romana.

El Derecho visigodo

Los romanos llamaron "barbaros o barbari" a los pueblos cuya cultura y costumbres eran inferiores a la alcanzada por ellos en la larga época del esplendor del Imperio romano; consideraban como bárbaros a los germanos —godos y visigodos— paulatinamente infiltrados en el territorio hispánico. El derecho romano clasificaba a los bárbaros dentro de la calidad de *dedicticios* o sometidos, en forma incondicional, y por lo tanto ciudadanos marginales. A la caída del Imperio, fueron herederos de los territorios provinciales hispanos, donde establecieron formas de

[12] Thompson James V., *An introduction to Medieval Europe,* Nueva York, W. W. Norton and Co., 1937, pp. 294-297.

convivencia con los colonos y provinciales romanos. De esta unión surgió un derecho primitivo, producto de la superación del derecho gestado por órdenes de los monarcas bárbaros y las normas aún aplicadas, remanentes del derecho impartido por los magistrados romanos provinciales.[13]

En el siglo V, al ocurrir el derrumbe total del Imperio romano de Occidente, los godos y visigodos cobraron supremacía cultural sobre los demás pueblos bárbaros: francos, bávaros, borgoñeses y sajones. Como producto de su romanización, los godos empezaron a producir ordenamientos legales más depurados que influyeron la legislación primitiva de los demás pueblos. Sus leyes estaban generalmente redactadas en latín y al decir de Lalinde Abadía, no representaban un derecho germánico puro, a causa de la romanización sufrida como consecuencia del contacto con los remanentes de la cultura latina, y de las normas del derecho romano, todavía en vigor.

El Código de Eurico ejerció una supremacía definitiva sobre la legislación de los demás pueblos europeos. En leyes como *Lex Borgundiorum* o *Lex Gombeta* de los borgoñeses; la *Lex Salica* y *Lex Repuaria* de los francos; el edicto de Rotario de los lombardos; y la *Lex Bawarium* de los bávaros, vigentes en el siglo VIII, se encuentran fácilmente los nexos con la obra de Eurico. Vance encuentra en esta legislación, los antecedentes del Derecho hispanoamericano.[14]

El Código de Eurico o Derecho antiguo,[15] contaba con trescientos sesenta y tres capítulos, agrupados en títulos, de los cuales sólo se conocen sesenta y un capítulos de redacción legislativa; se considera que fue promulgado entre 475 y 477 bajo el nombre de *Lex Romana Visigothorum*. Fue obra conjunta del ministro León de Chabona y del jurista Marcelino.

Alarico, en el año de 506, ordenó a una comisión de juristas,

[13] La primera codificación de ambos sistemas o periodos apareció bajo el dominio de los godos, con el Código de Eurico, que contiene la compilación de las leyes y usos sociales en la época de su reinado en los años de 467 a 485.

[14] Vance, John Thomas, *The background of Hispanic-American law*, Washington, D.C., The Catholic University of America, 1937, p. 35.

[15] Los godos llevaron a España sus propias leyes y crearon el Código de Alarico, y los habitantes hispano-romanos retuvieron su propia legislación escrita en el Código de Eurico. Con ello se estableció un dualismo legislativo en el cual los elementos germánicos y romanos se unieron y el resultado fue el triunfo del elemento romano sobre el germánico, Vance John T., *op. cit.*, p. 46; Mac Kay, Angus, *Spain in the Middle Ages, from frontier to empire, 1000-1500*, Londres, MacMillan Press Ltd., 1977, pp. 96-104.

la selección de textos extraídos de la obra del emperador romano Teodosio; la recopilación recibió el nombre de *Breviario de Alarico* y es una compilación del derecho romano y de textos seleccionados de los Códigos Gregorianos y de tres de las Institutas de Gallo.

En la reunión del VII Consejo de Toledo, celebrado el año de 642, se iniciaron nuevas modalidades en el orden público establecido; el consejo modificó la estructura cerrada de la Ley visigoda y permitió la influencia de la Ley romana, más abierta y popular. Las modificaciones fueron en los siguientes aspectos: *a*] se eliminaron las normas exclusivas del Derecho de los reyes a favor de la corona y la nobleza; *b*] se amplió la legislación común; y *c*] se simplificó la administración de justicia. A este esfuerzo de unión entre la legislación romana y la visigoda, y su acceso al entendimiento y aplicación a favor del pueblo, se le conoce como el proceso de la incorporación legislativa.

El fuero juzgo

Rocesvindo, hijo de Chirasvindo, reunió la redacción legislativa de Leovigildo y las principales disposiciones de los monarcas posteriores; corrigió algunas leyes, que sometió al juicio de San Braulio y a la revisión del VIII Concilio de Toledo en 654. Promulgó su legislación ante el clero y la nobleza, bajo el nombre del Libro de los Jueces o *Liber Judiceum,* conocido también como Ley de los visigodos o fuero juzgo. En el siglo XII, Fernando III de Castilla, primer rey legislador, ordenó su traducción a la lengua local para aplicarlo en Córdoba según la versión en castellano.[16]

Está compuesto por un título preliminar y doce libros, subdivididos en cincuenta y cuatro Títulos y quinientos setenta y ocho Leyes, que se ocupan del derecho sustantivo de las personas y la propiedad, del derecho penal, del procedimiento civil y criminal y de otras materias de carácter religioso, incluyendo el tratamiento a los heréticos y judíos.

El fuero juzgo contiene, por primera vez en la legislación hispánica, la doctrina del origen y legitimación de la autoridad, pero todavía carece de una práctica de garantías a la persona

[16] Por este motivo puede considerarse el fuero juzgo como la primera legislación propiamente castellana y fuente directora de la misma. Lalinde Abadía, Jesús, *Iniciación histórica, op. cit.*, pp. 51-67.

y al individuo. El Libro IV, trata de los grados de parentesco, de la herencia, de la custodia de bienes y de la sucesión; el Libro V, regula la propiedad eclesiástica, las donaciones, las ventas, los préstamos, los depósitos, las hipotecas y establecen los delitos en contra de la propiedad; el Libro VIII, señala los daños contra la propiedad; y en el Libro IX se regula la esclavitud.

Su importancia radica en haber sido la primera codificación del derecho propiamente español, y en haberse convertido en la primera fuente del derecho antiguo; tuvo precedencia con relación a las Partidas y su autoridad fue reconocida aun por la Novíssima Recopilación de 1805.[17]

EL DERECHO EN LA ALTA EDAD MEDIA CASTELLANA

En determinadas condiciones, cuando pasados los siglos se llevaron a cabo acciones derivadas de la repoblación territorial, el rey, el magnate o el monasterio podía eximir a las poblaciones y sus habitantes de la obligación de cumplir con determinadas obligaciones, gabelas, prestaciones o cargos. Se hacía mediante la expedición de un ordenamiento legal formado por diversas disposiciones llamado fuero. En el texto del propio fuero, podían señalarse derechos, privilegios o libertades para las personas a favor de quienes se otorgaba, fueran habitantes de un dominio, señorío, ciudad o villa privilegiados.

Los fueros municipales

Las circunstancias propias de la reconquista motivaron la aparición pronta en España de ciudades fortificadas con privilegios exclusivos, la gran extensión de tierras, otorgadas para su beneficio, les aseguraban su lugar en la jerarquía feudal. Ello trajo como consecuencia la expedición de fueros en los que se contenían las prerrogativas de los pueblos y comunidades, frente al rey y a los nobles, y en uso de su libertad tradicional.

La unificación legislativa, propuesta por el fuero juzgo, fue rechazada por las ciudades que poco a poco iban recuperando

[17] Vance, John T., *The background...*, *op. cit.*, pp. 53-58.

su territorio de manos de los moros. A cambio de ello, solicitaron se les otorgaran los fueros municipales a fin de poder desarrollar un gobierno de estructura abierta, donde la participación popular exigía la presencia de corregidores nombrados por el rey; el corregidor ejercía el gobierno en su nombre y representación, pero limitados por los regidores del Consejo, representantes del pueblo.

El fuero municipal era el estatuto legislativo adoptado en estas circunstancias y contenía: 1] Leyes respectivas que se ocupaban de establecer el derecho de la autoridad del rey y de los municipios, asegurar las relaciones entre el rey y el pueblo y de las representaciones de los consejos en el gobierno. 2] Leyes que establecían el orden y la tranquilidad, la administración de justicia civil y criminal y de la seguridad personal. 3] Las leyes relativas a la sociedad y al crecimiento de la población. 4] Leyes relacionadas con los reglamentos de la policía y del uso de la tenencia de la tierra y la agricultura.[18]

Actuaba como nivelador del poder de la nobleza y los señores feudales. En Castilla el fuero municipal se llamó fuero de albedrío. En el tiempo de la unificación de Castilla, bajo el poder de Fernando González el fuero de Castilla adquirió su carácter definitivo debido, primero, a que antes de lograr la reconquista total del territorio era dudoso proteger las fronteras con ordenamientos estrictos y limitaciones específicas del territorio donde se aplicaban y, segundo, porque era necesario aplicar el derecho de propiedad en dichos territorios.

El fuero viejo de Castilla

Alfonso VIII confirmó en 1212 los fueros del Consejo de Castilla, manifestando su aceptación a los derechos feudales existentes a favor de los *Domine* o Señores; éstos, junto con los ricos hombres, componían el estrato superior de la sociedad castellana. El fuero viejo de Castilla no fue promulgado oficialmente, a pesar de ello continuó en vigor hasta la promulgación del fuero real de Alfonso X en 1255.

El fuero viejo tuvo su origen en compilaciones anteriores,

[18] Acerca de los fueros municipales consúltese Muñoz y Romero, Tomás; *Colección de fueros municipales y cartas-pueblos de los reinos de Castilla, León, corona de Aragón y Navarra,* Madrid, 1847, vol. I, conteniendo documentos de los años 780-1144.

como las Leyes contenidas en el ordenamiento de Nájera de 1138, promulgado bajo el reinado de Alfonso VII. En el mencionado ordenamiento se establecieron los términos de relación entre los señores feudales, los nobles y la gente común. También se regularon los derechos y obligaciones de los feudos sin detrimento de los derechos del rey. Los nobles habían obtenido derechos y privilegios por la potestad real o procedentes del uso y la costumbre. Con la unificación nacional, tales derechos debían ser garantizados, y para ello se redactó el ordenamiento de Nájera.

El fuero viejo estaba dividido en cinco libros y subdividido en treinta y tres títulos y contiene un total de doscientas veintinueve leyes. El Libro IV se ocupaba de las obligaciones y de la propiedad y el Libro V del derecho de la familia y de las asociaciones. En su obra clásica, Sempere y Guarinos,[19] uno de los más serios historiadores del Derecho castellano, estudia y analiza detenidamente cada uno de estos títulos, cuyas leyes, proceden frecuentemente de los fueros municipales.

El Septenario

Los jurisconsultos encargados de elaborar las leyes sometidas a la aprobación de los miembros del Consejo de Castilla, manifestaron, a fines del siglo XIII, su preocupación por adaptar el Derecho romano a la legislación castellana; ejemplo de ello fue el tratado del maestro Jacome Ruiz, donde se muestra la influencia determinante del Derecho romano sobre la Ley visigoda-castellana. De la misma manera, la difusión del Derecho romano compilado por Justiniano,[20] modificó la práctica y la enseñanza del Derecho de Castilla.

El nuevo estilo de elaborar las normas jurídicas, produjo la obra *Septenario* de Fernando III (1217-1252), trabajo que sirvió de fundamento a la obra de Alfonso X. El Septenario logró la unificación de las leyes normativas del sistema de fueros, aunque virtualmente se produjo por el interés del monarca por contar con un instrumento legal, útil a su propia política de gobierno. La primera parte consta de siete capítulos de ahí su nombre; la segunda trata de la religión y la fe como bases del

[19] Sempere y Guarinos, Juan, *Historia del Derecho español,* Madrid, 1841 y 1846, actualizado en 1847 por Teodoro Couseno, t. I, pp. 55 y 146.

[20] Vance John, T., *The background..., op. cit.,* pp. 38-39.

conocimiento. Como lo afirma Lalinde y Abadía, sirvió como guía de buena conducta y comportamiento ético.

El fuero real

La reconquista de España trajo como consecuencia la proliferación de legislaciones en cada uno de los reinos que constituían su territorio. A ello obedeció el intento de unificación legislativa realizado por Fernando III, cumplido por su hijo Alfonso X. El resultado de este trabajo fue el fuero real en el cual se recopilaron leyes, fueros y usos de Castilla. Publicado en 1255, fue promulgado como un texto obligatorio en todos los dominios del Rey Sabio y contiene estatutos especiales destinados a derogar el gran número de leyes municipales. Alfonso X reinó de 1252 a 1284.

El fuero real está formado por cuatro libros, dividido en setenta y dos títulos y contiene quinientas cincuenta leyes que se ocupan de normar las relaciones de familia, el derecho de propiedad, el derecho sucesorio, las obligaciones y los procedimientos. Desde el punto de vista del derecho público se ocupa de la regulación de los preceptos ortodoxos del cristianismo y de la doctrina en donde la observancia de la fe desempeña un papel primordial. En el aspecto señorial se refiere de manera pertinente al sitio del rey en la jerarquía feudal y cuales son sus derechos en la sociedad.

Sentó el orden de precedencia de la Ley y se atribuyó el primer lugar en la legislación vigente en su época, el cual perdió al publicarse las *Siete Partidas.*

El Espéculo o Speculum

La recopilación conocida como el Espéculo forma parte, junto con el fuero real y las Siete Partidas, del ordenamiento legal reunido, compilado y publicado durante el reinado de Alfonso X, quien buscaba con su obra la unidad de la legislación española. La prioridad del Espéculo con respecto al fuero real es reconocida por los eruditos,[21] quienes la basan en un pasaje de las actas de las Cortes reunidas en Zamora en 1274, cuyo con-

[21] Autores como Martínez Marina, Sabau y Larroya y Ballesteros así lo afirman, aunque existe otro grupo de eruditos que niegan tal posibilidad.

tenido es similar al del Espéculo. Existe la posibilidad de que fuera el segundo trabajo de compilación legislativa efectuado durante el reinado de Alfonso X con objeto de eliminar la confusión en el orden de las leyes recopiladas en el fuero real. Frecuentemente se considera el Espéculo como un proyecto breve y accesible y tiene el mérito de plantear cierta forma de popularización del Derecho más al alcance del pueblo que el clasicismo de las Siete Partidas.

Se conocen solamente cinco de los libros del Espéculo; contienen un total de cincuenta y cinco títulos y seiscientas cincuenta y siete Leyes, inspiradas en general por el Derecho canónico; contiene algunos ordenamientos estatutarios municipales y su contenido recuerda las normas del Derecho romano y de algunos fueros como el de León y el de Castilla.[22]

Las Siete Partidas de Alfonso X el Sabio

Las Siete Partidas, máxima recopilación del Derecho hispano del Medievo, fueron iniciadas en 1256 y concluidas después de 1275. Al momento de su promulgación, el pueblo las consideró como una legislación ajena a sus usos y costumbres. El cambio de un derecho real y acorde a las necesidades locales, por un derecho nuevo basado en el Derecho romano y especialmente en la Legislación de Justiniano, provocó tan serias reacciones populares que hubo necesidad de considerar su aplicación sólo a nivel de derecho supletorio. En 1282, al subir al trono Alfonso XI, juzgó improcedentes varias disposiciones de las Partidas y las modificó sustancialmente para dar contento al pueblo. Incluyó los nuevos textos en el Ordenamiento de Alcalá, promulgado en 1348, también con carácter supletorio respecto a las legislaciones reales y fueros anteriores. Las Siete Partidas tuvieron vigencia durante varios siglos y sus leyes fueron frecuentemente aplicadas en los territorios coloniales de América, según consta en documentos de la época colonial, y es frecuente encontrar documentos donde se mencionan sus disposiciones como la norma resolutiva en conflictos de tierras y propiedades, repartos del botín de guerra, la parte del rey por derecho de conquista y otros.[23]

[22] La obra editada por la Academia de Historia de Madrid bajo el título de *Alfonso X el Sabio: opúsculos legales,* Madrid, 1848, cap. I, pp. 1 a 474. 2 vols.

[23] Zavala, Silvio A., *Las instituciones jurídicas en la Conquista de América,* México, Editorial Porrúa, 1971, pp. 16 y 172-176.

Los bienes en las Siete Partidas

En las Partidas, el derecho de propiedad contemplaba, entre los bienes susceptibles de apropiación (o sea de constituir el derecho de propiedad y que resultan de utilidad para el hombre) los relacionados con el uso y la tenencia del suelo o territorio. Para el efecto, los bienes se dividían en: *a*] bienes comunales; *b*] bienes de propiedad privada y *c*] bienes eclesiásticos.[24]

a] Los bienes comunales eran los susceptibles de utilización por todos los hombres sin necesidad de que fueran habitantes de un lugar determinado, tales como: el aire, las aguas de la lluvia, el mar y sus riberas; los de aprovechamiento común para todos los habitantes de un territorio, mas no a los pobladores de otro, tales como: ríos, puertos, caminos públicos, fuentes, montes y dehesas y todos los demás sitios denominados genéricamente bienes municipales de uso comunal. Los bienes municipales o bienes de propios se distinguían de los bienes comunales porque pertenecían a los Consejos Municipales como personas jurídicas, en tanto que los comunales se destinaban al servicio del pueblo.

b] Los bienes de propiedad privada pertenecían a las personas ya fueran de la realeza, nobles o plebeyos propietarios y, a las ciudades, colegios, universidades y gremios.

c] Los bienes eclesiásticos eran propiedad de los monasterios e iglesias como entidades religiosas y se destinaban al uso y servicio del culto de los eclesiásticos y de las órdenes monásticas.

El dominio

En las Partidas se consideraba el dominio como el derecho de disponer de un bien; en consecuencia, el dominio territorial regía el uso y la tenencia del suelo cuando no hubiera impedimento legal para ello. El dominio se establecía por medio de la ocupación. Otras formas de adquirir el dominio eran: la tradición o entrega del bien, la accesión descrita y la continua, la posesión de buena fe y la perscripción.[25]

[24] López, Gregorio, *Repertorio muy copioso del texto y Leyes de las Siete Partidas,* Salamanca 1576, Valladolid 1588, Madrid, 1592. Véase la edición con adiciones y glosa del doctor Alfonso Díaz de Montalvo.

[25] Ots y Capdequí, José Ma., *Historia del Derecho español en América y del Derecho indiano,* Madrid, Editorial Aguilar, 1969, pp. 57-58.

La servidumbre

En cuanto a la servidumbre, en materia de uso y tenencia del suelo, las Siete Partidas autorizaban las servidumbres reales y personales, y entre estas últimas, el uso y la habitación.

Las grandes propiedades territoriales

Una de las instituciones relacionadas con el derecho de propiedad territorial, definidas y reguladas en las Siete Partidas y con mayor arraigo en la Nueva España, fue el mayorazgo. Los grandes dominios territoriales novohispanos tuvieron este origen, y ejemplo de ello fue el mayorazgo de Cortés, constituido en favor de su primogénito en línea legítima, Martín Cortés, hijo de Doña Juana de Zúñiga.

Los mayorazgos existieron en la España feudal como una forma de mantener el derecho de los señores frente al poder de los reyes. Se constituían a perpetuidad, de tal forma que el desmembramiento de la propiedad territorial era prácticamente imposible, dándose lugar a la transmisión de los derechos territoriales a través de generaciones. Los títulos de nobleza eran inherentes a esta constitución de los mayorazgos, lo cual los hacía invulnerables frente a las pretensiones del rey, sirviendo además como defensa de los antiguos linajes.[26]

El establecimiento del mayorazgo era una forma de garantizar la vinculación de los bienes señoriales a un miembro determinado de la familia, por lo general el varón primogénito. En el siglo XIII, durante el reinado de Alfonso el Sabio, se consolidaron los mayorazgos españoles. La Ley de las Siete Partidas los registró como un capítulo del Derecho sucesorio estableciendo en el mismo la clasificación de mayorazgos regulares, o constituidos con apego a la orden de la ley, e irregulares, aquellos establecidos bajo circunstancias diversas de la norma primaria, de acuerdo con modalidades que variaban con la voluntad del autor de la sucesión.

[26] Tomo XII, de los mayorazgos, Título XVII, Ley IV, II, V, XII, Ley 44 de Toro. *Los códigos españoles concordados y anotados, Novíssima Recopilación de las Leyes de España,* Madrid, 1872, t. III, Leyes 8, 9 y 10.

Transmisión de la propiedad territorial

La propiedad territorial privada era susceptible de transmisión por herencia, fuera ésta testamentaria o *ab-intestato.* El testamento, según las Partidas, era la "voluntad ordenada en que uno establece su heredero o reparte lo suyo en aquella manera que quiere quede lo suyo después de su muerte".[27] La herencia era la forma de adquirir un patrimonio universal con los cargos inherentes, y el testamento, abierto o cerrado, era el documento clave para establecer la transmisión del dominio.

Podían heredar todos aquellos que no tuvieran impedimento contrario, y la falta de heredero no invalidaba las mandas o legados sustituidos en el testamento. En las Partidas, las herencias, mandas o legados, podían o no ser aceptados, por lo que se podía sustituir a los herederos nombrados en primer término. De esta forma, la propiedad territorial se transmitía eventualmente fuera del dominio de la familia del testador.

La sucesión de la propiedad *ab-intestato,* se contemplaba en las Partidas siguiendo la pauta del Derecho romano de Justiniano; señalaban la orden de herederos: primero, descendientes; segundo, ascendientes; y tercero, colaterales. Los descendientes heredaban sin distinción del sexo y de edad y se establecían diferencias entre los hijos legítimos, legitimados y naturales.

En materia de herencia de tierras por parte de los ascendientes del autor de la herencia, las Partidas disponían que el uso de la tierra se rigiera por el fuero de troncalidad y el ordenamiento disponía que los bienes procedentes del padre volvieran a los ascendientes paternos y los procedentes de la madre a los ascendientes maternos.

En materia del derecho de propiedad territorial las disposiciones legales anteriores son las más significativas dentro del texto íntegro de las Siete Partidas aunque, el Derecho indiano recibió influencia definitiva de las Siete Partidas en materia del reparto del botín de guerra, en la parte que le correspondía al capitán, en materia de mercedes, para darles como premios señoriales. Pero lo más importante era el poder del Papa, como Vicario de Cristo, sobre los bienes terrenales, propiedad de impíos.

[27] *Ibid.,* Partida Tercera, que se ocupa de los procedimientos civiles y la propiedad.

Los ordenamientos de la Mesta

En la economía predominantemente rural de la España cristiana de la alta Edad Media, la cría de ganado era una ocupación esencial en la vida campesina, ya asociada a la agricultura, ya como actividad primordial en los países montañosos, donde la ganadería es casi siempre trashumante. En los valles cantábricos y pirenaicos y en las altiplanicies castellanas, la ganadería fue siempre una actividad económica de alguna importncia y, por otra parte, las continuas campañas de devastación de los musulmanes contra la España cristiana, que frecuentemente asolaban los campos de cultivo, fomentaban en la Edad Media la cría de ganados en cuanto dichas campañas no eran tan dañinas para la ganadería, ya que los rebaños podían ser fácilmente desplazados en caso de peligro. Pero, sobre todo, la orografía peninsular y los rudos contrastes climáticos entre las regiones españolas condicionaban una trashumancia del ganado, que sabemos estaba bastante desarrollada en la España visigoda y que, en la más alta Edad Media, se limitaba, sin duda, a cortas migraciones de los rebaños lanares desde las montañas cantábricas y pirenaicas a los valles cercanos. Una trashumancia de más largo alcance debió de hacerse difícil en León y Castilla a causa de la guerra de reconquista y sólo pudo desarrollarse a partir de las grandes conquistas territoriales cristianas del siglo XIII, que dejaron reducida la España musulmana al reino Nazarí de Granada y abrieron los pastos del sur a los rebaños del Norte. Antes de que la trashumancia adquierese el gran desarrollo alcanzado en Castilla desde la segunda mitad del siglo XIII, el ganado lanar era abundante en la España cristiana y, desde el siglo XII, había en el nordeste una ganadería pirenaica trashumante que de las montañas se movía a los valles de las vertientes de los Pirineos, las cuales constituían así, mediante pactos concertados entre los pastores de ambas regiones una unidad económica para el aprovechamiento en común de los pastos.

El orden de prelación de las Siete Partidas

Característica importante de las Siete Partidas fue el señalamiento de prelación de las leyes establecido en su texto; uno de sus primeros artículos lo establece en la forma siguiente:

el fuero juzgo, las leyes municipales y los códigos feudales en uso en tanto no contradigan su texto.

Legislación de Sancho IV y las leyes de estilo

Sancho IV, quien reinara de 1284 a 1295, se ocupó básicamente de los problemas de las nuevas colonizaciones y poblaciones. No se conoce ningún trabajo de compilación legal atribuible a su mandato.

Fernando IV (1295-1310). Durante los primeros años de su reinado y debido a su corta edad, ocupó la regencia su madre Doña María de Molina. En la época, un grupo de jurisconsultos bajo la probable dirección de Oldrado del Ponte, sugirieron a la regente la necesidad de aclarar algunas provisiones del fuero real; como consecuencia entre 1295 y 1310 aparecieron las leyes de estilo o Declaración de las leyes del fuero, con carácter de un compendio doctrinal. Consta de doscientas cincuenta y dos leyes, varias de las cuales adquirieron siglos después, fuerza legal al ser incorporadas al texto de la *Novíssima Recopilación* en 1805.

Su importancia ameritó que en los siglos XVI y XVII los jurisconsultos Cristóbal de Paz y Francisco de Sandoval se refirieran a su contenido y lo explicaran como uno de los antecedentes más importantes del Derecho castellano.[28]

LA LEGISLACIÓN CASTELLANA A PARTIR DE ALFONSO XI

Al ocupar Alfonso XI el trono de Castilla y León, el estatus de la legislación española era sumamente complicado por la gran cantidad de leyes municipales y fueros de ciudades que se encontraban en vigor, contradiciéndose entre sí, con el derecho real. Además —como lo afirma Vance— la convergencia del Derecho de Castilla con las legislaciones aplicadas en las demás ciudades y provincias, hicieron duplicar las discusiones jurídi-

[28] Los jurisconsultos se refirieron a la compilación en una publicación privada de la misma. El año de 1608 bajo el título común: *Scholia ad Leges Regias Stily*. Están publicadas en el volumen I de los *Opúsculos legales de Alfonso el Sabio* bajo el rubro *Las Leyes de Estilo*... Vance, John T., *The background*..., *op. cit.*, pp. 107-108.

cas provocando deficiencias e impedimentos en la aplicación de la ley, lo cual obligaba a los reyes, juristas y tribunales a interpretar las normas con criterio arbitral.

La legislación de Alfonso XI

Alfonso XI (1310-1350), revisó la extensa obra legislativa de su padre Alfonso X, y aunque trató de revocarla con la promulgación de las Leyes de Villarreal y el ordenamiento de Alcalá, la importancia de las Siete Partidas no fue superada. Su contribución al Derecho castellano se centró, además de en donaciones reales, en disposiciones de beneficio popular y de la ganadería; en 1329 pronunció un ordenamiento sobre ganadería caballar. El distanciamiento con su padre Alfonso X, dio por resultado el ordenamiento de Alcalá, donde se señala el orden de prelación del Derecho castellano en favor de este propio ordenamiento y considerando a las Partidas en un sitio inferior y casi supletorio.[29]

El ordenamiento de Alcalá y el orden de prelación

Durante el tiempo transcurrido desde la promulgación del fuero juzgo (siglo VIII) con su ya definitiva influencia romana, hasta el reinado de Alfonso XI habían ocurrido cambios importantes en la legislación, resultando necesario uniformarlos en un solo cuerpo legal.

Con este criterio en mente el rey Alfonso XI convocó a la reunión de Cortes de Ciudad Real en 1346 de donde surgió el ordenamiento ya mencionado, conocido como leyes de Villarreal, primer antecedente del ordenamiento de Alcalá. Constaba de dieciséis leyes que fueron aumentadas a treinta y dos durante la reunión de Cortes en Segovia en 1347. Un año más tarde, en Alcalá de Henares, se agregó al proyecto estatutario la vieja legislación de las Cortes de Nájera y el conjunto legislativo se promulgó con el nombre de ordenamiento de Alcalá.[30]

La importancia capital del ordenamiento radica en el contenido de la Ley I, Título XXVIII, libro I en la cual se establece el orden de prelación de la legislación castellana en la forma

[29] *Leyes de Partidas, op. cit.*, Ley I, Título XXVIII.
[30] Vance, John T., *The background..., op. cit.*, p. 109.

siguiente: *a*] las provisiones del ordenamiento; *b*] el fuero juzgo y las leyes municipales y feudales hasta en tanto no contradigan el espíritu del ordenamiento; y *c*] las Partidas como derecho supletorio de la legislación antes mencionada. Se indicó además la presentación de un recurso ante el rey en caso de necesitarse la interpretación, adición, derogación y reconsideración de algún texto legal.[31]

El conflicto planteado por los señores feudales y los nobles frente a los intereses del rey Alfonso X motivó a Alfonso XI a señalar las Partidas como derecho supletorio; pero además acordó con los juristas de las Cortes la promulgación del ordenamiento donde se vigilaban los intereses populares sobre los intereses de la nobleza.

El compromiso al cual se llegó primero ante el rey y los señores feudales y nobles, y segundo, a todos los mencionados con el pueblo, le dieron al ordenamiento de Alcalá un carácter moderno respetado a través del tiempo mediante su incorporación a textos legales posteriores. Las innovaciones más importantes fueron introducidas en la vieja legislación castellana en materia de procedimientos y de derecho civil.

En el ordenamiento de Alcalá, la lucha entre el derecho del pueblo y la nobleza motivó varias disposiciones favorables a los nobles y feudales y con sentido contrario a lo dispuesto en el fuero viejo a favor de los *liberi* o libertos. Sánchez de Albornoz señala entre otras: mayor poder a los hijosdalgo para usar de los beneficios de las tierras reales cuando se encontraran dentro de ellas o en las fronteras; la prohibición a los nobles de recibir patrocinados en perjuicio evidente del hombre de benefactoría, que en la legislación derogada podía libremente cambiar de señor; a los solariegos y a los hombres de behetría se les negó el derecho a enajenar sus bienes y a prestar los mismos servicios que ellos pagaban y prestaban; el propio autor compara desfavorablemente las disposiciones del fuero de León con éstas del ordenamiento de Alcalá y así comenta: "Cuánta distancia mediaba entre el homo de benfactoría legionese, que podía disponer libremente de sus tierras y este señor de behetría del ordenamiento de Alcalá, tan atado al señor."[32]

[31] El *ordenamiento de Alcalá* fue promulgado el 28 de febrero de 1348 y contiene innovaciones importantes con respecto a la legislación anterior, en tanto soluciona el conflicto de leyes y establece un orden de prelación en las mismas, *ibid.*

[32] Sánchez de Albornoz C., *Estudios sobre las instituciones...*, *op. cit.*, p. 153.

Legislación real durante los siglos XIV-XV

Pedro I (1349-1369), fue el autor del *Becerro de las behetrías*, notable registro de las behetrías o merindades de Castilla donde se consignaron las medidas, condiciones y número de las heredades o propiedades privadas rurales.

Enrique II (1369-1379), promulgó su famoso ordenamiento durante la reunión de las Cortes de Toro en 1378, en el que se ocupa de numerosos privilegios locales en materia de propiedad, entre ellos de los mayorazgos. Además, el fuero de Segovia, auspiciado por él mismo, sentó precedente sobre el comportamiento de los nobles respecto de la propiedad privada.

Juan I (1379-1390), pronunció un ordenamiento *prohibido* sobre la exención tributaria.

Enrique III (1390-1406), dictó la *Pragmática* de 1398 en la que reguló las exenciones tributarias. En ordenamiento de 1404 dictó reglas sobre la cría caballar y sobre concesiones a los nobles miembros de la Orden Militar de Caballería.

Juan II (1406-1454), realizó una extensa obra legislativa con tendencia a modernizar el derecho feudal, dándole mayores prerrogativas a las ciudades y al régimen municipal; en la *Pragmática* de 1442 se ocupó también de reglamentar los beneficios eclesiásticos. En 1443 legisló ordenando a las Justicias cumplir las *Cartas Reales de Mercedes*, y en 1454, dictó sus *Pragmáticas* ordenando la extinción de las behetrías. Correspondió al mencionado monarca efectuar la transición hacia la España renacentista y avanzar con grandes logros hacia la reconquista territorial, que permitirían a sus sucesores los Reyes Católicos, Isabel y Fernando, de Castilla y Aragón, lograr la unidad de España, tal y como lo anota Altamira.[33]

Los ordenamientos de las Cortes en Castilla

En Castilla, durante la Edad Media, las reuniones de las cortes, asambleas políticas integradas por los representantes de los estamentos reunidos bajo la autoridad y presencia del rey, tuvieron una función muy importante como organismos legisladores, a

[33] Las Cortes contaban a su servicio con jurisconsultos distinguidos a quienes encargaban la redacción de leyes adecuadas a las necesidades del pueblo. Los ordenamientos eran presentados al rey para su aceptación y entonces entraban en vigor.

solicitud de los procuradores de Cortes y en su carácter de representantes de los habitantes de las villas o de los señores y nobles. Las peticiones formuladas ante el rey se convertían en ordenanzas cuya vigencia legal dependía finalmente de la aprobación del monarca en ejercicio de su facultad legislativa. Por razones obvias, nuestro análisis continuará ocupándose de los ordenamientos relacionados con el derecho de la propiedad territorial y otros temas relativos a la aplicación de la legislación castellana en la Nueva España.

Pedro I. Durante su reinado, se reunieron las Cortes de Valladolid en 1356. En ellas se pronuncian dos ordenanzas. La primera regula la actuación de los merinos o mayordomos encargados de cuidar a nombre del señor las labores del campo, así como diversas disposiciones en materia de ganadería trashumante. La segunda, se ocupó de la condición de los campesinos.

Enrique I de Castilla, II de Aragón o Trastámara. En el ordenamiento de Cortes de Burgos de 1366, el monarca confirmó la legislación anterior en materia de propiedad territorial, incluyendo las disposiciones correspondientes de las Siete Partidas y del ordenamiento de Alcalá de 1348 de Alfonso XI; además, reguló la organización tributaria.

En la reunión de Cortes de Toro, celebrada en 1371, se promulgaron una serie de ordenamientos básicos para la legislación castellana en materia de organización judicial y administrativa. Al controlar la administración de justicia, el rey controló también la recaudación de tributos, la organización monetaria y derogó una serie de mercedes concedidas a los nobles por sus antecesores.[34] Además, intervino en las relaciones con la Iglesia y durante la reunión de Cortes de Burgos de 1377, reguló la condición de los judíos y la provisión sobre beneficios eclesiásticos.

Juan I. En la reunión de Cortes de Segovia, de 1380, reguló también los beneficios eclesiásticos. En las Cortes de Briviesca, de 1387, se ocupó de las rentas reales percibidas por las propiedades territoriales. En 1390, en la reunión de Cortes de Guada-

[34] Enrique II usó a la nobleza, alta y baja, dándole mayor fuerza política y lo mismo hizo con las Cortes a las que reunió cada dos años, entre 1369 y 1379. Reformó toda la organización del gobierno y el ejército. Partidario del Papa de Avignon trató, sin éxito, de reformar a la clerecía; creó nuevas órdenes religiosas en Castilla. Mac Kay, Angus, *Spain in the Middle Ages, from frontier to empire 1000-1500,* Londres, MacMillan Press Ltd., 1977, pp. 171-173.

lajara, emitió la ordenanza destinada a regular los procedimientos en la Real Audiencia y las prestaciones obligadas a los señores por parte de sus súbditos pobladores en tierras de señorío. Asimismo, reguló las llamadas *sacas* o prohibición de comerciar con otros reinos en materia de ganados.

Enrique II. En la reunión de Cortes de Segovia en 1396, produjo un ordenamiento relativo a la organización de la ganadería, y en la reunión de Cortes de Tordesillas de 1401 inició una legislación más severa para delimitar la jurisdicción real de la Iglesia y sus beneficios. Estableció las alcabalas como un recurso ordinario de la Hacienda regia, con el carácter de un impuesto indirecto sobre el consumo.

Enrique III. Dispuso, mediante el ordenamiento de Cortes de Valladolid de 1405, la recopilación de las leyes promulgadas a partir de 1348 y relativas a las sanciones aplicadas a los judíos acusados de usura, tema que resulta de interés en virtud del traslado importante de judíos hacia la Nueva España después de su expulsión de España decretada por los Reyes Católicos en 1492.

Juan II. En diferentes reuniones de Cortes efectuadas bajo su reinado, se legisló sobre temas de interés en materia de organización de la propiedad territorial. Así, tenemos disposiciones relativas al orden municipal y las rentas reales surgidas de la reunión de Cortes de Madrid de 1419; en las Cortes de Zamora, de 1432, se reglamentó además de las materias anteriores, en materia tributaria; en 1435, en las Cortes de Madrid se regularon los impuestos a la propiedad territorial, el sistema monetario, y las regalías a la moneda y la unificación de pesos y medidas, materias íntimamente relacionadas con la economía agrícola.

En las Cortes de Valladolid de 1447, el rey Juan II volvió a ocuparse de un tema de gran preocupación para el poder real: la lenta transformación de las tierras seculares, y entre ellas las realengas y las pertenecientes a los dominios señoriales, en tierras comprendidas dentro de las enormes posesiones territoriales de la Iglesia; fenómeno ocurrido debido a que los reyes de España, tal y como lo apunta José Antonio Maravall,[35] no reinaban sobre territorios fijos, o sobre permanentes grupos hu-

[35] Maravall C., José Antonio, *El concepto de España en la Edad Media*, Madrid, 1954, pp. 349 y ss. Véase del mismo autor: *Sobre el concepto de monarquía en la Edad Media española,* estudios dedicados a Méndez Pidal Madrid, 1954, pp. 401-417.

manos. De esta manera, la marcación territorial se hacía obligada, pero nunca era fija. El crecimiento de los grandes latifundios eclesiásticos, a costa de los territorios reales obligó a Juan II a promulgar leyes prohibiendo la venta de bienes muebles e inmuebles, a las órdenes monásticas y a la clerecía.[36]

Hasta aquí se ha analizado la legislación real y de cortes que rigió en la Castilla medieval. La iniciación del Renacimiento en España se manifestó durante el reinado del propio Juan II, con el intento del rompimiento entre la Iglesia y el Estado español; se unió, además a la modernidad, con la instauración de escuelas de geografía y navegación; con la amplia difusión de textos impresos, entre ellos de las *Recopilaciones de leyes y ordenanzas;* por el ejercicio del control eclesiástico, y por la concepción política de la unidad territorial que habría de heredar su descendiente Isabel de Castilla.

LA FORMACIÓN DE LOS DOMINIOS TERRITORIALES. SIGLOS XI-XV

La reconquista del territorio hispano, de manos del Islam, provocó a mediados del siglo XII, un intento de formación del Imperio español, pero la compleja estructura política de la época no fue adecuada a la unidad territorial ibérica, por lo que quedaron necesariamente constituidos los cinco reinos de España: León, Castilla, Aragón-Cataluña, Navarra y Portugal. En el siglo XIV, Portugal se separó de España; Castilla y Aragón formaron un solo reino. Navarra continuó independiente y los musulmanes afirmaron posesión en el reino de Granada. Corresponderá a los Reyes Católicos, Isabel y Fernando, reconquistar Granada para la corona de Aragón y Castilla al finalizar el siglo XV,[37] y lograr la unidad española.

[36] Juan II trató de frenar la absorción de las tierras propiedad de la antigua nobleza de Castilla la Vieja, pues las familias de la nobleza nueva, provenientes de los límites del norte de Castilla, empezaron a compactar sus propiedades y a crear sus mayorazgos con las tierras no cálidas, Suárez Fernández, Luis, *Nobleza y monarquía en la estructura política castellana en el siglo XV*, Valladolid, 1975, pp. 14 y 117.

[37] La guerra de la reconquista duró de 1482 a 1492. Fue una lucha de la cristiandad contra el Islam. El truinfo dio a los Reyes Católicos la posibilidad de dos reinos: Aragón y Castilla e iniciar la creación de la unidad hispánica, Bloch, Marc, *La sociedad feudal*, México, UTEHA; Sán-

Durante la alta Edad Media, la vida del pueblo transcurría en la Península Ibérica apoyada en la producción agrícola de los propietarios o poseedores de las pequeñas fincas llamadas *hereditas* o *mansum,* establecidas en los campos vecinos a los pequeños poblados y asociadas a una comunidad agraria local llamada *concilium,* la cual a su vez dependía de la economía señorial fundamentada en la explotación del gran dominio territorial, ya fuera éste un condado, marquesado, ducado, principado o reino. Para lograr la organización efectiva de estos señoríos jurisdiccionales se reclutaban vasallos nobles a los que se compensaba mediante el beneficio de la *prestimonia,* que, como lo apunta Marc Bloch, además de retribuirles económicamente, les ligaba al rey. Ello, en concepto de Sánchez Albornoz,[38] permitió el inicio de la sociedad feudal en España. Fue, además, la época de formación de los gremios y obrajes dirigidos por un maestro, y el inicio de la economía urbana desarrollada en los burgos o contornos poblacionales alrededor de los castillos y heredades de la nobleza.

Hasta el siglo XI, en Castilla como en el resto de Europa,[39] la pequeña propiedad agraria prevaleció sobre los grandes dominios formados, frecuentemente, por propiedades dispersas. La consolidación política de los reinos de Castilla y León y, posteriormente, la incorporación a la corona de Castilla del reino de Aragón, fueron las causas que facilitaron la formación de las grandes propiedades en territorios consolidados.

En estas acciones desempeñaron un papel muy importante los colonos o repobladores. Valdeavellano en su estudio clasifica los sistemas de repoblación en: *a*] monástica; *b*] privada y *c*] oficial. *a*] En la repoblación monástica las órdenes tomaban posesión de las tierras baldías cercanas al monasterio, pero además recibían propiedades en custodia en sitios muy distantes a su residencia, constituyéndose así, como lo afirma Pirenne,[40] los

chez Albornoz, Claudio, *España y el Islam, España y Francia en la Edad Media,* Buenos Aires, Editorial Sudamericana, 1943, pp. 178-179.

[38] Sánchez Albornoz, Claudio, *España y el Islam, España y Francia en la Edad Media, op. cit.,* pp. 178-179.

[39] Brentano Frantzi, Frank, *La societé au Moyen Age,* París, Flamarion, 1937, p. 57; en su estudio sobre las instituciones medievales el autor considera que a partir del siglo XII se consolidaron las denuncias territoriales, aunque en España esta consolidación fue tardía debido al poder de la nobleza que vino a ser vencida hasta la unificación de los Reyes Católicos.

[40] Pirenne, Henry, *Historia económica y social de la Edad Media,* Madrid Fondo de Cultura Económica (2a. ed.), 1941, pp. 46-47.

primeros latifundios o aglomeraciones de tierras constituidas merced a donaciones de varios bienhechores o por legados y herencias testamentarias. *b*] Los repobladores privados reconstruían los poblados destruidos por los islámicos y ocupaban las tierras yermas tomando posesión de los campos en una acción llamada de *prebendere* o *presura,* mientras hacían sonar el cuerno real y enarbolaban el estandarte del rey. Cuando se trataba de repobladores nobles, éstos se posesionaban de grandes extensiones para darlas a trabajar a sus siervos y vasallos; pero, tratándose de particulares, los mismos ocupaban propiedades reducidas al alcance de sus posibilidades. Las órdenes monásticas tomaban posesión de las tierras baldías cercanas al monasterio y además recibían propiedades en cuestodia en sitios muy distantes a su residencia, constituyéndose, como dijera el propio autor:

> Los primeros latifundios o aglomeraciones de tierras constituidas o consolidadas, como fue el caso, para las tierras de la Iglesia, merced a donaciones sucesivas de varios bienhechores o bien, como fue el caso para las de la nobleza, según el capricho de los enlaces o las herencias.[41]

c] En la repoblación oficial el rey autorizaba la ocupación territorial. Usualmente, la presura se realizaba por el ejército sin autorización previa y suponía la toma de posesión de la tierra —en tanto presura significaba apretar o aprehender— por el solo mérito de la reconquista o la recolonización. La tierra era ocupada por quien llegaba a ella, pero debía ser cultivable y sin poseedor anterior, pues la ocupación derivaba de la roturación de la tierra yerma, por lo que la propiedad se establecía sobre el terreno roturado. Al decir de Boutruche:

> de la presura se beneficiaron también cultivadores independientes, que formaron por añadidura una caballería villana junto a la caballería noble.[42]

[41] *Ibid.* El autor comenta: "Ningún plan de conjunto se estableció antes de formarse los latifundios. Tal formación se hizo de acuerdo con la historia, pero sin tomar en cuenta ninguna consideración económica," pp. 48-49.

[42] Boutruche, Roberto, *Señorío y feudalismo, primera época: los vínculos de dependencia,* Madrid, Siglo XXI Editores, trad. Margarita B. Pontiere (2a. ed. española), 1976, pp. 215-216; Bloch, Marc, *La sociedad feudal, la formación de los vínculos de dependencia,* México, UTEHA. El total de la obra de Bloch ha servido de punto de partida a los estudios aquí mencionados.

La repoblación consejil iniciada en el siglo XI implicó la formación de consejos o municipios a los cuales se les asignaba un vasto territorio llamado *alfoces,* mismo que contaba con tierras labrantías. La población del municipio se ocupaba de roturarlas y cultivarlas de acuerdo con las condiciones y fueros dados por el consejo o municipio, por medio de los títulos llamados Cartas Pueblos o Cartas de Poblamiento las que, según Boutruche, desde el siglo IX otorgaron independencia a numerosas comunidades campesinas beneficiadas por ellas.[43]

En el siglo XII las órdenes militares encabezaron las nuevas colonizaciones. A cambio de ello, los reyes de Castilla y León les otorgaron el dominio de grandes señoríos llamados *maestrazgos,* cuyas tierras cultivaban los colonos y los miembros de las órdenes bajo el dominio del noble o señor favorecido, quien tenía facultades para establecer fueros o condiciones especiales para la colonización y el trabajo agrícola realizados por solariegos o colonos provenientes de otras regiones que llegaban a poblar y establecerse en sus dominios. A su vez, podían contratar campesinos –soldados a los cuales el favor del rey convertiría en peones, al otorgarles en propiedad una peonía al lado de la caballería otorgada a su amo, como miembro de las órdenes de caballería.[44]

[43] Las cartas-pueblos fueron el instrumento del que se valieron los conquistadores para establecer sus dominios en América. Los municipios o los consejos las otorgaban como título inicial de la colonización. Véase Boutruche, Roberto, *Señorío y feudalismo, op. cit.,* p. 214; Valdeavellano, en *Curso de historia de las instituciones españolas,* considera la repoblación por medio de cartas-pueblos establecidas por los consejos de las poblaciones –como repoblación libre–, en contra de los *repartimientos,* que era una distribución ordenada de las casas y heredades de las poblaciones y tierras reconquistadas y que se hacía entre quienes habían tomado parte en su conquista, según la condición social y los méritos respectivos, recibiendo los magnates extensísimos "heredamientos" o propiedades rústicas, donde asentaban a sus colonos, *op. cit.,* p. 242.

[44] El sistema se trasladó a las Indias Occidentales y mediante las reales cédulas se otorgaron mercedes de tierras en las cuales se dictan las "peonías y caballerías". Para León Pinelo, la distinción era: "Y para que se entienda quanto es una peonía, i una cavallería, i un solar, se ha de suponer que en las Indias se ha dado i repartido diferentes cavallerías y peonías, en diferentes tiempos; los que al principio se dieron en la Española, i demás islas de Barlovento, i en la tierra firme. Cavallería, dize que es el espacio de tierra en que se puede señalar las doscientos mil montones: Peonía, en la que caben cien mil; de suerte que dos Peonías hazían una cavallería." *Tratado de las confirmaciones reales de encomiendas, oficios y casos en que se requieran para las Indias Occidentales,* Madrid, 1630.

Fue en Andalucía donde por vez primera se estableció el sistema llamado repartimiento. Éste implicaba una distribución ordenada de las casas y heredades de las poblaciones y tierras reconquistadas y favorecía a quienes habían tomado parte en la conquista, de acuerdo a su condición social y a sus méritos personales. Los magnates o ricos hombres recibían como recompensa por sus servicios de carácter económico, extensos heredamientos o propiedades rústicas, donde asentaban a sus colonos.

Para efectuar físicamente el repartimiento, el rey se valía de los oficiales reales, llamados partidores, quienes llevaban a cabo todos los trámites previos correspondientes a la división y reparto de la tierra. Las propiedades otorgadas, una vez autorizadas por el rey, se registraban en los "libros de repartimiento".

Los predios pequeños poseídos en plena propiedad, se llamaban, según las diferentes regiones, aladros, heredades, *macia* o *mansus;* este tipo de pequeña propiedad se desarrolló en Castilla pero no llegó a desarrollarse en Asturias, León, Galicia y Cataluña debido a que las grandes propiedades adquiridas por monasterios y magnates abarcaron la inmensa mayoría de la tierra impidiendo la creación o engrandecimiento de villas donde se establecieron propietarios menores. Pirenne define los *mansus* por su carácter parcelario y por estar gravados con faenas gratuitas y prestaciones, casi siempre en especie, en provecho del señor. Las heredades permitieron a los ocupantes de la tierra, mantener su condición de pequeños propietarios libres del dominio señorial, conocidos como *liberi, homos* y francos; los labriegos se llamaban *heredate* por ser propietarios de las heredades y fueron también llamados pagenses o pageses (de *pagus*-campo) y *villani* por ser habitantes de las villas.

En Castilla, León y Aragón, el señorío territorial se formó a base de la incorporación de pequeños propietarios, los cuales, fuera por motivos económicos, de defensa o de seguridad social y jurídica, buscaban la protección del señor. El señor o *dominus* proveía las armas y enseres de defensa y la guardia armada de su dominio territorial. El gran dominio señorial se caracterizaba por la existencia en el centro territorial, de la villa o casa solariega, en cuyos contornos se edificaban los edificios y almacenes necesarios para la operación de una unidad agropecuaria de economía integral. De él dependían las distintas circunscripciones, cada una de las cuales abarcaba una o varias aldeas. Cada circunscripción estaba, a su vez, colocada bajo la jurisdicción de una curtis o corte, en la que también se reunían los edificios de explotación, granjas, establos, caballerizas y graneros, así como los servidores o siervos, *servi quoti diari*, dedicados a su servicio. Allí también residía el agente o mayordomo encargado de la administración llamado *villicus* o *major* cuyas funciones acabaron de ser a título hereditario.[45] La formación de los latifundios de la nobleza obedeció al acaparamiento de tierras por medio de la presura o conquista de guerra, o bien como resultado de los enlaces y herencias entre familias de la aristocracia. Un aspecto importante del establecimiento señorial era la iglesia, construida dentro del terreno de la propia villa. Los servicios religiosos prestados se cobraban a los fieles y se incluían como parte de los beneficios señoriales, lo mismo que los frutos de las tierras adscritas a la Iglesia.

Tratándose de dominios eclesiásticos, la gran propiedad se reunía en torno a los monasterios e iglesias y en ocasiones la posesión de la tierra no se limitaba a los contornos de las instalaciones religiosas, sino que se extendía por regiones muy alejadas de la sede monarcal o eclesiástica, debido, en cierta forma, a la peculiar forma de obtención de dichas propiedades donadas o heredadas de los ricos feligreses o recibidas en custodia por los pequeños propietarios indefensos. La característica del latifundio eclesiástico fue su existencia a lo largo y ancho de España y otros reinos medievales.

Los fueros y privilegios señoriales

En determinadas condiciones, sobre todo tratándose de acciones derivadas de la repoblación de territorios, el rey, el magnate o el monasterio, podían eximir a las poblaciones y sus habitantes de la obligación de cumplir con las gabelas, prestaciones o cargas. Ello se hacía mediante la expedición de un fuero. El fuero implicaba un derecho, privilegio o libertad para las personas a favor de quienes se otorgaba, generalmente habitantes de una ciudad o villa especialmente privilegiada por el hecho. Las franquicias daban también libertades frente a la dependencia señorial y a la dependencia territorial; se otorgaban me-

[45] Pirenne, Henry, *Historia económica, op. cit.*, p. 52, Sánchez Albornoz, Claudio, *Estudios sobre las instituciones medievales españolas, op. cit.*, p. 49, véase también Beyneto Pérez Juan, "Estudios sobre la historia del régimen agrario y la concepción jerárquica de la sociedad en el pensamiento medieval español", en *Estudios de historia social de España*, Madrid, 1949, t. I, pp. 555-556.

diante las Cartas de Población o Cartas Pueblos y las Cartas de Franquicias.

Al lado de estas formas de obligación de trabajos prestados al dominio señorial, existían en la España medieval otras formas de trabajos agrícolas realizados por los hombres libres, habitantes de las villas o vicos.

Las familias poseían una heredad o *mansu* por la cual pagaban una renta al dominio señorial; se constituían por las pequeñas o medianas propiedades agrícolas sobre las cuales ejercían el uso y tenencia de la tierra formadas por el solar o tierras labrantías, las granjas, huertos y casas-habitación de los labriegos.

Estas formas de heredades se derivaron del Derecho de presura, ejercido en la reconquista de Castilla y permitieron a los ocupantes de la tierra mantener su condición de pequeños propietarios rurales libres del dominio señorial conocidos como *liberi ingencia,* horros y francos. Los labriegos libres recibieron el nombre de *heredate* por ser propietarios de las heredades y fueron también llamados pagenses o pageses de *pagus* campo y *villani* o villanos por ser habitantes de las villas. Con posterioridad, estos términos se usaron genéricamente para denominar a los hombres o al servicio y dominio de un señor.

La libertad de explotación territorial y la personal de los labriegos se fueron perdiendo al incrementarse los dominios cesionales. Al finalizar la Edad Media, la casi totalidad de los habitantes del campo español vivían bajo las diversas formas de dependencia frente al dominio señorial. Mantenían su condición de *liberi* pero se sometían voluntariamente a un dominio en busca de protección en contra de los guerreros invasores o de los señores querellantes de dominios vecinos. La protección se pagaba por medio de censos o rentas, o bien cediendo al señor la propiedad de la heredad a cambio de seguir usando y disfrutando de la misma; por ello se llamaba dominio cesional. La Iglesia y los monasterios recibían también este tipo de solicitudes de protección o bien la donación de bienes que le hacían grandes y pequeños propietarios, por la salvación del alma de donante.

Formas de dependencia señorial

Las formas de dependencia señorial de los hombres libres frente a los señores de los grandes dominios podían ser de cuatro tipos:

a] Los encomenderos o patrocinados, sujetos por los vínculos de encomendación personal o territorial mediante la cesión de la propiedad a favor del encomendero o magnate y señor.

b] Los libertos o siervos mantenidos liberados por el señor pero unidos a él por ciertos vínculos de dependencia personal.

c] Los oblatos, personas al servicio de una iglesia o monasterio a los que servían en calidad de sometidos, y

d] Los colonos, que cultivaban campos ajenos a cambio de la prestación de rentas y servicios y algunas limitaciones a su libertad.

Las encomiendas y señoríos de behetrías

Durante la Edad Media, la encomienda o behetría fue una forma adecuada para otorgar el amparo de parte de los señores feudales a los pequeños propietarios indefensos. Además, sirvió a eclesiásticos y magnates de medio rango para acumular la tierra. Podía revestir dos formas: la personal y la territorial. Era personal cuando los encomendados quedaban sujetos al señor por medio de la prestación de servicios personales obligándose a no abandonar las propiedades señoriales, lo cual implicaba la pérdida de la libertad de traslado o cambio. Por medio de la encomendación territorial, el encomendado cedía todas o parte de sus tierras propias al patrono o señor a cambio de su protección, o bien se obligaba a pagar un censo o renta. Con la encomendación territorial —que llevó también el nombre de benefactoría, benfitería o behetría—, se establecen formas menos comprometidas de relación entre los hombres libres, los pequeños propietarios, y los grandes señores de los dominios territoriales.

Behetrías de mar a mar

Sánchez Albornoz[46] en sus estudios sobre las instituciones medievales, realiza un estudio por demás erudito sobre las *behetrías* y *benefactorías*. Parece ser que del modelo originario de

[46] Sánchez Albornoz, Claudio, *Estudios sobre las instituciones. . .*, *op. cit.*, pp. 55-76.

benefactoría surgieron *befactrya, benefectría* y después de otros cambios, terminó por ser behetría tal y como se usó en la provincia de Sahagún. Al lado de las behetrías de tierras territoriales, que eran las tierras donadas con ciertos privilegios, en León se consideró en 1017 que las benefactorías eran la relación de patrocinio establecida entre dos hombres libres, pero de distinta condición social: *a*] en las behetrías regulares que eran las poblaciones cuyos vecinos, como dueños absolutos de ellas podían recibir por señor a quien quisiesen y que más bien les hiciese; *b*] behetría de entre parientes[47] era la población que podía elegir por señor a quien quisiese, con tal que fuese de determinados linajes, y que fueran originarios del propio lugar. Finalmente, se entendía por behetría de mar a mar la población que libremente podía elegir señor sin sujeción a linaje determinado, por haberse extinguido la familia o descendencia del primero que había nombrado, o por haber sido extranjeros y ausentándose sus primeros conquistadores.

Sánchez Albornoz cita que las ciudades de Cáceres, Villafáfila y Castrotora eran behetrías de mar a mar, y menciona que en el fuero de Llanes, constituido por Alfonso IX en 1206, se considera que esta ciudad es también behetría de mar a mar.

Las behetrías fueron, durante los siglos XIII y XIX, las tierras cultivadas por los descendientes de los encomendados a un señorío en virtud de la transmisión hereditaria de los vínculos de relación *liberi*-señor. A esta forma de señorío se la llamó Señorío de Behetría en contraste al Señorío Real, cuyos hombres y tierras recibían el nombre de bienes y hombres realengos. Las behetrías llegaron a constituirse en lugares de vida comunal para los labriegos o libres; éstos gozaban de la facultad de poder elegir como señor a un individuo seleccionado entre ellos o bien a un miembro indistinto de una familia determinada, lo que se llamaba behetría de linaje. Los encomendados u hombres de behetría o benefactoría se distinguían de los colonos y solariegos en que mantenían la libertad de enajenar sus propiedades heredadas; sin embargo, al correr de los siglos esta facultad desapareció, convirtiéndose los labriegos prácticamente en solariegos.[48]

[47] *Ibid.*, pp. 55 y ss., y Escriche, Joaquín, *Diccionario razonado de legislación, impreso en París*, París, Imprenta de P. Dupont et G. Laguiance, 1881, p. 63.

[48] Valdeavellano, Luis, *Curso de historia de las instituciones españolas, op. cit.*, p. 522.

Hacia 1352 se redactó el *Libro de las merindades de Castilla* o *Becerro de las behetrías*,[49] donde se registraron más de seiscientas behetrías en catorce merindades o distritos de Castilla. Años más tarde, durante la reunión de las Cortes de Toro de 1371, convocadas por Enrique II, se intentó un reparto equitativo de las behetrías entre los nobles de Castilla, el cual no fue llevado a cabo por lo que la distribución de estas propiedades quedó en la forma existente hasta entonces.

Los siervos personales

En el medievo español existieron los llamados siervos personales cuya condición era similar al estado de servidumbre romano conocido como esclavitud. Servían al señor en los campos o en las faenas domésticas y no podían abandonar el dominio, bajo pena de muerte.

Los siervos rurales eran generalmente labriegos sin tierra que habitaban en caseríos ubicados dentro de los dominios señoriales; los siervos personales habitaban en la casa o castillo señorial donde prestaban muy diversos servicios. La condición de la servitud colocaba al hombre objeto de la misma en condición de cosa susceptible de ser vendida, donada, permutada o transmitida hereditariamente. Sin derecho a comparecer en juicio, respondía su dueño por los delitos cometidos y era, asimismo, el receptor de las indemnizaciones por el homicidio perpetrado en la persona del siervo. La mayor parte de los siervos eran musulmanes[50] y, debido a ello, fue hasta la época de la Reconquista cuando la Iglesia luchó por cambiar sus condiciones y darles un trato más humano, permitiéndoles poseer un peculio propio.

Cuando los siervos trabajaban un predio del señor, estaban integrados al mismo, en forma tal que eran vendidos junto con el terreno como objeto de anexión. Más no sólo los labradores tenían esta condición, sino también los demás trabajadores del campo, los artesanos, los miembros de los diversos gremios y, en general, todo aquel que desempeñara un oficio dentro de

[49] Sánchez Albornoz, Claudio, *Estudios sobre las instituciones...*, *op. cit.*, p. 93; Lozano, Antonio J., *Diccionario razonado de legislación y jurisprudencia mexicana*, México, J. Ballesca y Compañía Sucesores, Editores, 1905, p. 130.

[50] Sánchez Albornoz, Claudio, *España y el Islam...*, *op. cit.*, pp. 120 a 140.

los límites de la propiedad señorial podía quedar condicionado al estado de siervo rural o siervo personal.

En algunos casos, los fueros atenuaron el rigor de la servidumbre en los territorios donde fueron aplicados. De la misma manera, la manumisión permitió el rescate y libertad de los siervos, con lo cual se dio lugar a la migración de los campesinos hacia las ciudades o burgos donde se podían acoger al amparo del fuero, obtener su libertad y hacerse de nuevas propiedades y formas de vida. Tal es el caso del fuero de León promulgado en el siglo XI.

Los oblatos

Fue ésta una institución de servidumbre al servicio de los monasterios e iglesias. La pobreza del campo ocasionada por el problema demográfico incapaz de ser atendido por una agricultura raquítica, producía una gran población de mendigos y vagabundos que acudían a las iglesias y monasterios para recibir alimentación y, ocasionalmente, albergue y vestuario. Los oblatos se encargaban de atenderlos. Frecuentemente, ellos mismos eran ex mendigos amparados por la caridad de los monjes, o bien campesinos indefensos y empobrecidos por las pérdidas de las cosechas.

Los colonos

Los labriegos sin tierra propia, llamados colonos, podían llegar a cultivar la tierra de un dominio señorial ya fuera mediante los diversos contratos agrarios o bien en terrenos alguna vez de su propiedad y ya incorporados a los dominios señoriales.

Algunos de los colonos eran hombres libres adscritos al predio cultivado, el cual no podían abandonar. Otros, los más, se identificaban con los siervos rurales, pues estaban sometidos íntegramente al señor del dominio ya que formaban parte de sus propiedades. Esta condición derivaba, en ocasiones, de la falta de cumplimiento de los gravámenes derivados de su condición de colonos, la cual obligaba a prestaciones personales. También se motivaba por el incumplimiento de los contratos agrarios, algunos de los cuales sancionaban con la pérdida de la libertad al colono incumplido.

Los colonos podían ser sujetos a pago de tributos cuando las tierras que trabajaban estuvieran gravadas, condición atribuible a todos los labriegos habitantes de las villas, fueran pequeños propietarios, heredades, encomendados territoriales o colonos. Los tributos se llamaban pechas y los colonos pecheros eran llamados también vasallos o *peyteros.*

Otras formas señoriales

Además, del estrato constituido por la nobleza del poder, existía el estrato de la riqueza llamada de los magnates, ricos hombres o nobles de primera categoría, los cuales eran propietarios o usufructuarios de las tierras que poseían con las correspondientes exenciones e inmunidades. Existían además la nobleza de segunda categoría o nobles de linaje que basaban sus privilegios en la pureza de sangre por ser hijos de los bien nacidos hijos-hidalgos. Podían dedicarse al servicio militar o a las profesiones religiosas.

Los caballeros eran generalmente guerreros o nobles de segunda categoría o militares armados por el rey para servir a la defensa de los territorios reconquistados. Como requisito del servicio debían poseer un caballo y las armas necesarias. Se les concedían feudos de caballería con terrenos labrantíos y pastos para el ganado, así como autorización para hacerse servir por vasallos y siervos. La extensión de sus heredades recibía, en ocasiones, el nombre de faciendas o haciendas y estaba estrictamente reglamentada según la condición de su propietario. Respecto del uso y tenencia del suelo, la nobleza de caballería gozaba de privilegios semejantes a la nobleza en general, tales como exención de tributos, de carga económica y de cargas personales; tampoco estaban obligados a acudir a las guerras sin la previa compensación de tierras realengas en préstamo por parte del rey para su beneficio y honor, y la recompensa económica de los estipendios para los soldados.

Las personas, casas y tierras de los nobles de caballería y también de los caballeros de las villas rurales o caballeros villanos, no podían ser alimentados por los oficiales reales o señoriales, y la ofensa en contrario era severamente castigada.[51]

Las tierras otorgadas a los hombres del ejército llamados peo-

[51] Valdeavellano, Luis, *Curso de historia de las instituciones españolas, op. cit.*, pp. 621-623.

nes —porque acompañaban a los caballeros y hacían las guerras a pie—, se llamaban peonías. El monarca compensaba sus servicios, además de con la paga correspondiente, con fracciones de tierras realengas en calidad de préstamo. La superficie era menor a la adscrita a las caballerías, y los peones no tenían los privilegios otorgados a la nobleza.

LAS MANIFESTACIONES DE DEPENDENCIA DEL DOMINIO SEÑORIAL EN MATERIA AGRÍCOLA

En el trabajo agrícola, el mayordomo o merino dirigía las labores a nombre del señor. Ordenaba los trabajos, se encargaba de percibir las rentas y vigilaba el cumplimiento de prestaciones y contratos. Estas acciones derivaban de los foros o usos que todos los habitantes del dominio debían prestar al señor en correspondencia a su potestad. Se llamó también *tributum, pectum, censum*. La cuantía de estos censos variaba según el lugar y podía abarcar, desde la mitad de la producción, hasta el diezmo o décima parte. En Castilla, el censo cubierto el mes de marzo recibía el nombre de Marzodga y el cubierto el día de San Martín, Martiniega.

Existían otras gabelas y cargos que debían de cubrir los villazgos a los grandes propietarios o magnates, tales como: el pago por el encendido del fuego hogareño; los servicios personales que comprendían faenas agrícolas y domésticas; las servias o labores relacionadas con las siembras y la recolección; la *fazendera* o vereda, labor realizada en la construcción de caminos; la castellaria o trabajos en la construcción de castillos; la *anubda* o vigilancia de la villa; la mandedaria o servicio de viajeros para transmitir mensajes y los servicios de ofrecer hospedaje y alimento al señor.

El fuero viejo de Castilla señalaba dos prestaciones personales relacionadas con la herencia: *a*] el nuncio o último censo, pagado al señor por los herederos de un predio para poder continuar disfrutando del uso del mismo y *b*] la mañería, o pago efectuado por el poseedor sin descendencia en línea directa para poder ceder su derecho sucesorio a un tercero, pariente o no. Las mujeres sometidas a la potestad del señor debían cubrir una gabela para obtener un permiso previo a la celebración de su matrimonio que se llamaba la *ossa* o *huesa*.[52]

El montazgo y el herbazgo derivaban del aprovechamiento de los montes, bosques y prados del señorío, bien fueran bienes del dominio real o regalías, o bienes del dominio señorial y de explotación comunal.

En la alta Edad Media, el dominio señorial se reservaba la explotación de servicios tales como los molinos, el horno y la fragua. Su uso daba motivo a otras tantas gabelas. Con el tiempo esos usos se modificaron.

Otro derecho señorial en materia de propiedades y cultivos agrícolas era el realengo por el cual se autorizaba al señor a vender sus cosechas antes que a los demás productores.

Formas de cesión de las tierras

Las tierras de labor de un gran dominio señorial se dividían en: *a*] campos de reserva señorial [o sea de cultivo) para el uso y disfrute del señor y *b*] tierras labrantías, susceptibles de cederse para el beneficio de los demás habitantes de la villa señorial a quienes se entregaban para su labranza y explotación. Los labriegos las recibían por medio de cesión o por algunos de los tipos de contrato ya mencionados en su carácter de siervos del *domine*. Los terrazgueros eran hombres libres, colonos, tributarios o patrocinadores que recibían la tierra para su trabajo mediante las prestaciones, usos y gravámenes derivados de la tenencia de un fundo situado en dominio ajeno, por lo cual pagaban una renta ya en tributos dados en especie o ya en efectivo, al desarrollarse la economía monetaria. George Duby[53] comenta que durante la reconquista y repoblación del desierto estratégico del Valle del Duero, se originaron estructuras sociales extraordinariamente abiertas, de las cuales una muestra fueron los propios terrazgueros.

La precaria

Tratándose de las propiedades eclesiásticas, una de las formas

[52] Sánchez Albornoz, Claudio, *Estudios sobre las instituciones...*, *op. cit.*, p. 134.

[53] Duby, George, *Economía rural y vida campesina en el Occidente medieval,* Barcelona, Ediciones Peninsular, 1973, *op. cit.*, pp. 155 y ss.

más comunes de cesión era la precaria, préstamo de uso y de arrendamiento oneroso formalizado mediante un acto de cesión real concedido de por vida al beneficiario e inclusive, transmisible por herencia.

Existían tres formas de precaria:

a] Precaria data o prestataria. Simple cesión del disfrute de una tierra a petición del cesionario y a cambio del pago de un censo.[54]

b] Precaria oblata. Donación con reserva de usufructo por la cual el pequeño propietario donaba la propiedad de su tierra a la Iglesia latifundista para recibirla luego en precaria data.[55]

c] Precaria remuneratoria. Fusión de las dos formas anteriores por medio de la cual el pequeño propietario, al terminar el plazo de la cesión a favor del latifundista, recibía, junto con la devolución de la tierra prestada, otra tierra cedida por el gran propietario, también en precaria. Esta forma de cesión, similar a la precaria data, se llamó en Castilla *prestarum* o *prestimonio*.[56]

Contratos agrarios

Para la transmisión de la propiedad agraria se utilizaron los siguientes contratos en la España Medieval:

a] Arrendamiento de tierras o *locatio rei,* llamado también censaria. En ella se pagaba un quinto de lo obtenido por su explotación a largo plazo. Era transmisible por herencia e incluso enajenable bajo condiciones. Se utilizó en las repoblaciones.

b] Aparcería o mediería. En ella la explotación de la tierra se hacía a medias entre el señor y el labriego. Fue un contrato derivado de la colonia partitaria romana, el cual permitía la división de la propiedad entre ambos, o bien la participación de los frutos y productos y como partes alícuotas de un todo.

[54] La precaria era un préstamo revocable a voluntad del que lo ha hecho, y se toma también por todo lo que se posee como un préstamo y a voluntad de su dueño, Valdeavellano, Luis G. de, *Curso de historia de las instituciones españolas, op. cit.,* pp. 249-250.

[55] *Ibid.*

[56] *Prestarum o prestimonio,* Thompson, James, *An introduction to Medieval Europe, op. cit.,* p. 294; Valdeavellano, Luis G. de, *Curso de historia de las instituciones españolas, op. cit.,* pp. 249-250.

c] Plantación y cultivo. Como su nombre lo indica, se limitaba al trabajo de la tierra mediante un pago al señor.

La economía de las propiedades agrarias

Un aspecto muy importante de la formación de los dominios señoriales o las grandes propiedades territoriales en la España de la Reconquista y que tuvo nexos muy estrechos con la Nueva España, fue el manejo de la producción agrícola y ganadera, llamado actualmente Economía Agraria, debido a que sus formas de explotación agrícola y ganadera fueron trasladadas, primero por Colón y después por Cortés, a las Indias. De tal manera que, una a una de las instituciones jurídicas analizadas hasta aquí y aplicables al sistema de producción, encontraron su contraparte en el momento de la creación de los grandes dominios novohispanos. El fenómeno se inició en la Española y continuó al formarse el marquesado de Cortés y su economía agrícola marquesana, temas que trataremos en capítulos sucesivos.

Economía agrícola de cultivo

La economía agrícola de la España Medieval, como consecuencia de las guerras de reconquista, fue muy limitada. Se basaba principalmente en el cultivo de cereales básicos para la alimentación y en la plantación de vid y olivos. El aprovechamiento posterior de los sistemas de riego construidos por los musulmanes permitió el cultivo de hortalizas y árboles frutales en las huertas de las ricas regiones del sur de la España reconquistada.

Las tierras de mejor condición para el cultivo formaban parte de las reservas señoriales y se cedían —como ha quedado escrito— a los labriegos para su explotación. Éstos, a su vez, podían plantar y cultivar sus tierras, pero siempre sujetos a las indicaciones señoriales y a las condiciones de uso y tenencia del suelo y del aprovechamiento de los recursos hidráulicos señalados por el rey. El rey contaba con organizaciones especiales para ello, tales como el "Tribunal de las Aguas" encargado de autorizar los permisos de uso y explotación de los recursos acuíferos así como también de los litigios relativos. En materia de conservación de los pastizales comunales, el rey se valía del Consejo de la Mesta para regular su uso.

Las formas de cultivo y riego en la Baja Edad Media eran rudimentarias. Debido a ello, el mayor desarrollo en el campo lo tuvo la ganadería, que poco a poco fue desplazando a la agricultura.

Aquí cabe señalar una coincidencia entre las formas de cultivo mesoamericanas y de España, en tanto en ambas regiones geográficas se hacía la roza[57] de los suelos antes de empezar la siembra. El sistema de empleo por temporadas alternas de los pastizales dio nacimiento a una forma de explotación que fue trasladada de España a México con el nombre de ejido, que consistía en la creación y siembra de pastizales de uso común, aledaños a las poblaciones y pertenecientes al municipio, cuya utilización se alternaba con los pastizales de las propiedades particulares durante el tiempo en que éstas permanecían en reposo o barbecho. El sistema de rotación bienal de la tierra de cultivo se llamó en Castilla, de *año y vez* y se usaba combinado con el sistema de alternar franjas de cultivo con franjas de barbecho llamado *de hojas* y que, actualmente, se designa como sistema de *torna siembra.*

Las villas y poblados recibían para su uso parte de las tierras realengas a fin de que las utilizaran en aprovechamiento común y en beneficio de los villanos y demás pobladores del lugar.

En este tipo de tierras comunales los señores y los reyes destinaban las tierras llamadas dehesa que eran ya parte o porción de tierra acotada que se destina originariamente para pasto de ganados. En las Leyes de Partidas se llaman *defesa* y viene del verbo latino *defendere,* que significa defender o prohibir, porque verdaderamente esas tierras se defendían para el uso comunal y se prohibía darles cualquier otro destino.

También se consideraban como bienes comunales, los bienes de propios que tenía una ciudad o villa o lugar, para los usos públicos y podían estar compuestos por heredades, dehesas, casas u otros cualesquiera bienes.

Al lado de los bienes de propios se consideraban los arbitrios que eran los derechos que ante la carencia de propios, impone un pueblo con la competente autorización, sobre ciertos productos tales como vino, agua y otras frutas vendibles.

57 Valdeavellano, Luis, *Curso de historia de las instituciones españolas, op. cit.,* p. 167.

Los derechos de arbitrio sustituían en cierta forma la falta de bienes de propios y permitían la adquisición de los mismos por medio de los diversos recaudos.

La raquítica economía agrícola motivó explotaciones comunales de montes y bosques, tanto para el pastoreo como para el aprovechamiento de los demás recursos forestales. La misma condición de la agricultura originó también el sistema llamado *la derrota de las mieses* por medio del cual se permitía el pastoreo de ganados de todos los vecinos de una villa, y aun de las villas aledañas, en los terrenos donde ya se habían levantado las cosechas cerealeras. Las tierras se consideraban una vez cosechadas como propiedad comunal, y solamente al momento de la nueva siembra se reintegraban tácitamente a la propiedad privada del dueño.

La economía agraria y el Consejo de Mesta

George Duby, en su obra ya clásica, analiza cómo durante la Edad Media en Europa, la ganadería se caracterizaba por la existencia de ganados trashumantes que aprovechaban los pastizales y los montes comunales ante la carencia de sistemas de aprovechamiento de aguas adecuados para una ganadería estabulada. En España se llamaba mestas a los pastizales comunes, y de ahí nació el Consejo de Mesta o juntas locales de ganaderos y pastores reunidos con objeto de proteger sus intereses y, ocasionalmente, dirimir sus litigios o disputas sobre daños y perjuicios a sus propiedades. Las Mestas también tomaban decisiones sobre el ganado mostrenco o sin dueño y, en general, sobre todos los negocios de interés para el gremio. El poder creciente de las Mestas tan importantes como las de León, Soria y Segovia, que llegaron a disfrutar de Fueros Reales sobre las disposiciones señoriales, permitiendo con ello a sus integrantes la obtención de grandes riquezas y beneficios.

Alfonso X logró la reunión de las Mestas de los reinos de Castilla y de León concediéndoles privilegios en los cuales ordenaba que todas las decisiones y ordenanzas o avenencias del Consejo de la Mesta, tuvieran validez general y que todos los acatasen y cumpliesen por ser en servicio del rey y en provecho de la comunidad de ganadores. Respecto a los pastores de ganados trashumantes, los eximió del pago de portazgos y montazgos, excepto que el pago tuviere que hacerse a las villas cuyos privilegios les hubiesen sido concedidos por el propio rey. Les concedió el privilegio de pastar en los pastos de todo el reino.

Los privilegios de la Mesta de Castilla y León fueron, confirmados posteriormente por Juan II y Enrique IV, así como por los Reyes Católicos en 1489. De esta manera, las ordenanzas y privilegios del Consejo de la Mesta, recopilados en 1492 por el licenciado Francisco de Malpartida[58] tuvieron vigencia, en la Nueva España. De la forma en que fueron aplicados en estos territorios nos habremos de ocupar posteriormente.

Los privilegios de Mesta requirieron la presencia de autoridades especiales para resolver los litigios sobre la propiedad ganadera y los pastizales y montes de uso común, así como de los diversos asuntos de la Hermandad de la mesta;[59] por ello se designaban por cada cuadrilla o cabaña de ganaderos o pastores, dos alcaldes de la Mesta o alcaldes de Cuadrilla, quienes debían juzgar, en primera instancia, los pleitos entre los hermanos de la cuadrilla respectiva. Continuaban en orden jerárquico de apelación los Alcaldes de Alzada, los Alcaldes Entregadores y el Alcalde Entregador Mayor, Juez Letrado asignado por el rey entre sus altos funcionarios o magnates del reino. Los Reyes Católicos crearon en 1500 el cargo de presidente de Mesta vinculado al cargo de Consejero Real más antiguo.

EL DERECHO DE PROPIEDAD TERRITORIAL EN LA ÉPOCA MODERNA

Al terminar la baja Edad Media y entrar España a la modernidad, los grandes señoríos fueron poco a poco incorporándose a la corona pasando a depender de la autoridad del rey y de los oficiales reales, incrementando —como lo hace ver Valdeavellano—, los territorios del llamado realengo o bienes reales. Los Reyes Católicos —primeros reyes modernos— redujeron el poder señorial y en 1477 incorporaron a los dominios reales los señoríos canarios y más tarde los Maestrazgos de las Órdenes

[58] Valdeavellano, Luis, *Curso de historia de las instituciones españolas, op. cit.*, p. 266.

[59] *La recopilación de las Leyes de los Reynos de las Indias,* Madrid, editado por Julián de Paredes, 1681, t. II, Título V, libro V, folio 156. Se ocupa de esta materia bajo el título de *Los alcaldes y hermanos de la Mesta.*

de Calatrava en 1487, de Santiago en 1493 y de la de Alcántara en 1494. A petición de las Cortes de Toledo de 1480 "dispusieron una rigurosa revisión de las concesiones y mercedes de tierras y rentas reales hechas por su antecesor Enrique IV: mediante la Ordenanza v, 9",[60] y anularon las mercedes y donaciones territoriales hechas graciosamente por el mismo Enrique IV.

En la época moderna, la profileración del Derecho castellano continuó manifestándose en los diferentes tipos de normas jurídicas formuladas por los reyes: leyes, ordenanzas, pragmáticas, ordenamientos, cartas acordadas, y cédulas y resoluciones reales son los nombres con los cuales se publican las leyes y providencias generales.

El Derecho real, emanaba directa o indirectamente del rey y se contraponía al Derecho común. Su origen radicaba en el poder real pero se distinguía por los órganos y la solemnidad que intervienen en su promulgación: *a*] las leyes eran elaboradas por los reyes para regular las relaciones privadas; *b*] las pragmáticas son normas generales solemnes y con igual fuerza que los pronunciamientos de Cortes; *c*] las ordenanzas regulan total o parcialmente el derecho público, elaboradas con o sin intervención de las Cortes; *d*] las cédulas y decretos son normas generales o singulares menos solemnes que las pragmáticas; y *e*] las provisiones, órdenes y resoluciones, son normas singulares desprovistas de solemnidad.[61]

De ahí surgió toda una política legislativa acerca de poner en orden el Derecho castellano ya abundante y complicado desde la época de Enrique IV. La necesidad aumentó a partir del descubrimiento de las Indias Occidentales —hoy América— cuando los Reyes Católicos tuvieron necesidad de legislar en materias tan diversas como: población, tierras, colonización, estado de los nuevos habitantes y sobre los aborígenes y naturales llamados genéricamente indios y su condición social.

Las recopilaciones de Enrique IV

Estas recopilaciones reunieron en un cuerpo legislativo las ordenanzas, privilegios y exenciones hechas y establecidas por el

[60] Hillgarth Jocelyn, Nigel, *The Spanish kingdoms,* Oxford, Clarendon Press, 1978, pp. 498-499; Vincens Vives, Jaime, *Manual de historia económica de España* (4a. ed.), p. 269.

[61] Lalinde y Abadía, Jesús, *Iniciación histórica..., op. cit.,* pp. 189 y 190.

rey Enrique IV y sus antecesores; textos tan numerosos y tan controvertidos que no se podían ni entender ni interpretar, lo cual ocasiona contiendas y litigios prolongados y caros y sentencias injustas.

Para el efecto del origen de su vigencia las recopilaciones se dividieron en oficiales, sancionadas por el rey, y privadas, cuando servían para fines de trabajo y estudio de doctos, jueces y abogados. Cada ley comprendida en una recopilación continuaba con su vigencia propia, o sea, vigente desde el tiempo en el cual fuera promulgada; lo aprobado oficialmente era el volumen de recopilación. En caso de controversia durante la vigencia del derecho hispano-romano y visigótico, la ley aceptada con fuerza de fe, era la incluida en la recopilación aprobada oficialmente, pero en el siglo XVI, al imprimirse y distribuirse ampliamente las Recopilaciones, el solo texto impreso las hizo convertirse en texto obligatorio.

Lalinde Abadía distingue las recopilaciones que agruparon la legislación medieval, sin pretender innovarla, sino conservarla respetando el derecho antiguo de las recopilaciones de la edad moderna con mentalidad historicista que comprenden todo el derecho producido en una forma unitaria o asistemática.

Las primeras recopilaciones fueron básicamente de carácter privado y cubren de 1433 a 1443. Posteriormente, las Cortes de Madrid solicitaron a Juan II se seleccionara la legislación entonces vigente y se reuniera en un libro de carácter oficial; por incumplimiento de esta petición, los señores propietarios de los grandes dominios y enemigos de Enrique IV pidieron nuevamente a Juan II una nueva recopilación donde se estableciera con mayor claridad sus derechos e intereses.

El propio Lalinde señala cómo frente a las recopilaciones, la práctica jurídica opone los *"códigos"* cuyas características son: *a*] no recogen material anterior, el cual en todo caso sirve sólo de elemento informativo; *b*] aspiran a elaborar una regulación nueva; *c*] su mentalidad es racionalista y abstencionista y *d*] su criterio de agrupación es sistemático. Todo ello conduce a elaborar distintos códigos para cada uno de los aspectos fundamentales del derecho. La acción codificadora aparece tardíamente en los siglos XIX y XX aunque a obras legislativas antiguas como el Código de Eurico se les diera este nombre ya en el siglo V.[62]

Finalmente, en las Cortes de Valladolid de 1447, el rey Juan

[62] *Ibid.*, p. 184.

II volvió a ocuparse de un tema que —como hemos visto—, era de gran preocupación para el poder real: la lenta transformación de las tierras seculares, y entre ellas realengas, y de los dominios señoriales en tierras propiedad de la Iglesia, fenómeno que había alcanzado grandes proporciones, como para provocar la prohibición de ventas de bienes muebles e inmuebles a la clerecía y a los monasterios e iglesias.

Hasta aquí, hemos analizado la legislación real y de Cortes que rigió en la Castilla medieval. La iniciación del Renacimiento se manifestó durante el reinado de Juan II con el intento de rompimiento entre la Iglesia y el Estado español, ya mejor configurado, y culminó con la unión de los reinos y la toma del poder absoluto por parte de los monarcas Isabel de Castilla y Fernando de Aragón.

Su reinado se unió a la modernidad con varias acciones, tales como el ejercicio del control eclesiástico, la instauración de escuelas de geografía y navegación, la amplia difusión de textos impresos, entre ellos de las recopilaciones de Leyes y Ordenanzas, pero, sobre todo, por la concepción política de unidad territorial con la cual reinaron sus sucesores, los Reyes Católicos, para colocarse entre los iniciadores del estado moderno.

La legislación de los Reyes Católicos en materia de propiedad

Los reyes de Castilla y Aragón, Isabel y Fernando, terminaron de romper la estructura feudal hispánica después de lograr la reconquista del territorio de Granada de manos de los moros y ocupar la totalidad del territorio peninsular.[63]

La unidad de la nueva nación les permitió, entre otras cosas, iniciar su política expansionista buscando acrecentar el exiguo capital de la Real Hacienda por medio de la apertura de nuevas rutas para comercial con el Asia y transformar así a España de país feudal a país mercantilista moderno a la altura del capitalismo europeo en gestación.

La aventura colombina los proveyó de los nuevos dominios territoriales necesarios para su política económica, pero fue sólo hasta terminada la Conquista de México y del Perú cuando la corona de España empezó a recibir beneficios económicos de sus colonias, procedentes de los tributos en oro y artículos diversos y de las explotaciones mineras que, aunadas al creci-

[63] Hillgarth J. Nigel, *The Spanish kingdoms*, *op. cit.*, p. 393.

miento del comercio exterior con América del Sur y las colonias del Caribe, contribuían al fortalecimiento económico y al aumento de la riqueza monetaria de la corona.

Como ha quedado escrito, cada uno de los reinos de la Península Ibérica: Portugal, Cataluña, Vascuña, Navarra, Aragón y Castilla y León poseían sus propios ordenamientos y fueros. Al obtener los reyes de Castilla y León por parte de Alejandro VI, la donación de todas las Indias, islas y tierras firmes del mar océano, los monarcas Católicos hicieron aplicar en estos territorios el Derecho castellano, el cual, gracias a los trabajos de recopilación realizados por las Cortes, había dejado de ser un derecho local y municipal para convertirse en un sistema legal perfectamente estructurado, cuyos orígenes se hallan en las Siete Partidas.

Las pragmáticas

Entre la amplia legislación promulgada por los Reyes Católicos en materia de propiedad territorial y de asuntos relacionados con la expansión de la riqueza a través del comercio, destaca la pragmática sobre la creación de la Casa de Contratación de Sevilla en 1503, debido a su amplia relación con los comerciantes y con el tráfico marítimo entre España y sus colonias.[64]

Destacó también la pragmática de 1500 sobre el juicio de residencia que estableció el procedimiento que fue después aplicado en la Nueva España en contra de varios de los conquistadores. De igual manera son importantes las pragmáticas de 1494, 1502 y 1503 sobre la organización de las Audiencias Reales y cuya aplicación se inició en la Española y, posteriormente, en el territorio de la Nueva España y otras colonias americanas.

El ordenamiento de Montalvo

Resulta importante mencionar el trabajo de recopilación legislativa efectuado por encargo de los Reyes Católicos. En primer

[64] En 1505 se produjo una instrucción en que se encomienda a la Casa de Contratación de Sevilla que reciba el depósito de la mercancía que viene de América y en 1510, se le encomiendan funciones judiciales. Vance, John T., *The background...*, *op. cit.*, p. 134.

término, el conocido con el nombre de ordenamiento de Montalvo se ocupó entre otras materias de los estamentos, incluidos los habitantes del campo, fueran agricultores o ganaderos; sobre esta obra existe discusión en el sentido de si fue autorizada o no por los monarcas. Fue publicada en 1484 y, a partir de entonces, tuvo numerosas reediciones con carácter privado sin autorización de los reyes. El mismo autor publicó en 1494 la *Secunda Compilatio Legum et ordinatio.*[65]

El libro de las bulas y pragmáticas

Para el tema en estudio, resulta de capital importancia el libro de las *Bulas* y *pragmáticas* cuya recopilación fue ordenada por los Reyes Católicos y en el cual se encuentran recopiladas las bulas Alejandrinas que determinaron la jurisdicción real de los Reyes Católicos sobre los territorios descubiertos de las consideradas islas del mar océano; este libro fue publicado en Alcalá de Henares en 1503, pocos años después de promulgadas las tres bulas de Alejandro VI.

Las ordenanzas y privilegios de la Mesta

Otras leyes promulgadas durante el reinado de los Reyes Católicos fueron las ya mencionadas recopilaciones de las ordenanzas y privilegios del Consejo de Mesta de 1492.

Las leyes de Toro

Son una manifestación más del esfuerzo recopilador de los Reyes Católicos. Las Cortes de Toledo, reunidas en 1502, pidieron a los reyes se recopilara el Derecho real vigente. La petición fue formulada, al decir de García Gallo, debido a la confusión que las partidas y los ordenamientos provocaban; las leyes de Toro fueron redactadas fuera de las Cortes por una comisión precedida por el jurista Palacios Rubios, y no por el Consejo de Oidores de sus Audiencias, tal y como era costumbre. Su validez fue reconocida pero se detuvo su publicación por ausencia del rey Fernando y la muerte posterior de la reina Isabel.

[65] Vance, John, T., *The background...*, *op. cit.*, p. 114, nota 164.

Finalmente las Cortes de Toro reunidas para jurar como reina a doña Juana solicitaron su publicación que, en efecto, se hizo en 1505.

El Cuerpo Legislativo está formado por ochenta y tres leyes. En el Capítulo Primero se establece el orden de prelación de la legislación castellana, confirmando el establecido en el ordenamiento de Alcalá.[66] En materia de derecho de familia, regula la herencia y las sucesiones; en materia de propiedad territorial, se ocupa ampliamente de las vinculaciones originadas en las mercedes reales y en los mayorazgos. Respecto a las vinculaciones, el ordenamiento permite a los padres los beneficios que hayan percibido hasta por una tercera parte de sus bienes a favor de sus descendientes, sujetos a posibles sustituciones, y por lo que respecta a los mayorazgos, prohíbe a los hijos y herederos del sucesor de éstos, cuando se trate de pago de derechos hereditarios a la corona, los gastos ocasionados por mejoras hechas a la propia institución.

Las leyes de Toro, en criterio de Solórzano y Pereyra[67] son en su conjunto confirmatorias del Derecho civil y correctorias o declaratorias del mismo. Son el primer ordenamiento de la jurisprudencia castellana en donde se habla ya en forma concreta de los mayorazgos en tanto siete de sus leyes regulan su creación y su funcionamiento.

Legislación de Carlos I (Carlos V emperador) (1516-1556)

El emperador, promulgó, entre otras, las ordenanzas de 1528, 1549 y 1552 sobre fabricación y reglamentación de la industria textil. La colección de ordenanzas de 1543 para los Alcaldes Mayores, Juicios de Residencia, y por último, las ordenanzas sobre audiencias sobre el Consejo Real de 1554.

En la recopilación de leyes de Indias obra un número considerable de leyes dictadas por Carlos V relativas al establecimiento del gobierno hispánico en los nuevos territorios.

La legislación de Felipe II

Bajo el reinado de Felipe II, se llevó a cabo la nueva recopila-

[66] Vance, John T., *The background...*, *op. cit.*, pp. 117-120.

[67] Solórzano y Pereyra, *Política indiana,* Madrid, edición facsimilar en cinco volúmenes.

ción de las Leyes de España analizadas en páginas anteriores. Dictó además un número muy considerable de ordenanzas y leyes para los nuevos territorios descubiertos.

Las pragmáticas de 1559 incorporaron a la corona las minas de oro, plata, y azogue, revocando las mercedes que anteriormente se hubiesen hecho; la de 1564 realizó igual operación con las salinas; las de 1563 y 1574 regulan el laboreo de las minas. Pragmática de 1568, sobre titulación y tratamiento entre los titulares de cargos públicos, incluidos los eclesiásticos; Instrucción sobre la jurisdicción y procedimiento del Consejo de Hacienda de 1593; y pragmáticas de 1594 sobre patrimonio familiar inembargable.

La nueva recopilación

Felipe II logró reunir un destacado cuerpo de juristas a los cuales encargó redactar una nueva recopilación[68] nombrada así para distinguirla de la recopilación u ordenamiento de Montalvo; Pedro López de Alcocer inició los trabajos y tras su fallecimiento los continuaron el doctor Escudero y el licenciado Pedro López de Arrieta, para finalizarlo después de treinta y cinco años de labor el licenciado Bartolomé de Abenza; en estos trabajos —como lo hace notar Lalinde Abadía— intervino activamente el Consejo Real.

Las críticas formuladas al ordenamiento de Montalvo, en tanto se le acusaba de impureza en los textos, desorden en el acomodo, más la necesidad de incorporar al cuerpo legal existente, las leyes de Toro, dieron motivo a la labor legislativa que finalmente quedó compuesta por un conjunto de cerca de cuatro mil leyes.

La innovación básica fue el señalamiento de un nuevo orden de prelación en la legislación castellana a la cual se agregan las cédulas y visitas dirigidas a las audiencias, en cuanto no contradigan las leyes recogidas en la recopilación; el orden quedó establecido de la forma siguiente: las leyes contenidas en la nueva recopilación y en seguida el orden establecido por las leyes de Toro, o de la prominencia del ordenamiento de Alcalá, sobre las demás instituciones jurídicas castellanas.

[68] Martínez Marina, Francisco, *Juicio crítico sobre la Novíssima Recopilación,* Madrid, 1820, t. II, pp. 186 y ss.

Diversas leyes en materia de propiedad. Felipe III

Felipe III dictó diversas leyes, por ejemplo, las pragmáticas sobre usos suntuarios y tratamientos entre cargos públicos de 1600 y 1601; la de 1600 sobre la riqueza mínima que obligaba al mantenimiento de armas y caballos; la de 1600 mandando registrar toda la plata labrada del reino de Castilla, tanto en propiedad de corporaciones como de particulares; la de 1602 sobre organización bancaria; la de 1603 sobre organización judicial y procedimientos de la Mesta; las de 1603 y 1604 sobre exámenes y planes de estudio; la de 1608 sobre formación de Juros y Censos; la de 1609 relativa al Consejo de la Mesta y a la Jurisdicción de sus Alcaldes; la de 1610 que expulsa a los moriscos del reyno de Valencia (seguida de una serie de disposiciones del mismo año, encaminada a fomentar la repoblación de las tierras abandonadas por éstos); la de 1611 sobre usos suntuarios y medidas de orden público; la de 1615, que regula la sucesión de los Mayorazgos y establece que salvo voluntad en contrario de los fundadores, serán preferidas las hembras de mejor línea y grado a los varones más alejados del tronco, y que fue confirmada y completada por otra del mismo año; la de 1617 sobre el ejercicio de la Abogacía; las de 1619 y 1620 sobre organización monetaria; la de 1619 sobre patrimonio familiar inembargable, así como sobre la inembargabilidad de sembrados o instrumentos de trabajo.[69]

La legislación moderna. Siglos XVII y XVIII

Felipe IV (1621-1665). La principal característica de su legislación es la de ser muy casuística y circunscrita a las necesidades del reino en una época de grandes apuros y dificultades. Dicta las siguientes leyes: la pragmática de 1624 que prohíbe la búsqueda de metales preciosos a los particulares. La Cédula Real de 1627, sobre aplicación de Cartas Reales expedidas contra derecho, admitiendo al principio "se obedece, pero no se cumple". Pragmáticas de 1631 sobre la prestación llamada *Media Annata;*[70] de 1631, fijando los derechos a pagar por la sucesión de

[69] Lalinde Abadía, Jesús, *Iniciación histórica. . .*, *op. cit.*, pp. 191 y ss.

[70] *Ibid.*, Anata era la renta, frutos o emolumentos que producen en un año beneficio. Media anata es el derecho que se paga al ingreso de cualquier beneficio eclesiástico.

títulos nobiliarios, así como los nuevamente creados; de 1632 sobre el impuesto llamado de las *Lanzas;* de 1637 fijando los derechos a pagar por la sucesión de títulos nobiliarios, así como los nuevamente creados; de 1637, estableciendo el impuesto "Quinto del Hielo y de la Nieve"; de 1665, recurriendo a la mitad las pensiones que se pagaban a las clases pasivas; de 1652 y 1674, retirando de la circulación parte de la moneda de vellón existente y rebajando la que quedaba en circulación a la mitad de su valor adquisitivo.

Carlos II (1665-1700). En su legislación consideramos la Real Cédula de 1680, que tasa los artículos de consumo, industriales y mercaderes al ejercicio de por vida de sus profesiones.

Felipe V (1700-1724 y 1724-1746). Fue un rey que desarrolló gran actividad legislativa, entre sus leyes destacan: El decreto de 1705 que establece fábricas de diferentes productos bajo un régimen especial de protección; las cédulas de 1716 y 1719 sobre montes; los Decretos de Nueva Planta; los de 1718, 1720 y otros sobre protección a los productos de fabricación nacional.

Fernando VI (1746-1759). En sus leyes de 1747 y 1751 adjudicó al Consejo de Castilla competencia en materia de terrenos baldíos bienes de propios y arbitrios. Dictó las instrucciones de 1749 para los intendentes y corregidores; las de 1748 declarando la exclusividad de la corona para creación y extinción de cargos públicos. El Decreto de 1756 que establece el régimen de privilegio para las fábricas que se encuentren en la península. La ordenanzas de 1748 y 1750 sobre rompimientos en las dehesas y organización ganadera, y la instrucción de 1770 sobre el repartimiento de propios y arbitrios.

Carlos III (1759-1788). Propició la publicación de la *Novissima Recopilación* y dictó en 1770 la Instrucción sobre Repartimientos y arbitrios. Fue el más notable de los reyes de la dinastía borbónica. Sucedió a su hermano Fernando VI y continuó la política de consolidación de la economía mercantilista hispana; como resultado de la necesidad de consolidar el poderío real en las colonias, expulsó a los jesuitas de toda la América hispana en 1767.

Carlos IV (1788-1808). En 1789 prohibió la creación de nuevos mayorazgos, con el propósito de evitar el nuevo acaparamiento de tierras y propiedades por parte de mineros y agricultores novohispanos. Con el mismo criterio, en 1792 ordenó el control de los almacenes de granos por parte del gobierno y en 1804 dictó la ley que permitió recoger los fondos de obras pías de manos de la Iglesia de la Nueva España, lo cual le produjo una recaudación de más de cuarenta y cuatro millones de pesos.

La Novíssima Recopilación

En 1752, bajo Fernando VI, se encomienda Manuel de Lardizabal la edición de un suplemento a la nueva recopilación de 1567. Posteriormente, Carlos IV encarga su revisión a Juan de Reguera Valdelomar quien no solamente revisa el suplemento sino presenta el plan para elaborar una nueva recopilación, y con arreglo al cual se elabora la que en 1805 fue promulgada con el nombre de *Novíssima Recopilación de las Leyes de España.*

Es esta una publicación sistemática dividida en dos partes; la primera se ocupa del Derecho político y administrativo y la segunda, del privado, penal y procesal. Por la influencia del iusnaturalismo europeo, Carlos IV le llamó Cuerpo Legislativo y Código, lo cual está muy lejos de ser, en tanto es "una acumulación de disposiciones de las que unas son superfluas y otras contradictorias".[71]

El decreto de Fernando VII

Fernando VII (1808-1833), fue el último borbón que tuvo imperio en México. Promulgó en 1810 el Real Decreto ordenando se devolvieran los terrenos arrebatados a las comunidades indígenas y se liberara a los indios de tributos y cargos. El Real Decreto lo dio a conocer el intendente Riaño en plena lucha de Independencia.

EL CONTROL REAL DE LA PROPIEDAD

En materia de propiedad podemos concluir que las autoridades reales, a partir de los Reyes Católicos, terminaron por ejercer un control absoluto sobre la propiedad de la tierra que hicie-

[71] Martiré Eduardo, *Guión sobre el proceso recopilador de las Leyes de Indias,* Buenos Aires, Editorial Perrot, 1978, p. 53.

ron extensivo a sus dominios americanos. Con el tiempo, el uso de la Ley Romana y visigótica desapareció, y se volvió una prerrogativa de la corona legislar e interpretar las leyes pronunciadas en esta materia. Los cambios que afectaban a la sociedad eran dictados por las Cortes que seguían en gran parte los lineamientos sugeridos por la corona.

A partir de la instauración de la Casa de Austria, bajo el gobierno de Carlos V, la monarquía ganó poder. Bajo el reinado de Felipe III las funciones de las Cortes fueron un mero formulismo; bajo el reinado de Carlos II, dejaron de funcionar y la corona tuvo el dominio total sobre los territorios hispanos y novohispanos. A partir de Felipe IV, primer monarca borbón, el absolutismo se manifestó en materia legislativa y el dominio territorial, incluyendo el subsuelo, quedó en manos exclusivas de la corona.

La Iglesia para entonces había perdido poder, hecho que se manifestó con la expulsión de los jesuitas y la ocupación de todas sus propiedades territoriales por parte de la corona, propiedades que en la Nueva España eran de enorme importancia.

En el siglo XVI, con el poder absoluto de los reyes sobre la propiedad de la tierra, la agricultura empezó a decaer y se produjo un nuevo proceso de colonización, pero la falta de irrigación de las tierras de cultivo motivó el éxito reducido; a ello debe agregarse que debido a los enormes recursos mineros procedentes de la colonia enriquecieron los campesinos, quienes perdieron interés por el trabajo agrícola reduciendo los recursos del país, inclusive los silvícolas, que fueron destruidos para proveer de pastura a los ganados. Ello demuestra cómo la Mesta continuó siendo el único organismo que se mantuvo propietario de grandes y ricas extensiones territoriales.[72]

Esta situación se reflejó lógicamente en las escasas leyes que se produjeron en la época borbónica en materia de propiedad territorial, pero sobre todo se manifestó en la pobreza de organismos legislativos que favorecieran el desarrollo de usos adecuados de la propiedad territorial.

[72] Véase *supra*, Los ordenamientos de Hermandad de la Mesta.

II. LA FORMACIÓN DE LA PROPIEDAD CIVIL

1. EL DERECHO INDIANO EN MATERIA DE DOMINIO TERRITORIAL

Las primeras normas del Derecho de Castilla que se aplicaron al ocurrir los descubrimientos de las Islas Canarias y de las costas africanas por los navegantes predecesores de Cristóbal Colón fueron los títulos conocidos como Capitulaciones. Éstos eran cartas entregadas por el rey a cada navegante, conteniendo las instrucciones reales que habrían de observarse en el proceso descubridor; quien las recibía, quedaba comprometido a cumplirlas en servicio de la Corona de Castilla. Al decir de Ots y Capdequí,[1] ello le confería un carácter particularista, porque cada capitulación constituía la normativa jurídica fundamental en el territorio descubierto bajo su amparo al convertirse automáticamente en la fuente primera y principal del derecho aplicable en los territorios recién descubiertos.

García Gallo señala que esta regulación previa no se establecía tomando en cuenta las condiciones del país en que habría de regir, en tanto se desconocía su existencia, sino de acuerdo con los principios jurídicos medievales imperantes y con base en la experiencia obtenida en el trato con pueblos paganos ya decubiertos.[2]

Los Reyes Católicos otorgaron a Colón en Santa Fe, el 17 de abril de 1492, las capitulaciones, autorizándolo a iniciar su viaje de descubrimiento; como era el uso y la costumbre, se le facultó para implantar el poder de la corona de Castilla en las islas y tierras encontradas durante su viaje en el trayecto a las Indias, territorio supuestamente buscado por Colón: de ello se deduce que los derechos estipulados en las capitulaciones regirían en las tierras ajenas a la posesión de sus príncipes. Así, la empresa colombina se organizó bajo la responsabilidad ex-

[1] Ots y Capdequí, José María, *Historia del Derecho español en América y del Derecho indiano,* Madrid, Ed. Gráficos Aguilar, S. A. 1969, p. 42.

[2] García Gallo, Alfonso, "Génesis y desarrollo", en *Estudios de historia del Derecho indiano, op. cit.,* pp. 126-127.

clusiva y personal de los Reyes Católicos, por su cuenta y beneficio; a Colón se le reconocía la calidad de gestor único y beneficiario de los resultados de la expedición.

Las capitulaciones se refieren a Colón en calidad de Almirante; en el párrafo segundo trata de su nombramiento como virrey y gobernador; en la segunda se le otorga el derecho a percibir el décimo de las ganancias; en el capítulo 4 se le reconoce competencia para entender de los pleitos sobre mercaderías y por último, se le autoriza para armar buques mediante el pago inmediato de la octava parte de su precio y el pago diferido del resto, a cuenta de los viajes y del provecho obtenido en la armada de los navíos.[3]

La forma en que fueron otorgados los títulos y privilegios concedidos a Colón motivó con el tiempo diferencias entre los monarcas y el descubridor, cuando los monarcas pretendieron conservar su libertad para descubrir y comerciar con las Indias por medio de otros navegantes. Respetaron a Colón el derecho al octavo de la carga, pero el Almirante exigió el derecho exclusivo al comercio y explotación de los territorios y se negó a someter sus derechos al arbitraje papal propuesto por Fernando VI. Ante su actitud rebelde, los reyes le confirman los privilegios que habrán de desconocer posteriormente, cuando envían al frente del gobierno a Francisco Bobadilla, respetándole los derechos medievales de descubrimiento y conquista, por lo cual el gobierno de Colón se desenvolvió de manera autónoma con relación a la estructura gubernamental de Castilla, motivándose con ello innumerables quejas de los colonos y la casi desaparición de la población indígena antillana. A la llegada de Bobadilla, Colón le habrá de entregar todas sus posesiones para beneficio del rey y a partir de entonces, el Derecho de Castilla se aplicará en las tierras descubiertas hasta en tanto no se formulen las normas legales adecuadas a las posesiones indianas.

[3] García Tello, Alfonso, "El gobierno de Colón", en *Estudios de historia del Derecho indiano, op. cit.*, p. 567; como apéndice al estudio aquí citado el autor incluye el texto completo de las capitulaciones de los Reyes Católicos con Colón y también el privilegio dado, nombrando a don Cristóbal Colón almirante, virrey y gobernador de las islas y tierras firmes que descubra (1492, abril 30, Granada).

LOS TÍTULOS DE LEGITIMIDAD

El Derecho indiano rigió en América hispana cuando estos territorios formaron parte de la monarquía española. Comprende el llamado metropolitano, o sea el dictado por las autoridades españolas en el territorio hispano aunque aplicable en América, y el criollo, o sea el derecho surgido en los territorios coloniales,[4] con influencia del derecho indígena incluido por su validez y aplicación consuetudinaria.

Las primeras normas jurídicas aplicables en el Nuevo Mundo se refieren a dos aspectos básicos de la colonización: el primero, al descubrimiento y la conquista del territorio, y el segundo, a la organización y su poblamiento; ambos aspectos acusan un notable contenido jurídico. En el primer aspecto se regulaban las licencias para descubrir la organización de las expediciones, la posibilidad de hacer la guerra a los indios, la condición que había de otorgarse a éstos, la actuación de los conquistadores, y el segundo a la forma de incorporar los territorios a la corona, la actuación de los gobernantes, la fundación de pueblos y el tráfico comercial. Fueron normas dictadas para las islas; señalaban la base del sistema y podían ser corregidas de un modo casuístico en la medida requerida por las circunstancias.

A partir de 1513, Carlos I de Alemania pasó a ocuparse directamente del gobierno y los territorios descubiertos; con ello se inicia su organización jurídica, partiendo del análisis de la legitimidad del dominio de España sobre las Indias, de la libertad de los vasallos, del régimen de las encomiendas y de la condición y derechos de los españoles establecidos en el Nuevo Mundo.

El cúmulo de negocios hizo difícil la función del Consejo Supremo de Castilla y originó la creación del Consejo Real de las Indias, en 1518. Se encomendó al consejo la creación de un nuevo derecho, en cuanto que las normas dictadas no tenían precedentes ni paralelo en el Derecho de Castilla.

[4] Mariluz Urquiji, José María, opina que un elemento importante del Derecho indiano es, desde luego, el derecho indígena en cuanto no contraríe la religión ni las leyes dadas por los españoles. *El Derecho prehispánico y el Derecho indiano como modelo del Derecho castellano*, III Congreso del Instituto Internacional de Historia del Derecho Indiano, Madrid, Instituto Nacional de Estudios Jurídicos, 1973, p. 103.

La legislación producida resultó copiosa y contradictoria; no siempre logró el efecto de resolver las situaciones creadas, porque sus disposiciones resultaban imposibles de cumplir o eran contraproducentes, lesionando los intereses legítimos de quienes habrían de sufrir su aplicación. Debido a ello se hizo necesaria la promulgación de las Leyes Nuevas redactadas en 1542, a petición de fray Bartolomé de las Casas, y las cuales establecieron un nuevo orden, desafortunadamente no cumplido. Derogadas posteriormente, se hizo necesaria la promulgación de nuevas ordenanzas y diversas leyes que establecieran un orden jurídico más justo para los conquistados y más severo para los conquistadores.

El Derecho indiano alcanzó su madurez con la promulgación de la *Recopilación de las Leyes de Indias de 1680,* aunque debe mencionarse que el proyecto del Código de Ovando, elaborado en 1571, ya permitió un intento de ordenación del nuevo sistema legal.

Los descubrimientos como títulos de dominio

Siete meses después de realizados los descubrimientos, los Reyes Católicos acudieron a la autoridad papal a fin de legalizar su acción. De estos títulos surgieron los derechos territoriales y de dominio sobre las riquezas de los habitantes de las tierras recién descubiertas; las bulas papales de Alejandro VI promulgadas entre el 3 y 4 de mayo de 1493, conocidas como Bula *Inter caetera* A, y *Bula Inter caetera* B, vendrían a constituir la segunda fuente del Derecho indiano y el título inicial y básico del dominio sobre las Indias.[5] En dicho título, los Reyes Cató-

[5] La primera bula fue la llamada *Inter caetera* A, de marzo de 1493. En ella Alejandro VI se refiere a "letras et insulas remotas, a ciertas insulas remotísimas et etiam Tierras Firmes, a ínsules et terris que el dilecto hijo. Cristóbal Colón ha descubierto Versus indos, in mare océano". Alejandro VI las confiere en investidura o sea bajo su soberanía; en criterio de Luis Weckman, esta bula resultó ineficaz por su carácter secreto o de conveniencia, además la voz investidura suponía obligaciones futuras para los Reyes Católicos frente a la Santa Sede por la cual la bula hubo de ser respuesta por la *Inter caetera* B, redactada en Lérida el 28 de junio del mismo año y a la cual, sin embargo, se le dio fecha de 4 de marzo para sustituir congruentemente en tiempo la *Inter caetera* A. A la fecha de 4 de octubre se denomina Dudum siquedem y se otorga sobre las islas colombinas, Weckman N. Luis, *Las bulas alejandrinas de 1493 y la teoría*

licos, y después la Reina Juana, su hijo Carlos I y su nieto Felipe II, encontrarían el apoyo jurídico necesario para el establecimiento de sus derechos territoriales y, con ello, de la imposición de una estructura legal que con el tiempo daría origen a las leyes y ordenanzas conocidas como Derecho indiano que, unido al Derecho de Castilla, habrían de conformar la estructura jurídica del Derecho de propiedad territorial de la Colonia.

El descubrimiento de América otorgó a los reyes de Castilla el poder y el dominio sobre estos territorios. En concepto de Méndez Montenegro, "de acuerdo con el Derecho internacional del medievo, el solo hecho del descubrimiento de tierras ajenas al dominio de príncipe cristiano confería título de propiedad sobre las mismas, independientemente de cualquier concesión pontificia".[6] Esta actitud de los conquistadores, de actuar a nombre de sus soberanos, hizo a Cortés en Cuba "dar pregones y tocar trompetas para invitar a cualesquier personas que quisieran ir en su compañía a las tierras nuevamente descubiertas, a las conquistar y poblar; les darían sus partes del oro y plata y riquezas que hubiere y encomiendas de indios después de pacificarlos".[7]

El descubrimiento y la posición de las tierras a nombre del rey daba a los conquistadores el derecho de posesión sobre todos sus productos y sus hombres, en virtud de los términos pactados en las capitulaciones e instrucciones.[8] En el caso específico de Cortés, el derecho se basaba en las condiciones estipuladas en la instrucción que le dio Diego Velázquez, apoyado éste en su propia capitulación; y se delegaba en el recién nombrado capitán general, ir a tierra firme a redimir a los cristianos cautivos. Su justificación se encontraba, además de la posesión otorgada por el descubrimiento, en las condiciones de infieles e idólatras que se conferían a los habitantes de las tierras descubiertas. Un siglo después, Juan de Solórzano y Pereyra, en su obra *Política indiana,* defendió esta tesis y afirmaba que la

política del papado medieval, México, Editorial JUS, 1949, pp. 254-255-256 y ss.

[6] Méndez Montenegro, Julio César, *Aspectos legales del problema de la tierra, época colonial,* México, Academia Nacional de Historia y Geografía, 1978, p. 52.

[7] Díaz del Castillo, Bernal, *Historia verdadera de la Conquista de la Nueva España,* México, Editorial Pedro Robredo, 1939, t. I, p. 100.

[8] Zavala Silvio, *Las instituciones jurídicas de la Conquista de América,* México, Editorial Porrúa, 1971, (2a. ed.), pp. 217 y ss.

gentilidad de los indios era la razón para la usurpación de su propiedad y su riqueza y la sola manifestación de la voluntad de evangelizar a los habitantes de las tierras descubiertas; otorgaba a los monarcas patrocinadores de la empresa descubridora títulos para alquirir el dominio sobre los pueblos infieles y sus propiedades territoriales.

La posición de justificar título, dominio y propiedad en los descubrimientos y guerras de conquista, emanada del antiguo Derecho castellano, fue defendida así por Solórzano:

> Habiendo dicho lo que me parece suficiente para tener algún conocimiento de lo que es este Nuevo Orbe, de qué tratamos, y de cómo se descubrió, quiere tocar algo con la misma brevedad de los títulos, causas y razones con que se pueden justificar estos descubrimientos, conquistas y ocupaciones de las tierras de los bárbaros e infieles.[9]

Entre otros argumentos, Solórzano señala como razones para la posesión y el dominio: el deseo de Dios de dar estos reinos a España; la posibilidad de que Colón realizara la empresa de los descubrimientos; la voluntad divina para que se llevaran a cabo las conquistas, la despoblación y abandono de las islas; el derecho de guerra y el dominio real que trae el triunfo en la misma; pero sobre todo la circunstancia de que:

> los lugares desiertos e incultos quedan en la libertad natural y son del primero que los ocupa en premio de su industria: lo enseña Balduino y otros, que más que tratan la materia de las tierras, que llaman cerbidas, desiertas y realengas... pero aun en las que hallamos ya ocupadas y pobladas por los indios, se pudo entablar justa y legítimamente el dominio supremo de nuestros reyes: por ser ellos tan bárbaros e incultos y agrestes que apenas merecían el nombre de hombres.[10]

En esta condición justifica el establecimiento justo y legítimo del dominio supremo de los reyes de Castilla y León.

Así, los descubrimientos y la conquista servirán de fundamento al derecho de ocupación y dominio territorial de las Indias, derecho que las bulas papales se encargaran de confirmar y apoyar de manera tan sólida como para permitir a Carlos V afirmar en 1519: "por donación de la Santa Sede Apostólica y otros justos y legítimos títulos, como señor de las Indias Occi-

[9] Solórzano y Pereyra, *Política indiana, op. cit.*, p. 92.
[10] *Ibid.*, p. 96.

dentales, islas y tierra firme del mar océano, descubiertos y por descubrir, y están incorporados a nuestra real corona de Castilla.[11]

Las bulas papales de donación

De acuerdo con el Derecho divino y la interpretación de las Escrituras, la Iglesia católica, como vicaria de Cristo, tiene el dominio y jurisdicción sobre todo género de infieles y sus territorios.[12] El Papa, Supremo Pontífice y representante de San Pedro en la tierra, debe buscar la propagación del Evangelio entre los infieles, y para ello puede autorizar la Guerra Justa.[13] Solórzano y Pereyra reconoce a los reyes el derecho de que si tienen que hacer la guerra cuando les pareciere ser justa, "aunque previamente se dé cuenta de ello a la Sede Apostólica, lo cual parece asegura los buenos sucesos de las mismas guerras que de ordinario les atribuye Dios a la justificación de sus causas".[14]

La forma práctica utilizada por los Papas para delegar estas funciones fueron las bulas que se dieron desde el siglo XI para justificar la reconquista de las tierras caídas en manos de infieles, y en los siglos XV y XVI para legalizar la ocupación de los territorios descubiertos en el Nuevo Mundo y poblados por bárbaros e infieles a quienes se había de obligar a recibir la fe.

[11] González de Cossío, Francisco, *Historia de la tenencia y explotación del campo desde la época precortesiana hasta las leyes del 6 de enero de 1915*, México, Biblioteca del Instituto Nacional de Estudios Históricos de la Revolución mexicana. Talleres Gráficos de la Nación, 1957, t. I, p. 298.

[12] La actitud ortodoxa de la Iglesia sobre las relaciones entre la potestad espiritual y la potestad temporal fue formulada de una manera clara por el Papa Gelasio I. Dos son los principios que rigen al mundo: la autoridad sacerdotal y la potestad real; el poder espiritual es superior en dignidad al temporal, debido a que su función primordial es el cuidado de las almas, destinadas a reunirse con su creador; en el caso de infieles, corresponderá a la Iglesia realizar su conversión, Weckmann, Luis, *El pensamento poltico medieval*, México, Instituto de Historia, Universidad Autónoma de México, 1950, p. 115.

[13] Vitoria, Francisco de, "Segunda reelección de los indios dedicada al examen de la guerra justa", en Alonso Getino, *Reelecciones teológicas del maestro fray Francisco de Vitoria*, Madrid, 1934.

[14] Solórzano y Pereyra, *Poltica indiana*, *op. cit.*, p. 116.

La doctrina Omni Insular

Esta doctrina era complemento de "una vieja y extraña teoría jurídica" como la calificara Weckmann,[15] elaborada en la corte pontificia a fines del siglo XI, enunciada por el Papa Urbano II en 1091 y atribuida a Gregorio VII —1080—, según la cual todas las islas pertenecían a la especial jurisdicción de San Pedro y de sus sucesores, los pontífices romanos, quienes podían libremente disponer de ellas y atribuir su soberanía a los príncipes cristianos que las ocuparan a cambio de rendir vasallaje a la Iglesia romana y comprometerse a cristianizar a su población.

Esta teoría se conoce con el nombre de doctrina *Omni Insular* y, según Weckmann, representa una elaboración del Derecho público medieval, cuyos primeros frutos fueron, en los siglos XI y XII, dos bulas del Papa Urbano II y otra más de Adriano IV, en las que viejas tradiciones y prerrogativas eclesiásticas se convirtieron en disposiciones de aplicación casi rutinaria, por medio de las cuales la Iglesia obtuvo territorios, dominios y tributos desde el siglo XI hasta el XV. Las bulas en las que se anunció por primera vez la teoría fueron la *Cum universiae insulae* y la *Cum omnes insulae* del Papa Urbano II, la primera del 3 de junio y la segunda del 28 del propio mes del año 1091.

En 1155, Adriano VI, por influencia de Juan de Salisbury, dispone a favor de Enrique II de Inglaterra por medio de la bula *Laudabiliter,* derechos territoriales sobre Irlanda. Tratándose de los nuevos descubrimientos americanos ambas posiciones doctrinarias se combinaron para permitir a Alejandro VI donar, consignar y asignar respectivamente, primero a los reyes de Portugal y después a los de Castilla y León, las islas y tierra firme.

Las bulas alejandrinas de donación

Entre 1429 y 1430, los navegantes portugueses descubrieron frente a las costas de Guinea, las islas Azores y las Madeiras. El 8 de enero de 1455, el Papa Nicolás V, por medio de la bula *Romanus pontifex* dirigida al rey Alfonso V de Portugal y a su hijo, quien pasaría a la historia como Enrique el Navegante, confirma a la corona portuguesa la posesión en perpetuidad

[15] Weckmann Luis, *Las bulas alejandrinas de 1493.*

de las islas descubiertas más allá de los cabos de Bajador y de Nam, y frente a la costa sur de Guinea. Además de la donación de las islas, los portugueses recibieron autorización para establecer puertos y provincias en las costas africanas en tanto se habían aventurado hasta más allá de la desembocadura del Senegal.[16]

En 1546, el Papa Calixto III, por medio de la bula *Inter caetera,* confirma los derechos de la corona portuguesa, en la que hace hincapié sobre la condición de sus posesiones. En 1481, por medio de la bula *Alterni regis,* el Papa Sixto IV confirma estas posiciones insulares destacándolas prioritariamente sobre cualesquiera otras. En 1484, Juvencio VIII las ratificará de nueva cuenta.

Al realizar Colón sus viajes y descubrir las islas de las Indias Occidentales, los Reyes Católicos buscaron el apoyo de Alejandro VI para obtener, además del título de posesión en virtud del descubrimiento, el título papal confirmatorio, apoyados en la tradición de la doctrina *Omni Insular.* Cuando el Papa Alejandro VI confirmó estos derechos en las dos bulas *Inter caetera,* de mayo 3 y 4 de 1493, ignoraba que lo descubierto no era sino un grupo de islas vecinas a un gran continente.[17] La concesión y donación, como en todas las bulas anteriores, se hicieron condicionadas a que las islas no estuvieran en posesión de un príncipe cristiano y que se predicara en ellas el Evangelio y difundiera la fe católica.

La bula del 3 de mayo de 1493 se refiere a "*terras e insulas remotas a certas insulas remotíssimas et etiam terras firmas a insulis et terris* que el dilecto hijo Cristóbal Colón, ha descubierto versus *Indos, in mare océano*".[18] La segunda bula *Inter caetera* contiene la división de la Línea Alejandrina y menciona con mayor énfasis a las islas no descubiertas, documento por medio del cual afirma Jesús Silva Herzog:

> El representante de Dios en este mundo, donó a los reyes de España o más bien, a la corona de España, las islas y tierras firmes ya descubiertas y aquellas que en el futuro se descubrieran. Su Santidad no

[16] Solórzano y Pereyra, *Política indiana, op. cit.,* pp. 102-105.

[17] Weckmann, Luis, *Las bulas alejandrinas, op. cit.,* pp. 252-253.

[18] Méndez Montenegro, Julio César, *Aspectos legales del problema de la tierra, época colonial, op. cit.,* p. 21, señala a este respecto cómo fueron las bulas relativas a los descubrimientos colombinos, a saber: la *Inter caetera* de 3 de mayo; la *Piis fidelium,* de 25 de junio y la *Dudum siquidem,* de 26 de septiembre, todas correspondientes al año 1493.

olvidó que en dichas islas y tierras ya descubiertas se halla oro y cosas aromáticas, y otras muchas de gran precio, diversas en género y calidad.[19]

En el texto de la bula mencionada Alejandro VI expresa, y así lo dice, "cual necesita ser ampliada reduciendo a las naciones bárbaras a la misma fe. En virtud de la muestra de cristiandad dada por los Reyes Católicos en su reconquista de Granada, se hace necesario apoyar a 'reyes tan católicos' en sus propósitos de buscar y descubrir islas y tierras remotas en donde, además, Cristóbal ya había encontrado oro y especies aromáticas y otros productos de gran precio, diversos en género y calidad." Para apoyarlos en misión tan delicada, el Papa decide, en base a la autoridad omnipotente de que se encuentra revestido, dar, conceder y asignar a perpetuidad a los Reyes Católicos y sus herederos, para que sean señores de ellas con libre, llano y absoluto poder, autoridad y jurisdicción, las islas y tierras firmes que se descubrieran a cien leguas hacia el occidente de las islas Azores y Cabo Verde.[20]

La teoría del arbitraje papal

Según Weckmann hubo necesidad de promulgar la segunda bula, en tanto que en la primera, la línea entre España y Portugal no había quedado definida, y aunque tiene fecha de 4 de mayo, investigaciones realizadas por el propio autor le permiten afirmar que fue promulgada el 28 de junio, una vez tomada en cuenta la opinión del almirante; los Reyes Católicos, atendiendo a su petición, solicitaron se tirara la línea llamada Alejandrina a "100 leguas al occidente y mediodía" de cada una de las islas Azores y de Cabo Verde. Posteriormente, pidieron la rectificación de las medidas por haber correspondido a España sólo unas cuantas islas.[21]

Durante la Edad Media, el derecho de descubrimiento era el título jurídico de respaldo para la conquista de tierras no pertenecientes a príncipes cristianos. Este criterio continuó vi-

[19] Silva Herzog, Jesús, *El agrarismo mexicano y la Reforma Agraria*, México, Fondo de Cultura Económica, 1964, pp. 15-16.

[20] Weckmann, Luis, *Las bulas alejandrinas*, *op. cit.*, pp. 254-255.

[21] Zavala, Silvio, *Las instituciones jurídicas en la Conquista de América*, *op. cit.*, pp. 346-348.

gente hasta el siglo XV y fue la fuerza de apoyo de los Reyes Católicos para establecer su dominio en América. De esta forma, las bulas alejandrinas sirvieron para sancionar una situación de hecho y formalizarla mediante un título legal basado en una doble tradición: primera, la infalibilidad del poder supremo de los papas y segunda, la tradición *Omni Insular,* la cual afirma que:

> las bulas pontificias reforzaban los derechos y constituían prueba incontrovertible de los mismos. Por eso resultaba ventajoso obtenerlas... además de que se otorgaban siempre a instancia de parte y nunca por propia iniciativa, aun cuando se asentara en los documentos respectivos, contra la verdad histórica, que el Papa procedía *motu propio.*[22]

Con el tiempo, la fuerza de la Iglesia hizo aparecer la intervención de Alejandro VI como un acto definitivo de arbitraje tal y como lo sostuvo Mártir de Anglería,[23] al afirmar que "fue un fallo arbitral que el Papa dio por común acuerdo de las partes que alegaban por sus derechos en el océano" y basados en ello, los papas subsecuentes continuaron otorgando a los reyes de ambos países poderes máximos sobre los territorios americanos. Esta posición de la Iglesia originó la Teoría del Arbitraje refutada entre otros autores, por el propio Weckmann. En su criterio, las bulas Alejandrinas de Partición son el primer documento constitucional del Derecho público americano. Para dictarlas el Papa se basó en el derecho consuetudinario del medievo, cuyos antecedentes se hallaban en el siglo XI y en la doctrina *Omni Insular.* Previamente, Nicolás V, Calixto III y Sixto IV habían concedido a Portugal las islas situadas frente a la costa africana, Alejandro VI concedió a España las islas descubiertas por Colón y trazó la Línea Alejandrina para separar las islas a descubrir de ambos lados y no para atribuir a uno y otro país derechos sobre la tierra firme cuya existencia se desconocía. Para Weckmann:

> La pretensión de fundar la distribución continental en la interpretación literal de las decisiones del Papa sería tan inadecuada como improcedente... es la interpretación histórica la que da la clave...

[22] *Ibid.,* pp. 36-40.

[23] En criterio de Zavala y Weckmann, Alejandro VI no actuó como árbitro sino manifestando su jerarquía y fuerza eclesiástica basada en la omnipotencia divina y en doctrinas eclesiásticas como la *Omni Insular.*

una interpretación irregular hecha a tres palabras oscuras... la doctrina *Omni Insular* cuyas consecuencias han llegado hasta nosotros.[24]

Sin embargo, en la actualidad diversos estudios enumerados acuciosamente por Zavala perfilan la teoría de carácter político que considera la decisión de Alejandro VI como una mediación entre los reyes de Portugal y España para evitar la declaración de guerra entre los dos países, motivada por los descubrimientos realizados. En realidad, el rey de Portugal se sintió agraviado en tanto consideró que los títulos recibidos de Nicolás III habían sido violados por los Reyes Católicos con respecto a los derechos omnímodos recibidos sobre las islas descubiertas y las por descubrir, en virtud de que España necesitaba expandir sus posiciones fuera de la Península Ibérica para iniciar sus conquistas extraterritoriales. Los descubrimientos de Colón, enumerados en sus Cartas de viajes a los emperadores a quienes servía, representaban, entre otros al decir del propio almirante, grandes riquezas las minas de oro de la isla Ferdinanda. En ello, los reyes tuvieron motivos suficientes para demandar el apoyo del Papa, aun a costa de la posible guerra con Portugal. La necesidad de los Reyes Católicos de incorporarse al mercantilismo y a la fase de producción capitalista, ya iniciados en otros países de Europa, necesitaba de todos los títulos al alcance, entre ellos los de descubrimientos y ocupación de tierras ignotas otorgado por la bula *Inter caetera* del 4 de mayo de 1493, conocida también con el nombre de *Noverint universi,* que confirmó a la corona de Castilla el dominio y propiedad de las tierras del Nuevo Mundo.

El tratado de Tordesillas

Al descubrir los portugueses las islas Azores y las Madeiras, y los españoles las Canarias, empezaron a surgir los conflictos entre las dos naciones. Ha quedado analizado cómo la Iglesia tuvo intervención en estos acontecimientos para tratar de zanjar las dificultades entre ambos reinos; sin embargo las doctrinas humanistas y el iusnaturalismo europeo auspiciaron otra solución, primer vestigio del nuevo Derecho internacional.

Si bien las aventuras marítimas, descubrimientos y conquistas de España y Portugal se justificaban en la consigna de ex-

[24] Weckmann, Luis, *Las bulas alejandrinas, op. cit.*, pp. 260-261.

pandir el mundo católico después de la derrota del gran Imperio sarraceno, es más adecuado considerar que detrás de este motivo se encontraban los intereses por controlar en el futuro el dominio comercial y mercantil del resto de Europa y de los continentes abastecedores de metales preciosos y especias, política que se comprobaría años después con la política imperial de Carlos V y Felipe II.

Fue la época en que se establecieron los principios de la política expansionista y colonial europea para la cual los países más atrasados, aun semifeudales como eran España y Portugal, necesitaban recursos humanos y económicos de fácil apropiación. Nada mejor para ello que la conquista del resto del mundo donde los hombres no profesaban la misma religión pero poseían riquezas no comparables con las de los agotados países ibéricos.[25]

El primer pacto celebrado entre España y Portugal fue el tratado de Alcacovaz firmado por Isabel la Católica y Alfonso V de portugal en 1479,[26] el segundo tratado se firmó el 6 de marzo de 1480 en Toledo; los Reyes Católicos y el representante del Príncipe heredero, Juan de Portugal, determinaron la zona de influencia de cada reino. Posteriormente, el tratado resultante fue sometido a la autoridad del Papa Sixto IV, quien lo ratificó el 21 de junio de 1481 por medio de la bula *Aeterni regis*,[27] meses antes de morir Alfonso V.

Es indudable que este procedimiento sirvió como antecedente jurídico para la firma del posterior tratado de Tordesillas, por medio del cual los reyes aceptaron y se comprometieron a acatar la bula Alejandrina como línea limítrofe entre las posesiones de España y Portugal en el mar océano. Este nuevo tra-

[25] "Al mismo tiempo al poner en otra la ocupación y colonización de las tierras recién descubiertas, se desarrollaron formas de ocupación y tenencia del suelo, producto unas veces del carácter mismo que tuvo la empresa colonizadora, y otras de la tradición jurídica e institucional española adaptada a la situación americana. Estas formas integraron los títulos originales de la propiedad de la tierra en la Nueva España", Florescano, Enrique, *Estructuras y problemas agrarios de México. (1500-1821)*, México, SEP-Setentas, 1971, p. 30.

[26] García Gallo, Alfonso, "La unión política de los Reyes Católicos y la incorporación de los indios", en *Estudios de historia del Derecho indiano, op. cit.*, p. 479.

[27] En este documento papal se mencionan al principio las islas y posteriormente las tierras, puestos y sitios en el Mar Océano, donde se ve que las islas seguían manteniendo la primacía de acuerdo con la doctrina *Omni Insular.*

tado se hizo necesario a raíz de los descubrimientos de Colón, cuando los portugueses empezaron a reclamar derechos sobre las nuevas islas de las Indias Occidentales. Según el rey Juan II, la bula de Martín V, otorgada en 1420, les había dado poderes sobre la totalidad de las islas y tierras de infieles descubiertas y por descubrir en la India Occidental, a cambio del compromiso de la conversión y evangelización de los habitantes "naturales" de los nuevos dominios. Los reyes de Portugal pidieron posteriormente la confirmación y la extensión de esta bula. Nicolás V y Calixto III les otorgaron derechos sobre diversas provincias en las costas de África y Asia, poderes que el rey Juan II pretendía extender a todas las islas del mar océano cuando sobrevino el descubrimiento de América. Portugal alegó entonces antiguos derechos, y España nuevos títulos basados en sus propios descubrimientos, por lo cual se llegó a plantear hasta la declaración de una guerra como el medio de solucionar la disputa. Se llegó al acuerdo de establecer un nuevo tratado donde se aclararían los derechos de cada nación: el tratado de Tordesillas.[28]

El contenido del tratado le permitió a Weckmann afirmar que la bula *Inter caetera II* o *Noverint universi* fue decretada el 28 de junio de 1493, aunque apareció con fecha del 4 de mayo. El tratado se firmó el 7 de junio de 1494, casi un año después de la bula. En la bula, la Línea Alejandrina señalaba la separación de los derechos de uno y otro país a 100 leguas al occidente de las Azores; el tratado marcó 370 leguas al occidente de las islas de Cabo Verde. Si la bula fue decretada el 28 de junio de 1493, significa que por conveniencia de política conciliatoria con la Iglesia se le hubo de fechar 4 de mayo, y que el tratado vino a confirmar tal posición dándole un carácter de pacto internacional y no de acatamiento de una sentencia arbitral. El texto original de la bula papal fue modificado por un documento surgido del ejercicio del pleno derecho de dos naciones, y sancionado por el Derecho internacional mediante un tratado reconocido y aceptado por los demás países europeos.

[28] Osmanscaky Edmund, Jan, *Enciclopedia mundial de relaciones internacionales,* México, Naciones Unidas, Fondo de Cultura Económica, 1976, pp. 38-62.

Colón, al descubrir las islas del Caribe y tomar prisioneros a los aborígenes para enviarlos a España, con objeto de ser vendidos como esclavos, provocó la disputa sobre la condición jurídica de los indios. El navegante describe a los primeros que encuentra como gente pacífica y a otros, los caribes antillanos, como muy feroces; para Las Casas, eran mansos y humildes; en cambio, los conquistadores del norte de Mesoamérica los consideraban bárbaros salvajes. De esta contradicción surgió la duda de si los aborígenes de las tierras descubiertas merecían el tratamiento de humanos o de seres sin razón; pero de cualquier forma no se dudaba de su condición inferior. De acuerdo con ello, las normas del Derecho natural y de gentes podían aplicarse a su favor y por otra parte sancionar sus acciones bárbaras, con lo estipulado en el antiguo derecho de conquista medieval y en lo dispuesto en el Derecho castellano.

Cristóbal Colón, con este criterio, empezó a gobernar –según García Gallo–[29] basado parcialmente en la ley castellana, y a enviar prisioneros al rey. La primera tesis de defensa de la condición jurídica de los indios fue la de los teólogos y letrados reunidos a petición de los Reyes Católicos, y quienes, en 1495, resolvieron que los indios eran libres, con razón y voluntad, capaces de derecho y no se podían vender, excepto los habidos en guerra justa.

Hanke, en varios libros de su extensa obra, profundiza los motivos del problema: para aquellos hombres imbuidos del espíritu aristotélico, la estratificación social deriva de la condición humana innata y así hay seres nacidos para gobernar y otros para obedecer sin protestar. Estos últimos tienen algo de esclavos y es por cierto necesario que sean esclavos, o bárbaros de raza ajena, los que laboren la tierra. Pero además, la naturaleza de todos los pueblos no griegos (o sea los bárbaros)

[29] "No fueron monarcas los que plantearon la organización de los territorios que se descubriesen, en la forma que mejor se acomodan a su política o a la conveniencia de los países que se ganasen, sino que fue el propio Colón el que la pensó y la impuso, con el resultado de haberse establecido un sistema de gobierno ideado por un extranjero poco conocedor, como es lógico, de las instituciones españolas. García Gallo, Alfonso, "Los orígenes de la administración territorial de las Indias. Anuario de Historia del Derecho Español", en *Estudios de historia del Derecho indiano, op. cit.,* p. 574.

coincide con la de los esclavos; bárbaros y esclavos son una misma cosa. Trasladada la tesis, fue sostenida por Enrique de Susa, cardenal arzobispo de Ostia, y modelo para Palacios Rubio, consejero de los Reyes Católicos. Hanke afirma que:

> Para el maestro en el siglo XIII y el discípulo en el siglo XVI, los infieles e idólatras cuyas obras son un pecado, aunque mirado de acuerdo con el derecho antiguo de las gentes pudiesen adquirir y tener tierras y señoríos, éstos cesaron y se traspasaron a los fieles... una vez que Jesucristo vinculó la potestad divina, y éste delegó en los reyes y señores cristianos el poder sobre los bienes naturales.[30]

Los frailes impulsores de un nuevo derecho

Entre tanto, en las Antillas se constituyeron las primeras encomiendas y se aplicaron en el trabajo los sistemas rudos e inhumanos que provocaron la queja de los frailes destinados a estas tierras, especialmente los dominicos: entre ellos, fray Antonio de Montesinos vivió con dolor la instauración de la encomienda Antillana. La forma en que era aplicada motivó sus quejas, que hizo públicas en su homilía del Tercer Domingo de Advenimiento, dos semanas antes de la Navidad de 1511. Montesinos, al hacer la denuncia pública, se convirtió en el detractor del mal comportamiento de los colonizadores y éstos se quejaron ante el rey Fernando V pidiéndole hiciera salir a los dominicos de la Española y Cuba. Para aclarar los hechos Fernando V solicitó la presencia en España de representantes de los grupos opositores y, por los frailes, viajaron a España Montesinos y Alfonso del Espinal quienes reiteraron sus quejas; ello dio como resultado la promulgación de las Leyes de Burgos de 1512.

A la teoría de la naturaleza irracional de los indios sostenida entre otros por Gerónimo de Mendieta, fray Tomás Ortiz, fray Bernardo de Niera, fray Tomás Durán,[31] se opuso todo un

[30] Hanke, Lewis, *La lucha por la justicia en la Conquista de América,* Buenos Aires, Sudamericana, 1949, pp. 27 a 40.

[31] Gerónimo de Mendieta fue el prototipo de un conjunto de eclesiásticos que encontraron este tipo de justificación en criterios de carácter religioso. Para ellos, España estaba cumpliendo una misión que les había sido señalada en el Viejo Testamento: convertir a la gentilidad al catolicismo y esperar la llegada del apocalipsis y de ahí la rendición de la raza humana. García Gallo, Alfonso, "Los orígenes de la administración territorial de las Indias. Anuario de historia del Derecho español", en *Estudios de historia del Derecho indiano, op. cit.*, p. 574.

grupo de eclesiásticos seguidores de Montesinos: Las Casas, Vitoria, fray Antonio de Córdova, fray Domingo de Soto, Fernando Vázquez de Machuca, fray Matías de San Martín y Francisco Suárez.

Reclamaron también un tratamiento justo para los indígenas; ello daría lugar a toda una postura de lucha cuyo aspecto jurídico comprendió desde la condición del indio como ser humano y su condición de hombre libre, hasta sus derechos sobre la tierra y demás bienes materiales, y la libertad que habría de tener para usar y disfrutar de ellos libremente con sus derechos reconocidos.

Sobre la condición de seres humanos y racionales y, en consecuencia, sobre el problema de la libertad o esclavitud, Ginés de Sepúlveda, consejero de los reyes y hombre de toda confianza, fue quien con mayor empeñó luchó contra Montesinos y su grupo y, posteriormente, contra Las Casas. Atacó las Leyes Nuevas y en 1547 escribió:

> Con perfecto derecho los españoles ejercen su dominio sobre estos bárbaros del Nuevo Mundo... sobre estos hombrecillos en los que apenas encontraréis vestigios de humanidad; que son tan inferiores a los españoles, cuanto los modos a los hombres, que no sólo no poseen ciencia alguna, sino tampoco tienen leyes escritas, sino instituciones y costumbres bárbaras, ¿no es todo eso prueba de que ellos son siervos por naturaleza ...*barbarie e innata servidumbre?* Con ello pretendía autorizar basado en el Derecho de gentes el cautiverio de los vencidos en la guerra y en consecuencia la esclavitud indígena.[32]

A estos juicios se opusieron los de Bartolomé de las Casas y Rodrigo de Andrade. También se opusieron Francisco de Vitoria y José de Acosta, quienes sostuvieron la "racionalidad y virtudes indígenas y que la infidelidad no destruye la razón y en consecuencia los indios pueden tener derechos" (Vitoria), o bien que "es falsa la opinión de los que tienen a los indios como gente bruta y bestial" (de Acosta).

En resumen, como afirma las Casas "son capaces de vivir como líderes en sociedad civil y tener propiedades, leyes y gobiernos legítimos".

Por lo que respecta a la legalidad de los títulos de la corona para detentar los dominios novohispanos, el motivo de la infi-

[32] Hanke, Lewis, *El perjuicio racial en el Nuevo Mundo,* México, SEP-Setentas, 1974, pp. 85-87.

delidad e idolatría de los indios sirvió de justificación a quienes como Palacios Rubio, Matías de Paz, Gregorio López y posteriormente Solórzano y Pereyra sostuvieron que la potestad de Jesucristo depositada en el Sumo Pontífice prevalece sobre las otras soberanías terrestres; en consecuencia –agregamos–, Alejandro VI al delegar potestad soberana en los Reyes Católicos, les confirió su ejercicio total e irrestricto sobre los bienes de los indígenas infieles que en calidad de vencidos perdían todos sus derechos.

Las Casas se opuso a esta tesis y se dedicó a analizar los problemas de juricidad de la propiedad territorial indiana; si bien niega el derecho a los colonizadores del despojo de la propiedad indígena, reconoce a la corona la necesidad de resarcirse de los gastos originados en la evangelización y establecimiento de la Iglesia y la religión. Debido a ello, los monarcas tienen el derecho inherente de apropiación de territorios y bienes, así como de disponer de ellos en cesión a favor de los súbditos indianos, por medio de mercedes y otros títulos. Esta posición de carácter religioso, sirvió posteriormente para justificar la colonización española en los territorios de América en tanto reunía en su planteamiento los requisitos teóricos, entonces necesarios.

La transformación de Europa en sociedad de corte moderno y capitalista necesitó de nuevas relaciones entre los países y, si bien en España aparentemente continuaba rigiendo una postura de planteamiento religioso, la expansión mercantilista de Inglaterra, Francia e Italia exigieron la creación del Derecho internacional moderno, el cual vino a desplazar las especulaciones eclesiásticas interminables por señalamientos de conducta práctica y de respeto al hombre.

A estos planteamientos se unían los juristas hispanos de la escuela de Erasmo, y entre ellos destacará Francisco de Vitoria, expositor de los argumentos más sólidos para defender, por un lado, los derechos de la corona sobre los territorios de las Indias Occidentales y, por otro, el de los indígenas americanos sobre sus bienes y propiedades territoriales en un intento de equiparar jurídicamente a ambas partes. En una polémica suscitada, Vitoria demostró cómo su sabiduría jurídica rebasaba su propia vocación eclesiástica. Ello lo llevó en su obra, *Primera reelección de los indios,* a contravenir, cada uno de los títulos de ocupación hispana sobre las nuevas tierras conquistadas y reclamar para los habitantes de las Indias Occidentales el derecho a continuar con la propiedad de sus bienes y tierras. Niega la potestad temporal del Papa en esta materia, el dominio universal del emperador y la validez del título del descubrimiento. Refuta también la postura según la cual los indios que no aceptaban recibir la fe de Cristo continuaban viviendo en pecado mortal y barbarie. Finalmente, Vitoria no estuvo de acuerdo en considerar a España como la merecedora de una elección voluntaria y una donación especial de Dios.

Después de refutar estos argumentos, que considera basados en criterios de derecho natural tomistas, más que de sentido jurídico puro, Vitoria procede a estudiar elementos reales existentes dentro del contexto filosófico del humanismo y los propone para ser utilizados como títulos de validez ante todos los poderes reales de Europa. Dichos argumentos son: el de la propagación de la religión cristiana, la sociedad y comunicación natural, la tiranía de los señores indios, la verdadera y voluntaria elección de los bárbaros, la alianza entre indios y españoles y el título de la barbarie de los indios, los cuales pueden dividirse según su materia, en títulos relativos a la fe, a la política, al Derecho internacional y a las conveniencias de vida social. Los títulos relativos a la fe cristiana. Los relativos al aspecto político, como la tiranía de los señores indios y la verdadera y voluntaria elección de los bárbaros por acatar el gobierno español. Al Derecho internacional corresponden la alianza pactada entre grupos indígenas y conquistadores españoles. Y, finalmente, la calificación de la barbarie indígena debía ser corregida para mayor conveniencia de la vida social cristiana.[33] De ello podemos deducir que para Vitoria eran mucho más importantes los argumentos sobre la voluntad del pueblo y el bien público como finalidad del gobierno civil, que los argumentos procedentes de los dogmas de fe. Además, llegó a afirmar enfáticamente que antes de la llegada de los españoles a las Indias, los bárbaros eran verdaderos dueños pública y privadamente de territorios, bienes y demás posesiones.

Los humanistas del siglo XVI que visitaron las Indias, fueron eclesiásticos; dejaron escritas múltiples obras donde plantearon sus preocupaciones de carácter jurídico y moral sobre el descubrimiento de América y la relación entre conquistadores y ven-

[33] De la concepción del Derecho de gentes, propuesta por Hugo Grocio, interpretada toda por Vitoria en España, nació el Derecho internacional moderno. El Derecho natural se convierte en Derecho de gentes y éste en Derecho internacional. Lalinde Abadia, Jesús, *Iniciación histórica del Derecho español,* Barcelona, Ediciones Ariel, 1970, pp. 180-182.

cidos. Algunos de ellos justificaron los métodos de escarnio en base a la adoctrinación; otros se refieren con argumentos de carácter jurídico, a la situación social, política y económica de los indígenas; otros escribieron crónicas sobre las condiciones de vida y grados de desarrollo de los diferentes grupos étnicos de la Mesoamérica prehispánica, que sirvieron a la corona para variar su criterio respecto a la forma de aplicar los títulos de dominio y establecer, aunque fuera en teoría, normas jurídicas más apegadas al Derecho moderno.[34] Resultado de ello fue la supresión de la encomienda, y se acordó el pago del salario justo a los indígenas concentrados en las reducciones o corregimientos. Sin embargo, en las diversas leyes reunidas en la Recopilación de Indias, se mencionaban como motivos para la justificación del dominio español los criterios manejados en la bula de Alejandro VI, o sea, la expansión de la fe católica y la evangelización.[35] Salvo las leyes específicas en materia de tasación de tributos, ninguna otra mención se hacía del título de propiedad realenga sobre la producción y la riqueza del suelo mesoamericano. De tal suerte, el problema jurídico de los derechos sobre las Indias, por ser de interés básicamente político, se cubría y justificaba con los títulos de la fe y no con los de la realidad de un dominio capitalista y mercantil que al decir de Ots y Capdequí eran los reales y verdaderos.[36]

[34] Tal es el caso de fray Julián Garces, Vasco de Quiroga, Arnoldo de Besacio, Pedro de Gante y Andrés de Olmos, quienes después de conocer las calidades humanas e intelectuales de los indígenas, se ocupan de enseñarles la igualdad de las razas y la condición humana de la propia raza indígena. *Humanistas del siglo* XVI, introdución de Ángel Ma. Garibay, México, Universidad Nacional Autónoma de México, 1946.

[35] La corona aparentaba establecer un lazo "moderno" entre ella y el indígena, es decir, el del rey a sujeto. Sin embargo, hay una mediación del español de tipo señor-indígena; según la primera relación, el indio en su calidad de miembro perteneciente a un Estado debía contribuir a su mantenimiento. La imposición de un tributo objetivaba esta responsabilidad y permitía por la misma causa resolver el problema de la remuneración del conquistador. La tributación es políticamente un hecho que significó un cambio cualitativo esencial en el mundo indígena. Definiendo un lazo indio-corona, define un espacio político "homogéneo" para los diferentes grupos indígenas. La Nueva España, a través del reconocimiento de un señor, se integra como espacio geopolítico... y el indígena se integra por medio de la explotación a un nuevo cuadro geográfico y jurídico: la colonia. Barbosa Ramírez, René, *La estructura económica de la Nueva España,* México, Siglo XXI Editores, 1973 (2a. ed.), pp. 46, 47 y 48.

[36] Ots y Capdequí, José María, *El Estado español en las Indias,* México, Fondo de Cultura Económica (3a. ed.), 1957, p. 47.

La teoría general de la guerra

Para los reyes de España así como también para los conquistadores resultaba muy difícil justificar ante sí mismos el empleo de una guerra cruenta en contra de los indígenas que al llegar Colón a las Islas lo recibieron como sus habitantes. Las primeras comunicaciones del descubridor sobre éstos, manifestaban la opinión de que la mayor parte de ellos eran pacíficos y que sólo algunos grupos de caníbales antillanos eran renuentes y resistentes a la colonización.

En los títulos jurídicos para autorizar la penetración en los territorios descubiertos en la manera como se estaba llevando a cabo, encontraban los autores españoles, teólogos y letrados, justificación suficiente para la guerra de penetración. Para Gregorio López,[37] la guerra se justificaba cuando los indios causaban injurias a los productores o comerciantes, por impedimento de los paganos para convertirse al catolicismo, o bien cuando se seguían efectuando sacrificios humanos. Justificaba la penetración en los títulos del Papa, que piden la predicación del evangelio y sólo en caso de que los paganos se resistieran a la evangelización se les declararía la guerra; también se declararía cuando se comprobara que continuaban con las prácticas idolátricas, puesto que todos los teólogos y canonistas justificaban promover la guerra contra ellos.

Fue Las Casas[38] quien esgrimió la teoría de la Guerra Justa[39] de que los derechos de los indios debían ser defendidos, y negó la justicia de la guerra contra los mismos amparado en la Ley natural y en la tradición escolástica de la guerra justa, que reclamaba como requisitos esenciales: autoridad legítima, causa justa, recta intención y forma prudente de llevarla a cabo, situaciones que como la de la causa justa y la forma prudente de llevarla a cabo no se observaban en la conquista indiana.

[37] El estudio completo sobre la posición de Gregorio López, lo realiza el autor Riaza en su obra: *El primer impugnador de Vitoria,* citada por Zavala, Silvio en *Las instituciones jurídicas en la Conquista de América, op. cit.,* p. 81.

[38] Las Casas, fray Bartolomé, *La destrucción de los indios,* México, Ed. Porrúa, Sepan Cuántos, 1971.

[39] Cortés, Hernán, *Cartas de relación de la Conquista de América,* México, Ed. Nueva España.

El requerimiento

La actitud pacífica de la mayor parte de los indígenas –demostrada a la llegada de los conquistadores– limitaba el ejercicio de la guerra justa. No había entonces posibilidades de ejercer el dominio y la soberanía de la corona de España, limitándose la acción a recibir los regalos y atenciones que prestaran a los invasores los pueblos autóctonos. Para justificar las declaraciones de guerra, se hizo necesaria la figura jurídica del requerimiento, o sea el texto que debían leer los conquistadores a los indios, a fin de que reconocieran la superioridad de la Iglesia católica apostólica y romana y en su nombre la del Papa y la de los Reyes Católicos de Castilla en su lugar, por virtud de la donación de Alejandro VI. La lectura del texto implicaba intimidación para el rendimiento y aceptación de la soberanía real y en caso de negativa por parte de los indígenas, significaba la guerra, cautiverio, esclavitud y despojo de bienes y posiciones.[40]

En 1513, cuando Pedrarías, nombrado ya gobernador de la tierra firme, armó su expedición, necesitaba una justificación para la guerra que emprendería. Un miembro de su expedición, Martín Fernández de Encizo, se la dio. Para ello pronunció ante la gente reunida en el monasterio dominicano de Valladolid, un memorial en el que justificaba la guerra una tesis pública, en la que se permitía tomar por la fuerza de las armas a los rebeldes que no querían entregar la tierra de promisión para extender en ella la fe.

Según Encizo, todo esto se hizo por voluntad de Dios, ya que eran idólatras; en consecuencia, los idólatras de América debían ser también conquistados porque los españoles aborrecían la idolatría con todo el vigor de los cristianos primitivos y de los protagonistas de relato público.

Encizo explicó a la asamblea que el Papa, que ahora ocupaba el lugar de Dios, había dado a España las Indias y a sus habitantes idólatras, a fin de que el Rey Católico pudiera introducir ahí la fe cristiana, y que eso justificaba la guerra. Los dominicos aceptaron la teoría de Encizo con la condición de que los indios cedieran sus tierras pacíficamente al representante del rey y se convirtieran en sus vasallos, tal y como los cananeos habían entregado las suyas cuando –según la versión

[40] Hanke, Lewis, "El requerimiento y sus intérpretes", *Revista de Historia de América,* I, México, D. F., 2534; se ocupa también de este tema en su libro: *La lucha por la justicia,* Buenos Aires, Sudamericana, 1949, p. 47.

bíblica— Josué así lo requirió.[41] Pero en concepto de Hanke, esta forma de requerimiento parece haberse obtenido de una mala interpretación de la historia bíblica.

Palacios Rubio, consejero del rey, siguiendo las ideas de Encizo y del otro precursor del requerimiento que fue fray Matías de Paz, elaboró la declaración que había de tomarse como auténtica declaración de guerra, tanto que, de no ser aceptada, motivaba el ejercicio de las armas en contra de los remisos. El documento fue preparado después de una seria discusión entre teólogos reunidos por orden del rey, y compuesto por Palacios Rubio, e incluía teorías consideradas válidas por los historiadores de la época.

El documento fue firmado formalmente por el obispo Fonseca, el licenciado Santiago Sosa, el maestro Bustillo y el confesor del rey, fray Tomás de Matienzo. Se ordenó a Pedrarías que lo llevara consigo en su expedición y que lo leyera incluso a los combatientes caníbales, de capturarlos, a fin de estar más plenamente en su derecho.[42]

En el texto del requerimiento, después de una introducción donde se habla a nombre del rey y de cómo éste recibió de manos de uno de los pontífices

estas islas y tierras firmes del mar océano y que por consiguiente su Majestad es rey y señor de las mismas por lo que se le debe obedecer y servir como súbdito y con buena voluntad y sin ninguna resistencia. Se dice por ende, como mejor pueda, os ruego y requiero que entendáis bien esto que os he dicho, y toméis para entenderlo al deliberar sobre ello el tiempo que fuese justo, y reconozcáis a la Iglesia por señora y soberana del universo y al sumo pontífice llamado Papa en su nombre, y a su Majestad en su calidad como superior y señor y rey de las islas y tierra firme por virtud de la dicha donación, y consultéis cómo éstas bases religiosas os declaran y predican lo susodicho... si no lo hiciereis o en ello dilación maliciosamente pusiéreis, certifico os que con la ayuda de Dios yo entraré poderosamente contra vos y os haré guerra por todas las partes y manera que yo pudiere, y os sujetaré al juez y obediencia de la Iglesia y su Majestad; y tomaré vuestras mujeres e hijos y los haré esclavos... y os tomaré vuestros bienes y os haré todos mis males y daños que pudiere.[43]

[41] *Ibid.*

[42] Zavala, en su obra *Las instituciones jurídicas en la Conquista de América,* como parte del apéndice documental, publica el texto completo, *op. cit.,* pp. 215-217.

[43] *Ibid.*

Para Palacios Rubio, cuando no se leía el requerimiento previo a la guerra, se consideraba que ésta era injusta, pero una vez leído, si los indígenas daban muestras de rechazarlo, se hacía una guerra justa o legítima con efecto de cautiverio, porque la negativa de los indios a obedecer la intimación de los cristianos daba título bastante para emprender una guerra legítima, con las consecuencias que el derecho de la época desprendía de ella, en virtud de que se negaban a aceptar la jurisdicción temporal cristiana. Lewis Hanke[44] analizó la teoría e insiste en que el requerimiento no implica la conversión a la fe sino al acatamiento al poder papal y a la concesión hecha a favor de la corona española del dominio sobre las indias.

La guerra misional

Al iniciarse la conquista de las islas, florecieron de inmediato intereses económicos diversos a los manifestados acerca de la evangelización de estas tierras. Las riquezas naturales de los nuevos dominios descubiertos produjeron la avaricia y la especulación entre capitanes, soldados y clérigos, lo cual llevó casi al exterminio de la población de las islas, que era explotada como fuerza de trabajo en la explotación sin límite de las riquezas naturales. Al llegar Cortés a tierra firme encontró grandes posibilidades para explotar los recursos de la tierra y mucha mano de obra para trabajar en empresas organizadas con criterio de explotación capitalista. Para poder utilizar todo ello, Cortés tendría primero que convertirse en dueño y señor, y la evangelización y cristianización pacífica resultaba larga e ineficiente. Por esto fue necesaria la guerra de conquista que se justificaría por motivos religiosos. Él se encargará de poner en práctica, a nombre de la corona, las atribuciones señaladas en los títulos papales sobre los descubrimientos y sobre lo cual escribe García Gallo:

De las diversas interpretaciones, la más antigua, y también la más generalizada, supone, conforme con el tenor literal del texto y el alcance hasta entonces atribuido a otras bulas similares, que la de Alejandro VI concede desde 1493 las islas y tierras firmes, tanto las

[44] Hanke, Lewis, *La lucha por la justicia en la Conquista de América*, *op. cit.*, pp. 47-55.

descubiertas como las que están por descubrir, en pleno dominio a los reyes de Castilla.[45]

La teoría de la recta intención

El uso de la guerra como medio para adquirir en propiedad privada hombres y tierras produjo, como uno de sus primeros resultados, la aplicación del Derecho medieval de presura en Mesoamérica.

Diego Velázquez y Cortés trasladaron la guerra de reconquista utilizada por los reyes del medievo español para vencer a la población de las islas y después la de la tierra firme. Para ambos, los requirimientos de la guerra justa señalados por la doctrina escolástica (autoridad legítima, causa justa, recta intención y forma prudente de llevarla a cabo), no tenían cabida en territorios donde el sistema de vida europeo era totalmente desconocido. Cuando Cortés desembarca en el territorio de la que sería la Nueva España, toma posesión de él a nombre de la religión y del emperador y va recibiendo a lo largo de su recorrido muestras de vasallaje aun por parte de los emisarios del poderoso Moctezuma. En su *Segunda Carta de Relación,* afirma cómo en estos señoríos se vive y se labra la tierra como en los mejores de España, lo cual suponía la existencia de un derecho de propiedad bien instituido y respetable. Pero el conquistador, en su afán de recabar oro y riquezas para el rey, tal y como se lo anunciara en esa misma carta, pronto olvida las leyes e instrucciones de la corona que autorizaban el uso justo de la guerra sin rapiña y sin violencia y así, al llegar a Tlaxcala, cuando contempla la ciudad digna de admiración por su riqueza y gobierno, el deseo de resarcirse de sus gastos y penalidades y de gratificar a sus soldados le hará dictar la primera de sus ordenanzas de Buen Gobierno[46] en la que sentó las bases legales para establecer los repartimientos de indios, la forma de empezar a constituir propiedades en beneficio de los soldados y encomiendas y repartimientos y las normas para el rescate del botín de guerra: oro, plata y piedras preciosas, plumajes y ropas con las cuales cubrir el Quinto al rey.

[45] García Gallo, Alfonso, "Las Indias en el reinado de Felipe II"; "La solución del problema de los justos", *Estudio de historia del Derecho indiano, op. cit.*, p. 433.

[46] González de Cossío, Francisco, *Historia de la tenencia y explotación del campo desde la época precortesiana hasta las Leyes del 6 de enero de 1915,* México, Talleres Gráficos de la Nación, 1957, t. I, pp. 199 y ss.

La mayor parte de los artículos de las primeras ordenanzas establecen la disciplina militar que deben observar sus capitanes y soldados, perdida en cierta forma cuando infringiera la obediencia que debía a Velázquez. En la introducción a las ordenanzas, Cortés rinde servicio y lealtad a la Augusta Majestad y justifica la necesidad de aplicar una seria disciplina de guerra y de observancia religiosa, por tener enemigos y contrarios mayores al número de su ejército. Además, explica al emperador su recta intención en los motivos de la guerra, única de las justificaciones de la doctrina escolástica que aduce a su favor, pues desea apartar y desarraigar de la idolatría a los naturales, "porque si con otra intención se hiciere la guerra, sería injusta y todo lo que en ella se hubiese —refiriéndose a la apropiación de bienes y riquezas— sería de obligada restitución".[47] De esta manera, sanciona su propia acción de despojo a los indígenas y la justifica en aras de la defensa de la religión. En ordenanzas posteriores, el conquistador demandó a sus hombres la observancia de buenas costumbres en las relaciones de la vida diaria y establece sanciones pecuniarias y castigos físicos a los infractores.

En materia de propiedad de bienes muebles, ordenó el respeto a la propiedad de los enemigos hasta el momento de la toma y ocupación total de las poblaciones y la entrega de sus vecinos y exigió a sus soldados que le entregaran la totalidad del oro, la plata, piedras preciosas, plumajes, ropa, esclavos y otras cosas cualesquiera que se adquieran de cualquier manera, así en las poblaciones y ciudades como en el campo. Todos los bienes reunidos se repartían según su juicio y criterio, y una vez separado el Quinto del rey.

La teoría de la pacificación

Carlos V inició la actitud de cambio de la teoría de la guerra justa por la pacificación que, posteriormente, habría de reafirmar Felipe II. El primero dictó las Provisiones de Granada en 1526 con el fin de atender y resolver la gravedad de las situaciones planteadas por Las Casas. Felipe II implanta en 1573 las Ordenanzas de Población y Pacificación con miras a terminar una guerra de conquista del todo injusta, en la cual los conquistadores y soldados utilizaban todos los medios a su al-

[47] Cortés, Hernán, *Cartas de Relación, op. cit.*

cance para resarcirse de sus gastos y trabajos a costa de ocupar y utilizar los bienes y propiedades indígenas, y así define que pacificar es: "traer la paz al gremio de la Santa Iglesia y a nuestra obediencia a todos los naturales de la provincia y sus comarcas, por los mejores medios que los expedicionarios supieren y entendieren".

EVOLUCIÓN DEL DERECHO INDIANO

El hecho que condicionó el nacimiento y desarrollo del Derecho indiano fue, tal como lo afirma Ots y Capdequí,[48] el carácter mixto de las empresas de descubrimiento, conquista y colonización de las Indias Occidentales. Fueron estas empresas mixtas, cuya legalidad se lograba por medio de la titulación correspondiente, o sea las capitulaciones y sus instrucciones respectivas, otorgadas a favor de quienes deseaban dirigir y realizar el descubrimiento y la conquista de los nuevos territorios. El procedimiento legal utilizado en las capitulaciones para formalizar el trato constituyó, así, la primera fuente del Derecho indiano.

La transformación de estos primeros contratos en normas más amplias y precisas dio nacimiento, con el tiempo, a diversas leyes, ordenanzas y cédulas específicas sobre aspectos concretos de los descubrimientos, de la encomienda, de la población, el uso y tenencia de la tierra y de la condición de los indios. Tales fueron entre otros las Leyes de Burgos; las Leyes Nuevas y más tarde el conjunto de Leyes de Indias, la corona y sus súbditos americanos.

El Derecho indiano debía ocuparse de situaciones surgidas en la práctica de la guerra de conquista; fue un derecho paralelo —al decir de Mariluz Urquijo—,[49] que estuvo siempre manejado

[48] Ots y Capdequí, José María, *Historia del Derecho español en América y del Derecho indiano, op. cit.*, p. 83.

[49] El Derecho indiano fue, según afirma Mariluz Urquijo, un elemento importante del derecho indígena, integrado en el sistema cuando no contrariaba la religión ni las leyes dadas por los españoles. Hasta quienes no comparten este punto de vista lo explicitan, es obvio que empiecen por pensar que las Indias son un mundo aparte, diferente, para el que no sirve el Derecho civil. "Pluguiera a Dios —exclama Gerónimo de Mendieta— que ni el Código ni Digesto ni hombre que había de regir a indios ni Baldo

no como un cuerpo jurídico igualitario y uniforme, sino como un conjunto de ordenamientos frecuentemente contrarios y poco claros en su texto. Además, si el derecho como norma jurídica vigente reclama para su aplicación igualdad de circunstancias, el Derecho indiano regía en la Nueva España para ser aplicado a dos diferentes estratos sociales: uno compuesto por criollos y españoles y otro por indios y mestizos; a los primeros se aplicaba la parte del Derecho indiano originado en el Derecho de Castilla; y a los indios y mestizos, se aplicaban algunas normas originadas en Castilla y otras derivadas del antiguo Derecho indígena[50] a las que se había dado validez y actualidad. De aquí, surge lo que el autor mencionado llama el paralelismo del Derecho indiano.

Desde el punto de vista del reconocimiento oficial, el paralelismo se estableció en las ordenanzas del Consejo de Indias de 1571 y se reiteró en la Recopilación de 1580 en los términos siguientes: "siendo de una corona los reinos de Castilla y de las Indias, las Leyes y orden de gobierno de los unos y de los otros deben ser lo más semejante que se pueda. La propia recopilación dispone que sea el Derecho indiano el que siga al Caste-

las expusieron para este Nuevo Mundo y su gente." Si avanzamos algo más en la escala hallaremos a quienes sostienen que las leyes indígenas no sólo eran adecuadas a los indios, sino que eran buenas en sí, ya que se encuadraban perfectamente dentro de los principios inmutables del Derecho Natural y tenderían a lograr un orden de justicia. Se leen así, forzadas comparaciones entre el derecho indígena y el de los pueblos civilizados, que constituyen un tácito homenaje a la razón natural de los indios. Lo que guardaban los mexicanos para elegir a sus señores —afirma Alonso de Zorita— eran "conforme a Derecho Natural y en algo conforme a Derecho Divino, y aun indios salían a veces gananciosos de tales cotejos", como, por ejemplo, cuando Bernardino de Sahagún nos informa que a excepción de algunas tiranías contenidas en su modo de regir, los mexicanos, "en las cosas de política echan el pie adelante a muchas otras razones que tienen gran presunción de políticos". Mariluz Urquijo, José Ma., *Actas y estudios del Derecho indiano, Derecho prehispánico,* Madrid, Instituto Nacional de Estudios Jurídicos, 1973, pp. 102-104.

[50] El Derecho indiano tuvo además como fuente muy importante la costumbre, en tanto fue su derecho creado sobre la práctica, buscándose soluciones a problemas jurídicos planteados a raíz de situaciones o hechos nuevos y no previstos en el ordenamiento castellano, o simplemente a la necesidad de adaptar éste a la realidad americana, entonces surgió la costumbre, como expresión rudimentaria de la vida jurídica para dar solución a los problems. Tau Anzoátegui, Víctor, "La costumbre como fuente del Derecho indiano", en *Actas y Estudios III,* Madrid, 1971, p. 101.

llano, aunque ocasionalmente disposiciones indianas se aplicaran en Castilla".[51]

Para García Gallo, el Consejo de Indias se vio forzado a crear el Derecho indiano a medida que los problemas surgían o se planteaban en el vasto territorio americano. De esta manera se dictó una legislación casuística que poco a poco supera su condición improvisada, para agruparse en pequeños códigos llamados ordenanzas. Las primeras ordenanzas en materia de Indios fueron las conocidas como ordenanzas o Leyes de Burgos de 1512, completadas en Valladolid en 1513. En materia de descubrimientos, están las ordenanzas de 1526 que pasarán a formar parte del texto de las capitulaciones dadas con fecha posterior; en 1526 se producen las provisiones de Granada como resultado de la comparescencia de Bartolomé de Las Casas ante Carlos V; respecto a normas de comercio y tráfico marítimo, se dictan las ordenanzas respectivas para regular la función de la Casa de Contratación de las Indias en 1531, 1534 y 1539; las Audiencias de La Española y México reciben ordenanzas generales en 1528 y 1530.

Esta primera legislación, a pesar de todas las buenas intenciones de sus textos, frecuentemente fue obedecida pero no cumplida debido, entre otros motivos, a que se trataba de un derecho que aplicado en Castilla era adecuado y justo, pero que aplicado en las Indias era inadecuado e injusto.

En 1542, Las Casas logra la promulgación de las Leyes Nuevas que suprimen la encomienda. El rechazo de los colonizadores hace prácticamente imposible su vigencia en las Indias. Sin embargo, se logra cambiar el concepto de conquista por pacificación y así las ordenanzas para descubrimientos de 1547 y 1548, se vuelven más que de conquista y de guerra, de pacificación y colonización aunque ello no dejara de ser sino manifestación de buenas intenciones, más no de realidades.

En 1550 y 1551 se reúne la Junta de Valladolid, conformada por los más eminentes juristas y teólogos de la época, para dilucidar la condición del indio y del Derecho que habría de regirlo. Sus conclusiones produjeron serias divergencias que habían de reflejarse en la proliferación de leyes. Toda esta legislación dispersa y repetitiva, vino a conformar en las Indias un primer texto de recopilación editado en México en 1563, bajo el nombre de Cedulario de Puga.[52]

[51] *Recopilación de Leyes de los reynos de las Indias, op. cit.*, t. I, libro I.

[52] Ots y Capdequí, José María, *Historia del Derecho español, op. cit.*, pp. 92-93.

Felipe II, ante la gravedad del problema de la despoblación y destrucción de indios, convoca en 1566 al Consejo de Indias a una junta magna, en donde se habrá de distinguir por sus aportaciones Juan de Ovando, a quien finalmente el rey habrá de encargarle recabar la información que permita conocer la verdad sobre el fracaso del Consejo de Indias en su función rectora del Nuevo Mundo. Como una de las causas principales de este fracaso, Ovando señala el desconocimiento de la legislación dictada para las Indias tanto en el propio territorio como por los miembros del Consejo; como resultado del análisis de la información recabada, Ovando redactó las ordenanzas del Consejo de 1571, que formarían parte del proyecto de Código de Ovando.

Las Leyes de Burgos

La grave situación de despojo y miseria de los habitantes indígenas de las islas, especialmente en La Española durante los primeros veinte años de dominio, produjo la queja de los dominicos evangelizadores.[53] Entre ellos, como lo hemos escrito, destacó fray Antonio de Montesinos, quien al criticar severamente a los pobladores hispanos, incluyó a Bartolomé de Las Casas, por entonces rico comerciante y encomendero, y que al correr del tiempo se convertiría en el primer defensor de los indios. El conflicto planteado en España ante el rey, por Palacios Rubio y Montesinos, motivó que el monarca dispusiera que se elaborara una legislación adecuada a las condiciones de vida de las islas y sus habitantes aborígenes y en la que, además, se regularan las condiciones de población y trabajo de las encomiendas, los derechos de los encomendados sobre las siembras, los alimentos y las tierras, además de las normas sobre evangelización y fe. Éstas, conocidas como las Leyes de Burgos, fueron promulgadas el 27 de diciembre de 1512, y constituyeron el primer ordenamiento normativo estructurado del Derecho indiano, además de ser las primeras disposiciones que en materia de trabajo agrícola se dictaron para este continente.

En criterio de Hanke, las Leyes de Burgos proporcionan la declaración más completa que existe sobre la concepción de la corona en la relación ideal entre los indios y sus señores españoles, y de las grandes responsabilidades de los encomenderos.

[53] Hanke, Lewis, *La lucha por la justicia en la Conquista de América, op. cit.*, p. 25.

Las disposiciones más relevantes de las Leyes de Burgos fueron:

a] Que se construyeran bohíos para los indios en el sitio de las encomiendas, distribuyéndose las casas de los poblados de origen, a efecto de evitar su ocupación por los indígenas huidos de las encomiendas, y que en el traslado a las nuevas poblaciones no se emplera la violencia.

b] Que se suministraran alimentos a los encomendados.

c] Se ordenaba la construcción de iglesias, la enseñanza de la doctrina, la confesión y el bautizo a los ocho días de nacido el niño indígena.

d] Que se internara por cuatro años a los hijos de los caciques mayores de trece años, para que aprendieran la doctrina y a leer y escribir. Para ello, el rey ordenó al bachiller Hernán Juárez, pasar a las Indias a catequizar y a efectuar el endoctrinamiento.

e] Que en materia de trabajo se impusieran penas a quienes cargasen a los indios; se ordenó que el trabajo en las minas fuera por cinco meses al año y que la jornada fuera diaria con descanso obligatorio por cuarenta días. Se prohibieron los castigos corporales y encarcelamiento por faltas cometidas en el trabajo. Se protegió a las mujeres embarazadas, prohibiendo dedicarlas a cualquier clase de trabajo.

f] Respecto a las formas de vida, se decretó sobre alimentos, indumentaria, matrimonio monográfico, ritos religiosos autóctonos.

g] El castigo de los indios quedó a cargo de los inspectores de encomiendas y repartimientos.

Las Leyes de Burgos de 1512 fueron el primer fruto de los sermones pronunciados en 1511 por Montesinos y de la presentación que del problema hizo Las Casas ante Felipe V.

Las primeras leyes de población

A las Leyes de Burgos, siguió la promulgación de una serie de leyes conocidas como Leyes de Población; formadas por diversas órdenes u ordenanzas; comprendían desde las dadas por Carlos V y Felipe II —entre ellas la muy importante de 1573. Todas en conjunto pasaron más tarde a constituir el Título v, del libro Cuarto de la Recopilación de Leyes de Indias, llamado de las Poblaciones.[54]

La Orden Real de Felipe V dictada el 18 de junio y confirmada el 9 de agosto de 1513, pasó a ser la Ley I de Indias. Las Leyes de Población en su conjunto, establecen, al decir de Ots y Capdequí, medidas de fomento a los descubrimientos y a la colonización y constituyen las fuentes especialísimas del derecho de propiedad en los momentos de conquista y pacificación de un territorio, así como también el uso de los primeros repartimientos de bienes inmuebles y tierras labrantías, las cuales darían más tarde lugar a la distribución de tierra americana perteneciente al Estado español como único propietario. Los repartimientos favorecerían a todos los que fueren a poblar tierras nuevas en los pueblos y lugares que por el gobernador de la nueva población les fuere señalado. En el texto aludido se especifica lo que debe entenderse por caballería y peonía como medidas oficiales para la distribución de la tierra en propiedad privada, a los colonizadores, que obviamente vendrían a contraponerse con el derecho de propiedad privada de la tierra de la nobleza indígena y específicamente del *Tlatoani.* Por otra parte, la propiedad comunal se respetó como derecho de los pueblos indígenas, aunque al transcurrir los años, fue afectada al crearse las grandes haciendas y los latifundios.

Más tarde, durante el reinado de Carlos V Emperador, se promulgaron nuevas leyes en materia de población y sobre el uso y tenencia del suelo. Entre ellas destacan la Cédula I de 1523, relativa a la fundación de nuevas poblaciones, en la que el Emperador recomienda que en las poblaciones de tierra adentro, se elijan los sitios que estuvieren vacantes, y que se ocupen sin perjuicio de los indios, y naturales, o con su libre consentimiento, y señala a continuación la forma en la cual se hará la traza de las ciudades y las condiciones convenientes para preservar la salud de los habitantes. Por medio de otra orden se establece, en la misma fecha, la jerarquía de las autoridades gubernamentales en las ciudades, a fin de preservar el orden de la República.[55]

Para adquirir la plena propiedad de la tierra, se exigía a los pobladores una estadía mínima de cuatro años, cifra después

[54] *Recopilación de las Leyes de los reynos de las Indias, op. cit.,* t. II, Título V, libro IV, folio 88.

[55] Fabila, Manuel, *Cinco siglos de legislación agraria en México,* México, Talleres Gráficos de la Nación, 1968, p. 6.

aumentada hasta diez años; entre las ordenanzas de descubrimientos y nueva población, merece ser mencionada la de Felipe II de 1573 la cual, al decir de Ots y Capdequí,[56] intenta por primera vez una estructuración jurídica de esta materia, o sea del derecho de propiedad de la tierra; *a*] sólo podían formar parte de la expedición quienes no tuvieran ni pastos, ni solares; *b*] el repartimiento se habría de hacer conforme al caudal del beneficiado; *c*] los nobles debían llevar a su costa labradores y darles tierras; por su parte, estos labradores tenían que participarles de los frutos en calidad de tributos; *d*] los indios sin casa y tierra podían también formar parte de la expedición; *e*] el Adelantado podía repartir encomiendas de indios por dos o tres vidas y escoger para sí por dos vidas un repartimiento de indios; *f*] a los pueblos que nuevamente se poblaran, podía el Adelantado, en unión de los respectivos cabildos, señalarles ejidos, abrevaderos, caminos y sendas; *g*] los pueblos de españoles debían de fundarse con treinta vecinos propietarios de casas, vacas, bueyes, puercos, ovejas, en un terreno de cuatro leguas, de buena tierra, al cuadrado; y por último disponer de tierras comunales suficientes.

LOS PRIMEROS REPARTIMIENTOS DE TIERRAS

La primera medida impuesta por Colón al establecer su gobierno en La Española, fue exigir el pago del tributo para el rey, al cual quedaron obligados todos los vecinos mayores de catorce años, y que podía ser cubierto en oro o en algodón; la segunda fue exigir a los indígenas la prestación de trabajo obligatorio en la agricultura y en la minería. Al decir de fray Bartolomé de Las Casas:

> a estos que se avecinaban repartía el Almirante tierras en los mismos términos y heredades de los indios y de las mismas heredades de los indios y de las mismas heredades y labranzas hechas y trabajadas por los indios, que tenían para sustentación suya, de sus mujeres e hijos, repartía entre ellos a unos diez mil, a otros más a otros menos, montones o matas, y este repartimiento de las labranzas y tierras dábalas el Almirante por sus cédulas diciendo que daba a fulana en el cacique fulano, tantas mil matas o montones, de donde

[56] Ots y Capdequí, José María, *España en América, op. cit.*, p. 13.

comenzó la tiránica pestilencia del repartimiento, que después llamaron encomiendas, que decía en las cédula que mandaba que aquel cacique fulano e sus gentes le labrasen aquellas tierras, ésto era, que acababa aquellas matas y montones de comer, le planteasen otras, sin separar número, ni cuento, ni medida. Esta licencia dada por el Almirante teníanse ellos cargo de gastar aquellas labranzas en las minas, forzando a los indios a que fuesen a coger oro, puesto que no iban sin otra licencia expresa del Almirante, dada por escrito.[57]

En 1501, y ante los beneficios obtenidos por este sistema, los reyes de España procedieron a su legitimación, girando órdenes expresas para instituirlo oficialmente pues le era necesario resarcirse de los gastos ocasionando por los viajes del almirante y en el establecimiento del gobierno antillano. Para ello resultó insuficiente el oro rescatado por Colón y se hizo necesario hacer producir la tierra agrícola y los minerales en forma tal que generara ingresos compensatorios a la corona, adaptándose para ello la prestación de "servicios obligados al rey" tal y como lo solicita el propio Fernando de Aragón.

porque nuestra merced e voluntad es, que los indios nos paguen nuestros tributos e derechos que nos han de pagar como nos lo pagan nuestros súbditos vecinos de nuestros reinos e señoríos; pero porque la forma como acá se pagan e cobran, a ellos según la calidad de la tierra; hablaréis de nuestra parte con los caciques e con las otras personas particulares e los indios que vieredes son menester, e de su voluntad concordaréis con ellos lo que nos hayan de pagar cada uno, cada año, de tributos; e dichos de manera que ellos conozcan que no se les hace injusticia; item, porque acá no se puede saber la forma que se ha de tener en el cobrar o recaudar nuestros diezmos e primicias e tributos e derechos, daréis orden como nuestro Contador que allá va, cómo dado se haga como venganza a utilidad e provecho de nuestras rentas.[58]

La encomienda fue el medio de hacer práctico el mandato. Una vez establecida la encomienda antillana se volvió instrumento de opresión y abuso por parte de los encomenderos, lo que motivó las quejas de los dominicos ante la corona. Ello agravó el conflicto, llegando los oficiales reales no sólo a desobedecer instrucciones, sino aun a tomarse fuera de lugar como la de designar a su favor doscientos encomendados en lugar de los cien

[57] Zavala, Silvio, *La encomienda indiana, op. cit.*, p. 13, cita a Bartolomé de Las Casas, en su *Historia de las Indias.*

[58] *Ibid.*, p. 14.

autorizados, aduciendo para ello lo insuficiente del trabajo rendido por los cien "esclavos" asignados y en virtud del aumento de los requerimientos de sus nuevas propiedades.

La situación padecida por los indígenas hizo a Las Casas renunciar a sus encomiendas antillanas para apoyar a los padres reformadores. Aceptó el papel de reivindicador de los derechos indígenas, actitud que más tarde le haría merecedor del título de *Procurador de los indios*.[59] En su doctrina, elaborada con anterioridad a la del eminente filósofo y teólogo, Francisco de Vitoria afirmaba que el Papa Alejandro VI había dado poder a España y Portugal en el Nuevo Mundo sólo en tanto se tratara de impartir el cristianismo a sus habitantes; por lo tanto, los españoles carecían de derechos para servirse de la población en beneficio personal. En consecuencia, la única forma de evitar los daños causados a los aborígenes era suprimir las encomiendas y repartimientos, dejando estas posibilidades sólo a los misioneros, en tanto ellos eran los únicos autorizados para hacer llegar el conocimiento del cristianismo a los indígenas mediante el justo camino del amor y la paz, posición contraria a la fuerza y escarnio usados por los conquistadores.

Experimentos de colonización por la vía religiosa

Para demostrar el acierto de su posición, Las Casas inició en 1514 una lucha por evitar la esclavitud y el trabajo personal de los indios en beneficio de los españoles, apoyando con esto la posición establecida por Montesinos y los demás dominicos a partir de 1511. En 1517 llega ante Carlos V, y en 1519, en su carácter de Procurador de los indios, se presenta a la primera reunión del Consejo de Indias presidida por el emperador en Barcelona, defendiendo ante el obispo Juan de Quevedo, la verdadera naturaleza de los indios. En 1520 presenta a Carlos V su primer proyecto de colonización pacífica y por la vía religiosa, en lugar de la guerra de conquista. Al decir de Hanke este plan era la culminación de todo el pensamiento de Las Casas sobre el problema de las relaciones indo-hispanas desde su gran despertar en 1514.

El 20 de mayo de 1520, Las Casas recibió de manos del mo-

[59] *Breve relación, destrucción de las Indias Occidentales,* impresa en Sevilla, reimpresa en Londres y después en Filadelfia por Juan F. Huriel, 1821, pp. 52-53.

narca la capitulación para ir a colonizar por la vía pacífica una amplia provincia venezolana. A cambio de los derechos de colonización, Las Casas prometió: pacificación de los indios sin gasto para la corona, diez mil indios tributarios, varios miles de ducados de renta; establecimiento de tres pueblos con sus respectivas fortalezas; localización de minerales de oro; y conversión a la fe de miles de indios. El rey se comprometió a dotar a Las Casas con cincuenta hombres; a pedir al Papa que se asignaran a aquella región doce dominicos y franciscanos; le dotó además con diez indios para que lo acompañaran,[60] y con otros muchos privilegios de nobleza y posiciones. El plan de colonización fracasó porque Las Casas nunca tuvo pleno control del territorio, y los choques con los españoles colonizadores crearon situaciones que hicieron imposible la colonización pacífica.

No obstante ello, en 1537 Las Casas intentó un nuevo plan de colonización, ahora en tierras de Guatemala, conocido como el experimento de la Vera Paz. Se originó en la oferta que hizo a los españoles allí residentes de llevar a la práctica los principios sentados en un tratado intitulado *Del único modo de atraer a todos los pueblos a la verdadera religión,*[61] en cuya última versión se refirió a la bula *Sublimes Deus* de Paulo III de fecha 9 de junio del propio año, en la que el Papa declaró, entre otros conceptos, "que los hombres todos son capaces de recibir las doctrinas de la fe... que los indios son verdaderos hombres y que no sólo son capaces de entender la fe católica... sino que están deseosos de recibirla. Por ello, para corregir los males de que han sido víctimas, definimos que no pueden ser privados de su libertad, ni de sus propiedades, aunque no actúen en la fe de Jesucristo, y podrán libres y legítimamente gozar de su libertad y sus propiedades, y no serán esclavos y todo cuanto se hiciere en contrario, será nulo y sin ningún efecto... declaramos que dichos indios deben ser convertidos a la fe de Jesucristo por medio de la palabra divina y con el ejemplo de una buena y santa vida.[62] Los argumentos de Paulo III

[60] Hanke, Lewis, *The first social experiments in America,* Cambridge, Mass., 1935. Hay dos traducciones españolas de este libro, en Madrid, 1946, y en La Habana, 1950.

[61] El libro con título en latín: *De unico vocationis modo omnium gentium ad veram religionem.* Advertencia preliminar y anotación de Agustín Millares Carlo, introducción de Lewis Hanke y versión española de Atenógenes Santamaría, México, Fondo de Cultura Económica, 1942.

[62] *Ibid.,* p. 365.

fueron coincidentes con los utilizados por Las Casas en su tratado, por ello se valió de los mismos para reforzar su petición ante la comunidad hispana. Critica los actos de crueldad repetidos en el uso de la guerra armada y propone atraer a los hombres por medio de la fe, rompiendo con la costumbre ya establecida.

Sus conclusiones, tales como: "que quienes hacen la guerra están en pecado mortal; que para su salvación deben restituir lo ganado; que quien ha matado a un infiel, debe mantener a la familia del asesinado durante todo el tiempo que pudiera haber vivido; y que los eclesiásticos han obrado mal al infringir castigos corporales a los indios; le ocasionaron severas críticas y la acusación de ser un tipo peligroso que pretendía deshacer la sociedad, y concluye diciendo que se ganen las almas por una compasión tierna, más que por una fuerza imperiosa. El experimento fundamentado filosóficamente en estos principios consistió en la conquista de la única tierra que quedaba en Guatemala en poder de los indígenas, que por ser feroces, bárbaros e imposibles de subyugar se habían hecho merecedores de vivir en libertad en la llamada tierra de guerra".[63]

Las Casas marchó a esta provincia y mediante sabias estratagemas logró su pacificación, logrando convertir al cacique a la fe. Ante el éxito obtenido, se cambió el nombre de la provincia por el de la Vera Paz. Los colonos que no querían abandonar sus sistemás bélicos de conquista lucharon contra los religiosos y mal informaron al rey. En 1547, llegó a Guatemala un visitador real para conocer la realidad del experimento. Los pobladores españoles indignados por la excomunión decretada contra ellos por Las Casas se quejaron severamente y obligaron al obispo de Chiapa a renunciar a su cargo en 1550. El fin del experimento ocurrió en 1556, y se consigna en una triste carta enviada por los frailes al Consejo de Indias donde relatan cómo los indios se levantaron contra los religiosos, asesinaron a tres de ellos y destruyeron todo lo construido. Hanke,[64] termina el relato del experimento con las siguientes palabra: "más tarde el rey ordenó el castigo de los indios sublevados, con lo cual la tierra de la Vera Paz se empobreció más todavía"; la posibilidad de ganar a los indios por la religión fracasó.

[63] *Ibid.*
[64] *Ibid.*

La provisión de Granada

El resultado de la primera etapa de la lucha de Montesinos y los frailes dominicos secundados por el empeño de Las Casas de evitar a los indígenas los daños de la guerra de conquista, dieron como resultado la Provisión de Granada, de fecha 27 de noviembre de 1526.

Carlos V dictó la provisión una vez reanudados los descubrimientos suspendidos ante las quejas que recibió. En ella señala las reglas a las cuales habrán de sujetarse las expediciones a fin de evitar lesionar los derechos y formas de vida de los indígenas motivados por la guerra.

El texto completo de la provisión de Granada quedó incorporado a la mayor parte de las capitulaciones que se celebraron posteriormente con los conquistadores: ejemplo de ello es la capitulación de Francisco de Montejo dada para la conquista de Yucatán el año de 1526.

Cuando algunos capitanes, yendo en demanda de su descubrimiento, hubieren de salir a tierra en alguna isla, no lo puedan hacer sin facultad de los sacerdotes e oficiales de intérprete, que nos los enviamos allá para apartarlos de sus vicios, e de comer carne humana, e para instruirlos en la santa fe para su salvación, e para atraerlos a nuestro señorío para ser tratados como nuestros demás súbditos e cristianos, sobre lo cual habrá de hacérseles el acostumbrado requerimiento. Hecha la dicha amonestación, procuren hacer (los españoles) para su seguridad algunas fortalezas e casas fuertes, sin tomar a los indios sus bienes por fuerza, ni hacerles mal ni daño, sino animándolos e allegándolos e tratándolos como cristianos, de manera que por ellos e por la predicación de los religiosos, vengan en conocimiento de nuestra santa fe católica e en preservar en nuestra obediencia. La misma forma se guarde en los rescates e contratos. No se les tome por esclavos si no fuere en caso que no consientan entre ellos a los clérigos e religiosos para instruirlos e que les predique la fe católica, en el caso también que no quieran darnos la obediencia, resistiendo con mano armada; en este caso, en defensa de sus vidas y bienes, se permitía a los dichos pobladores y descubridores, con acuerdo y parecer de los religiosos y clérigos, siendo conformes, y firmándolo de sus nombres, que pudieran hacerles guerra, e hacer en ella aquello que los derechos e nuestra santa fe e religión cristiana permiten, e no en otra manera, ni en otro caso alguno.[65]

[65] Zavala, Silvio A., *Las instituciones jurídicas en la Conquista de América, op. cit.*, p. 217.

Zavala comenta también cómo, a pesar de los intentos del monarca por establecer usos pacíficos en la conquista cuando se trataba de descubrimientos de minas, se permitía hacer cautivos a los indios por medio de la guerra pues se les consideraba rebeldes, sometiéndolos inclusive al estado de esclavitud, y ello en contra de la prohibición expresa que se hacía de ello en una de las cláusulas de la provisión: "Otro sí: Mandamos que ninguno pueda tomar ni tome por esclavo a ninguno de los dichos indios, so pena de perdimiento de todos sus bienes y oficios y mercedes salvo que..." y es aquí donde se encuentra la autorización antes mencionada.

Promulgación de las Leyes Nuevas

Con el deseo de hacerse oír por el emperador Carlos V, Las Casas, acompañado del padre Labrada, su seguidor, amigo y consejero, viajó a España a fines de 1539. Entre 1540 y 1542, gestiona y obtiene varias reales cédulas en favor de la misión de la Vera Paz. Ante la insistencia de llevar a cabo la conquista por medios pacíficos y de acabar con las encomiendas y otros medios represivos de la libertad de los indios, logra que el monarca convoque a letrados y teólogos para discutir los temas aludidos, y presenta sus argumentos en el opúsculo *Remedios frente a los problemas del indio,* leído en la Junta del Consejo en Valladolid en 1542. En el punto octavo de sus argumentos expone su tesis sustancial:

V.M. ordene y mande y constituya con la susodicha majestad y solemnidad en solemnes cortes por sus pragmáticas sanciones y leyes reales, que todos los indios que hay en todas las Indias, así los ya sujetos como los que de aquí adelante se sujetaren, se pongan y reduzcan e incorporen en la corona real de Castilla y León, en cabeza de V.M. como súbditos y vasallos libres que son, y ningunos estén encomendados a cristianos españoles, antes sea inviolable constitución, determinación y ley real, que ni agora ni ningún tiempo jamás perpetuamente, puedan ser sacados ni enajenados de la dicha corona real, ni dados a nadie por vasallos ni encomendados, ni dados en feudo, ni en encomienda, ni en depósito, ni por otro ningún título ni modo o manera de enajenamiento, o sacar de la dicha corona real por servicios que nadie haga, ni merecimientos que tenga, ni necesidad que ocurra, ni causa o color alguna que se ofrezca o se pretenda... El propio autor en sus comentarios calificó este argumento como "el más principal y de sustancia, porque sin éste, todos los otros valdrían nada, porque todos ordenan y enderezan a éste como medios a su propio fin".[66]

Las Casas fundamentó la totalidad de su postura y peticiones en veinte argumentos cuyo resumen presenta Zavala,[67] en la forma siguiente:

> En resumen: reduciendo el extenso alegato de Las Casas a proposiciones concretas, hallamos: que la fe y el gobierno justo eran fines incompatibles con las encomiendas; éstas, por demostración de la experiencia, eran nocivas; los indios, como seres libres, merecían gobierno libre, no tutelado; su gobernación no había de darse a hombres injustos; el vasallo no debe soportar muchos amos; es preferible la administración regalista a la señorial; hay antecedentes legales en favor de la libertad de los indios y contra el régimen de las encomiendas; Dios, España y la corona, y aun los propios españoles, pierden si se conserva este nocivo sistema.[68]

En el argumento XVI, Las Casas opina: que debido a la lejanía de las Indias, no se puede dirigir la materia de las encomiendas por medio de prohibiciones y cédulas parciales; debe dictarse una orden general, de la que resulte imposibilidad de pasar en contra de ella.[69] O sea, sugiere la promulgación de unas leyes especiales de carácter general y promulgadas especialmente para las Indias.

Las Leyes Nuevas

Como resultado de las quejas presentadas ante el emperador Carlos V, se pidió a Las Casas en 1541 que contribuyera en la redacción de un texto legal donde se establecieran normas más justas para el manejo de la conquista y gobierno de las Indias; éstas fueron las Leyes Nuevas publicadas con un prólogo en el cual Carlos V reconoce cómo, por su ausencia natural del territorio de las Indias, no ha podido ocuparse de las cosas de sus nuevos territorios, pero que, deseando aumentar la Santa Fe Católica y la conservación de los naturales de las nuevas tie-

[66] Las Casas, fray Bartolomé, Documentos: *Remedios frente a los problemas de los indios*. Presentó su disertación en Valladolid en 1542 y en ella expuso su criterio sobre los problemas de los indios.
[67] Zavala, Silvio, *La encomienda indiana, op. cit.*, pp. 75-78.
[68] *Ibid.*
[69] *Ibid.*

rras, manda proveer y ordenar "ordenanzas y provisiones, que en diversos tiempos hemos mandado hacer, según por ellas parecerá, mandamos que sean de aquí adelante guardadas por Leyes inviolablemente".[70] Estas leyes vinieron a dar reconocimiento a la posición del obispo de Santo Domingo, Sebastián Ramírez de Fuenleal quien desde 1533 escribiera a la emperatriz aconsejándole que no escuchara los razonamientos de los encomenderos que defendían la restitución usando los argumentos siguientes: *a*] el poder de los blancos hispanos se encontraba en peligro y era necesario defenderlo de las agresiones indígenas; *b*] la conquista no había terminado y necesitaban reclutar indígenas para continuar la guerra; *c*] existía siempre la posibilidad de nuevas rebeliones por parte de los indígenas, quienes desearían volver a conquistar el poder.[71]

A partir del capítulo XXI, las Leyes Nuevas entran propiamente en la materia de los indios y suprimen la esclavitud, los servicios por concepto de tapia y naboría, y en general por todo trabajo involuntario, provisión para prohibir a los "tamemes" y el trabajo obligatorio en pesquería de perlas; suprimieron también la práctica de dotar a los funcionarios públicos con rentas de indios en base al salario y también a quienes los gozaran sin título; con el mismo sentido se prohibieron los repartimientos excesivos y los autorizados a encomenderos que tuvieran notable mal trato para los indígenas.

Finalmente, en el capítulo XXX convertido en el artículo 35 de las Leyes Nuevas, Carlos V suprimió la encomienda:

> Otro sí: Ordenamos y mandamos, que de aquí adelante ningún virrey, gobernador, audiencia, descubridor ni otra persona alguna *no pueda encomendar indios por nueva provisión,* ni por renunciación, ni donación, venta ni otra cualquiera forma, modo ni por vocación, ni herencia, sino que muriendo la persona que tuviere los dichos indios, sean puestos en nuestra real corona y las audiencias tengan cargo de informar luego particularmente de la persona que murió y de la calidad de ella y sus méritos y servicios y de cómo trató los dichos indios que tenía, y si dejó mujer e hijos o qué otros herederos, y nos envíen la relación y de la calidad de los indios y de la tierra, para que nos mandemos proveer lo que sea nuestro servicio,

[70] Carlos V, prólogo a *Las Leyes Nuevas,* cit. por Lewis Hanke en *La lucha por la justicia en la Conquista de México, op. cit.*

[71] Simpson, Leslie Byrd, *The encomienda in the New Spain, op. cit.,* pp. 99-102

y hacer la merced que nos pareciere a la mujer e hijos del difunto. Y si entretanto pareciera a la audiencia que hay necesidad de proveer a la tal mujer e hijos de algún sustentamiento, lo puedan hacer de los tributos que pagaran los dichos indios: dándoles alguna moderada cantidad, estando los indios en nuestra corona como dicho es.[72]

De los cincuenta y cuatro artículos de las Leyes Nuevas, veintitrés conciernen al estatus y tratamiento de los indígenas. Algunos de ellos fueron más tarde incorporados en la Recopilación de las Leyes de Indias.

Art. 10: Los indios son personas libres y vasallos de la corona y ha sido siempre el propósito real de que sean tratados como tales. El Consejo de Indias tendrá la obligación de vigilar la ejecución de las leyes en su beneficio y protección.

Art. 24: Las audiencias deben castigar los excesos cometidos en contra de los indios.

Art. 25: Los pleitos legales entre los indios deben decidirse y ajustarse según sus costumbres.

Art. 26: Ordenamos que ni por compra, guerra, ni rebelión se convierta a los indios a la esclavitud y que se les trate como vasallos de la corona de Castilla.

Art. 27: Ordenamos designar personas que defiendan los derechos de los indios para que éstos no permanezcan esclavos.

Art. 28: Los acarreamientos de indios sólo se permitirán en aquellos lugares en los cuales no se puedan evitar, con su consentimiento y su paga respectivos.

Art. 30: Ningún indio libre será empleado en la pesca de las perlas contra su voluntad; si no se puede evitar la pérdida de las vidas en dicha pesca, deberá ser abandonada.

Art. 31: Todos los indios tenidos en encomienda deberán pasar a la corona.

Art. 32: Se compartirán las encomiendas excesivas con aquellos conquistadores que no poseen ninguna.

Art. 33: Aquellos encomenderos que han maltratado a sus indios, perderán sus encomiendas, las cuales pasarán a la corona.

Art. 35: Ningún virrey, gobernador, descubridor u otra persona podrá dar indios en encomienda bajo el nombre del rey, o por renuncia donativo o venta. A la muerte de aquel que posea indios en encomienda, éstos deberán pasar a la corona. Si el difunto hubiera obtenido méritos en vida, se le concedería una gracia real a su familia.

[72] *Ibid.*, p. 130.

Art. 36: Los indios liberados de la encomienda, serán bien tratados y enseñados según la Santa Fe Católica, al igual que los indios de la corona, en los corregimientos.

Art. 37: Los primeros conquistadores serán elegidos en la concesión de corregimiento.

Art. 38: Los pleitos legales serán expuestos ante el rey.

Art. 39: No se emplearán indios para las expediciones, salvo tres o cuatro intérpretes.

Art. 42: Los tributos de los indios recientemente descubiertos serán justamente tasados y enviados al tesorero real.

Art. 43: Los españoles no tienen autoridad sobre los indios descubiertos recientemente. Solamente percibirán sus tributos.

Art. 45: Los indios sobrevivientes de Puerto Rico, Cuba y La Española, serán removidos de los tributos y trabajos.

Art. 46: Aquellos conquistadores que no tengan indios en encomienda serán proveídos de los tributos de los indios liberados de la encomienda.

Art. 47: Los corregimientos serán proporcionados a los conquistadores desposeídos y sus familias.

Art. 49: Los tributos pagados a los encomenderos y a la corona serán fijados a las tasas más bajas obtenidas cuando se cubrían a los reyes nativos.

Art. 50: Los indios deberán ser tratados, como vasallos libres de la corona. Quienes los maltraten deberán ser castigados de acuerdo con las leyes de Castilla.

Art. 51: Ningún encomendero deberá recibir tributos mayores a los fijados por el virrey y la audiencia.[73]

La promulgación de las Leyes Nuevas obedeció al firme propósito de imponer un criterio de justicia y equidad entre conquistadores y conquistados; sin embargo, ello no pasó de ser la manifestación de una buena voluntad. El fracaso de la encomienda condujo con el tiempo al abandono de las tierras por parte de los indígenas y —al decir de Gibson—,[74] la tierra abandonada dejó de pertenecer a la corona para, poco a poco, incorporarse a los enormes latifundios civiles y eclesiásticos, pasando así de supuesta propiedad de la corona, o tierras realengas, a conformar la propiedad civil llamada, por Chevalier[75]

[73] García Icazbalceta, Joaquín, Documentos: *Inéditos de indios,* México, Ed. Pedro Robredo, vol. 10, t. 16, pp. 376-406.

[74] Gibson, Charles, *Los aztecas bajo el dominio español (1519-1810), op. cit.,* p. 87.

[75] Chevalier, François, *La formation des grands domaines au Mexique,* París, Institute, d'Etiologuie, 1952, pp. 65 y ss.

de los grandes dominios territoriales del norte o bien de las grandes haciendas trigueras y azucareras del centro y sur del país, cuya creación, como lo anota Konetzke,[76] contribuyó también a la formación del latifundismo, cuando se presentó la coyuntura de la ampliación de los cultivos hispanos en detrimento de la escasa competencia de la producción agrícola indígena.

Felipe II y la ordenanza de Población

Felipe II en 1573 reunió el material obtenido en las amplias discusiones llevadas a cabo en el medio siglo anterior y relativas al Gobierno de las Indias; dio las instrucciones obtenidas que sirvieron de base en la elaboración de lo que serían las ordenanzas de nuevos descubrimientos y poblaciones que en esta forma se convirtieron en la estructura jurídica del Gobierno indiano.[77]

Las intrucciones no se inspiraban en la voluntad libre del Consejo de Indias, ni de las autoridades indianas, sino en una legislación general que conviene estudiar. Como todas las leyes de Indias, éstas sobre descubrimientos no se encuentran en un solo código ni son del mismo año; los cuerpos principales son: La Provisión de Granada del 17 de noviembre de 1526, y enriquecida con las disposiciones dadas por Felipe II en diversas ocasiones.

En primer término se dispone que en los descubrimientos hechos por tierra más allá de una provincia pacificada y reducida, las poblaciones sean de españoles o, en su defecto, de indios vasallos de manera que sean seguros.

Las penetraciones habrían de hacerlas los indios por vía de comercio y rescate, acompañados de religiosos españoles con rescates y con dádivas, tratando mediante usos pacíficos, de hacer saber y entender a los interrogados, la sustancia y calidad de la tierra, los pueblos que habitaban la región y quiénes la gobiernan; se pide a los pobladores hacer una descripción de todo lo interesante al leal saber y entender del gobernador

[76] Konetzke, Richard, Historia Universal, *América Latina, la época colonial,* México, Siglo XXI, 1976, p. 287.

[77] Méndez Montenegro, Julio César, *Aspectos legales del problema de la tierra en la época colonial,* México, Academia Nacional de Historia y Geografía, 1978, *op. cit.,* pp. 60-65.

y vayan enviando siempre relación para que la envíe al Consejo. Estos poblamientos de españoles se deberían de hacer sin perjuicio de indios.

En los descubrimientos que se hubieren de hacer por mar, se ordenaba guardar la instrucción siguiente: quien con licencia o provisión del rey o del Consejo hubiere de ir a hacer algún descubrimiento por mar, estaba obligado a llevar por lo menos dos navíos pequeños, carabelas o bajeles, útiles para engolfar y costear y entrar por cualesquier ríos y barras sin peligro de encallar. En cada uno de los navíos del dicho porte deberían de ir treinta personas, entre marineros y descubridores; dos pilotos, si pudieren haber; y dos clérigos y religiosos para que se ocupen de la conversión de los nativos.

Una disposición muy importante y relacionada con el criterio de la guerra justa era que:

> los descubridores por mar o tierra, no se empachen en guerra ni conquista en ninguna manera, ni ayudar a unos indios contra otros, ni se revuelvan en cuestiones ni contiendas con los de la tierra, por ninguna causa ni razón que sea, ni les hagan daño ni mal alguno, ni les tomen contra su voluntad cosa alguna suya, sino fuere por rescate, dándoselo ellos de su voluntad... Los que hicieren descubrimiento por mar o tierra, no pueden traer ni traigan indio alguno de las tierras que descubrieren, aunque digan que se les venden por esclavos, o ellos se quieran venir con ellos; ni de otra manera alguna, so pena de muerte, excepto tres o cuatro personas para lenguas tratándolas bien.[78]

El rey ordenó que "los descubrimientos, nuevas navegaciones y poblamientos se hicieran ajenas de la hacienda real, prohibiendo a quienes gobernaran, gastar en ello cosa alguna de ella, aunque tuvieran poderes e instrucciones reales para hacer descubrimientos e navegaciones". Los frailes tenían prioridad para la acción descubridora y eran favorecidos y proveídos de todo lo necesario para tan santa y buena obra, a costa del monarca. Se prohibía encargar descubrimientos a extranjeros y a las personas prohibidas de pasar a las Indias.

Cuando Felipe II cambió el criterio de guerra de conquista por el de pacificación, ordenó que:

> los descubrimientos no se hicieran con título y nombre de conquistas pues habiéndose de hacer con tanta paz y caridad como deseamos,

[78] *Ibid.*, p. 129.

no queremos que el nombre dé ocasión ni color para que se pueda hacer fuerza ni agravio a los indios. Los descubridores guarden las ordenanzas de este libro, y especialmente las hechas en favor de los indios, y las instrucciones particulares que se les dieren; y éstas se les den convenientes y acomodadas a la calidad de la provincia y tierra a donde haya de ir.

Al decir de Zavala,[79] las disposiciones citadas comprueban que la actividad de las huestes conquistadoras quedaron regidas por estas normas. La importancia de las ordenanzas de Población de 1573, como se deduce de los párrafos anteriores, radica en el cambio establecido en cuanto a la política económica y social de la corona. Felipe II percibió la diferencia entre las islas y los antiguos reinos mesoamericanos conquistados, cuya economía agraria, aunque dependía básicamente del cultivo del maíz, el frijol y la calabaza, ofrecía paralelamente una enorme variedad de productos complementarios.

En primer término se auspició el cambio en los cultivos: se sembró trigo, caña de azúcar y vid, en extensiones considerables; la extensión de la tierra cedida en peonías y caballerías, permitió este hecho, lo mismo que el desarrollo de la ganadería.

Posteriormente, la magnanimidad con la cual fueron repartidas las tierras, por parte de las autoridades novohispanas, preocupó a Felipe II quien modificó el criterio de la dotación de tierras como medida compensatoria a los descubridores, conquistadores y colonizadores, e impuso lo que Ots y Capdequí califica como una verdadera reforma agraria: la disposición de la Real Cédula de 1591, en la cual se establecen los remates en pública subasta como título para la adquisición de tierras baldías o realengas, forma en la que a partir de entonces se dotaron las mercedes de tierras.

El procedimiento se continuó a lo largo de la colonia y fue el medio por el cual los terrenos restantes o sobrantes fueron anexándose a la gran propiedad agraria.

[79] Zavala, Silvio, *La encomienda indiana, op. cit.*

DISPOSICIONES LEGISLATIVAS Y SUS RECOPILACIONES. SIGLOS XVI AL XVIII

Al iniciarse la colonización, los Reyes Católicos encargaron al obispo de Burgos, Juan Rodríguez de Fonseca, la gestión de los asuntos americanos, bajo la supervisión personal del rey Fernando. Posteriormente, un grupo de miembros del Consejo de Castilla, bajo la dirección de Fonseca, constituyó en 1517 el Consejo Real y Supremo de las Indias como órgano central del poder en las Indias.

El Consejo de Indias era, además de autoridad administrativa, el tribunal supremo en todas las causas civiles y penales referentes a los reinos americanos. Estaba integrado por juristas o letrados y eclesiásticos de alta jerarquía.

Los trabajos codificadores del Consejo de Indias se inician en el reino de Felipe II, en cuyo tiempo, durante ocho años (1567-1575) los tuvo a su cargo el ilustre visitador y presidente del supremo tribunal, Juan de Ovando. Su proyecto de código quedó sin concluir al sorprenderle la muerte el 8 de septiembre de 1575. Se inició la publicación de los títulos en el orden siguiente: varios títulos del código de Ovando sobre Gobernación Espiritual y Temporal de las Indias, en 1571; los estatutos del Consejo Real de las Indias en 1571; en 1573, las ordenanzas para las Descripciones, Título VI del libro II, en 1573 las ordenanzas sobre Descubrimientos y Pacificaciones y en 1574 las ordenanzas del Regio Patronato.

El Consejo pidió a Diego de Encinas en 1583, reunir las principales disposiciones despachadas para las Indias Occidentales, desde el descubrimiento hasta su tiempo. Formó una colección general de cédulas que vieron la luz en 1596.

Diego de Zorrilla quedó encargado por el propio Consejo en 1602 de recopilar las leyes, cédulas y ordenanzas de las Indias. Trabajo que terminó en 1609; su trabajo ha desaparecido.

El continuador de su obra fue Rodrigo de Aguilar y Acuña, quien intentó establecer una concordancia entre las leyes de Indias, las de Castilla y el Derecho Común. En 1628 se publicaron dos sumarios de su obra, la que sin embargo quedó inconclusa.

León Pinelo, el famoso jurista, se ocupó de continuar con los trabajos de Recopilación y su obra sirvió de base a la Recopilación de las Leyes de Indias promulgadas en 1680, en la cual parece que tuvo participación Juan de Solórzano y Pereyra. La obra de Pinelo consta de 9 libros que contienen más de 10 000 leyes sacadas de 30 000 cédulas y ordenanzas reales. En tanto que la intervención de Solórzano, parece ser que se redujo a opinar sobre la obra de Pinelo y aprobarla.[80]

En criterio de Manzano, esta obra sirvió efectivamente para la publicación oficial por parte del Consejo de Indias de la Recopilación de Leyes de Reynos de las Indias promulgadas en 1680.[81]

La primera edición de esta recopilación es de 1681. Nuevas ediciones sin variantes, se hicieron en 1756, 1774 y 1791. En 1841 se hizo una edición aumentada con notas relativas a la legislación promulgada con posterioridad a 1680. Aguirre y Montalban publicaron en Madrid, en 1846, una recopilación compendiada de las Leyes de Indias, con notas no contenidas en la edición de 1841.

No cabe duda de que prácticamente a poco de su promulgación se hizo necesario actualizar el código de 1680 y ya en los primeros años del siglo (1714) se hablaba de que podrían agregarse dos tomos más a los ya existentes, de leyes dictadas luego de 1680.

La glosa de la recopilación de Leyes de Indias continuó a lo largo del siglo XVIII y el Consejo de Indias pidió una nueva reimpresión de la obra con adiciones y comentarios. El rey Carlos III se opuso a dicha glosa y a cambio se obedeció que se elaborara una nueva recopilación.

Lo que estaba muy de acuerdo con su posición de monarca que deseaba ver exaltada su figura en todos los aspectos que fuera posible. Ello dio motivo a la publicación del nuevo Código de Leyes de Indias, adjudicando al jurista don Juan Luis López y al canonista Frasso, que recibieron la orden de elaborar esta obra por parte del virrey de Perú, don Miguel de Navarra y Rocafull. En la Nueva España correspondió a Prudencio Antonio Palacios, Oidor de la Audiencia de México y Guadalajara, glosar la recopilación, labor que llevó a cabo en 1735 José Lebrón, y Cuervo elaboró notas a la recopilación en 1753

[80] León Pinelo, Antonio, *Tratado de las confirmaciones reales de encomiendas, oficios y casos en que se requieran para las Indias Occidentales,* Madrid, 1630.

[81] García Gallo, Alfonso, *Estudios de historia del Derecho indiano,* Madrid, Instituto Nacional de Estudios Jurídicos, 1972, p. 340; cita a: Manzano y a Zorrilla y Aguiar.

y en 1774 y con ellas compuso una obra a la que agregó un prontuario de acciones.

Otra obra importante fue la que publicó en España Antonio Javier Pérez López, quien con licencia del Consejo de Castilla elaboró el teatro de la legislación universal de España e Indias dada a conocer en 1798 en Madrid.

En 1776, Manuel José de Ayala editó su obra *Adiciones y exposición y glosa a las Leyes de Indias,* pero la corona no la aceptó como una obra oficial y promovió la promulgación del nuevo código de Leyes de Indias. Este impreso fue obra de, entre otros, Juan Crisóstomo Ansotegui de Ayala, de Luis de Peñaranda y de Antonio Purcel, quienes por diversos motivos fueron sustituidos en 1782 por los ministros del Consejo, conde de Tepa y Juan González Bustillos Lanz de Casafonda y Prolier, quienes a su vez fueron remplazados por los ministros Juan Francisco Gutiérrez de Piñeres y José García de León y Pizarro.

2. LOS MODOS DE ADQUISICIÓN DE LA PROPIEDAD

Durante la Baja Edad Media en España, el poder real sobre los señoríos fue poco a poco consolidándose. Con ello, la extensión de los dominios territoriales del rey se aumentaron considerablemente y pasaron a formar parte de los bienes del patrimonio regio, que no podían confundirse con los bienes personales del monarca: unos eran los bienes de la corona o bienes realengos, y otros los bienes personales del rey.

Estos bienes de la corona se consideraban inalienables y no susceptibles de apropiación privada, aunque el monarca por medio de una merced o gracia, podía conceder el derecho de uso y disfrute y aprovechamiento de los mismos. Entre estos bienes, además, se situaban los bienes vacantes y las tierras yermas llamadas específicamente tierras realengas.

Al derecho del rey para disfrutar de estos bienes, se le llamaba regalías y comprendía, además del dominio sobre las tierras, el derecho sobre las minas, las salinas, las aguas y fuentes, los montes, prados y bosques, la caza y la pesca. Pero más tarde se consideraron "regalías" —como afirma Valdeavellano,[1] con un acentuado matiz jurídico público, las atribuciones privativas del rey en relación con los poderes e inmunidades señoriales, siendo la fundamental, la acuñación de moneda, derecho básico para la formación de la sociedad mercantil-capitalista de la España del siglo XVI.

Al llegar la época de los grandes descubrimientos, los monarcas de Castilla y Aragón tomaron posesión de los dominios indianos recibidos como otra regalía más, y así empezaron a distribuir mediante las capitulaciones y las instrucciones, primero las tierras de las Islas y después las de Mesoamérica prehispánica, a las cuales se les consideró tierras realengas o sea del dominio de la corona desde el momento en el cual conquista-

[1] Valdeavellano, Luis, *Curso de historia de las instituciones españolas*, Madrid, Biblioteca de la Revista de Occidente (4a. ed.), 1975, p. 445.

dores, capitanes generales o adelantados, tomaban posesión del territorio indiano en nombre de los reyes de Castilla.

De tal manera actuaron, primero Colón y después Cortés, y dieron a los Reyes Católicos y a Carlos V la posibilidad de ampliar sus dominios territoriales sobre una superficie mayor que la que tenía cualquier otro monarca europeo.

Posteriormente, y en ejercicio de sus propios derechos, los monarcas distribuyeron las tierras realengas mediante los títulos llamados de gracia o merced, o de los demás títulos o medios de cesión reconocidos, entre los cuales se encontraban las encomiendas y los repartimientos. Como ejemplo de lo apuntado tenemos el contenido de la disposición de Fernando V de Aragón, dada en Valladolid a 18 de junio y 9 de agosto de 1513, por medio de la cual ordenó que a los nuevos pobladores "se les den tierras y solares y encomienden indios"; esto es, desde el momento de la toma de posesión de las islas por Colón, el rey Católico se consideró a sí mismo y en virtud del derecho consuetudinario, poseedor de todas las tierras recién descubiertas, incorporadas a la corona de Castilla y Aragón y en virtud de los títulos del descubrimiento, de la confirmación papal de los derechos sobre los territorios de las Islas Firmes y de la guerra posterior de conquista. Después de la pacificación recomendada por Felipe II en 1573, las nuevas tierras descubiertas también fueron consideradas como regalías y en consecuencia pasaron a incorporarse al patrimonio de la corona. De esta manera, a partir del siglo XVI, con exclusión de las tierras reservadas a los indígenas por derechos anteriores a la conquista, el resto de las extensas tierras de la Nueva España sólo pudieron pasar al dominio particular y privado en virtud de una gracia o merced real.

Las tierras restantes se consideraron bienes mostrencos, tierras realengas o tierras de la corona; en virtud de la depuración de títulos ordenada por Felipe II mediante la Cédula Real del 1 de noviembre de 1591, donde reclama como parte de la propiedad recibida por medio de su derecho sucesorio, los baldíos, suelos y tierras que no estuvieren concedidos por los señores reyes nuestros predecesores,[2] serán restituidos a la corona. La Real Cédula continúa estableciendo el uso del suelo, primero para destinarlo al establecimiento de los poblados, con todos sus servicios: plazas, ejidos, propios, pastos y baldíos y

[2] Ots y Capdequí, José María, *España en América. El régimen de tierras en la época colonial,* México, Fondo de Cultura Económica, 1959, p. 29.

segundo, determina el repartimiento de tierra para los indígenas a quienes habrá de darse lo que "buenamente hubiere menester, para labrar y hacer sus sementeras y crianza confirmándoles en lo que ahora tienen —como forma de respeto a la antigua propiedad indígena agregamos— y dándoseles de nuevo lo necesario",[3] y Felipe II ordenará en la propia cédula que toda la demás tierra, restante y libre, quedará para su disposición.

A partir de la titularidad a favor de la corona de la propiedad de la tierra otorgada por las bulas Alejandrinas, se reconocerán a favor de los conquistadores y sus huestes, a los misioneros, eclesiásticos y evangelizadores, los títulos y modos para usar y disfrutar de la antigua tierra mesoamericana, y posteriormente a los colonizadores y pobladores para fundar ciudades y poblados de nuevo corte castellano.

Los títulos desde el punto de vista de los favorecidos fueron en un principio: las capitulaciones o asientos, el derecho de conquista, y las gracias o mercedes reales y la composición, dadas por los reyes y apoyados en el derecho consuetudinario castellano.[4]

Los modos de obtener el derecho al uso de la tierra, en los cuales se basaron Cortés, sus hombres, los misioneros y los eclesiásticos, son en concepto de Zavala derivados de la creación de una empresa privada y frecuentemente ilegal, aceptada por los monarcas hispanos.

Desde el punto de vista económico, los modos de adquirir la propiedad territorial en la Colonia se podían dividir en: gratuitos y onerosos; *a*] entre los gratuitos se pueden considerar las capitulaciones y asientos, las encomiendas y repartimientos de tierras y las gracias y mercedes; y *b*] entre los onerosos la compra venta de tierras de los indígenas, la real confirmación, la composición, y la venta o remate en pública subasta.

La encomienda y el repartimiento de hombres fueron modos directos de adquirir la propiedad territorial, por representar una forma de aprovechamiento de mano de obra gratuita, a favor de los conquistadores y también, desde el punto de vista económico, un medio para incrementar las utilidades en las explotaciones agrícolas, ganaderas y mineras y para que la po-

[3] *Ibid.*, p. 30.

[4] Tao Anzoategui, Víctor, *Las costumbres como fuente del Derecho indiano en los siglos XVI y XVII,* Madrid, Actas y Estudios, 1972, pp. 116 y ss.

blación colonial en general, ahorrara gastos y estipendios en todos los demás servicios prestados por recursos humanos, cuyo aprovechamiento no implicaba ningún pago de salarios ni otras prestaciones, fuera del suministro de raciones alimenticias raquíticas.

A continuación se presentan las disposiciones reales que regulaban los modos de adquirir la propiedad territorial en la colonia atendiendo al criterio aquí establecido.

LAS CAPITULACIONES O ASIENTOS EN LA CONQUISTA

La soberanía real se manifestaba fuente creadora de la propiedad en el momento en el cual los reyes otorgaban a los navegantes y conquistadores el título llamado Capitulación o Asiento. Por medio de la Capitulación, el rey facultaba a descubrir tierras nuevas y obtener las prebendas y beneficios pactados en el texto de los documentos. Entre los beneficios factibles de alcanzar, una vez realizado el fin objeto de la capitulación, se encontraban: la obtención de encomiendas y behetrías, recompensas económicas en numerario o en tierras y posesiones, recibir gracias y mercedes con la facultad de establecer repartimientos de hombres y tierras y finalmente el verse favorecido con un título de nobleza y los señoríos inherentes al mismo.

Las tierras se otorgaban por grandes extensiones y se daba facultad al conquistador para repartirlas entre sus hombres. El requisito para obtenerlas en propiedad era la residencia del favorecido en las tierras conquistadas por el tiempo señalado en la estipulación o merced el cual podría ser como mínimo de dos a ocho años de *residencia efectiva.* A este respecto, en la capitulación otorgada por Carlos V a Francisco de Montejo para la conquista de Yucatán y Cozumel en 1526, se señaló el plazo de cuatro años tal y como se especifica en el apartado siguiente:

> Otro sí: Que a los nuestros pobladores y conquistadores se les dé vecindades y dos caballerías de tierras y solares y que cumplan la dicha vecindad en *cuatro años* que estén y vivan en dicha tierra y aquellos cumplidos, los puedan vender y hacer dellos como de cosa suya... Por ende: Digo e Prometo que nos será guardada esta capitulación y todo lo es ella contenido, en todo, y por todo, según de suso se con-

tiene; y nolo haciendo y cumpliendo así, nos seamos obligados a nos mandar guardar y cumplir lo susodicho en cosa alguna dello, antes nos mandaremos castigar y proceder contra nos como contra persona que no guarda y cumple y traspasa los mandamientos de su rey y señor natural... Fecha en Granada a ocho días del mes de diciembre de mil quinientos y veinte y seis años. Yo el rey.[5]

Las capitulaciones también podían celebrarse por medio de los organismos gubernamentales especialmente autorizados para ello, tanto en la metrópoli como en los territorios indianos; tal era el caso de la Casa de Contratación de Sevilla y el Consejo y la Audiencia de Indias.

La capitulación era un contrato de prestación de servicios entre un particular o determinado grupo de particulares y la corona, el cual tenía como principal objetivo la adquisición de bienes y propiedades por parte de la hacienda real española y, como objetivo secundario, la obtención de honores y riquezas para el prestador del servicio al rey, en el caso concreto a favor de los descubridores y conquistadores. Ejemplo de ello son las capitulaciones de Santa Fe, celebradas entre los Reyes Católicos y Colón en 1492; y las celebradas posteriormente con Diego Velázquez y Francisco de Montejo.[6]

Las capitulaciones tuvieron otra nota jurídica importante —afirma Zavala—[7] si por parte del vasallo era un contrato presente e incondicional y aun con plazo fijo de un año para la aportación de los gastos y la realización de los trabajos; en cambio, por parte del rey eran sólo una promesa condicional: merced y premios quedaban sujetos a la condición del cumplimiento previo de las obligaciones del conquistador.

El doctor Zavala ha hecho un magnífico análisis del contenido

[5] Zavala, Silvio, *Las instituciones jurídicas en la Conquista de América*, *op. cit.*, pp. 101-103.

[6] La capitulación fue otorgada a favor de Diego Velázquez y éste giró "instrucciones" a Cortés para que saliera a la conquista de las tierras firmes. Velázquez carecía de facultades legales para celebrar a su vez capitulaciones, pero sí podía delegar facultades tal y como lo hizo a favor de Cortés por medio de contratos privados e "instrucciones que de ello dio y aunque publicaba y pregonó que enviaba a poblar". Díaz del Castillo, Bernal, *Historia verdadera de la Conquista de la Nueva España*, México, Ed. Pedro Robredo, 1939, t. I, p. 98.

[7] Zavala, Silvio, *Las instituciones jurídicas en la Conquista de América*, *op. cit.*, p. 103.

jurídico del contrato de capitulación; en él, lo clasifica como un contrato de Derecho Público celebrado ante el otorgante o sea el rey *per se*, o por medio de las autoridades competentes, y el beneficiario o vasallo, para la realización de un fin concreto y con estipulaciones precisas, que sería perfeccionado en el momento de obtener los fines, pero siempre sujeto al acto de voluntad o gracia del monarca y en última instancia a interés público, tal y como lo establecieron las Leyes Nuevas de 1542.

LOS REPARTIMIENTOS NOVOHISPANOS

En la Nueva España, la aplicación del antiguo Derecho de presura dio lugar de facto a los primeros repartimientos de tierras y solares. Cortés se basó para ello en el Derecho tradicional de conquista y sus actos y decisiones fueron los orígenes inmediatos de la propiedad privada y específicamente de la propiedad civil. La ley castellana definía en reglamentación, los repartimientos como los derechos correspondientes a cada uno de los actores de una conquista en carácter de beneficiarios. En tanto, los monarcas hispanos no costeaban las guerras, los gastos ocasionados los cubrían los propios capitanes conquistadores y sus soldados, y en consecuencia todos ellos tenían derecho a la partición de las ganancias obtenidas como botín de guerra y a los repartimientos de las tierras conquistadas. Por la necesidad de encontrar quien trabajara las tierras en presura, se instauró en Nueva España el sistema ya utilizado en Castilla llamado repartimiento de hombres, medida no autorizada en estas tierras sino hasta la promulgación de la Real Cédula de Carlos V de fecha de 26 de junio de 1523, la que dice: "Al repartimiento de las vecindades, cavallerías o peonías de tierras, que se hubieren de dar a los vecinos: mandamos que se halle presente el Procurador de la Ciudad, o Villa donde se ha de hacer."[8]

Al inicio de la Conquista, el Valle de México tenía cinco jurisdiciones de repartimientos laborales: Chalco, México, Ta-

[8] Fabila, Manuel, *Cinco siglos de legislación agraria en México*, México, Talleres de Industrial Gráfica, S. A., 1941, p. 9; Simpson Lesley Bryd, *The encomienda in New Spain*, Berkeley, University of California Press, 1966, pp. 60-61.

cuba, Tepozotlán y Texcoco.[9] En cada una de las subdivisiones del repartimiento agrícola existía un juez repartidor con carácter administrativo, asistido por tenientes, alguaciles, funcionarios, indígenas e intérpretes. Los repartimientos también se establecieron como medidas de emergencia para la construcción de obras urbanas, y en las obras eclesiásticas los trabajos obligatorios se hicieron necesarios debido a la reconstrucción de la ciudad de México, al crecimiento de la población hispana y a la demanda de nuevas habitaciones, alimentación e indumentaria de los colonizadores y sus familias llegadas a la Nueva España.

A mediados del siglo XVI, cuando se incluyeron en el repartimiento las modalidades tributarias, las exigencias de los terratenientes y el abuso de los descendientes de los conquistadores, se produjeron actos ilegales en perjuicio de los indígenas, tales como el secuestro y malos tratos y robo de propiedades y confiscación de sus bienes.

A fin de terminar con los abusos, al iniciarse el siglo XVII, se dictaron órdenes reales para tratar de reformar el sistema laboral. En 1601 se prohibió el reclutamiento por coacción; se fijó el repartimiento sólo para los trabajos en minas; se abolió el cargo de Juez Repartidor y se dio a los indígenas la posibilidad de escoger a su patrono. Estas medidas no fueron cumplidas y como ejemplo, el Juez Repartidor sólo cambió de nombre a Comisario de Alquileres, continuando con las mismas atribuciones y con la misma actitud despótica y tirana. La antigua denominación dada a este funcionario, volvió a aparecer en 1607, como función de la autoridad encargada de imponer el reclutamiento forzoso. Estas disposiciones legales no lograron hacer cambiar la situación y los indígenas continuaron cultivando y explotando las inmensas propiedades de los españoles en condiciones de trabajo extremadamente injustas, sobre todo el trabajo realizado bajo la forma de contratación llamada mita, destinada al trabajo en las minas.

En 1630, las autoridades reales quisieron reformar nuevamente el sistema de repartimiento mediante el control virreinal, y en 1632 se prohibió definitivamente. Como todas las disposiciones de la época, la ley no tuvo fuerza suficiente para acabar con los repartimientos y en realidad su decadencia se inició al desarrollarse el sistema de trabajo asalariado debido

[9] Gibson, Charles, *Los aztecas bajo el dominio español, 1519-1810,* México, Siglo XXI, 1976, pp. 99-100.

a la crisis provocada por la escasez de mano de obra indígena.

Desde el punto de vista de la legislación los españoles sujetaron junto con las tierras a los hombres vencidos. Por medio de la encomienda y de los repartimientos, los hicieron trabajar en condiciones de verdadera esclavitud, en la construcción de las obras públicas urbanas y posteriormente para satisfacer la demanda de mano de obra en las propiedades agrícolas, ganaderas y mineras. Utilizaron en las Indias el mismo procedimiento señalado por la Ley de las Siete Partidas, tratándose de la utilización de los sarracenos en los actos de reconquista del territorio ibero.

El repartimiento de hombres como modo indirecto de obtener la propiedad

El uso, las costumbres feudales, y el viejo derecho de Castilla se empezaron a aplicar en los nuevos territorios. Así las Indias se rigieron a los inicios de la Colonia por el Ordenamiento de Alcalá o por la legislación precedente de las Siete Partidas. Posteriormente, debido a las condiciones impuestas por el descubrimiento de los enormes dominios, Carlos V y Felipe II se vieron en la necesidad de tomar medidas administrativas adecuadas a las nuevas circunstancias y a legislar específicamente en materia de población y dominio territorial.[10]

La observancia del sometimiento de los vencidos fue aplicada en tanto, al iniciarse la conquista, no sólo la condición jurídica, sino aun la condición de seres humanos de los indígenas, fue discutida; ante el veredicto que los calificó de infrahumanos e incapaces de autogobernarse la corona adoptó, en el Consejo de Cortes, reunido en Burgos en 1512, medidas para constituir en encomiendas a los indígenas y repartirlos para cubrir la demanda del trabajo agrícola, tal y como se había hecho en Castilla respecto de los sarracenos. La disposición sirvió para que los vencedores aseguraran su abastecimiento de mano de obra, a cambio de cuidarse de instruir a los nativos en la religión y en las formas hispánicas de trabajo y cultura en general, y además para proveerse de hombres para las acciones de guerra de conquista.

Además los españoles se valieron de la organización existente para el trabajo indígena comunal, caracterizado por el sentido

[10] Capítulo III sobre la formación del Derecho indiano.

de contribución armónica en beneficio de las comunidades: los conquistadores sometieron a los Tlatoani o Tlatocayo, o sea a los señores y reyes coronados de las ciudades estado, y con ello automáticamente controlaron la población de los señoríos debido al respeto y obediencia que el pueblo debía a sus gobernantes.

La forma agresiva en que se ejerció el dominio español obligó a los indígenas a asumir una actitud de resignación y sometimiento como consecuencia de su derrota y aquellos que sobrevivieron a la lucha quedaron distribuidos en dos formas de prestación de servicios muy semejantes a la esclavitud: la encomienda y los repartimientos, además de la esclavitud propiamente dicha en la que cayeron quienes fueron considerados cautivos de guerras y los cuales podían ser vendidos directamente o en subasta pública.[11]

El repartimiento y la encomienda de hombres formaron en la práctica una unidad al servicio de la economía colonial al instaurarse el dominio hispano; en tanto la encomienda significaba la obligación moral de cristianizar y educar a los indígenas, el repartimiento facultaba la asignación de tierra, la distribución de tributos y la fuerza de trabajo reclutado, racionado y rotativo.

Cortés instituyó el repartimiento en sus territorios y propiedades obtenidas por medio de la presura haciendo trabajar a los indígenas turnos de veinte días con intervalos de treinta días entre los períodos de trabajo. Su ejemplo cundió entre la población hispánica y bien pronto conquistadores y colonos fundamentaron su propiedad sobre la base del repartimiento de hombres y de tierras.[12]

Como lo hace notar Gibson, el repartimiento de hombres funcionó durante los siglos XVI y XVII, y gracias a este sistema las inundaciones de la Ciudad de México en 1555, no fueron tan graves; además se emplearon indígenas repartidos en la de trabajo, las calamidades ocurridas en el siglo XVI tales como construcción de diques para contener las frecuentes inundacio-

[11] La esclavitud concebida en los términos hispánicos de pérdida absoluta de la libertad y servidumbre incondicional del esclavo, fue desconocida en Mesoamérica, Sahagún, Bernardino de, *Historia general de las cosas de la Nueva España,* México, Ed. Pedro Robredo, t. III, 1938.

[12] García Martínez, Bernardo, *El marquesado del Valle. Tres siglos del régimen señorial en Nueva España,* México, El Colegio de México, 1969, p. 41.

nes provocadas por el desbordamiento de los lagos al quedar destruido el sistema hidráulico indígena.[13]

Los repartimientos de tierras

La aplicación del antiguo derecho hispánico en la Nueva España, hizo que los repartimientos de tierras se basaran en el antiguo derecho de Conquista; fueron el origen inmediato de la propiedad privada territorial y específicamente de la Propiedad Civil.

En las Leyes de Partidas se decía:

Ley I, Tít. XXVI, Partida II. "E por ende, antiguamente fue puesto, entre aquellos que usaban las guerras, o eran sabidores de ellas, en cual manera se partiesen todas las cosas que y ganasen."

Ley II, Tít. XVI, Partida II. "Como deben ser de fechas las encomiendas que los omes ha de recibir, por los daños que recibieron en las guerras", en el reparto: al rey correspondían "las villas e los castillos, e las fortalezas, en cual manera quierque la ganen, e las casas honradas de los reyes de los principios del reino."

Ley V, Tít. XXVI, Partida II. "E tomaron por bien que si el rey diese talegas, o algún otro, que estoviese en su lugar, a los que fuesen en las cabalgadas, de todo lo que ganasen diesen a su rey, la meytad; e si algún rico ome que toviese tierra del, envíase sus caballeros en cabalgada, dándoles el señor talegas para ir en ella, e recibiendo ellos del rey su despensa, para cada; toviesen por bien que de aquello que ganasen, que diesen al rico ome la meytad, porque eran sus vasallos, e movieron con sus talegas. E se debe dar al rey la meytad de todo lo que ellos recibieren, porque de él recibió aquello, que complió a ellos."[14]

Al no existir una legislación específica en el momento de la conquista, Hernán Cortés debió apoyarse en las Siete Partidas para efectuar los primeros repartimientos de tierras; lo hizo a favor de sus capitanes y soldados, apoyando sus derechos en antigua legislación castellana, lo cual el propio rey hubo de respe-

[13] Gibson, Charles, *Los aztecas bajo el dominio español, op. cit.*, p. 100.

[14] *Las siete partidas del rey don Alfonso el Sabio,* Real Academia de la Historia, glosadas por el licenciado Gregorio López. Nueva edición, París, Librería de Rosa y Bouret, t. I, 1861.

tar, pues esos derechos eran tan firmes y legítimos que los agraviados podían demandarlos en los tribunales, como se explica en la siguiente ley de Partidas:

Ley v, Tít. xxvii. "E los señores que en estas cosas que diximos errasen a sus vasallos: sin la gran mal-estanza que farían, pueden gelo ellos mismos, si vivieren demandar o los que de ellos vinieren por Corte del rey, así como las cosas que son servidas o merecidas, e no son galardonadas, ni pagadas según debe, por merecimiento, o por justicia... Mas la demanda que de suso diximos: que puedan fazer los vasallos a los señores: no se entiende contra aquellos que quieren dar galardón, e no pueden, más contra los otros, que pudieren e non quisieren."[15]

La tierra repartida por Cortés como parte del botín de Conquista, la creación del sistema de gracias y mercedes otorgadas mediante la utilización de los bienes realengos y demás dominios reales fueron legalizadas posteriormente según las disposiciones de las primeras ordenanzas de Carlos V. Con el tiempo, se inició en la Nueva España la aplicación de las leyes recopiladas bajo el nombre de Leyes de Indias. Las ordenanzas de Población dadas por Felipe II en 1573, perfeccionaron los títulos de propiedad de la tierra, al conformarse dentro de la legislación de Indias. Finalmente, los diferentes ordenamientos dados por Felipe II y Felipe IV en materia de población y dominio del suelo, terminaron por conformar la legislación indiana en materia de propiedad territorial reunida y compilada en el tomo ii libro iv de las Poblaciones de la Recopilación de Leyes de Indias de 1680.

Los repartimientos de solares para edificar las casas de los españoles en los poblados, y las concesiones de tierras para labor y crianza de ganados, quedaron en general bajo las reglas propias del Derecho vecinal. Al decir de Zavala,[16]

este derecho era conocido por los soldados y casi siempre "las franquezas se anunciaban desde la capitulación para las empresas. Pero fuera de los bienes comprendidos dentro del poblado y su término, toda la tierra se consideraba de la corona en virtud de la anexión dominical de las Indias, y debía quedar y estar libre y desembazarada

[15] Cossío, José Lorenzo, *Apuntes para la historia de la propiedad. El real patrimonio y la propiedad privada*, México, Ed. Biblioteca Nacional, Universidad Nacional Autónoma de México, clasif d. 346-40972, p. v y vi.

[16] Zavala, Silvio, *Las instituciones jurídicas en la Conquista de América*, *op. cit.*, p. 206.

para hacer merced y disponer de ella según la voluntad real; por tanto, se ordenó a los virreyes y presidentes de audiencias pretoriales, que cuando les pareciera, señalaran término competente para que los poseedores exhibieran ante ellos y los ministros de sus audiencias que nombraran, los títulos de tierras, estancias, chacras y caballerías, y amparando a los que con buenos títulos y recaudos, o justa prescripción poseían, se volvieran y restituyeran a la corona los demás para disponer de ellas. Esta ordenanza de Felipe II tendió a restituir a la corona los bienes realengos menguados por los repartimientos excesivos otorgados por las autoridades virreinales y se conoció como la Ley XIV, Título XII, libro IV de la Recopilación de Leyes de Indias.[17]

LAS GRACIAS Y MERCEDES DE TIERRAS

Se entendería por gracia el beneficio, don o favor hecho sin merecimiento particular o, existiendo éste, por un especial privilegio dado en virtud de los privilegios de nobleza del favorecido, *benefisium novis gratis datum* y se usaba especialmente para designar el privilegio otorgado por el rey... se otorgaba por medio de una Carta de Gracia que era el diploma con el que se concedían las exenciones y privilegios, en este caso sobre uso y tenencia de las tierras realengas.[18]

La gracia fue la forma más utilizada por los descubridores para obtener gracias de caballería y, sobre todo de estancias que se les distribuían en gran número por su calidad de personajes importantes que alegaban títulos de hidalguía y que se hacían llamar a sí mismos los huesos y nervios de la república. Era una característica inherente a las gracias territoriales sus raíces con el fuero del medievo, en tanto se trataba de un favor concedido a nombre del rey o una forma de retribución otorgada a quienes habían prestado servicio de armas a la corona.

Sánchez Albornoz[19] reconoce en esta actitud la misma que

[17] *Recopilación de las Leyes de los Reynos de las Indias, op. cit.*, t. II, Ley XIV, Título XII, libro IV, folio 103 *v.*

[18] Escriche, Joaquín, *Diccionario razonado de legislación civil, penal, comercial y forense,* París, Imprenta de P. Dupont 1831, *op. cit.*, p. 247.

[19] Sánchez Albornoz, Claudio, *La Edad Media y la empresa de América,* La Plata, 1933, pp. 191 y 192; *España y el Islam,* Buenos Aires, Editorial Sudamericana, 1943. El autor ennoblece un paralelismo entre lo ocurrido en la España Medieval y durante la conquista y ocupación de la tierra

tenían los caballeros castellanos ante el rey en la época de la Reconquista. En 1590 las gracias eran vendidas a quienes las podían adquirir a cambio de las sumas demandadas por los ilegítimos poseedores, de tal suerte que un número considerable de las estancias obtenidas por los servicios prestados a la corona por los antiguos pobladores pasaron a mano de los que los adquirieron a cambio de la suma convenida.

Los huérfanos, las viudas, quienes necesitaban adquirir ganado, quienes en un momento determinado carecían de dinero, vendían los títulos de concesión de una gracia a quienes podían adquirirlas.

En 1561 fray Gerónimo de Mendieta menciona cómo las gracias se convirtieron en tráfico y especulación y recomienda que no se done tierra ni estancia sino a quienes reúnan la condición de nobleza y sepa explotar y darle valor a dicha tierra, con la pena de perderla en caso contrario.

Chevalier[20] se ocupa ampliamente del tráfico de tierras reales que ocurrió prácticamente en todo el territorio de la Nueva España, siempre y cuando se tratara de regiones de buenas tierras agrícolas. Formaban parte del comercio ilícito servidores y empleados menores de las autoridades virreinales a quienes se les acusaba de obtener gracias de caballerías, estancias o molinos pertenecientes a los descendientes pobres de los conquistadores, o bien de adquirir gracias sobre tierras que inmediatamente vendían.

En el siglo XVII se otorgaban las gracias de tierras acompañadas de una licencia para su venta inmediata, lo que provocó la acumulación de los títulos por parte de la Iglesia o por parte de quienes constituían mayorazgos en favor de sus descendientes.

La Cédula Real de 1573 —llamada también ordenanza o Leyes de Población de Felipe II—, fue insuficiente para frenar la venta de título de gracias y acumulación de mercedes ilegal, aceptada y fomentada por las autoridades virreinales, que encontraron en ello medio adicional de enriquecimiento, lesionando así los intereses de la corona; mediante estos privilegios, la corona quería fortalecer un grupo de hombres poderosos adictos a su gobierno, comparables a los ricos hombres del medievo español. Por su parte, la burocracia novohispana recurría a

americana y juzga que el comportamiento de los nobles caballeros hispanos que lucharon en la reconquista sirvió de ejemplo a los conquistadores.

[20] Chevalier, François, *La formation des grand domains, op. cit.*, p. 120.

estas prácticas ilegales para compensar los bajos salarios percibidos por el desempeño de sus funciones.

Un ejemplo de esta forma de adquisición de tierras es el caso de Diego de Ordaz que de encomendero pasó a regidor en el valle de Atlixco. En calidad de gracia por sus servicios prestados en la conquista pidió al rey tres sitios de tierra. En 1538, el virrey recibe la orden de otorgarle un buen pedazo de tierra cuya propiedad fue confirmada por el virrey de Mendoza, cuadrado de cuarto de legua, para 1547 ya es propietario de veintiséis lotes o suertes que habían sido distribuidas por la municipalidad para sus vecinos; en 1550 obtiene del virrey Luis de Velasco una gracia que acabará por convertirlo en uno de los propietarios más grandes de la localidad.[21]

En las mismas circunstancias se encontraron sus socios Pedro de Meneses y Antonio de Almaguer, quienes en su calidad de encomenderos lograron despojar una enorme extensión de tierras distribuidas entre los habitantes de campos para destinarlas a la siembra de trigo y para plantar en ellas caña de azúcar que habrían de utilizar en sus propios trapiches dejando sin harina a la Nueva España y a las Islas.[22] En 1548, el emperador Carlos V encargaría a la Audiencia la investigación sobre este sucio negocio. Caso similar fue el de Alonso Martín de Partidor, a quien la municipalidad le donó tierra, caballería y estancias que aseguró haber adquirido de los particulares, cuando en realidad las había ocupado y acaparado con la complacencia de las autoridades.

A principios del siglo XVII, ocurrieron en el Bajío compras ilícitas por parte de los comerciantes capitalistas y grandes propietarios de la Ciudad de México y sus alrededores, quienes de esta manera pudieron adquirir grandes propiedades y posteriormente la encomienda y el repartimiento de hombres; la merced de hombres o repartimiento difiere de las encomiendas porque éstas obedecieron básicamente a un fin religioso aunque, debido al abuso en sus prácticas, pasaron a ser una asignación de tributos, en tanto que la merced asignaba los indígenas a un español beneficiario para que forzosamente le prestaran trabajo y servicios personales mediante el sueldo y las condiciones que las justicias fijaban al hacer el repartimiento.

Esta forma jurídica, establecida desde las primeras ordenan-

[21] Chevalier, François, *La formation des grands domaines*, *op. cit.*, p. 89; pp. 110-151.

[22] *Ibid.*, p. 151.

zas reales dictadas para las Indias, fue muy usada por las autoridades coloniales y mediante tal sistema se atendían las necesidades de los colonos que solicitaban terrenos para la construcción de viviendas, el cultivo agrícola, la explotación o guarda de ganados, y las labores de minas.

El carácter de prebenda o gratificación que tuvo la encomienda, en tanto se otorgaba a quienes realizaban hazañas especiales en favor de la corona, provocó que no todos los habitantes de la Nueva España gozaran de ella; en cambio, por manifestación expresa de las Leyes de Indias, todos los pobladores tenían derecho de recibir mercedes de hombres y tierras.

En su otorgamiento podía intervenir el Consejo de Indias o las audiencias, las que actuaban con facultades delegadas a nombre del rey. Conforme a la Ley XXXXI, Título II, de la Recopilación de Leyes de Indias, ninguna petición de merced o gratificación de servicios podía hacerse, si no se hallaban en ello el presidente y todos los consejeros que estuvieran en el propio Consejo. En casos especiales de provisión exclusiva del monarca éste consultaba al Consejo de Indias. Debido a las circunstancias geográficas y políticas prevalecientes, los corregimientos y alcaldes mayores tenían competencia para repartir las tierras concedidas en las mercedes.

La instauración de las mercedes fue otro de los medios utilizados por las autoridades hispanas para establecer en las Indias una estratificación social muy semejante a la usada en el régimen señorial de Castilla, cuando, vencidos los moros, éstos quedaron al servicio de los vencedores en la reconquista y pasaron a constituir el estrato social más bajo compuesto de siervos y esclavos; en tanto, al otorgarse mercedes de tierras a conquistadores y colonos se hizo de ellos propietarios y señores y al concedérseles mercedes de hombres, los indígenas repartidos se conviertieron en sus siervos.

La importancia de las mercedes agrícolas o de tierra fue transitoria en la formación de la economía colonial, tanto, que gran parte de la legislación de Indias se ocupó del tema. El otorgamiento inicial de tierras, a todas luces anárquico y por consecuencia injusto, tuvo que transformarse en beneficio de los pobladores de las Indias para cubrir sus necesidades vitales. Posteriormente, las concesiones de títulos de propiedad se hicieron en base a leyes específicas que sancionaban la obligatoriedad del cultivo y trabajo de la tierra o su utilización en el fomento a la ganadería. Además se requería la posesión pacífica de la tierra por términos fijos señalados entre dos y ocho años.

Las ordenazas en materia agraria dictadas para las Indias, tenían sus antecedentes en la antigua legislación castellana trasladada de las Partidas a las Leyes de Indias:[23]

Ley III, Tít. XII, libro IV... luego y sin dilación, que las tierras sean repartidas, siembren los pobladores todas las semillas que llevaren y pudieren haber, de que conviene que vayan proveídos; y para mayor facilidad el gobernador disponga de una persona que se ocupa de sembrar y cultivar la tierra de pan y legumbres de que luego se puedan socorrer...[24]

La tantas veces mencionada Ley Primera promulgada por Fernando V en junio y agosto de 1513, fue la primera sobre colonización y también fue la primera en mencionar la cuestión agrícola como base para el poblamiento en Nueva España:

Que a los nuevos pobladores se les den tierras y solares y encomienden indios; y qué es peonía y caballería: "...haciendo distinción entre escuderos y peones y los que fueren de menor grado y merecimiento, y los aumenten y mejoren, atenta la calidad de sus servicios para que cuiden de la labranza y crianza, y haviendo hecho en ellas morada y labor y residiendo en aquellos pueblos cuatro años les concedemos facultad, para que de allí adelante los puedan vender"...[25]

De esta misma disposición emanan también las primeras medidas agrarias señaladas para las mercedes de caballerías y peonías en los términos siguientes:

Y porque podía suceder que al repartir las tierras agrarias señaladas para las mercedes de caballerías y peonías en los términos siguientes:

Y porque podía suceder que al repartir las tierras huviere duda en las medidas, declaramos que una peonía e solar de cincuenta pies de ancho y ciento de largo, cien fanegas tierras de labor, de trigo, o cebada, diez de maíz, dos huebras de tierras para huerta, ocho para plantas de otros árboles, de sacadal, tierras de pasto para diez puer-

[23] *Ibid.*

[24] *Recopilación de las Leyes de los Reynos de las Indias, op. cit.*, t. II, Ley III, Tít. XII, libro IV, folio 102.

[25] *Ibid.*, Ley I.

cos de vientre, veinte vacas y cinco yeguas, cien ovejas y veinte cabras. Una caballería es solar de cien pies de ancho y doscientos de largo; y de todo lo demás, como cinco peonías, que serán quinientas fanegas de labor para pan de trigo, o cebada. Cincuenta de maíz, diez huebras de tierra para huertas, cuarenta para plantas de otros árboles de sacadal, tierra de pasto para cincuenta puercos de vientre, cien vacas, veinte yeguas, quinientas ovejas y cien cabras. Y ordenamos que se haga el repartimiento de forma, que todos participen de lo bueno y mediano y de lo que no fuere tal, es la parte que a cada uno se le debiere señalar.[26]

Fue la distribución de los terrenos agrícolas la que originó la primera propiedad territorial de la colonia. En 1519, el año mismo del desembarco de Cortés en las costas de la que habría de ser la Villa Rica de la Veracruz, la municipalidad solicitó a las autoridades permitieran la repartición de terrenos de cultivo con derechos de propiedad plena a los dos años de residencia. Así mismo, el rey Carlos V recomendará a Cortés mediante sus instrucciones del 26 de junio de 1523, distribuir a los españoles habitantes de las villas recién edificadas, sus vecindades de caballerías o peonías según la calidad de la persona, cuyos derechos se darán en plena propiedad a los cinco años de residencia.

A este respecto León Pinelo[27] distingue en dos etapas el significado de peonía y caballería: la insular cuando son medidas agrícolas y en la colonización de tierra firme o continental; en esta última etapa las caballerías y las peonías se convirtieron en instrumentos de las normas de población con un contenido económico patrimonial, o sea, cuando a las caballerías, frente a los requerimientos de una agricultura diversificada, habrán de agregarse las explotaciones de diferentes tipos de ganado y las instalaciones de la empresa agraria doméstica de subsistencia. Con el tiempo estos preceptos de buena fe fueron superados por las necesidades de una agricultura y ganadería extensivas y dedicadas a los cultivos y labranzas de exportación, básicamente del trigo y al establecimiento de estancias de ganado ovino y bovino, cuyos productos en lana y en pieles se enviaban continuamente a la metrópoli por una organización de comerciantes florecientes, en donde al decir de Gómez de Cervan-

[26] *Ibid.*

[27] León Pinelo, Antonio, *Tratado de las confirmaciones reales de encomiendas, oficios y casos en que se requieran para las Indias Occidentales*, Madrid, 1630, cap. XXIII, parte II.

tes, se agrupaban las mayores fortunas de la Nueva España.[28]

Las mercedes de caballería

Chevalier afirma que durante la primera década de la conquista las caballerías cultivadas no fueron muy numerosas y lo atribuye a la preferencia de Hernán Cortés por el establecimiento de encomiendas, con las cuales tenía garantizada la mano de obra gratuita. Además, los conquistadores de a caballo sólo podían obtener dos caballerías de tierras cuya superficie era limitada en comparación a la que podían recibir como encomenderos en cuya función se les encomendaban tierras tan extensas como podían ser las antiguas propiedades de pueblos o ciudades enteras. La desigual repartición de la tierra entre Cortés y sus amigos, y el resto de la población colonizadora, motivó la presentación de serias quejas ante el rey, quien ordenó el viaje de los Oidores de la Segunda Audiencia para que se encargaran de defender los intereses de la corona en materia de tierras. El mismo motivo tuvo la presencia posterior de la Segunda Audiencia que vino a defender los intereses de la corona no sólo de los encomenderos sino también de la Iglesia y sobre todo de las órdenes monásticas cuyas propiedades empezaban a ser significativas. En 1553 el emperador Carlos V habría de manifestar a tal respecto: "Que a los que aceptaren asiento de caballerías se les obligue a tener edificados los solares, poblada la casa y hechas y repartidas las hojas de tierras de labor y haberla labrado."[29]

El procedimiento para otorgar una merced de caballería era inmutable; tocaba al virrey distribuir las mercedes, las cuales eran otorgadas después de cumplirse los requisitos que el mismo había estipulado en el mandamiento acordado, por medio del cual el alcalde mayor o corregidor de la región decidía sobre la posibilidad real de cumplimentar la solicitud del interesado. Si la resolución era favorable, el interesado recibía un título en debida forma, la "merced", y ésta se transcribía en un libro de registro. El alcalde mayor ponía entonces al beneficiario en posesión de la tierra, siguiendo viejas formalidades

[28] Gómez de Cervantes, Gonzalo, *La vida económica y social de la Nueva España al finalizar el siglo XVIII*, México, 1954.

[29] *Recopilación de las Leyes de los Reynos de las Indias, op. cit.*, t. II, Ley X, Tít. XII, libro IV, folio 103.

que se estimaban indispensables: "Lo tomaba de la mano y recorría con él el sitio, mientras el interesado arrancaba hierbas, tiraba piedras o cortaba ramas. Tales gestos creaban derechos casi definitivos sobre el suelo."[30] Ante el excesivo otorgamiento de mercedes y la necesidad de percibir ingresos, el rey estableció el procedimiento de la Real Confirmación que venía a ser un certificado real de verificación de la merced otorgada sobre determinada propiedad territorial.

Las mercedes de peonías

Para 1519, bajo el imperio de Carlos V, se promulgó la Ley Primera de tal año, consolidando la posición de los dominios de la corona en los términos de que: "estén siempre unidos a la metrópoli, y no se enajenen por ningún concepto". Autorizando sólo las donaciones graciosas de caballerías y peonías.[31]

Por su parte, Cortés estableció, en las ordenanzas de Buen Gobierno, un sistema jerárquico militar semejante al existente en España, e inicia así la estratificación social de la Colonia. Ordena la ocupación por parte de los españoles de las tierras de los indígenas y las reparte en solares y tierras de cultivo situadas en torno al sitio donde estableciera la capitanía y, precisamente, les prohíbe habitar en ninguna población o villa y ciudad, para el efecto de mantener los privilegios inherentes al fuero militar de sus hombres. Al hacer los primeros repartimientos, hace distinciones marcadas a favor de sus más cercanos servidores y amigos y les entrega la tierra, más de acuerdo con sus intereses personales que con los intereses de los favorecidos, y da mucho mayor número de caballerías que de peonías, pues a todos sus allegados los considera hidalgos y dignos de tal recompensa.

Ello dio lugar a un reparto injusto y parcial por lo que, al arribo del virrey don Antonio de Mendoza en 1535, las medidas de dotación de la tierra hubieron de modificarse y definirse; una peonía quedó señalada como el equivalente a la quinta parte de una caballería, la cual se delimitaba por 1 104 varas de largo por 551 de ancho, o sea que tenía superficie de 609 408

[30] Méndez Montenegro, Julio César, *Aspectos legales del problema de la tierra. Época colonial, op. cit.*, p. 66.

[31] Carlos V, en su carácter de monarca, reiteró en 1519 sus derechos sobre la donación que le hiciere la Santa Sede, reafirmando la incorporación de estas tierras a la real corona de Castilla.

varas cuadradas, equivalente a 41-79-43 hectáreas o 45 000 metros cuarados aproximadamente. De ahí que la peonía midiera poco más de ocho hectáreas.[32]

Posteriormente se autorizó a los virreyes el otorgamiento de las mercedes con el objeto de fomentar la colonización y el poblamiento por parte de los nuevos emigrantes hispanos; continuando con la tradición peninsular, los virreyes otorgaban las mercedes de tierras que podían ser peonías o caballerías.

Chevalier comenta al respecto de los muchos poblamientos creados bajo el amparo de las Leyes de Población que:

> La mayor parte de estas poblaciones donde se alojaban los beneficiarios de las peonías, estaban separadas entre sí por centenares de kilómetros, y por millares las más alejadas. Por consiguiente, el comercio era casi nulo. Los cultivos representaban muy poca cosa, y los habitantes casi no vivían más que de la cría de cerdos, hecha en modesta escala, y sobre todo del tributo, pagado en maíz, en esclavos y en mercaderías diversas una vez que los indios hubieron entregado todo su oro, las realidades del medio americano se impusieron sobre las tradiciones jurídicas, por poderosas que fuesen. Los recién llegados, que invariablemente se consideraban como hidalgos y caballeros no quisieron peonías, pues la juzgaban de rango inferior: los indios fueron los únicos que recibieron peonías de tierras.[33]

Quienes recibieron caballerías de tierra recibieron en ocasiones encomiendas y repartimientos de hombres para que se los trabajaran y, con el tiempo, prosiguieron adquiriendo tierras en propiedad, además de las que, transcurridos los primeros decenios de la conquista, fueron revalidadas como propiedades agrarias por medio de las composiciones y confirmaciones hasta convertirse en el origen de latifundios y mayorazgos.

LAS FORMAS ONEROSAS DE OBTENCIÓN DE LA PROPIEDAD

La mayor preocupación de la corona de Castilla durante la primera etapa de la colonización de los territorios descubiertos, fue poblar las enormes extensiones, donando las tierras realen-

[32] León Pinelo, Antonio, *Tratado de confirmaciones reales de encomiendas, oficios y casos en que se requieran para las Indias Occidentales, op. cit.*, cap. XXII, parte II.

[33] Chevalier, François, *La formation des grands domaines, op. cit.*, p. 60.

gas por medio de títulos gratuitos como eran las reales cédulas de otorgamiento de gracias y mercedes, de peonías y caballerías. Estas acciones reales requerían pagos complementarios o la donación; cuando se tramitaba la real confirmación de los títulos, se sometían las tierras a composición o se pagaba por las mismas el precio señalado en pública subasta, por haberlas recuperado la corona y no ser necesario o útil que quedaran de nueva cuenta dentro del patrimonio real. El importe de las operaciones era generalmente de escasa importancia en comparación con el precio de la tierra recibida por medio de la gracia o merced de caballerías y peonías. Sin embargo, hacia fines del siglo XVI, diversas causas de origen político y además la derrota sufrida por Felipe II en su lucha contra Inglaterra, produjeron el empobrecimiento de la hacienda real y la necesidad de hacerse de nuevos fondos económicos. Como consecuencia se produjo un cambio en la actitud de los monarcas respecto del destino de las tierras realengas novohispanas, cambio que se percibió en la ordenanzas de Felipe II del 20 de noviembre de 1578, ratificada en 1589 y en 1591, en la cual ordenó a los poseedores de tierras, estancias, chacras y caballerías con legítimos títulos, los exhibieran para que se les amparase su posesión "y por los demás se les restituyan, o sea que todas las demás tierras queden y estén libres y desembarazadas para hacer merced, y disponer de ellas a su voluntad".[34] La voluntad expresada en 1591 fue que las tierras realengas ya no fueran otorgadas por medio de donaciones graciosas, sino que se vendieran y se beneficiasen por los oficiales reales en pública almoneda siguiendo los usos establecidos en la tradición castellana tal y como lo hacían constar las disposiciones del emperador Carlos V dadas en 1531; en ellas ordena que cuando se vendan tierras de indios a españoles, esto se haga frente a los fiscales de la real audiencia y los presidentes y las audiencias, sacándolas a pregón, y rematándolas en pública almoneda, como el resto de la hacienda real.

Esta disposición fue ratificada por Felipe II en 1615 y en 1617 y fue la que, en criterio de León Pinelo,[35] originó la or-

[34] González de Cossío, Francisco, *Historia de la tenencia y explotación, op. cit.*, p. 298.

[35] Ots y Capdequí, José María, *España en América. El régimen de tierras en la época colonial, op. cit.*, p. 27. Las mercedes y gracias ordinarias se daban en compensación de servicios prestados por el favorecido o por sus causantes o mediante una real cédula especial, con carácter extraordinario y con la condición, según Antonio de León Pinelo (cit. por Ots y Cap-

den dada al virrey de la Nueva España, Diego Fernández de Córdova, en el sentido de que realizara la venta de caballerías y peonías y de todas las tierras del rey, observando el mismo procedimiento de la venta en pública almoneda y la obligación de llevar a confirmación real dentro de tres años, contados desde las fechas de los títulos, las propiedades adquiridas.

La compra de tierras propiedad de los indígenas

Felipe II ordenó en 1571 que la venta de bienes de los indios se hiciere con intervención de la justicia en tanto reconoce que cuando los indios vendían sus propiedades territoriales o bienes raíces conforme a lo permitido, debían llevarse a pregón en almoneda pública y en presencia de la justicia; los bienes raíces por término de treinta días y los muebles por nueve días; ordena que si se faltare a este requsito no se diere valor ni efecto. Si el valor de la propiedad vendida era inferior a treinta pesos oro común, bastaba que el vendedor indio apareciera ante un juez ordinario a pedir licencia para hacer la venta, misma que debían otorgar previa certeza de que el bien era propiedad del vendedor y reconociendo la capacidad del comprador

A pesar de estas medidas protectoras, se repitió el vicio de simulación de ventas de propiedad de tierra indígena y de la compra a bajo precio mediante engaño y coacción,[36] convirtiéndose este sistema en una forma más de despojo de la propiedad indígena comunal e individual, lo cual provocó una nueva orden protectora de la corona como fue la Real cédula de Felipe III de 1646 la cual, para más favorecer y amparar a los indios, mandaba que no se realizaran composiciones de tierras adquiridas de los indios, sino antes bien, descubierto un caso de estos, los fiscales-protectores de la propiedad indígena deberían demandar la nulidad de la operación. Esta disposición quedó registrada como Ley XVII, libro IV de la Recopilación de las Leyes de Indias.

dequí), de que no se den a uno más de cinco peonías, ni más de tres caballerías, p. 25.

[36] Méndez Montenegro, Julio César, *Aspectos legales del problema de la tierra. Época colonial, op. cit.*, pp. 70-73.

La real confirmación

La experiencia adquirida a través de los siglos por los monarcas castellanos respecto al perjuicio ocasionado por el sistema señorial al fortalecimiento de la monarquía unitaria en España, les previno en el momento de establecer sus dominios en las Indias Occidentales. Los Reyes Católicos habían realizado múltiples esfuerzos, tanto para la reconquista del territorio peninsular de manos de los invasores sarracenos, como para lograr la consolidación de los dominios señoriales, por ello no iban a permitir que en el futuro se repitiera la división territorial de los nuevos dominios, en manos de conquistadores feudales. Para evitarlo, decidieron mantener las tierras indianas como tierras realengas sujetas a toda una estructura jurídica cerrada y fortalecida por su incorporación a la corona de Castilla.

En igual forma procedió Carlos V cuando dictó su orden real del 14 de septiembre de 1519, en la que afirma que las Indias Occidentales estén siempre unidas a la corona de Castilla, y no se puedan enajenar.[37] Así, el no autorizar la venta de la tierra como título de propiedad y en cambio darle un carácter gratuito al otorgamiento de las mercedes, realizó una medida de alta política encaminada a mantener el control total de los dominios territoriales, aunque también cumpliera una función económico-patrimonial de carácter social como lo considera Ots y Capdequí.[38] Los resultados del control territorial se manifestaron en toda una serie de preceptos legales que condicionaron y restringieron las facultades de dominio señorial de los particulares, tal y como fueron los relativos a la extensión territorial otorgada en las mercedes de caballerías o peonías y la necesidad de la real confirmación previa para entrar en posesión de las tierras recibidas por medio de una real cédula ordinaria o extraordinaria de gracia o merced.

Con esta motivación de carácter político-económico, los monarcas castellanos buscaban la unidad del territorio indiano a la corona de España y ello motivó la creación de todo un cuerpo legislativo en el cual se reiteraba constantemente que por el solo título jurídico de la adjudicación en repartimiento, de la real cédula de gracia o merced, de la venta, o de la composición, no se adquiría el pleno dominio sobre la tierra adjudi-

[37] González de Cossío, Francisco, *Historia de la tenencia de la tierra, op. cit.*, p. 298.

[38] Ots y Capdequí, José Ma., *España en América, op. cit.*, p. 29.

cada, sino que se necesitaba la real confirmación para que surtieran todos sus efectos legales. Las disposiciones anteriores, aunque emanaban de un derecho paralelo al indiano como era el castellano, fueron aplicadas en las Indias como resultado de la disposición de Carlos V dada en 1522, en el sentido de que todas las mercedes otorgadas a partir de esta fecha, así como las ventas y composiciones posteriores, debían "componerse" por medio de una real confirmación otorgada por el propio monarca, disposición que, debido a las dificultades en el trámite, fue modificada en el sentido de que fueran los virreyes quienes otorgaran la real confirmación, de acuerdo al texto de la Ley XVI del Título XII, libro IV del 27 de febrero de 1531, ratificada por Felipe III en diciembre de 1615, y en Madrid el 17 de junio de 1617, la que dice: "Que se den y vendan las tierras con las calidades de esta ley, y los interesados lleven confirmación."[30]

> Para evitar los inconvenientes y daños que se siguen de dar o vender cavallerías, peonías, y otras mesuras de tierra a los españoles en perjuicio de los indios, precediendo informaciones sospechosas de testigos: ordenamos y mandamos que cuando se dieren o vendieren, sea con citación de los fiscales de nuestras reales audiencias:... y los presidentes y audiencias, si gobernaren, las den o vendan, con acuerdo de la Junta de Hacienda donde ha de constar que nos pertenecen, sacándolos al pregón y rematándolos en pública almoneda, como la demás hacienda nuestra, mirando siempre por el bien de los indios; y en caso de que hayan de dar, o vender por los virreyes: es nuestra voluntad que no intervengan ninguno de los dichos ministros; y del despacho que se diere a los interesados han de llevar confirmación nuestra dentro del término ordinario, que se observa en las mercedes de encomiendas de indios.

En el texto de León Pinelo en su tratado de las confirmaciones reales, al estudiar las caballerías y peonías anota que la confirmación real debía obtenerse dentro de un año y medio según el texto de la cédula real, dada para una repartición de tierras a favor de los vecinos de la ciudad de México en el año de 1522. Pinelo además establece una distinción entre las merce-

[30] Fabila, Manuel, *Cinco siglos de legislación agraria, op. cit.*, p. 11. Componerse era, en otras palabras, legalizar una situación irregular en virtud de que generalmente la tierra se había adquirido sin los títulos reales reconocidos. Esta situación de hecho se podía convertir en una situación de derecho, mediante el pago al fisco de una cierta cantidad, Ots y Capdequí, José María, *España en América, op. cit.*, p. 37.

des temporales que no requerían confirmación real y las otorgadas a título perpetuo y de valor considerable que sí las requerían, a fin de perfeccionar el derecho de propiedad sobre las mismas. Cuando las dotaciones de caballerías y peonías se hicieran en pública subasta, los compradores también quedaban obligados a obtener la confirmación del rey, dentro de los tres años contados a partir de la fecha de los títulos.

> Y esta orden i fama, como por ella consta, fue universal para todos los indios, y no limitada a solo cavallerías y peonías; sino que comprende todas las ventas que se hicieran de tierras del rey, porque de todas se debe pedir i llevar confirmación.[40]

El cumplimiento de esta disposición causó posteriormente retraimiento en las operaciones de adquisición de los bienes realengos así como una contracción en los ingresos fiscales, por lo cual en 1754, el rey Fernando VI permitió a las autoridades de los distritos políticos y demás ministros para que en su nombre despacharan la confirmación de sus títulos, con los cuales quedarían legitimados en la posesión y dominio de tales tierras, ajenas o baldíos, sin poder en tiempo alguno ser inquietados los poseedores, lo cual implica, aplicado a *contrario sensu,* que de carecerse del título de la real confirmación, el derecho de propiedad territorial era limitativo y no perfeccionado, reteniendo la corona el dominio inherente a los bienes realengos.

Esta forma jurídica de la confirmación real fue muy usada por los colonos españoles y mediante su utilización se atendían a las necesidades de los colonos que solicitaban los títulos valederos para poder disfrutar de pleno derecho de las tierras para cultivo, guarda y explotación de ganados. Por ello Carlos V hubo de legislar sobre la materia y a partir de su disposición sobre gracias o mercedes, los títulos de venta otorgados por el propio monarca adquirieron en la Nueva España plena validez y dominio. Era una forma de revalidación del usufructo para convertirlo en propiedad privada plena, siempre y cuando no afectara los bienes de la comunidad o cumpliera una función social.

La primera ley dictada a este respecto fue la Ley XVI, Título XII del libro IV de la Recopilación de Leyes de Indias, de fecha 27 de febrero de 1531, que estableció la venta en pública su-

[40] León Pinelo, Antonio, *Tratado de confirmaciones reales, op. cit.,* parte II, capítulo XXIII.

basta y la confirmación real dentro del término ordinario de un año y medio, para las tierras cedidas o vendidas por las autoridades locales.

La Ley fue ratificada en 1615 y 1617, en ella se exigía además que el beneficiado acudiera ante el rey para obtener el título de confirmación, resultando de ello trámites tan difíciles y costosos como para impedir su cumplimiento El objeto era que la corona percibiera ingresos adicionales a manera de una recaudación fiscal: los obligados se resistieron ante la imposibilidad de cumplir con este acto de legalidad y así, en 1754, se pidió que la confirmación se solicitara ante las autoridades locales, específicamente ante los ministros subdelegados de los distritos encargados de vigilar el cumplimiento de esta disposición. Esta instrucción constituyó parte muy importante de las instrucciones dadas en la real cédula sobre condiciones que deben observarse para el otorgamiento de mercedes y composiciones de tierras realengas y baldías que están a cargo de los excelentísimos señores virreyes y presidentes de las Reales Audiencias, dada por Fernando VI en San Lorenzo el 15 de octubre de 1754, y fue conocida como real instrucción de 1754

La medida se tomó para limitar la usurpación de títulos de propiedad y en vista de los numerosos fraudes ocurridos en perjuicio de poseedores de buena fe que de esta manera se veían lesionados en sus legítimos derechos; al mismo tiempo servían para legalizar acciones de intermediarios adquirentes de bienes a favor de quienes por ley estaban impedidos para ello, tal y como era el caso de la Iglesia, las órdenes religiosas y las autoridades representantes de la corona, quienes, una vez confirmados en sus pertenencias, cedían por medio de censos, donaciones o legados a sus patrocinadores.

Éste fue el medio por el cual principalmente la Iglesia devino propietaria de grandes extensiones de tierra; particularmente la Compañía de Jesús, que a partir de su establecimiento recibió grandes donaciones de propiedades confirmadas y obtenidas por los primeros colonizadores del norte del país, quienes ocuparon bienes realengos que después les fueron confirmados en recompensa a los beneficios económicos cedidos a la corona y procedentes de minas y explotaciones ganaderas.

Las composiciones de tierras

En el derecho medieval, los señoríos hispanocristianos aplicaban el mandato real en reconocimiento al derecho del rey a imponer su autoridad tutelar en forma de órdenes, disposiciones, prevenciones o bandos, en los cuales se instruía lo necesario. Los bandos se imponían con mayor fuerza, cuando señalaban penas pecuniarias al infractor; a dicha reparación en metálico se le llamó composición. En el Derecho indiano, esta forma jurídica se aplicó con relación a las violaciones al derecho de propiedad territorial, fuera que afectara bienes propiedad de los indígenas o a tierras realengas; para tal efecto, la corona, a través del fisco, señalaba la cantidad de dinero a cubrir como sanción, a efecto de regularizar la situación de quienes poseían o tenían en propiedad tierras en base a títulos jurídicamente imperfectos.

Al decir de Florescano:

> a cambio de recibir algún dinero la corona española se exponía a sancionar los manejos de los acaparadores, a reconocer la apropiación de los pastos que las Leyes declaraban comunes, a legalizar invasiones en las tierras de los indios, y en suma, a fijar definitivamente el latifundio.[41]

Efectivamente, la promulgación de una serie de ordenamientos reguladores de la composición, emitidos por diversos reyes a partir de la primera disposición dada por Felipe II, en el ya célebre ordenamiento de 1591, sirvió para dar a este procedimiento continuidad en su aplicación, en tanto existen cédulas reales dictadas en 1618, 1631, 1642, 1646, 1700 y hasta 1754[42] por medio de las cuales los monarcas —Felipe III, Felipe IV—, dan instrucciones a las autoridades del virreinato sobre las condiciones que deben observarse para el otorgamiento de mercedes y composiciones de tierras realengas y baldías en estos territorios novohispanos.

La composición, como forma onerosa de adquirir la propiedad, resultó de gran beneficio para los particulares infractores de la ley, pero poco redituable para la Metrópoli, en tanto mediante el pago de cantidades reducidas entraban en posesión de tierras y baldíos Ello coadyuvó en la creación posterior de los grandes latifundios privados y eclesiásticos, enemigos lógicos de los derechos territoriales de la corona. Además, según un

[41] Florescano, Enrique, *Estructuras y problemas agrarios de México, op. cit.*, p. 44.

[42] Fabila, Manuel, *Cinco siglos de legislación agraria en México, op. cit.*, pp. 27-39.

escrito dirigido en 1776 por el virrey del Nuevo Reino de Granada —hoy Venezuela— al rey, y citado por Ots y Capdequí, se pusó de relieve el escaso rendimiento que derivaba de la venta y composición de tierras, "pues desde el año 59, hasta el presente aún no han completado la cantidad de cuatro mil pesos". La composición era ordenada por el rey cuando los derechos de propiedad no habían quedado sancionados por la real confirmación y se requería aclarar el origen de los títulos o, en su caso, "limpiarlos" para esclarecer la legítima propiedad. El mismo autor apunta respecto del contenido de la real cédula de 1631, la cual autoriza "a los que se hubiesen introducido y usurpado más de lo que les pertenece, conforme a las medidas, sean admitidos, en cuanto al exceso, a moderada composición y se les despachen nuevos títulos", que la composición así entendida, no fue un nuevo título originario del dominio privado sobre las tierras, pero sí fue un acto jurídico por virtud del cual la posesión, nueva situación de hecho, podía convertirse jurídicamente en dominio, ya que mediante ella se obtenía el título correspondiente.[43]

En nuestro criterio fue éste, además, un medio efectivo para apoyar y legalizar el despojo cometido en perjuicio de los pueblos y repúblicas de indios y sus bienes de comunidad; para confirmarlo basta conocer el contenido de las propias Leyes de Indias ya mencionadas o de la real cédula de 1687 confirmatoria de las ordenanzas del virrey, marqués de Falces de 1567, en la cual se reconoce que, contra lo dispuesto por el virrey, ciento veinte años después, todavía "se van entrando los dueños de estancias y tierras en las de los indios, situación en la que era muy fácil de regularizar el pago del procedimiento de la composición".[44]

En sí, las composiciones no fueron títulos ordinarios de dominio privado sobre las tierras, pero sí fueron actos jurídicos de revalidación de uso y disfrute de una gracia o merced mediante las cuales las posesiones de hecho sobre la tierra se convertían en dominios jurídicamente reconocidos y titulados por el documento de la composición.

Esta forma de composición se utilizó no sólo para perfeccionar la propiedad de la tierra sino aun para legalizar otras si-

[43] Ots y Capdequí, José María, *España en América, op. cit.*, p. 37.
[44] González de Cossío, Francisco, *Historia de la tenencia de la tierra, op. cit.*, p. 311.

tuaciones irregulares, como la estadía fuera de la ley de los extranjeros en el territorio novohispano.

Los reales amparos

Ots y Capdequí analiza, al lado de la composición, la forma jurídica de los reales amparos, figura que pertenece al derecho procesal de Castilla. Al obtenerse el amparo real se aseguraba el derecho de posesión de la propiedad territorial garantizado en un título real. Era un procedimiento sumario que debía cubrirse dentro de tres meses y el juez visitador tenía obligación de atenderlo.

El autor señala cómo inclusive el cabildo de una villa pide real amparo al juez visitador y éste lo otorga mediante el fallo usual: líbrese real provisión de amparo en la conformidad pedida por el señor fiscal, con reserva de su derecho a los que se consideren interesados en la propiedad para que la deduzcan en ese tribunal como y cuando les convenga.[45]

Los remates en pública subasta

La cédula de Felipe II de noviembre de 1591, contiene disposiciones con las cuales se pretendió poner fin a la situación caótica que prevalecía en la Nueva España en materia de uso y tenencia del suelo. Hasta entonces la posesión y propiedad de la tierra se había limitado a las disposiciones contenidas en los títulos reales de otorgamiento de estos bienes. Sin embargo, tanto los virreyes como el consejo de Indias tuvieron facultades para extender beneficios a favor de quienes habían logrado la conquista y colonización de las nuevas tierras descubiertas y ello dio motivo a ciertos abusos de autoridad, con los consiguientes desmanes en el otorgamiento de la tierra y la legitimación de su propiedad.

La situación llegó a tales extremos que Felipe II, en la Ley del 1 de noviembre de 1591 ya mencionada, consideró la necesidad de que después de una depuración de títulos, se restituyera a la corona las tierras realengas no utilizadas para disponer de ellas a su voluntad, disposición que, al decir de Solór-

[45] Ots y Capdequí, José María, *España en América, op. cit.*, p. 38.

zano y Pereyra, vino a reiterar una disposición anterior en la cual el propio monarca contemplaba la posibilidad de:

Quando se huvieren de dar, i repartir algunas tierras o estancias para labradores, o ganados se vendiessen i beneficiassen por los oficiales reales en pública almoneda, i revocando o estrechando a los virreyes la facultad que antes se les avía dado, i ellos se avían ampliado darlas a su sola voluntad, o sea de revocar las facultades a los virreyes para dejárselas en exclusividad.[46]

León Pinelo en su *Tratado de las confirmaciones reales,* confirma esta opinión al hacer referencia a dos reales cédulas de 1615 y 1616, en las cuales se le ordenó al virrey de la Nueva España, Diego Fernández de Córdova, que la venta de bienes realengos se hiciese en pública almoneda, una vez realizado el inventario de propiedades compuestas y legalizadas.[47]

Mediante sus disposiciones, la corona autorizó, por primera vez, la adquisición de tierras en propiedad a título oneroso, o sea la compra y su pago en efectivo de un bien realengo. Con ello se perfeccionó el derecho del poseedor; las operaciones fueron numerosas y redituables para la monarquía, en virtud de las circunstancias irregulares existentes en el régimen de propiedad de la tierra.

En concepto de Ots y Capdequí, la real cédula de 1591 fue el resultado de una revisión de la poca acertada política en el uso y tenencia del suelo. Para Ots y Capdequí, la revisión tuvo los alcances de una verdadera reforma agraria, la primera ocurrida en América.

En nuestro criterio, el cambio obedeció más que a una política agraria reformista a la política económica de España encaminada hacia el capitalismo basado en la comercialización de la tierra y explotación de sus recursos y valores, fenómeno que en la Nueva España logró producir el aumento considerable del precio de la tierra y del volumen de las explotaciones mineras cuya redituabilidad fiscal había sido desaprovechada.

La corona encontró así la oportunidad de entrar al mercado de compraventa de bienes inmuebles, sobre todo porque en virtud de la política de otorgamiento de gracias y mercedes la Iglesia, aun en contra de las disposiciones reales, se había con-

[46] Solórzano y Pereyra, J., *Política indiana,* Madrid, Buenos Aires, 1980, libro VI, capítulo XII.

[47] León Pinelo, Antonio, *Tratado de las confirmaciones, op. cit.,* parte II, capítulo XIII.

vertido poco a poco en la propietaria más importante de tierras de cultivo, estancias ganaderas y minas del virreinato, en detrimento, lógicamente, de los intereses económicos del gobierno metropolitano. Además, éste fue un medio muy importante para acrecentar los recursos de un erario que por las frecuentes guerras sostenidas en Europa atravesaba por una crisis económica sin paralelo en su historia.

El otorgamiento de gracias y mercedes, así como los derechos originados por las expediciones, las cartas de población y los repartimientos de tierras nacidos a raíz de una capitulación, continuaron siendo los actos de dominio de la corona sobre los bienes realengos y se manifestaban como donaciones de carácter excepcional. Contrastaba con el uso difundido de las mercedes de tierras onerosas vendidas en pública subasta al remate del mejor postor, procedimiento utilizado sobre todo tratándose de baldíos o bienes realengos abandonados o no ocupados, comprendidos dentro de los bienes.

El procedimiento a seguir para obtener los bienes señalados en diversas ordenanzas iban desde la exhibición de los títulos para participar en el remate, hasta el acto de realización de la diligencia, la cual se realizaba conforme a un procedimiento estricto. Aprobado el remate la propiedad territorial se adjudicaba al beneficiario y se cobraba a éste el pago de las cuotas a que se había dado lugar.

Este procedimiento se utilizó también para agregar predios abandonados o sobrantes territoriales de las adjudicaciones hechas a solicitudes previas para adquirir propiedades circunvecinas mayores. Tal es el caso de Luis Cárdenas, propietario de las haciendas de San Diego de las Trasquilas, San José de Jofre, San Nicolás de la Ciénega, Guadalupe del Potrero y San Diego del Río Verde, quien a través de tales usos adquirió parte importante de sus extensos dominios territoriales.[48]

De la misma manera se remataron tierras pertenecientes a las reducciones o resguardos de indios previamente abandonados por sus pobladores o que también tuvieran sobrantes después de confirmada la localización territorial de la reducción. Ello dio lugar a despojos de las comunidades tal y como ocurría cuando se obligaba el traslado y acomodo forzoso de los indios en una reducción vecina, a fin de provocar la desocupación de tierras codiciadas por los españoles.

[48] Bazant, Jean, *Cinco haciendas mexicanas, tres siglos de vida rural en San Luis Potosí (1600-1910)*, México, El Colegio de México, 1980, pp. 23-24.

Asimismo, las tierras vendidas en pública subasta se podían rematar al mejor postor, cediéndolas a razón de *censo al quitar* conforme a las leyes y pragmáticas de Castilla. La disposición anterior se encontraba en la Ley XV del Título XII del libro IV de la recopilación de 1680.[49] Como ha quedado escrito el censo era una figura jurídica por medio de la cual se limitaba el dominio del propietario sobre el bien de su propiedad, en este caso sometiéndolo al pago de un canon o pensión anual. En el caso del *censo al quitar* se trataba de una forma en la cual la corona, dueña de la tierra baldía adjudicada en remate, transmitía el dominio útil pero se reservaba, a cambio de ello, el derecho a percibir un canon o pensión; en otras palabras *al quitar* significaba redimible.

También existía la posibilidad de que la corona estableciera los censos enfiteúticos, que era la enajenación del dominio útil de sus posesiones mediante la percepción de un canon anual que se le pagaba en tanto conservaba el dominio directo de la tierra. La enfitéusis puede hacerse a perpetuidad, o sólo durante la vida de quien recibe el dominio útil, o por largo tiempo de diez o más años; si no se expresare tiempo, se entiende ser perpetua por ser esta su naturaleza ordinaria; no puede constituirse sino por escrito, ya que sin el documento sería expresa, nula; y no puede quitarse la cosa al enfiteuta ni a sus herederos mientras dure el tiempo y se pague la pensión.[50]

A pesar de todos los medios que utilizó la corona de España, tanto para facilitar el procedimiento de venta de las tierras realengas, como para otorgar concesiones a título oneroso, no se logró establecer —al decir de Méndez Montenegro—,[51] el procedimiento ágil y sincero, por lo que en la práctica todo ello significó más bien un obstáculo para la colonización, sin que se administrara el propósito de incrementar positivamente los fondos del erario real. En resumen, los modos para adquirir la propiedad en la colonia favorecieron básicamente a la burocracia hispana y a los comerciantes o mineros enriquecidos, quienes por medio de todos los procedimientos legales a su alcance lograron obtener enormes extensiones de tierras para constituir los dominios territoriales de la Nueva España.

[49] *Recopilación de las Leyes de los Reynos de las Indias, op. cit.*, t. II, Ley XV, folio 103.

[50] *Recopilación de las Leyes de los Reynos de las Indias, op. cit.*, t. II, Título XII, libro IV, folio 102.

[51] Méndez Montenegro, Julio César, *Aspectos legales del problema de la tierra, época colonial, op. cit.*, pp. 78-80.

III. LA PROPIEDAD TERRITORIAL A LAS INSTITUCIONES

1. EL DERECHO DE PROPIEDAD COMUNAL DE LA TIERRA

Al quedar instituida la colonia novohispana, en virtud del derecho de incorporación territorial[1] a favor de la corona de Castilla, la tierra que, tras la conquista, no se encontraba en posesión de los indígenas, pasó a constituir el patrimonio real llamado de bienes realengos. Cedido por medio de las mercedes reales y otros títulos, el territorio constituyó la propiedad privada, y los conflictos planteados en la Metrópoli entre los señores feudales y grandes hombres y la corona, se reprodujeron en la colonia entre los colonizadores, convertidos en terratenientes, y las autoridades gubernamentales representantes del monarca.

Los colonizadores y los emigrantes recién llegados, una vez agotadas las riquezas materiales propiedad de los vencidos, empezaron a valorar la propiedad de la tierra como el símbolo de riqueza *per se*. Con el transcurso de los años, el resultado fue el establecimiento de la propiedad civil irrestricta, que dio nacimiento a la creación de los mayorazgos, las haciendas, las estancias ganaderas, y por último, a los grandes latifundios del norte del país.

En concepto de García Gallo, la propiedad de la tierra quedó adjudicada en virtud de la incorporación a la corona de Castilla, en primer término al rey en su carácter de destinatario jurídico y, en segundo, como lo considera Bernal, a los indígenas:

el señorío sobre el territorio conquistado implicó el reconocimiento del dominio privado de los indios sobre sus propias tierras, basado

[1] Simpson, Eyler N., "Orígenes del ejido", México, *Problemas Agrícolas e Industriales de México,* publicación trimestral, vol. IV, núm. 4, octubre-diciembre, 1952, p. 17; Urquijo Mariluz, José M., *El régimen de la tierra en el Derecho indiano,* Buenos Aires, E. Perrot, 1972, pp. 22 y 23.

en la calidad de hombres libres y vasallos de la corona de Castilla que se les otorgó desde los primeros tiempos de la conquista.[2]

La propiedad real fue cedida por medio de las mercedes, y la propiedad indígena se respetó en su característica de propiedad privada y de propiedad comunal; de la parte de los bienes realengos, se dotaron las tierras comunales a las villas de españoles, llamadas también tierras consejiles o bienes de propios. Las tierras eclesiásticas fueron en un principio bienes realengos cedidos a favor de los monasterios y las iglesias, aunque después las posesiones de la Iglesia se extendieron y ampliaron por otros medios, como fueron la compraventa de tierras de los indígenas, la aceptación de legados y el beneficio de las donaciones.

El reparto de la tierra, una vez consolidada la colonia y debidamente establecidas las autoridades virreinales, se sujetó a los lineamientos de la legislación peninsular tradicional. Con el tiempo, se promulgó la legislación respectiva; entre las leyes más importantes se encuentran la Ley I, Título XII, libro IV, de la Primera Recopilación de Leyes de Indias, promulgada por don Fernando V en Valladolid el 18 de junio y el 9 de agosto de 1513: "Que a los nuevos pobladores se les den tierras y solares y encomienden indios; y que es peonía y caballería."[3]

La Ley V, Título XII, libro IV, de fecha 4 de abril de 1532, que ordena "al repartimiento de tierras, con la comparescencia del cabildo, y sean preferidos los Regidores". En esta ley se dispone que los regidores sean preferidos. . ., si no tuvieren tierras y solamente equivalentes; y a los indios se les dejen sus tierras, heredades y pastos, de forma que no les falte lo necesario y tengan todo el alivio y descanso posible para el sustento de sus casas y familias.[4]

Carlos V estableció la primera disposición sobre bienes comunes y al respecto se ordena: "Los montes, pastos, y aguas de los lugares y montes contenidos en las mercedes, que estuvieren

[2] Bernal, Beatriz, "Panorama sobre la política agraria de la corona española en el México colonial", México, *Boletín Mexicano de Derecho Comparado*, Universidad Nacional Autónoma de México, año XIII, núm. 39, septiembre-diciembre, 1980, pp. 651 y 652; García Gallo, Alfonso, "La unión política de los Reyes Católicos y la incorporación de las Indias", en *Estudios de Historia*, Madrid, Instituto Nacional de Estudios Jurídicos, 1972, pp. 474 y ss.

[3] *Recopilación de las Leyes de los Reynos de las Indias*, Madrid, comp., por Julián de Paredes, 1681, t. II, Ley I, Título XII, libro IV, folio 102.

[4] *Ibid.*, Ley V.

hechas, o hiciéremos de señoríos en las Indias, deben ser comunes a los españoles, e indios y así mandamos a los virreyes, y audiencias que lo hagan guardar y cumplir."[5]

En el mismo sentido se pronunció la Ley v, Título xvii, libro iv, de fecha 15 de abril y 18 de octubre de 1541, ratificada el 8 de diciembre de 1550. En esta ley se prohíbe a los particulares ocupar los pastos, montes y aguas de uso común, ratificando el derecho de todos los vecinos para gozar libremente de ellos. Se determina además, que cualquier ordenanza en contrario quedará revocada y sin ningún valor y efecto. Se sanciona con una multa de cien mil pesos oro a quien infringe la disposición anterior.

Todas estas disposiciones relativas al reparto de la tierra para la construcción de las habitaciones de los españoles en la Nueva España se derivaron del antiguo derecho vecinal, o sea aquel que protegía los intereses comunes de los avecindados en una ciudad o en un poblado rural y que a la vez fue origen del derecho municipal o del *concilium*. Valdeavellano,[6] señala que el concilium, o reunión de vecinos regulaba las actividades de interés común y se reunía para regular entre otras materias: el aprovechamiento comunal de los prados y bosques de montes, la explotación agraria o ganadera, el control del regadío y la fijación de los términos de las tierras del poblado.

Al llegar los conquistadores y sus huestes al territorio mesoamericano resultó para ellos normal realizar la ocupación de las tierras sobre usos y costumbres, normas legales análogas a las utilizadas en sus lugares de origen; mediante su aplicación, entraron en posesión de la tierra. La corona tenía a su vez, derechos originados en la anexión dominical de los indios y debía quedar y estar libre y desembarazada para hacer merced y disponer de ella, según la voluntad real. Por la ocupación desmedida de las tierras dominicales o realengas, surgió posteriormente la necesidad de ordenar composiciones con efecto restitutivo a favor de la corona, de la tierra no titulada, así como también la injerencia de los cabildos en el reparto de tierras.[7]

Las tierras de la corona o tierras realengas pertenecían al rey, aunque no en propiedad privada o apropiación particular, sino en dominio, que podía ceder por medio de regalías, mercedes o

[5] *Ibid.*, t. ii, Ley vii, Título xvii, libro iv, folio 117.

[6] *Ibid.*

[7] López de Gómara, Francisco, *Historia de la Conquista de Hernando Cortés,* México, Imprenta de la Testamentaría de Ontiveros, 1826, p. 30.

gracias, o bien, por privilegios cuando se dotaba de territorios a las nuevas poblaciones, lo que se hacía paralelamente al reconocimiento de preexistente propiedad indígena. La propiedad comunal de la tierra se constituyó en la Nueva España, en virtud de los títulos y privilegios reales cedidos a favor de las villas y ciudades españolas e indígenas y de sus habitantes, mediante el empleo de usos legales acordes con la más antigua ley castellana, con la salvedad del reconocimiento de la propiedad indígena existente.

LAS CIUDADES Y VILLAS DE ESPAÑOLES

El asombro de los conquistadores ante la belleza y proporciones de los poblamientos encontrados en su recorrido desde la Villa Rica de la Veracruz hasta la Gran Tenochtitlan, fue motivo de múltiples páginas escritas por ellos y por algunos cronistas de la conquista. Bernal Díaz del Castillo comparó las ciudades que rodeaban la laguna de Tenochtitlan con las ciudades de las leyendas de caballería, y Gómara, cita a Cholula como una ciudad de belleza indescriptible.

En realidad, las dimensiones, la calidad y belleza de la traza urbana de los asentamientos humanos en Mesoamérica hacia 1519, resistieron favorablemente las comparaciones que, con Europa, hacían Cortés y sus hombres. Una vez terminada la guerra contra México-Tenochtitlan y sus aliados, Tenochtitlan, Texcoco, Xochimilco y Tacuba fueron denominadas ciudades, título que recibieron en 1523, 1543, 1559 y 1564, respectivamente, cuando después de destruidas, volvieron a reconstruirse como ciudades españolas con sus barrios indígenas.[8]

Fueron consideradas villas de poblaciones menores, Coyoacán y Tacuba; y pueblos, todos los demás centros de población de tamaño mediano o grande. La clasificación ciudad-villa-pueblo fue adoptada de la usada en Castila, en razón del tamaño y los privilegios otorgados a los pueblos.

En virtud de disposiciones legales específicas por parte de la corona para mantener separadas las poblaciones y villas de españoles, se establecieron, como en el caso de las ciudades prin-

[8] Gibson, Charles, *Los aztecas bajo el dominio español (1519-1810)*, *op. cit.*, pp. 377-412.

cipales, zonas habitacionales periféricas donde se alojaban los indígenas.[9] Los poblamientos que se llamaron ciudades y villas de españoles recibieron esos nombres en atención a que sus autoridades gubernamentales estaban constituidas exclusivamente por individuos de ese origen.

Al igual que en otras materias de gobierno, Cortés fue quien estableció en su carácter de capitán general y gobernador de Nueva España, las primeras ordenanzas de gobierno, conteniendo disposiciones para las ciudades y villas de españoles reconstruidas o recién fundadas, y en ellas estableció medidas sobre repartimientos, uso del suelo, instrucción religiosa, obligación de residencia y arraigo en los poblamientos, encomiendas y demás gratificaciones para quienes habían servido a la corona en la conquista y pacificación de estas tierras.

Al mismo tiempo, las autoridades virreinales empezaron a aplicar las disposiciones de la legislación real relativa a la distribución y uso del suelo urbano y de los minerales, conocidas genéricamente bajo el nombre de Leyes de Población del emperador Carlos V. La orden II de 1523 indica cómo se deben defender las poblaciones, y la Ley II, orden II de Carlos V dada el propio año y ratificada por Felipe II en su ordenanza 43 declara: "Que habiendo elegido sitio, el gobernador declare si ha de ser ciudad, villa o lugar y conforme a lo que declare se forme el consejo, república y oficiales de ella, de forma que si hubiere de ser ciudad metropolitana." Al texto dice:

> Elegida la tierra, provincia y lugar en que ha de hacer nueva población y averiguada la comodidad y aprovechamientos, que pueda haber, el governador en cuyo distrito estuviere, o confirmara declara el pueblo, que se ha de poblar; si ha de ser ciudad, villa, o lugar y conforme a lo que declare se forme el consejo, república y oficiales de ella, de forma que si huviere de ser ciudad metropolitana, tenga un juez, con título de adelantado, o alcalde mayor, o corregidor, o alcalde ordinario, que exerza la jurisdicción insolidum, y juntamente con el regimiento tenga la administración de la república: dos o tres oficiales de la hacienda real; doce regidores; dos fieles exejutores; dos jurados de cada parroquia; un procurador general; un mayordomo; un escrivano de consejo, dos escrivanos públicos; uno de minas y registros; un pregonero mayor; un corredor de lonja; dos

[9] Vargas Martínez, Ubaldo, *La Ciudad de México (1325-1960)*, México 1961, Monografía VIII, Feria Mexicana del Libro, pp. 46-50. En la Ciudad de México se mantuvo la antigua traza indígena y sólo se les cambió los nombres a los cuatro barrios principales, adjudicándoseles nombres de santos cristianos: San Pablo, San Juan, San Sebastián y Santa María.

porteros; y si diocesana, o sufraganea, ocho regidores, y los demás oficiales perpetuos, para las villas y lugares, alcalde ordinario; cuatro regidores; un alguacil; un escrivano de consejo y público; y un mayordomo.[10]

A cada ciudad, villa o lugar se le dotaba desde su fundación de determinadas superficies de tierras realengas, las cuales se destinaban al uso y servicio de todos los habitantes del poblado. Como quedó anotado, se denominaban, según su destino, fundo legal, ejidos, dehesas, bienes de propios y tierras consejiles. Los ejidos destinados a la recreación del pueblo y al crecimiento de la ganadería: las dehesas se usaban para pastos comunes; los bienes de propios o del consejo para edificar los edificios públicos y demás servicios municipales; y las tierras consejiles para cultivo y labranza sujetos a censo enfitéutico a favor del cabildo y del ayuntamiento. A las tierras labrantías repartibles entre los vecinos se les denominaba tierras de repartimiento. La ciudad las daba en usufructo, conservando el dominio directo; "este repartimiento se hacía anualmente o por períodos más largos, pero siempre se repartían, a fin de evitar usurpación".[11]

El fundo legal

La disposición sobre ejidos de la Ciudad de México fue dada después de que Cortés había oficializado la traza, por lo que éstos se autorizaron con muchas dificultades. Se necesitó la promulgación de la real cédula de fecha 4 de abril de 1533, en que se señaló el fundo en quince leguas a la redonda[12] para que pudieran determinar los demás usos de las tierras periféricas: los ejidos debían constituirse en cantidad competente con respecto al crecimiento de la población; las dehesas, destinadas para que pastaran en ellas tanto el ganado para el con-

[10] *Ibid.*, t. II, Ley II, Título VII, libro IV folio 91.

[11] Marroquí, José Ma., *La Ciudad de México*, México, Jesús Medina (2a. ed.), t. I, 1969, p. 88. Los pleitos por usurpación se entablaron frecuentemente en contra de los españoles y principalmente en contra de Cortés y sus amigos quienes, en ocasiones, se adueñaron de tierras comunales de los indios para establecer sus industrias, tal y como ocurrió cuando instalaron los molinos de trigo de Tacubaya en tierras de la comunidad indígena de Coyoacán.

[12] *Ibid.*, p. 61.

sumo, como el de propiedad particular de los vecinos, en ciudad tan extensa, las dehesas no debían ser cortas, y siempre mayores que los ejidos. Finalmente, las tierras labrantías habían de ser tantas, cuantos los solares urbanos, para que cada vecino tuviera la suya. Los predios urbanos, eran numerosos y por consiguiente, los rústicos respectivos también debían ser considerables, tomando en cuenta además que debían tener una extensión redituable para su cultivo.

En años posteriores, la cédula del 24 de octubre de 1539 confirmó la disposición de 1533 y sentó las bases y fundamentos del derecho del ayuntamiento de México para disponer del terreno circundante de la ciudad en el ámbito de quince leguas. En la parte conducente, el Acta dice a la letra:

> Por lo cual cometemos —dirigiéndose el emperador Carlos V— al virrey y audiencia e dar poder e facultad para que conforme al dicho vuestro parecer, por el tiempo que nuestra merced y voluntad fuere, déis y señaléis a la dicha ciudad las dichas quince leguas de término, con tantos que las cabeceras y pueblos principales, así como Texcuco y otros que están en corregimiento sí caigan dentro de los dichos términos que den por pastos comunes.[13]

La última parte de la cédula considera como pastos comunes todos los terrenos deslindados fuera de las quince leguas, derogando en esta forma el precepto general contenido en la ley del año 1523, que mandaba dividir los terrenos confinantes con las dehesas en proporciones labrantías repartibles entre los vecinos en beneficio de la ciudad y en contra de los intereses particulares, o sea, darles el carácter de tierras realengas.

La ciudad fundó su demanda "en su grandeza y nobleza", en la multitud de pobladores que desde el principio tuvo y en la esperanza de sus "grandes creces"; y como la cédula acordaba ejidos en cantidad competente al crecimiento de la población, el ayuntamiento se los tomó, como quedó asentado, de dos leguas de radio.[14]

La pretensión de la ciudad, examinados sus fundamentos a la luz de la ley y las circunstancias políticas y administrativas de la época, resultaba justa. No obstante, hubo gran resistencia

[13] *Cedulario Municipal*, t. I, folios 47 y 48.

[14] Marroquí, José María, *La Ciudad de México*, *op. cit.*, p. 88. El autor analiza de manera erudita, la transformación sufrida por la ciudad y en su obra relata cómo ésta fue adquiriendo rápidamente un sabor hispano, en tanto sólo barrios como el de San Juan continuaron con su sabor indígena.

por parte de la corona para otorgarla, debido a lo inusitado que resultaba el acumular en una sola corporación tan extensa propiedad.

Los ejidos de la Ciudad de México

La primera disposición relativa al señalamiento de los ejidos de la Ciudad de México fue dada por Carlos V en 1523 y ratificada posteriormente por Felipe II en el ordenamiento 129 de poblaciones; en dicho ordenamiento se señala: "Los exidos sean en tan competente distancia, que si creciere la población, siempre quede bastante espacio para que la gente se pueda recabar y salir los ganados sin hacer daño."[15] El ayuntamiento los marcó en dos leguas de radio, pero esta superficie, al correr del tiempo, resultó insuficiente para la expansión agrícola de la ciudad. Fue entonces cuando empezó un conflicto entre quienes defendían las tierras destinadas al fundo legal que debían mantenerse sin cultivar, y los vecinos peticionarios que demandaban convertirlas en huertas y ejidos cultivables.

En el ejido, el agricultor podía descargar las cosechas que llevaba de sus tierras e instalar sus colmenares. En tanto que las porciones no eran ocupadas para otros usos servían como campos de juego y lugares de esparcimiento. El terreno no podía ser cultivado ni se autorizaba hacer en él ninguna edificación.

La costumbre de mantener el ejido para el uso común de los habitantes fue establecida por las leyes de las Siete Partidas. En ellas, se dispuso que el poblado habría de tener un fundo legal de seiscientas varas a la redonda a partir del punto de la iglesia. Señalado el fundo, después de sus límites debía señalarse el ejido, con medidas de por lo menos una legua cuadrada con bosques y pastos, los que eran inalienables y debían ser administrados por el Consejo del pueblo.[16]

Los antecedentes históricos y legales, aunados a las diversas dificultades vencidas por el ayuntamiento de México debido a la despoblación de la ciudad, provocaron el establecimiento de las tierras ejidales, a fin de crear y favorecer la cultura de campo y huertas, para elaborar panes, cultivar legumbres y frutas con qué sustentar a una población que iba cada día en aumento.

[15] *Recopilación de las Leyes de los Reynos de las Indias, op. cit.*, t. II, Ley XIII, Título VII, libro IV, folio 92.

[16] *Ibid.*

El ayuntamiento comenzó a dar lotes de tierra para hacer huertas, a la orilla de las calzadas más próximas a la ciudad: Tacuba y Chapultepec. Esto se realizó dada la necesidad que surgió al crecer la ciudad y la codicia de no pocos vecinos, en contradicción con el propio espíritu de las Leyes de Indias, las cuales fueron creadas con el firme propósito de imponer un criterio de justicia y equidad entre conquistadores y conquistados. La fijación de términos en el uso de la tierra presentaba dificultades porque éstos debían de guardar una correcta proporción con respecto a la importancia de los habitantes y sus necesidades.

Con el objeto de aplicar las Leyes de Indias, la real audiencia señaló los términos de la ciudad, dividiendo el terreno de uso en tres fajas que se llamaron órdenes; la primera con vista a la calzada de Chapultepec; las otras, por calzadillas menos anchas para el tránsito común. Todos los terrenos fueron otorgados a través de mercedes.

Con base en los textos de una serie de actas de cabildo, ha sido posible reconstruir la forma de ocupación paulatina del territorio circundante de la Ciudad de México y poblados del valle. Ello permitió conocer la creación de los primeros ejidos de carácter suburbano. Por su importancia para el estudio de los antecedentes legales de la propiedad territorial en la Ciudad de México y de los inicios de su crecimiento, se comentan a continuación algunas de las actas más notables.

Acta núm. 206. 20 de marzo de 1528. Prohibición a los dueños de las huertas que se están fuera de los límites de la ciudad de cercarlas y sembrarlas so pena de 100 pesos de oro, por estar destinadas estas tierras para ejidos. Los que ya han cercado, deben deshacerlo, y, los que han sembrado, tienen un plazo de mes y medio para quitar el sembradío.[17]

Como resultado de la aplicación de estas medidas se perjudicó a los habitantes que habían ocupado ilegítimamente las tierras y, entre ellos, a Cortés, pues se le cancelaron los molinos que tenía en operación en Tacubaya por estar construidos en tierras de indios. Desocupados los terrenos, se procedió en el acta núm. 258 de abril de 1529, a señalar los límites de tres de ellos en la forma siguiente:

[17] *Guía de las actas de cabildo de la Ciudad de México, siglo XVI,* coordinado por Edmundo O'Gorman y Salvador Novo, México, Fondo de Cultura Económica, 1970. Esta obra reúne un material importantísimo para el estudio del uso de las tierras comunales de la ciudad colonial.

Desde la cerca de Chapultepec, por la calzada que viene a esta ciudad hasta la huerta de Juan de la Torre, arriba hacia la tierra, junto a la huerta de García del Pilar e Alonso Nortes, e de Pizarro, que es la postrera; e volviendo a mano derecha por las huertas que están dadas hasta la de Sebastián Rodríguez, es la postrera, e volviendo hasta el camino de Tacuba, adelante hasta dar el primer mojón, e desde dicho mojón a derredor de las casas de Tacuba, según está amojonado por el camino, adelante hasta dar a una ermita que está en el camino que va de Tacuba a Chapultepec. E asimismo le señalaron por ejido toda la tierra que hay desde la puente del río de Coyoacán, como venimos a Chapultepec, e hasta dar por todas partes con la laguna. E asimismo le señala e dar por ejido toda la tierra que está de una parte e de la otra, de la calzada que va a Chapultepec, en pasando la alcantarilla, excepto las huertas que están pobladas, que se entienden, como vamos a la mano derecha, desde la fuente de San Lázaro al Tlatelulco a la mano izquierda, todo lo que está por edificar hasta Chapultepec.[18]

Tal designación de límites de los ejidos, vaga aun en su tiempo, es actualmente casi absurda. Los tres ejidos, colindantes entre sí, comprendían juntos la extensión que hay desde el río de Coyoacán por el sur, hasta la calzada de Nonoalco, que conduce a Azcapotzalco por el norte. Del lado del poniente tenían por límite el camino que venía del puente de Coyoacán a Chapultepec, siguiendo la falda de este cerro y, al pasarlo, se inclinaba rodeando el señorío de Tacuba hasta tocar con Azcapotzalco. Hacia el oriente, sus límites eran inciertos, como lo era la orilla de las aguas que subían o bajaban por causas accidentales, a medida que se reiteraban definitivamente, los ejidos ganaban extensión del lado de la ciudad; tanto que en los últimos tiempos de la dominación española, cuando la laguna quedó para siempre retirada del centro poblado, la línea de los ejidos corría de sur a norte por el callejón de Sombreros.

Sin embargo, las disposiciones no fueron cumplidas. Así, el regidor Antonio de Cardona, en cabildo del 16 de febrero de 1532, acta núm. 428 dijo al ayuntamiento que sabía que algunas personas se atrevían a entrar y labrar en el ejido de Chapultepec, y pidió que se remediara esto, no consintiendo en ello y mandando talar lo que se hubiese cultivado.[19]

Acta núm. 482. 16 de febrero de 1532, III. Antonio Serrano de Car-

[18] *Guía de las actas de cabildo de la Ciudad de México*, *op. cit.*, acta núm. 258 del 30 de abril de 1529, p. 48.

[19] *Ibid.*, Acta núm. 482, del 26 de febrero de 1532, p. 88.

dona pidió se cuidara el ejido para que no se labre sin permiso del cabildo. Decidieron supervisar el ejido.

Acta núm. 398, 23 de marzo de 1531, II. Comisión a García Olguín, Francisco de Santacruz, Pedro de Sámano, Francisco Orduña, González Ruiz y al escrivano del cabildo, para que el domingo primero fueran con los principales de México y Tlatelulco a revisar el ejido que la ciudad ha determinado no se labre ni se siembre.[20]

La moción anterior no fue la única que se hizo. Seis meses después de señalados los ejidos, por faltas cometidas por los naturales, se mandó al alcalde Andrés de Barrios que trajese al cabildo a los señores de ambas parcialidades para hacerles saber que habían de desembarazar los ejidos y no habían de sembrar más en ellos. Al mismo tiempo, se mandó al escribano Alonso Lucas que les diera un traslado autorizado de la diligencia, comisionando al regidor Pedro de Sámano para que cuidara de que así se hiciera.

El conflicto por tierras entre Tlatelolco y México continuó hasta el siglo XVIII, cuando aquella comunidad indígena alegó tener derecho a su favor sobre las tierras arrendadas por el cabildo a la hacienda de Santa Ana Aragón. La decisión del Consejo de Indias fue contraria a las autoridades de la ciudad, dado que las tierras ejidales, como posiciones indígenas, no podían ser susceptibles de ser vendidas ni señaladas por el cabildo español. Esta disposición tuvo su origen en la Ley XVI de Carlos V, confirmada por Felipe II en 1615.

Las dehesas

Las dehesas formaban parte de los bienes de propios y eran las tierras comunales de las ciudades, villas y pueblos destinadas a la cría y engorda de ganados caprino, ovino y bovino. Al respecto de su dotación, el emperador Carlos V en 1523, y después Felipe II en las Leyes de Población ordenaron que:

Después de haberse señalado competente cantidad de tierra para exido de la población, señalen los que tuvieren facultad para hacer el descubrimiento y nueva población, dehesas, que confinen con los exidos en qué pastar los bueyes de labor, caballos y ganados de la

[20] *Ibid.*, Acta núm. 398, del 23 de marzo de 1531, p. 73.

carnicería, y para el número ordinario de los otros ganados, que los pobladores por ordenanza han de tener...[21]

Tierras consejiles

Las tierras consejiles formaban parte de los bienes de propios asignados a las poblaciones por disposición dada en 1523 por medio de la cédula del emperador Carlos V y que fue confirmada por Felipe II. Eran los pastos y tierras labrantías que podían repartirse para ser arrendadas y obtener de ellas beneficios para el sostenimiento de los gastos del corregimiento o, en el caso de la Ciudad de México, de los gastos de la misma capital del virreinato.

Al repartirse las tierras de Consejo en la metrópoli, se separaba la *senara* o tierra de cultivo de vecinal y, en seguida, se procedía a repartirla entre los labradores y campesinos que la solicitaban. Pero en la Nueva España se ordenó:

> Que una vez separada la tierra de propios del Consejo, "y lo restante en tierras de labor, de que hagan fuertes, y sean tantos como los solares, que puede haver en la población; y si hubiere tierras de regadío, asimismo se hagan fuertes, y repartan en la misma proporción, a los primeros pobladores, y las demás queden valdías".[22]

Los habitantes españoles de la Ciudad de México vivieron de diversa manera con relación a los nuevos pobladores hispanos alojados en los demás corregimientos del valle de México y en el resto del territorio de la Nueva España, en donde el manejo de bienes de propios se dejó en manos del cabildo o Consejo Municipal. Tratándose de la Ciudad de México, el cabildo fue constituido desde sus orígenes por españoles; igual ocurrió en Coyoacán. Pero al decir de Gibson, la Ciudad de México-Tenochtitlan fue la única donde había una concentración de población blanca lo bastante grande como para justificar un consejo de españoles. Así que el manejo de los bienes de propios fue, desde el momento de constituidas las autoridades en la capital del virreinato, una perrogativa hispana.

Por ocuparse de la función administrativa, judicial y de gobierno, los habitantes españoles de la Ciudad de México hubieron de combinar sus actividades laborales con otras que les

[21] *Ibid.*, Orden 130 de Población, Ley XIV, Título VII, libro IV, folio 92.
[22] *Ibid.*

permitiera obtener mejores medios de vida. Complementaron sus propiedades urbanas con terrenos agrícolas que les abastecían de productos alimenticios difíciles de obtener en los primeros años de la colonia. Debido a ello, la generalidad de los vecinos de la Ciudad de México tuvo afición marcada por la agricultura. Fue de la necesidad que los obligó a establecer huertas, hortalizas, sembrados de panes, molinos y crías de ganado diversos los unos por placer, los otros por aumentar su fortuna, que comenzaron a adquirir más tarde tierras que el ayuntamiento les daba comúnmente a censo enfiteútico, o a algunos otros a título oneroso, pero todos con el fin de procurar alguna renta para la ciudad. Tal fue el origen de la multitud de huertas y propiedades pequeñas, llamadas ranchos, que de lejos y de cerca rodearon la ciudad, algunas de las cuales, por agregaciones sucesivas, llegaron a hacerse mayores y recibieron el nombre de haciendas.

De la misma forma como fue ocurriendo la ocupación de los ejidos, se fueron ocupando las tierras consejiles, y así, por cédula dada en Madrid el 25 de junio de 1530, y a pedimento de la ciudad, se mandó que estos terrenos baldíos que había desde Tenayuca hasta Coyoacán, fueran repartidos por la real audiencia, acompañada de dos regidores, entre los conquistadores, y que no se diera a cada uno más de caballería y media. Concordante con ésta, vino después otra cédula, fechada en Valladolid el 16 de abril de 1538, en la cual el emperador manda al virrey que, a fin de que la ciudad se pueble, reparta la distribución de los terrenos consejiles; es presumible que la ciudad la adoptara para el efecto de distribuir sus propios terrenos en tanto la dimensión autorizada por el rey se conserva por muchos de los ranchos de los alrededores de México, y según se afirma los que había de mayor extensión por lo común la adquirieron después. En tal sentido fue lo ocurrido con Juan Valdivia, quien agregó un terreno a la hacienda de los Morales en el año 1693; otro agregó D. Francisco Javier Gómez del Prado en 1768; y otro más D. Baltazar Arechavala en 1774. Otro tanto pasó con las haciendas de la Condesa, la de Ascensión, la de San Mateo Tulpan a los Ahuehuetes, la de Narvarte y otras.[23]

[23] *Ibid.*

Bienes de propios

En el año de 1523 se facultó a virreyes y gobernadores para que señalaran las tierras y solares en las nuevas poblaciones.

Ley I.—Que al fundar las nuevas poblaciones se señalen propios. El emperador D. Carlos a 26 de junio de 1523. Los virreyes y governadores, que tuvieren facultad, señalen a cada villa, y lugar que de nuevo se fundare y poblare, las tierras y solares, que huviere menester, y se le podrán dar, sin perjuicio de tercero, para propios, y envíennos relación de lo que a cada uno huvieren señalado y dado para que lo mandemos confirmar.[24]

Al respecto, Nathan Whitten al comentar cómo las ciudades de Castilla habían sido, desde épocas muy remotas, organismos que poseían tierras y territorios más o menos extensos, analiza de acuerdo con Valdeavellano y Ots y Capdequí cómo los pueblos tenían zonas de bienes de propios formados por tierras que eran propiedad municipal y estaban administradas por funcionarios del Consejo. El uso de los propios era muy diverso, pues en dichos terrenos se construían los edificios y casas necesarias para los servicios municipales y además contenían el corral del Consejo —utilizado para guardar el ganado extraviado—, la era pública y las dehesas o lugares donde los vecinos podían llevar a pastar el ganado. Contenían también el basurero y matadero municipal. En resumen, los propios eran las heredades, dehesas, casas u otros bienes cualquiera de una ciudad, villa o lugar para uso público. De la dirección de propios se encargaba el Supremo Consejo de Castilla,[25] el cual disponía y acordaba lo que estimaba justo sobre todos los puntos relativos a su administración e inversión, sobre adquisición, enajenación o permuta de fincas, sobre imposición de censos, sobre concesiones, prórrogas o subrogaciones de derechos o recursos, donaciones a los empleados y funcionarios públicos, y finalmente, sobre la construcción y conservación de los bienes inmuebles y servicios generales de los poblamientos.

Para el gobierno y manejo de los propios se establecía una junta municipal constituida por el corregidor o alcalde mayor, el regidor decano, el síndico, los diputados del común y el escribano del ayuntamiento. La ordenanza del nuevo descubri-

[24] *Recopilación de las Leyes de los Reynos de las Indias, op. cit.*, t. II, Ley I, Título XIII, libro IV, folio 105.

[25] Marroquí, José María, *La Ciudad de México, op. cit.*, p. 92.

miento y nueva población de 1573 indicaba la necesidad de señalar tierras suficientes para los propios del Consejo.

LA PROPIEDAD DE LA TIERRA DE LAS COMUNIDADES INDÍGENAS

Con la incorporación de las islas y la tierra firme, la corona de Castilla se atribuyó el dominio sobre el territorio de las Indias, pero en criterio de Mariluz Urquijo:

"El Estado no pretendió la propiedad entendida como institución del derecho privado y la prueba de ello la tenemos en que se respeta la propiedad preexistente de los indios", el propio autor continúa: "La corona reconoce la legitimidad de la propiedad anterior a la conquista. En el requerimiento de 1513, destinado a leerse a los aborígenes de las tierras que acaban de descubrirse se les promete que *no dejaremos nuestras haciendas libres e sin servidumbre.*"[26]

La misma actitud se observa —al decir del propio autor—, en la capitulación firmada por Carlos V a favor de Bartolomé de Las Casas en 1520, cuando se le autorizara a poblar con agricultores tierras venezolanas, indicándole adquirir en compras a los indios las tierras que vayan a utilizar en su poblamiento.

En la legislación dictada para cumplimentar la política poblacional en la Nueva España, se encuentran diversas leyes y ordenanzas que tienen el mismo sentido, entre ellas podemos mencionar: La real cédula de abril de 1546, proveyendo a que el repartimiento de indios sea perpetuo y "gocen de sus terrenos";[27] la Ley XXX del emperador Carlos V del 14 de mayo del propio año, la cual ordena: "Que los encomenderos no sucedan en las tierras vacantes por muerte de los indios";[28] la Ley IX del

[26] *Ibid.*, cita a Federico Brito Figueroa, "El derecho de propiedad territorial en la época colonial", en *Revista de Historia* núm. 17, Caracas, julio de 1963, p. 49. El autor se refiere al fallido intento de colonización en Venezuela, complementario del ocurrido en Guatemala y conocido como poblamiento de la Vera Paz.

[27] Fabila Manuel, *Cinco siglos de legislación agraria en México (1493-1940)*, México, Talleres de Industrial Gráfica, S. A., 1941, pp. 26 y 27; Real cédula de abril de 1546, "proveyendo a que el repartimiento de indios sea perpetuo y gocen de sus terrenos".

[28] *Recopilación de las Leyes de los Reynos de las Indias, op. cit.*, t. II, Ley XXX, Título I, libro VI, folio 191.

rey Felipe II dada en Toledo el 19 de febrero de 1560, en el sentido de "Que a los indios reducidos no se les quiten las tierras que antes han tenido y otras."[29]

Sin embargo, desde el inicio de la conquista del territorio mesoamericano, Cortés y sus hombres se adjudicaron tierras ocupadas conforme al derecho de conquista y de evangelización, siendo propiedad de los señores vencidos o reducidos estar destinadas al servicio de los templos. Así lo afirman, entre otros Bernal Díaz del Castillo y Gómara.

Otras tierras comunales destinadas al sostenimiento de los habitantes de las ciudades y poblados indígenas fueron motivo de adjudicación a favor de los conquistadores y demás autoridades hispanas, quienes los ocupaban a nombre de la corona. Tal ocurrió con las tierras comunales de Tenochtitlan, Texcoco, Tacuba, Xochimilco, Coyoacán y Tacubaya, a cuya población sólo se dejó ocupar un "barrio de indios", dentro de lo que fueron villas o ciudades de españoles.

A la época de los primeros despojos de las tierras de los señores indígenas o *tlatocatalli* y del sacerdocio o *teatlalli,* realizados por los conquistadores, siguieron años de ocupación de tierras baldías de extensión considerable, tanto porque no habían sido cultivadas o porque al establecerse las encomiendas los encomenderos las abandonaron. Estas tierras eran generalmente las comunales o tierras llamadas al inicio de la conquista *calpulalli* o *altepetlalli* y se mantenían para el uso familiar o comunal bajo el control de las autoridades del barrio.[30]

Años más tarde, en 1532, con el descubrimiento de la minería, y de 1538 a 1540, cuando se incrementa en forma casi mágica el crecimiento de la ganadería, favorecido además por el decreto de creación de la Meseta novohispana, la ocupación de las tierras se hará con otro criterio: en torno a los yacimientos mineros y en los sitios donde se permitía la creación de las grandes estancias para ganado.

Ambos fenómenos, causaron daños irreparables a la comunidad indígena; el trabajo en las minas con el sistema de mita o trabajos forzados, fue una de las principales causas de extinción de la población indígena; y la proliferación del ganado prodigó la destrucción de los sembradíos de los pueblos indí-

[29] *Ibid.*, Ley IX, Título III, libro VI, folio 199.

[30] Anderson, J. Arthur; Berdan, Frances; Lockhart, James, *Beyond the codices, the Nahua view of colonial México,* Berkeley, University of California Press, 1976, p. 5.

genas. Después, para remediar la situación, se ordenó y auspició la venta o renta de las tierras a favor de los ganaderos españoles y posteriormente de los grandes hacendados, cuya explotación extensiva de la tierra reclamaba cada vez mayores superficies para dedicarlas al cultivo de cereales, especialmente de trigo. Ventas que se hacían a precios irrisorios, salvo cuando se encontraba la tierra sembrada y se recibía el valor adicional por las labores agrícolas ahí realizadas. Todo ello ocasionó mayor pobreza aun en los indígenas reducidos y desposeídos de sus propiedades comunales.[31]

Barbosa[32] señala cómo en las sociedades indígenas prehispánicas la tierra era el objeto del trabajo biológico que respondía a la satisfacción de las necesidades del grupo. Existía una íntima cohesión entre los hombres y la tierra en cada pueblo o nación constituida como tal. Existía una cohesión social nacida de las formas mismas de la propiedad de la tierra. En nuestro criterio esa identidad entre el hombre y la tierra poseída y trabajada iba más allá del grupo en sí: la forma de distribución de la tierra del *altépetl,* dividida según la presencia de los gens o grupos tribales y sus dioses guías les confería una forma de relación religiosa, puesto que se tomaba en cuenta la concepción cósmica aplicada al territorio, los dioses y el hombre.

El gobierno español reconoció dos formas de propiedad de la tierra en los pueblos indígenas o *altépetl* supervivientes a la conquista: la individual o privada y la comunal. De igual forma, en las comunidades posteriormente constituidas llamadas reducciones o congregaciones, que formaban la república de indios, se reconoció la legalidad de la propiedad privada individual y la comunal de la que hacían parte el fundo legal y los ejidos. Las bases jurídicas de la propiedad eran diversas para cada uno de estos tipos de asentamientos; a los pueblos sobrevivientes se les reconoció y respetó su derecho de propiedad de la tierra —excepto la pública perteneciente a los templos y señores— o sea, se reconocía la propiedad privada, individual, y la comunal; ejemplo de ello son las cédulas reales de fechas 1534, 1546 y 1570.

[31] *Ibid.,* p. 6.

[32] Barbosa Ramírez, René A., *La estructura económica de la Nueva España 1519-1810,* México, Siglo XXI (2a. ed.), 1973, pp. 57-60. Barbosa cita a J. Miranda, "La propiedad comunal de la tierra y la cohesión de los pueblos indígenas mexicanos", en *Les problèmes agraires de L'Amerique Latine,* París, CNRS, 1967.

Entre tanto, en la república de indios, la tierra dada en propiedad, fuera individual o comunal, se obtenía por dotación de la corona, por concesión de los caciques o señores naturales o por compraventa a otras comunidades o propietarios. En ambos casos el rey manifestó su deseo de que tales propiedades fueran respetadas, lo cual al correr del tiempo no sucedió, sino antes bien, tanto los *altépetl* como las reducciones fueron poco a poco perdiendo sus propiedades a manos de los fortalecidos terratenientes hispanos, fueran civiles o eclesiásticos.

La propiedad de la tierra en los altépetl sobrevivientes

La cédula real o Ley xv, Título I, libro VI, de 1538, señala que los pueblos indígenas debían continuar siendo gobernados por su propia autoridad nativa llamada gobernador o principal.

La Ciudad de México fue dividida en barrios españoles y barrios indígenas. La propiedad pública de los templos y de los señores fue ocupada y en cambio se reconoció la propiedad individual y la comunal del grupo o *calpulli,* pero en virtud de que los antiguos señores y nobles o murieron en la guerra o, derrotados, abandonaron sus posesiones y propiedades, los españoles dieron estas tierras en propiedad a individuos que les habían sido útiles y serviciales en la conquista y en la guerra; a ellos les dieron el nombre de caciques y les entregaron el gobierno de los *altépetl* sobrevivientes y la propiedad de la tierra privada y la administración o manejo de la tierra comunal.

En algunas ocasiones fueron nombrados caciques o gobernadores los familiares o descendientes de los antiguos señores y nobles, pero siempre previo juramento de aceptar el vasallaje a la corona y el consiguiente pago de tributos a las autoridades hispanas.

Los recién nombrados caciques quedaron facultados para adquirir tierras en propiedad privada o bien para vender las tierras comunales a los españoles; en ambas formas encontraron el camino para enriquecerse a costa de los pueblos vencidos; la situación descrita permitió en los antiguos *altépetl* o *hueyaltépetl* —como Tenochtitlan, Texcoco y Tacuba— la existencia simultánea de dos formas de propiedad de la tierra: la individual o privada y la comunal o tierra de los antiguos gens o *calpulli* conocida ya entonces como *callalli.*

Este hecho obedeció sin duda a la necesidad que tuvieron los españoles de que los indígenas continuaran cultivando la tierra y produciendo los alimentos necesarios. Como el propio Cortés le comunicó al rey, sus hombres y los demás colonizadores no estaban dispuestos a convertirse en gañanes o peones de campo. Florescano apunta el hecho de que el éxito de la colonización dependía de la conservación de los indios, esto es, de la producción agrícola y de la mano de obra indígena, y ello explica por sí solo la serie de reales cédulas y mandamientos que desde fecha temprana se extendieron por las autoridades hispanas para proteger la propiedad territorial de los naturales tal y como lo especificó la orden de Carlos V del 4 de abril de 1532, en el sentido de que a los indios se les dejen sus tierras heredadas y pastos, de forma que no les falte lo necesario y tengan todo el alivio y descanso posible para el sustento de sus casas y familias.

La propiedad limitada

La propiedad privada indígena, aunque reconocida y aceptada sufrió una limitación frente a la propiedad privada del español: la tierra no podía ser vendida sin la previa autorización de las autoridades competentes. Ots y Capdequí comenta al respecto:

> Gozaron los indios de capacidad jurídica para disfrutar el dominio privado de sus tierras con carácter individual, aun cuando esta capacidad estuviera condicionada —por ser tenido en Derecho como personas rústicas o miserables, necesitados de protección y tutela—, no pudieron enajenar las tierras de su propiedad sin permiso de las autoridades superiores.

El propio autor considera este caso poco frecuente.[33] En la Nueva España, la propiedad privada indígena se dio tratándose de propiedad de herederos de los antiguos señores, de nobles y de caciques; estos últimos se adueñaban de las tierras comunales ocasionando con ello enconadas disputas con las comunidades afectadas; ello ocurría en virtud de que los títulos de

[33] Ots y Capdequí, José María, *España en América, el régimen de tierras en la época colonial,* México, Fondo de Cultura Económica, 1959, *op. cit.*, p. 85.

propiedad de las tierras de las reducciones o congregaciones se expedían a nombre de los caciques respectivos.[34]

Este tratamiento limitativo surgió como consecuencia de todas las disputas planteadas en la corte de Castilla sobre la condición racional y jurídica de los indios. Las doctrinas contrarias a la racionalidad —tal y como fueron las de Juan Ginés de Sepúlveda— repercutieron en el orden jurídico novohispano y así, el tratamiento dado a los indígenas respecto a la limitación para disponer de la propiedad de sus tierras con el pleno *ius fruendi, ius abutendi et ius utendi,* fue también consecuencia de la resolución del Tercer Concilio Provincial mexicano, de 1585, donde se aseguró en sentido contrario a lo afirmado en las Juntas Eclesiásticas precedentes, que el indio era un cristiano nuevo, corto de inteligencia y bajo por naturaleza, con pocos merecimientos para ser tratado como adulto. Ambas posiciones sentaron las bases para la ocupación libre de las tierras de indígenas y favorecieron a la codicia hispana, no como un derecho legítimo de propiedad sobre la tierra sino en carácter de acto de dominio y señorío, así lo comenta Molina Enríquez.[35]

La propiedad comunal

De acuerdo al análisis hasta aquí realizado, se puede afirmar que la forma de trabajar la tierra en Mesoamérica se asemejaba a la forma de trabajo de los siervos y tributarios del sistema señorial castellano. Por ello, los conquistadores, y después las demás autoridades gubernamentales castellanas —virreyes, oidores y gobernadores— se encontraban familiarizados con esta forma de uso y tenencia del suelo y la aceptaron para darle su pleno reconocimiento y legalidad. Sin embargo, como la tradición de respeto de los bienes realengos no estaba suficientemente arraigada en los colonizadores hispanos, con el tiempo la tierra comunal de los pueblos indígenas quedó sujeta a gracias y mercedes reales a favor de los pobladores hispanos aun en contra de las disposiciones legales explícitas de la corona,

[34] Gibson, Charles, *Los aztecas bajo el dominio español (1519-1810), op. cit.,* p. 269.

[35] Véase el Concilio Eclesiástico y Molina Enríquez, Andrés, *Los grandes problemas nacionales,* México, Imprenta de A. Carranza e Hijos, 1909, p. 29.

tal y como fueron las contenidas en las leyes de población relativas a las encomiendas y repartimientos.

La primera disposición fue la ya citada de abril de 1532 y la segunda reiterativa fue la cédula del 31 de mayo de 1535, previniendo "se devuelvan a los indios las tierras que se les hayan quitado".[36]

La cédula en cuestión fue enviada por la reina regente, Isabel de Portugal, a don Antonio de Mendoza y en ella le dice que ha sido informada de que los encomenderos:

> Les han tomado e ocupado muchas tierras y heredades, por consecuencia, cuando llegue a dicha tierra os informeis que tierras y heredades les han tomado e ocupado a los dichos indios..., y si las dichas personas dixeren que pretenden tener algún derecho a lo susodicho, nos juntamente con los dichos nuestros oydores de esa audiencia, llamados y oydas las partes a quien toca, hayéys justicia y no fagades en de al.[37]

En 1546, el rey Carlos V pronuncia una real cédula "proveyendo a que el repartimiento de indios sea perpetuo y gocen de sus terrenos".[38] Esta cédula se pronunció a efecto de satisfacer las quejas de los frailes dominicos y agustinos en contra de la suspensión de la encomienda. El rey decide entonces extender los repartimientos y hacerlos perpetuos, diferenciándolos de otros pueblos que habrían de ser edificados fuera de la obligación de rendir tributos y pagos a los beneficiados con el repartimiento. Las tierras obviamente se respetaban a los indios para que de ellos pudieran extraer los productos. En el mismo sentido se dictó la Ley IX de Felipe II, en 1560, donde se ordenaba no quitar las tierras a los indios reducidos. En igual sentido dictó la real cédula del 9 de febrero de 1570, relativa a la forma de asentamiento de las poblaciones —que habrían de asentarse fuera de las tierras de indios; todo ello obedecía a que poco a poco las tierras comunales propiedad de los indí-

[36] Fabila, Manuel, *Cinco siglos de legislación agraria en México, op. cit.*, p. 11. Estas disposiciones fueron incorporadas a la *Recopilación de Leyes de Indias de 1680,* t. II, Ley V, Título XII, libro IV, folio 102.

[37] El virrey de Mendoza, en cierto momento de su administración, se vio comprometido en cuestiones de tierras, acusado de haber privado de su propiedad a comunidades indígenas para favorecer a familiares y amigos, sobre todo para desarrollar en ellas el cultivo del trigo en lugar del maíz.

[38] Fabila Manuel, *Cinco siglos de legislación agraria en México, op. cit.*, pp. 16-17.

genas fueron invadidas, compradas o arrendadas por los españoles.

Las tierras restantes continuaron bajo el antiguo sistema indígena; y de las cosechas obtenidas debían cubrirse los tributos a la corona a través de la recaudación afectada por el cacique antiguo *tlatoani* y después por el gobernador indígena o por los corregidores. Al decir de Gibson:

> "se conservó la relación última entre el tributo y el gobierno indígena." Pero a pesar de ello, los ingresos obtenidos por el trabajo de las escasas tierras dejadas en manos de los indígenas no eran suficientes y así "algunos pueblos complementaban sus ingresos criando animales en las tierras de la comunidad. Los animales fueron propiedad de los pueblos y la cría se convirtió en una empresa comunal bajo la dirección del gobierno del pueblo. La práctica se desarrolló rápidamente en el siglo XVI, y los primeros virreyes otorgaron o confirmaron muchas tierras comunales para este propósito."[39]

Posteriormente, se generalizó la costumbre de rentar las tierras comunales, sobre todo cuando el pueblo pasaba por crisis económicas. Los caciques o gobernadores indígenas establecieron esta práctica a partir del siglo XVII, debido a la falta de mano de obra indígena para trabajar la tierra. En esta época, los indígenas empezaron a negarse a pagar tributos a la corona y se hizo frecuente el cambio de poblado, la huida a otros asentamientos distantes, abandonando su habitación original; con ello, la tierra comunal que les correspondía trabajar quedó vacante y yerma, haciendo posible su arrendamiento.

La renta de la tierra era una forma fácil de adquirir ingresos; los arrendadores eran generalmente españoles o mestizos, que legaban su monto a cambio de no exigir el pago de deudas contraídas por el pueblo en época de emergencias.

Gibson relata cómo frecuentemente los españoles podían usufructuar las tierras de la comunidad a cambio de comprometerse a pagar los costos del servicio real u obligaciones tributarias de los pueblos. Hacia el siglo XVIII, la mayor parte de los pueblos del valle de México tenían arrendadas sus tierras comunales, sistema auspiciado por la corona, que consideraba más segura esta forma de tenencia de la tierra para el efecto de la recaudación de tributos.

Los gobernadores también tenían la facultad de vender las

[39] Gibson, Charles, *Los aztecas bajo el dominio español (1519-1810)*, *op. cit.*, pp. 215-216.

tierras y los ganados comunales. La tierra podía ser rentada por medio de un título de renta perpetua, y una vez rentada en esta forma, se consideraba fuera del patrimonio comunal.

Gibson señala seis fuentes de ingreso para los pueblos indígenas procedentes del uso y tenencia de las tierras comunales:

1] Tierras comunitarias trabajadas por los indígenas del pueblo, en común o como parcelas de diez varas, sin recompensa alguna.

2] Pagos de uno, uno y medio o dos reales en vez de las plantaciones de diez varas.

3] Rentas de tierras de las comunidades a españoles, mestizos o indios.

4] Ventas de tierras de las comunidades a españoles, mestizos o indios.

5] Derramas regulares o irregulares impuestas por los gobiernos indígenas (sobre el producto de la tierra).

6] Negocios o comercios de la comunidad especialmente la agricultura y la cría de ganado.[40]

El derecho de ocupación de las tierras comunales

Los modos de explotación de las tierras comunales y la legitimidad de los derechos que tenían los españoles sobre los productos generados, fueron motivo de discusiones a lo largo de la colonia.

Fray Alonso de la Veracruz, primer maestro de Derecho agrario en la incipiente Universidad de México, se ocupó del tema en su cátedra —1553 a 1555—, aclarando hasta dónde llegaban las posibilidades de ocupación por parte de los españoles de las tierras comunales de los pueblos de indígenas. Sus razonamientos los fundamenta en la Duda Tercera de su tratado *De dominio infidelium et iusto bello,* rescatado por Burrus, S. J. y comentado con todo cuidado por Zavala.[41]

Los argumentos esgrimidos por Veracruz confirman la posición de los monarcas hispanos en el sentido de procurar el respeto a la propiedad comunal indígena y, para ello, el fraile se vale de la sustentación jurídica apoyada en los contenidos

[40] *Ibid.,* p. 18.

[41] Zavala, Silvio, *Fray Alonso de la Veracruz,* México, Centro de Estudios de Historia de México, 1981, p. 15.

del Derecho divino de los reyes y su aplicación en las formas de gobierno terrenal.

Expresa su duda en esta primera premisa: "se duda si el que posee justamente, por donación real, un pueblo, puede por capricho ocupar tierras de él, aunque sean incultas o para pasto de sus rebaños o para cultivar o recoger maíz. Parece se ha de responder afirmativamente, porque el dominio del emperador en todo su imperio y el del rey en su reino es igual que el de éste en su pueblo. Y pudiendo el emperador y el rey ocupar, por capricho, tierras incultas para parte de rebaños o para cultivarlos, luego también el dueño del pueblo. Hemos de afirmar, sin embargo, lo contrario, porque lo ajeno nadie lo puede ocupar lícitamente contra la voluntad de su señor. Pero la tierra, aun inculta, no es del señor que tiene derecho a los tributos sino del pueblo. Luego no puede por capricho ocuparla".

Veracruz pasa en seguida a analizar diversos tipos de tierras indígenas y las clasifica en comunales y privadas. Las comunales recomienda se utilicen y guarden para el bien común y se utilicen para el bien de toda la república dejando los pastos para los rebaños y la siembra de los campos. "A estas tierras cultivadas por la comunidad ninguno que tenga pueblo en encomienda puede ocuparlas por propia autoridad; aunque actualmente estén incultas; sea que esto lo haga o para sembrar o para pastizal de bestias... suyos son únicamente los tributos, no el dominio de las tierras. Luego no puede uno ocuparlas lícitamente por propia autoridad."[42]

Basándose en esta premisa de derecho, acusa a los españoles de saqueadores y ladrones y les conmina a restituirlas y satisfacer a los pueblos por el daño causado. De la misma manera considera "pecado" ocupar las tierras cultivadas por la comunidad, con autorización del príncipe gobernador sin poder, igualmente, está obligado a la restitución y satisfacer el daño ocasionado.

La incapacidad de los gobernados para atribuir en favor de terceros estas facilidades radica en el derecho natural, el cual reconoce a favor del príncipe el dominio que le otorga la propia república. En consecuencia si los pueblos indígenas no reconocen explícitamente derechos al rey de España sobre sus tierras —por vasallaje o dominio— éste no puede reconocer en terceros facultades de ocupación y dominio sobre las tierras comunales. Alonso de la Veracruz continua: "Deducimos, por

[42] *Ibid.*, p. 49.

consiguiente, que la comisión únicamente del virrey, posee estas tierras, de suyo no puede estar tranquilo de conciencia y ha de restituir."[48]

El motivo tampoco considera legítima la compra de tierras hecha por intermedio de cacique y sólo justifica su ocupación cuando se trata de realizar alguna obra en beneficio del bien común. El cacique, como el emperador, carecen de facultad sobre el dominio del pueblo único autorizado para disponer de sus bienes, no obstante se le reconozca posesiones numerosas de tierras no cultivadas.

Para que un tercero pueda lícitamente poseer lo comprado, se necesita que todo el pueblo exprese su consentimiento para la venta y que además se pida y realice el pago del precio justo.

Veracruz señala, por otra parte —como caso en contrario—, que cuando se ocupan tierras comunes cultivadas con consentimiento del pueblo, pero con autorización del príncipe, es lícito. Sin embargo, si por alguna circunstancia el beneficiario quedara privado del derecho al tributo no podrá sembrar en esas tierras por cuenta propia ni alquilarlas a terceros en tanto como encomendero no adquiera dominio ni propiedad sobre ellos.

Finaliza Veracruz haciendo algunas consideraciones sobre los notables principios —cada día mayores— que sufrían los indígenas... y así se expresa: "porque los despojan contra su voluntad, no sólo de sus propias tierras, sino que les destruyen también sus sembrados y con esto ellos pasan hambre", expresiones confirmatorias de lo expuesto en párrafos anteriores.

La única justificación reconocida por el maestro de la Veracruz era cuando tratándose de tierras de nómadas chichimecas, éstas eran ocupadas por los lugareños ganaderos en tanto eran tierras incultas e inexplotadas. Su posesión ampliamente respaldada en los actos de gobierno, produjo posteriormente el establecimiento de los grandes dominios del norte del país, sede de los grandes latifundios y de inconmensurables haciendas.

La propiedad de la tierra en la República de indios

La República de indios estaba constituida por reducciones o congregaciones, mediante las cuales se reducía o congregaba a

[48] *Ibid.*, p. 61.

los indígenas en sitios predeterminados aislados de los asentamientos españoles a los que se les atribuía la calidad administrativa y gubernamental de pueblos de indios, comprendidos a su vez en el corregimiento.[44] Los objetivos legales para la creación de las reducciones fueron instruir a los nativos en la fe católica y enseñarles a vivir en concierto y policía aunque, en realidad, con su establecimiento se trató de resolver el problema de la escasa producción agrícola, originada —al decir de Florescano—, en los abusos cometidos por los primeros encomenderos que necesitaban del trabajo y alimentos por concepto de tributo y servicio personal; indudablemente que sin la producción de la tierra los colonizadores carecerían de recursos suficientes para sobrevivir, en tanto su principal interés no era trabajar para alimentarse, sino enriquecerse con la explotación minera. Para evitar la escasez de recursos alimentarios y de primera necesidad, era necesario respetar las posesiones agrícolas indígenas como fuentes de aprovisionamiento alimentario, y la mano de obra para obtener vestido y vivienda, todo ello como medios necesarios para sostener y continuar la empresa colonizadora.

Las Leyes de Burgos, entre otras disposiciones, como fueron la fundación de poblaciones de españoles, instituyeron desde 1512 la concentración de los indígenas en nuevos poblamientos y, posteriormente, las Leyes de Indias regularon las formas de habitación y establecieron las normas de gobierno que debían de regirlas. El oprobio al cual se sujetaba a sus habitantes, debido fundamentalmente al pobre concepto que merecían los aborígenes mexicanos tal y como lo describiera admirablemente el obispo San Miguel,[45] dio como resultado, no sólo la marginación de estos pueblos para los efectos del desarrollo social y económico, sino, posteriormente, el despojo de la riqueza territorial y natural de las comunidades.

Para frenar tal explotación, no fueron suficientes los argumentos y alegatos de quienes eran conscientes de esa realidad y lucharon por evitar la miseria de los indígenas. Además, como lo ha analizado Semo,[46] los habitantes de la República

[44] Bernal, Beatriz, *Panorama sobre la política agraria de la corona española en el México colonial*, *op. cit.*, pp. 657 y 658.

[45] El obispo Antonio de San Miguel, escribió una carta a Felipe II, describiendo la triste situación en que vivía la población indígena en la Nueva España.

[46] Semo, Enrique, *Historia del capitalismo en México, los orígenes 1521-1763,* México, ERA (9a. ed.), 1980, pp. 69 y 70.

de indios sufrían, por su calidad de vencidos y relegados, las consecuencias del trato discriminatorio del colonialismo interno impuesto sobre ellos por las nuevas castas surgidas como consecuencia del establecimiento de la sociedad colonial de nuevos americanos, principalmente criollos y mestizos.

Tanto la corona como la Iglesia, aunque por diferentes motivos, propugnaron la creación de la República de indios; el 26 de junio de 1523, Carlos V firmó la cédula real relativa a la formación de las villas de indios. El procedimiento se continuó hasta 1570. Zumárraga fue uno de los obispos que más insistió en reunir a los indígenas en pueblos, debido, entre otras cosas, a la necesidad de facilitar la evangelización, pero también —aunque no lo mencionara— para tener una mano de obra suficiente para el desempeño de los trabajos del campo y de las minas, bien fuera por medio del sistema de la encomienda o del de la mita y, además, para los trabajos de construcción de los monasterios e iglesias, centros de donde se difundía la evangelización.[47]

Los resguardos o fundo legal

El fundo legal en los pueblos de indios fue también una variante de la propiedad colectiva o resguardo que servía de asiento a la población. Fue un modo de revalidación de la propiedad exclusiva de los indios, y en ella se incluían: las casas de los moradores, los edificios públicos, los mercados y escuelas de la comunidad. Servía, en otras palabras, para instalar los servicios generales teniendo como centro la Iglesia.

El origen de este tipo de propiedad se encuentra en las disposiciones encaminadas a la reducción de los indios en pueblos y la manera en que debían fundarse éstos. El objeto de la reducción fue terminar con los obstáculos que impedían la evangelización de los naturales, como objetivo primordial.

El término "fundo legal" no aparece literalmente en las leyes hispanas que otorgaron las tierras para la construcción de poblados. Sus disposiciones fueron algunas veces contradictorias y oscuras por lo que tuvieron que rectificarse. Las primeras disposiciones sobre población se dan, sin embargo, con anterioridad al establecimiento de las reducciones de los indios, al dictarse las reglas para formar la República. Hasta la segunda mi-

[47] Ricard. Robert, *La Conquête spirituelle du Mexique, op. cit.*

tad del siglo XVI, el virrey marqués de Falces, autoridad máxima de la Nueva España dictó las ordenanzas incluyendo las dimensiones del fundo legal:

ORDENANZAS DE MAYO 26 DE 1567, del marqués de Falces, conde de Santiestevan. Fracción inserta en los Autos de Beleña sobre mercedes de tierras.

Que aquí no se haga merced de ninguna estancia, ni tierras, si fuere que la tal estancia esté y se puedan asentar mil varas de medir paños de seda y desviado de la población y casas de indios y las tierras quinientas de las dichas varas; y así se ponga en los mandamientos acordados que para lo ver se diesen, y que no se den, si no fuere habiendo la dicha distancia; y si alguno asentara la tal estancia o tierras de que le fuera fecha la merced, sin que haya en medio de ellas y las dichas casas de indios las dichas varas, pierde las tales estancias e tierras, e derecho que a ello tuviere adquirido. Y las mercedes que de otra manera fueren, que no va ya declarado lo susodicho, sean ningunas, e visto ser ganadas subrepticiamente y en falsa relación.[48]

Como puede apreciarse en esta disposición, la extensión de tierra del fundo se determinaba de una manera muy oscura, por lo que debería hacerse la mesura:

En quanto es mi Consejo Real de las Indias se tiene noticias que el marqués de Falces, conde de Santiestevan, siendo virrey de las provincias de la Nueva España hizo una ordenanza en 26 de maio de 1567, por la cual mandó que en los pueblos de indios que necessitassen de tierras para vivir y sembrar, se les diessen 500 varas o las más que hubiessen menester, y que de allí en adelante no se hiciesse merced a persona alguna de ninguna de medir paño o seda distante, y desviada de la población y casas de los indios, y las tierras 500 varas apartadas de dicha población, como ha constado del testimonio de dicha ordenanza que ha llegado al Consejo, y que contra este estilo, orden y práctica se van entrando los dueños de estancias y tierras en las de los indios, quitándoles y apartándolos de él las unas veces violentamente y otras con fraude, por cuya razón los miserables indios dejan sus casas, y pueblos, que es lo que apetecen y quieren los españoles intentando o consiguiendo que estas 100 varas que han de estar apartadas de los pueblos se midan desde la iglesia o ermita que ordinariamente tienen las poblaciones en el centro del lugar, y

[48] Fabila, Manuel, *Cinco siglos de legislación agraria en México, op. cit.*, p. 21; Código de la Maza, núms. 16 y 17.

que acontece embeberse en ellas todo el casco del pueblo, con quien vienen a quedarse sin lo que les dan, debiendo entenderse desde las últimas 500 varas por todos quatro vientos, lo cual está dispuesto y mandado en las Leyes 12 y 18 del Tít. 12, libr. 9º de la Nueva Recopilación de Indias, y por los muchos inconvenientes, daños y menoscabos que esto resulta contra aquellos naturales, se ha considerado será conveniente mandar que a los pueblos de indios que tuviessen necessidad de tierras para vivir, y sembrar, se les diessen no solamente las 500 varas o más al oriente, y otras tantas al poniente, sur y norte, quedando siempre del hueco el casco del pueblo, dándose estas 500 varas no sólo al pueblo que fuere cabezera, sino a todos los demás que pidiessen y necessitassen de ellas; así todos los poblados, como los que en adelante se fundassen y poblassen, pues con esto tendrían todos tierras para sembrar y en que comiessen, y pastassen sus ganados, siendo justo, y mui de mi real piedad mirar por los indios, que tantas injusticias, y molestias tengo noticia padecen, a vista de ser los que más tributan, utilizan, y fertilizan mi real corona, y todos mis vasallos. En cuia atención y habiendo oido lo que con vista de ellos, y el referido testimonio y Leyes 12 y 18 de la Nueva Recopilación de Indias, ha dicho y alegado el fiscal del dicho mi consejo de ellas; he tenido por bien de resolver, y mandar como por la presente lo hago, que en conformidad de la orden que el virrei conde de Santiestevan formó, y dispuso en 26 de maio del año de 1567 y de las leyes municipales que van citadas; se señale generalmente a los pueblos de los indios de todas las provincias de Nueva España para sus sementeras no sólo las 500 varas sino 100 más a cumplimiento de 600, y que si el lugar fuere de más que ordinaria vecindad, y no pareciere esto suficiente a mi virrei de la Nueva España y a mi audiencia real de Mégico, cuiden como les encargo, mando lo hagan de repartirles mucha más cantidad y que a dichos lugares y poblaciones les repartan, y señalen todas las más varas de tierra que les pareciere son necesarias para que los indios vivan, y siembren sin escasez ni limitación. Y en cuanto a las estancias de ganados es mi voluntad, y mando que no sólo estén apartadas de las poblaciones, y lugares de indios, sino 100 varas más, y que estas 100 varas, se midan desde la última casa de la población o lugar, y no desde la Iglesia. Y si a mi virrei de la Nueva España le pareciere que las estancias de ganados estén en más distancia que en dichas 100 varas, lo ordenará luego que reciba este despacho, o quando se le manifieste que para todo lo que en él contenido le doy, y a mi audiencia real de Mégico el poder y facultad que para mandarlo, y hazer ejecutar fuesse necesario sin limitación alguna, encargándoles miren como lo hago por todos los medios posibles por el alivio, buen tratamiento y conservación de los indios, no sólo en que se les mantenga y conserve en lo dispuesto, y ordenado por la ordenanza de 26 de maio de 1567 y leyes 12 y 18 de la Nueva Recopilación de Indias que van citadas, sino que esto sea con el aumento de varas que en este despacho van señaladas, assí en lo que toca a las tierras que se han de dar, y tener los indios de Nueva España para vivir, y sembrar, como en la distancia en que han de estar las estancias de ganados sino que aquella más cantidad de varas que les repartieren, y señalaren, que assí es mi voluntad, y conviene a mi servicio, y de lo que en esto se ejecutare se me dará en todas ocasiones puntual cuenta, y razón, por lo que deseo estar notificado de lo que se ejecuta en beneficio y favor de los indios. Fecha en Madrid a 4 de junio de 1687. Yo el rey por mandato del rey NSD, Antonio Ortiz de Otalora.[49]

Una vez considerada como definitiva la dimensión del fundo de 600 varas, desde el centro del pueblo y hacia los puntos cardinales, se obtenía un cuadrado con la superficie de un millón cuatrocientas cuarenta mil varas cuadradas, equivalentes a 131-67-36 hectáreas en medida actual.

Los límites del fundo deberían considerarse como la mínima distancia del asiento de la población y su uso no debería destinarse a labranza ni a cría de ganado. Las nuevas ordenanzas de población, referidas al fundo legal, sólo eran aplicables a los pueblos que fundaran los españoles para "reducir a los indios dispersos", propiedad que al decir de Molina Enríquez era una ocupación precaria y accidental,[50] generalmente en zonas alejadas de las zonas agrícolas de cultivos fundamentales.

Los ejidos en las reducciones

La legislación de la corona se ocupó frecuentemente de señalar la dotación de ejidos o tierras comunales para pastoreo, del ganado de los habitantes de los pueblos de indios. La Ley VIII, Tít. III, libro VI, se ocupaba de la dotación de ejidos en la siguiente forma:

Condiciones que deben tener los sitios en que se han de formar pueblos y reducciones. Don Felipe II en el Prado, a 1º de diciembre de 1573, de don Felipe III en Madrid a 10 de octubre de 1610. Los sitios en que se han de formar los pueblos y reducciones, tengan

[49] *Ibid.*, pp. 30-32, real cédula, "Se previene el modo y la forma con que a los pueblos de indios se han de medir las 600 varas de tierra que se les confieren por cada viento; siendo esta real cédula la corrección y confirmación de las ordenanzas del virrey marqués de Falces." Código de la Maza, núm. 28, p. 25.

[50] Molina Enríquez, A., *Los grandes problemas nacionales, op. cit.*, p. 30.

comodidad de aguas, tierras y montes, entradas y salidas y labranzas, y *un ejido de una legua de largo* donde de los indios puedan tener sus ganados sin que revuelvan con otros de españoles.[51]

En la Ley XIV de Felipe II, dada en 1578 y ratificada en 1591, se ordena nuevamente que se reparta a los indios lo que buenamente hubieren menester para labrar y hacer sus sementeras y *crianzas,* dando a entender con esta disposición que se debía dotar de ejido a los indígenas para la crianza de sus ganados y que una vez realizada la operación, las tierras sobrantes se consideraran libres y desembarazadas, con posibilidad de que se den mercedes con ellas y de que el rey pueda disponer de ellas a su propia voluntad, de la misma manera como solicita a los españoles hacer una declaratoria sobre los bienes poseídos y pedir su regularización para conocer finalmente, del monto real de las tierras realengas.

LAS AUTORIDADES EN EL RAMO DE TIERRAS

La organización semiautónoma, de la República de indios, se manejaba por los *tecutles* o *topiles* que fueron llamados caciques y reglamentada su función en el libro VI, Título VII de la Recopilación de las Leyes de Indias. Desde el punto de vista de la función judicial, quedaba bajo la jurisdicción de los corregidores que mantenían la autoridad civil y penal en los corregimientos. Correspondía también a los corregidores recabar y distribuir los tributos.

Por lo que se refiere a los mayorazgos, escribanos, alguaciles, alcaldes y regidores, éstos fueron los antiguos funcionarios del *calpullalli,* vueltos a acomodar y con nombres diferentes. La antigua designación en ocasiones se mantuvo y aun llegó a desplazar con el tiempo a la castellana, como es el caso de los *topiles,* equivalentes a los alguaciles hispanos.

Las funciones del corregidor –auxiliado por un teniente, un alguacil, un escribano y un intérprete– se realizaban en estrecha relación con la vida de las comunidades indígenas y sus pobladores reducidos o congregados y cuyos representantes eran

[51] *Recopilación de las Leyes de los Reynos de las Indias, op. cit.,* t. II, Ley XIV, Título III, libro VI, folio 199.

los caciques o los supervivientes de la nobleza. Sin embargo, en contra de lo que sucedía tratándose del encomendero y de las órdenes religiosas cuya injerencia en las funciones del gobierno indígena eran nulas, el corregidor se encargaba en las comunidades indígenas de las elecciones para consejiles, del cobro del tributo por medio de los indígenas-delegados y de visitar los poblados de su corregimiento con miras de informar al virrey sobre la situación de su territorio; acercarse a la población a fin de impartir justicia, sobre todo en el ramo de tierras y aguas, cuyos litigios fueron tan frecuentes durante el siglo XVI, y no menos en los demás siglos coloniales.

En su personalidad de juez, el corregidor confrontaba a los pobladores indígenas y españoles en los tribunales, se tratara tanto de juicios penales como civiles, y decidía sobre la legitimidad de los títulos de quienes les habían desposeído de sus tierras y propiedades. Frecuentemente, la conducta poco honesta de los corregidores dio motivo a innumerables quejas, sobre todo por emitir fallos contrarios al interés de los nativos, despojados y vejados por los encomenderos y colonizadores, actuación penal que permitía a los corregidores un enriquecimiento rápido, en tanto su cargo era temporal y podrían ser removidos por el virrey en cualquier oportunidad.

En los juicios de tierras la defensa de los pueblos de indios era presentarse como agraviados en los juicios de residencia efectuados al terminar los periodos de gobierno de los corregidores, pero debido a su baja jerarquía social y política, los hispanos lograban despojarlos, impidiéndoles demostrar las violaciones cometidas en contra, con lo cual para los pueblos los litigios se hacían interminables y nunca pasaban de ser meros intentos de solución contenciosa-administrativa.

Una forma de medir la influencia económica, social y política del corregimiento dentro de la sociedad novohispana era considerar la extensión geográfica de cada uno de ellos y también el nivel de relación entre las autoridades hispanas y los pueblos de indios. Las instrucciones dadas a los corregimientos en el siglo XVI —dirigidas armónicamente y que requerían sólo llenar el nombre y la jurisdicción— conferían particular importancia a su intervención en los asuntos comerciales y en el cobro de tributos, en tanto era ésta una forma directa de reducir la capacidad económica de los indígenas y de aumentar la riqueza y propiedades de la corona. Tenían también entre sus funciones evitar que los indígenas continuaran con las prácticas idolátricas y de bigamia consideradas como delitos en contra del orden público. Los infractores eran considerados delincuentes de extrema peligrosidad y se les privaba de sus propiedades fueran tierras u otros bienes, obligándoseles a efectuar trabajos forzosos en el campo o bien a prestar servicios privativos de la libertad, en beneficio de los colonizadores.

Los corregidores percibían un sueldo asignado por el rey, señalado de acuerdo al monto de los tributos recabados en cada corregimiento.

La enseñanza de la religión dio motivo a diversos ordenamientos que debían ser cumplidos en las reducciones, tales como los relativos a la construcción de iglesias y monasterios, la enseñanza de la doctrina cristiana y la asistencia al personal eclesiástico. En las congregaciones, al igual que en las encomiendas, se debía enseñar a los indígenas la religión católica y a vivir conforme a las normas de vida y educación hispánicas, pero sobre todo, a cumplir con sus obligaciones en su calidad de tributarios del monarca. En consecuencia, al lado de las reducciones o congregaciones civiles, se crearon las reducciones de carácter eclesiástico, tal y como fueron los pueblos hospitales fundados por Vasco de Quiroga, en sí sumamente diferentes a las congregaciones ordenadas por los virreyes de Mendoza y de Velasco. Las primeras congregaciones desaparecieron, pero don Luis de Velasco las volvió a impulsar ordenando fueran creadas en todo el territorio novohispano. En ellas, las autoridades eclesiásticas ejercían el gobierno y administración de los pueblos reducidos.[52]

Este programa, llamado de congregación, supuso el restablecimiento de familias indígenas dispersas o de sujetos enteros en comunidades compactas. Se hizo para lograr la evangelización y la protección de las tierras indígenas, pues se argumentaba que sin congregación las tierras eran más vulnerables ante la codicia de los españoles. Otros argumentos esgrimidos por los frailes y obispos eran la eliminación de la ebriedad, la promoción de una vida indígena ordenada, y la protección de los indios bajo el derecho español.

[52] Chevalier, François, *La formation des grands domaines au Mexique*, *op. cit.*, pp. 95-104.

LA IGLESIA FRENTE AL PROBLEMA DE LAS REDUCCIONES

En el año de 1537, con motivo de la consagración del obispo de Guatemala se reunieron en México tres obispos: de Guatemala, de México y de Oaxaca. Juntos escribieron una carta al emperador pidiéndole apoyo a los misioneros en sus peticiones de ayuda al gobierno civil para lograr reunir a los indios en pueblos o repúblicas de indios, con la mira de lograr varios resultados. Entre ellos: facilitar el pago de tributos; restituir a los indígenas parte de la propiedad de sus tierras abandonadas en su huida hacia las montañas; educarlos en nuevas formas de trabajos agrícolas y ganaderos e introducirlos a las prácticas civilizadoras de la cultura hispánica: la evangelización y el trabajo productivo.[53]

En la junta eclesiástica de 1532, la jerarquía eclesiástica y los misioneros opinaron favorablemente sobre la capacidad intelectual de los indios y reconocieron sus habilidades para los oficios mecánicos y la agricultura.[54] Se pidió a su majestad que dotara con tierras y vasallos que las trabajaran sólo a los conquistadores y pobladores, tomándose en cuenta sus méritos. Se pidió también la revocación de las mercedes reales dadas en favor de aventureros no residentes.

Las peticiones anteriores, formuladas por las primeras autoridades eclesiásticas, fueron la respuesta efectiva a la primera política poblacional de Carlos V. La consolidación de la propiedad rural y agrícola, basada en el trabajo, contaba con el apoyo unánime de las autoridades civiles y eclesiásticas.

En la misma junta eclesiástica de 1532, se acordó y ordenó designar a la corona real, los pueblos que estuvieran en las minas y cerca de ellas, cuyas contribuciones en oro deberían ser para el rey; también las tierras sobrantes con las que se constituiría una reserva territorial para la creación de nuevos poblados. Los pueblos de indios debían quedar bajo la administración y conservación de los monjes de los monasterios construidos ex profeso.

Una vez agotado el oro poseído por la población indígena y la demás joyería, no quedaba más forma para acrecentar la

[53] Llaguno, S. J. José A., *La personalidad jurídica del indio y el III Concilio Provincial mexicano (1595)*, México, Porrúa, 1963, pp. 14-16.
[54] *Ibid.*, p. 13.

riqueza y la propiedad hispana que la explotación de la tierra y de las propias minas. Los conquistadores y migrantes, y después los eclesiásticos y los misioneros, variaron de actitud sobre las posesiones rurales y empezaron a fundamentar sus ganancias sobre la propiedad territorial ya asignada al rey.

Surgieron entonces en mayor número las encomiendas y los repartimientos, de los que fueron beneficiarios también los eclesiásticos y los misioneros. Esto trajo como consecuencia enojos y disputas entre la Iglesia y los conquistadores, y así, los frailes y la clerecía empezaron a acusar a Cortés y a sus hombres de abuso de autoridad y malos tratos a los indios. Cortés pidió a Carlos V, en su IV Carta de Relación, que no se distribuyeran mercedes de tierras, ni de hombres, encomiendas ni repartimientos a los misioneros y eclesiásticos, pues esto los desviaba de su misión evangelizadora. En realidad, los misioneros, con el criterio de que era necesario organizar a los indígenas para que vivieran en villas o poblados igual que como lo hacían en España los labriegos, se dedicaron a fundar suntuosos monasterios y a recabar tributos de los indígenas, diezmos y pensiones en cantidades tan considerables, que la denuncia externada por fray Pedro de Ayala, obispo franciscano de Nueva Galicia, acerca de que en los conventos —convertidos en sedes de gobierno y autoridad— no se respetaban los votos de pobreza, fue puntualmente cierta.[55]

Al celebrarse el Tercer Concilio Provincial mexicano en 1585, el criterio sobre la condición del indio había variado completamente. Dejó de ser el agricultor capaz y honesto para convertirse en un cristiano nuevo, corto de inteligencia y bajo por naturaleza, lo cual reclamaba para él un tratamiento de niño conforme a su poca capacidad e infancia en cuanto a la religión cristiana. Se vuelve a ordenar la congregación de indígenas en los pueblos, pero se instruye a los corregidores, a los alcaldes mayores y a los ministros eclesiásticos se prenda y se mande a prisión al indígena que huyere de su distrito o no se congregue, y se le envíe a su corregimiento o ministro para asentarlo en el sitio asignado y de lo cual ninguno se podía librar.

La medida obedeció, básicamente, a la necesidad de acabar con la custodia de tierras propiedad de las comunidades indígenas, que al ser abandonadas, pasaron a manos de las autori-

[55] *Ibid.*

dades eclesiásticas del lugar como tierras baldías, o bien, a manos de los españoles labriegos o hacendados.

De esta manera, el sistema de reclutamiento de población indígena encontró su justificación civil y eclesiástica, así como la encontraron también las instituciones paralelas del nuevo sistema de propiedad territorial: las encomiendas y las mercedes.

Sin embargo, el abuso de autoridad de los eclesiásticos en los pueblos de indios fue denunciado también en el Concilio Provincial de 1585, donde se exhibió la aplicación de cargas innecesarias a la ya raquítica economía del pueblo, tales como diezmos, sueldos o alimentos gratuitos a las comunidades.[56]

El Concilio llegó a diversas conclusiones por lo que respecta al derecho de propiedad territorial de los pueblos de indios, y así lo hace saber al rey, pidiéndole su fuerza e intervención para corregir los múltiples daños que aquejaban al indio en materia. Los resultados fueron parte del decreto promulgado con posterioridad, cuyo contenido dio margen a reformas legales y al establecimiento de cierto orden en materia de propiedad y uso de la tierra por parte de la Iglesia y los hispanos colonizadores.

Los memoriales y las consultas que sirvieron como trabajos previos al decreto se ocuparon, entre otros temas, de la guerra chichimeca, los repartimientos de medios y la reducción de indios a los pueblos.

Como se observa, habían pasado más de cincuenta años desde la reunión de la primera junta eclesiástica, y la lucha de la Iglesia por ayudar a corregir la tremenda situación del pueblo continuaba siendo infructuosa, tanto por la acción de los colonizadores como por parte de la propia clerecía.

Las quejas contra el tratamiento de los indios en las labores agrícolas y en los obrajes eran todavía más graves, y la situación en los pueblos de indios no había cambiado. El jesuita Juan de la Plaza señaló el sistema de la creación de los pueblos como injusto y hecho sólo para exigir tributos.[57]

[56] *Ibid.*, pp. 45-69.
[57] *Ibid.*, p. 47.

LEYES PROTECTORAS DE LA PROPIEDAD INDÍGENA

La pobreza existente en las reducciones o congregaciones fue tema de discusión en el Concilio de 1546. Como resultado de ello, se solicitó a Carlos V su intervención a fin de mejorar las condiciones de vida de los indígenas reducidos, y para tal efecto el Consejo de Indias intervino para que se dictaran diversas leyes protectoras de la propiedad indígena, en las cuales un aspecto principal fue la dotación de tierras en cantidad suficiente para constituir ejidos y dehesas aledaños a los pueblos de indios.

Otra forma legal para obligar a constituir la propiedad comunal de las congregaciones o reducciones fue la de obligar a los caciques y señores indígenas a ceder parte de sus tierras a favor de los pueblos constituidos dentro de sus propiedades, o bien, mediante la compraventa de terrenos particulares cuando no existían otros disponibles.

Las congregaciones y reducciones, como resulta lógico, se formaron contra la naturaleza de los indígenas, impidiéndoles el ser libres y obligándoles a vivir y trabajar en tierras donde no existía ningún vestigio anterior de cultura, ni tradición, donde no existían las características de la identidad de la tribu con el cosmos y con sus ancestros. El cambio fue brutal para los sometidos a esta forma de vida, y en consecuencia, no resulta sorprendente la falta de concierto y armonía que caracterizó la existencia de estas repúblicas de indios.

En documentos de la época se encuentran frecuentemente quejas sobre esta situación, no sólo por parte de los vencidos y sometidos, los indígenas y los caciques reducidos, sino aun por las propias personalidades hispanas, que con un criterio humanista se dolían de la situación.[58]

Sin embargo, los corregimientos instituidos fueron en realidad el medio de preservar las formas de producción agrícola prehispánica y funcionaron de esta manera durante los primeros decenios de la colonización. Al producirse las diversas circunstancias que frenaron el proceso normal del crecimiento capitalista de los colonizadores, éstos empezaron a ocupar las tie-

[58] Esto se rebela en toda la serie de relatos y denuncias, no sólo de los historiadores sino de los mismos frailes de la Nueva España. Iglesia, Ramón, *Columbus, Cortes and other essays*, Los Ángeles, University of California Press, 1969.

rras de los corregimientos o congregaciones y así la legislación de la corona se pronunció en actos protectores de la legítima propiedad territorial indígena, tal y como lo establece la Ley IX, Título III, libro VI de la Recopilación de Leyes de Indias, la cual considera que la propiedad indígena reconocida en las congregaciones o corregimientos como tierras que antes hubieran tenido se les restituyeren, aunque otras personas las tengan y posean con títulos, mercedes o licencias de los virreyes, desposeyéndolos de ellas, para que los indios las gocen y dispongan de ellas como propias a su voluntad. Posteriormente, con otra medida protectora de la propiedad indígena la Ley XV del mismo Título y libro, señala "que en las reducciones haya alcaldes y regidores indios". Por la ordenanza 49 de gobierno se dispone que para los oficios de gobernadores, alcaldes y oficiales de república (de indios) no puedan ser electos españoles, mestizos, mulatos, no otros mezclados, sino que hayan de ser indios de padre y madre, y los corregidores y alcaldes así lo certifiquen.[59]

Estas medidas, aunadas a las "que prohibían dar licencia a los indios para vivir fuera de su reducciones o que ningún indio de un pueblo se vaya a otro",[60] se hicieron necesarias a fin de preservar la fuerza de trabajo indígena terriblemente disminuida tras las epidemias críticas de 1575-1580, agravadas por la gran inundación de 1577 y el hambre debido a la escasez de maíz, resultante del alza de precios.

Autores como Broda y Hicks consideran que en esa época desapareció un noventa por ciento de la población indígena.[61]

Por la disminución de la población y la política empleada para crear las repúblicas de indios, éstas empezaron a desaparecer ya que sus habitantes prefirieron huir a las montañas o morir, antes de continuar sometidos a una forma de vida impuesta en contra de su sus creencias y convicciones.

DE LAS CAJAS DE CENSOS Y BIENES DE COMUNIDAD

Con este subtítulo se ocupa la Recopilación de Leyes de los

[59] *Ibid.*, Ley XV, Título III, libro VI, folio 200.

[60] *Ibid.*, Ley XVIII, Título III, libro VI.

[61] Gibson, Charles, *Los aztecas bajo el dominio español (1519-1810), op. cit.*, p. 460.

Reynos de las Indias del tema de las cajas de comunidad, y Prudencio Antonio de Palacios comenta al respecto: *Por no observarse las leyes de este título, se van acabando los indios y los tributos se cobran mal.*[62]

Las cajas de comunidad eran arcas con tres llaves donde se depositaban las utilidades que percibían por diversos motivos, tanto los pueblos de indios sobrevivientes, como los constituidos en base a una reducción o congregación, tales como eran: la venta o renta de sus tierras, la venta de productos agrícolas y ganaderos, la renta de las tierras de propios, o sea las señaladas para el sostenimiento de la república —los remanentes ocasionales del trabajo rotativo de sus habitantes de la venta de artículos diversos, como joyería, textiles, trabajo de madera— que realizaba la comunidad con el fin de obtener recursos y donaciones eventuales.

De estos fondos de comunidades se proporcionaba al clero alimento y otros artículos de uso religioso con los que se costeaban los gastos por las fiestas religiosas, gastos conocidos genéricamente como de ornato al culto. Se cubrían además, con bienes de la caja de comunidades, las misas privadas de los indígenas y todas aquellas misas a celebrarse en días de fiestas religiosas. En el siglo XVIII esta práctica obligó al gobernador y a otros funcionarios a que pasaran lista de asistencia en la misa dominical y que pagaran por cada asistente medio real de procedencia de los bienes comunales. Se pretendió con este sistema cubrir también los gastos civiles de las comunidades permitiéndoles sostener una economía de autosuficiencia. Sin embargo, este propósito no se cumplió debido, entre otras causas, a las acciones de los gobernadores y de los clérigos, quienes reclamaban participaciones extraordinariamente cuantiosas, tal y como lo aseverara en 1550 el arzobispo Montúfar en su carta al rey cuando afirmaba que la mayoría de lo que se gasta de las cajas de comunidades se gasta a voluntad del clero.[63]

En los siglos XVII y XVIII, afirma Gibson, los gobiernos indígenas gastaban regularmente las tres cuartas partes o más de sus ingresos en suministros para la Iglesia. Hacia 1700, la ley prohibió el gasto de fondos de la comunidad en fiestas y celebraciones. La cantidad de dinero guardado en la caja de comu-

[62] Palacios, Prudencio Antonio de, notas a la *Recopilación de Leyes de Indias*, *op. cit.*, p. 377.

[63] Gibson, Charles, *Los aztecas bajo el dominio español (1519-1810)*, *op. cit.*, pp. 218-219.

nidad manifestaba su poder, considerándose así que la comunidad más rica del valle de México en 1785 era la población de Tacuba y las más pobres las de Otumba y Ecatepec.

Como es de esperarse, esta política de explotación de los pueblos de indios ocasionó pobreza y su paulatina desaparición, obligando a los indígenas a remontarse a vivir en las montañas, contratarse como peones al servicio de las haciendas, o pasar a vivir a las ciudades en calidad de sirvientes o modestos comerciantes, pero siempre engrosando los grupos marginados y desprotegidos de la sociedad colonial.

2. LA PROPIEDAD ECLESIÁSTICA

Para analizar el desarrollo histórico de la propiedad territorial de la Iglesia católica en el virreinato de la Nueva España, debemos considerar la doble función social que tuvo a su cargo, heredada de la estructura eclesiástica hispánica, en la cual la Iglesia actuaba dividida en dos planos: el religioso propiamente dicho, y el económico-político. Esta paridad de funciones significó la realización de actividades distintas y consecuentemente delimitadas dentro de campos jurídicos específicos.

Las actividades religiosas correspondían, interna y formalmente, al Dereho civil o Derecho real dictado por los monarcas como norma general, válida para toda la población, con especificaciones privativas o fueros. Esta división existió desde la instauración del derecho feudal en todos los países cristianos del Medievo.

En base a lo anterior, la adquisición, administración e inversión de los bienes y propiedades de la Iglesia en España —y después sus colonias—, quedaron sujetas a las disposiciones de los monarcas y a las Leyes de Indias. En virtud del derecho del patronato real, los reyes determinaron el número de lugar de las misiones, los conventos y los monasterios, la repartición y aplicación de los diezmos y demás rentas eclesiásticas; el tiempo, modo y forma en que debían erigirse las iglesias, el número de ministros y beneficios con que debían dotarse la extensión, y límites de las diócesis, y sin examen ni oposición.[1] Más tarde en la Recopilación de las Leyes de Indias de 1680, aparecerían entre las leyes del Título VI, libro I, todos los mandatos y ordenamientos respectivos.

Al inicio de las actividades de la Iglesia católica, o sea, en el período conocido como cristiano primitivo, el Derecho ecle-

[1] Mora, José María Luis, "México y sus revoluciones", en *Obras sueltas*, México, Porrúa, S. A. (3a. ed.), 1977, t. I, p. 229; Zamora, Gómez Matías P., *Regio patronato español e indiano*, Madrid, Imprenta del Asilo de Huérfanos del S. C. de Jesús, 1897, pp. 287-292.

siástico, encargado de reglamentar las actividades ceremoniales y formales de la Iglesia, y el derecho natural, resultaban normas suficientes para atender las necesidades humanas primarias de sus sacerdotes. Posteriormente, debido al crecimiento del poder eclesiástico y su estructuración con carácter de órgano sociopolítico, al aumento de sus propiedades y a la acumulación de riqueza, se obligó a los postulantes de la doctrina jurídica de la Iglesia a formular una legislación adecuada para el manejo de dichos bienes por medio de cánones y bulas papales, según fuera la importancia del negocio.

La naturaleza de la legislación planteó a los monarcas hispanos una serie de contradicciones entre el poder de la corona concebido como derecho divino de los reyes y el derecho canónico, que hacía referencia al poder omnímodo del Papa y sus delegados apostólicos, normas interrelacionadas con el Derecho hispano, de tal forma que posteriormente se obligó a la Iglesia a someterse a la jurisdicción real cuando se tratara de negocios relativos a los derechos señoriales de posesión sobre bienes territoriales y riquezas en general.

Ejemplo de ello fue cómo en las primeras décadas del siglo XIV, el Papa Juan XXII ejerció fuerte dominio económico sobre la Iglesia española, llegando inclusive a comprometer al rey Alfonso XI al pago de sumas exageradas, a cambio de apoyar su cruzada contra el Islam. El cisma entre los papas de Avigñon y Roma provocó reacciones en contra de las exigencias tributarias de la Iglesia y la lealtad a Roma; permitió a los reyes de Castilla en 1418 y 1421, influir en los nombramientos eclesiásticos, concesiones que fueron reforzadas en 1456.[2]

Isabel y Fernando pudieron más tarde contar con el apoyo de la clerecía española cuando en 1470 lucharon contra las demandas impositivas del Papa. Esta situación provocó el debilitamiento de los obispos, quienes, ya a partir del obispo Lope de Mendoza (1400-1445), se habían visto obligados a entregar parte de sus propiedades territoriales a los nobles; hubo también el caso de gente de Iglesia que a cambio de su libertad entregaron sus castillos y propiedades a la corona.[3] Los Reyes Católicos para llegar al poder contaron con el apoyo del cardenal Cisneros; sin embargo, los monarcas delimitaron el

[2] Hillgarth, J. Nigel, *The Spanish kingdoms 1250-1516,* Oxford, Clarendon Press, 1978, vol. II, pp. 89-90.

[3] *Ibid.,* p. 94.

dominio territorial de la Iglesia mediante la promulgación de leyes acordes con su fuerza política adquirida al lograr la unidad territorial de España, posterior a la conquista de Granada, y a su triunfo sobre los nobles rebeldes.

Tal como ocurrió en la Edad Media en España, y en Castilla a lo largo del siglo XV, el poder real hubo de dictar leyes en el siglo XVI, encaminadas a impedir o atenuar la creciente acumulación de propiedad territorial en manos de la Iglesia instalada en la Nueva España. Para ello fue necesario controlar los diferentes recursos utilizados para la obtención de la propiedad territorial, bien por medio del ejercicio del Derecho del patronato real, bien por medio de las Leyes de Indias y disposiciones complementarias emanadas de las ordenanzas de los virreyes[4] y demás autoridades coloniales.

A la luz de las investigaciones de Costelos sobre la creación de la riqueza eclesiástica, tanto en España como en las Indias, se sabe que la Iglesia obtuvo sus beneficios por medio de tres acciones: *a*] la protección real que le dieron los monarcas; *b*] los beneficios eclesiásticos ejercidos a favor de la población católica, a cambio de los cuales recibían donaciones y retribuciones en carácter de obras pías y *c*] la organización interna de la propia Iglesia, de los juzgados de capellanías y de bienes de difuntos; en nuestro criterio añadimos una cuarta forma de obtención de beneficios: los bienes confiscados a los procesados por el Santo Tribunal de la Inquisición y cuyo destino era frecuentemente las propias arcas de eclesiásticos y obispos.[5]

LA CORONA DE CASTILLA Y LOS BIENES ECLESIÁSTICOS

El problema de la posesión de bienes territoriales por parte de la Iglesia fue motivo de preocupación desde los tiempos de vigencia del Código Teodosiano, cuyas leyes XX, XXII y XXVII revocaron la legislación de Constantino,[6] permitiendo dar por válido el testamento en el cual fueron declaradas herederas de los bienes de los fieles las propias iglesias. San Gerónimo,[7] in-

[4] Zamora Gómez, Matías P., *Regio patronato español e indiano, op. cit.*, pp. 309-319; Costeloe, Michael P., *Church wealth in Mexico,* Londres, Cambridge University Press, 1967, pp. 3 y 4.

[5] *Ibid.,* pp. 1-29.

[6] *Ibid.,* p. 293.

[7] *Ibid.,* pp. 293-294.

sistió en lo nocivo que resultaba para órdenes y seglares la posesión de bienes raíces. Sin embargo, a partir del siglo VI la clerecía fue habilitada para adquirirla, aunque posteriormente se hallara en la posesión de las enormes riquezas el origen de su decadencia y relajación, tal y como lo afirma el propio autor.

Las herencias de los fieles fueron la primera fuente de ingresos eclesiásticos. La segunda, fueron los bienes adquiridos por medio de las aportaciones permanentes de la población, tales como el diezmo, los beneficios y los derechos parroquiales. En España se empezó a pagar el diezmo en la Reconquista para poder costear el sostenimiento de la Iglesia, que carecía de recursos suficientes. Hasta el siglo XV no era ley general el pago obligatorio, aunque diversos monarcas concedieron a sus iglesias beneficios particulares provenientes de frutos de la agricultura y otros bienes diversos cómo manantiales, ríos, molinos y también de los frutos recibidos en las parroquias e iglesias señoriales.

La Iglesia cedía el disfrute de los predios de su dominio a través de diversos tipos de concesiones de tierras y de contratos agrarios, entre los cuales se aplicaban: la precaria data o prestataria, una cesión temporal o vitalicia semejante a esta llamada en Castilla *presta num* o prestimonio, el arrendamiento o *censaria,* la *enfiteusis* o arrendamiento a largo plazo, transmisible por herencia e incluso enajenable, conocida también como *forum* o foro y, finalmente, los contratos llamados *ad partionem,* por medio de los cuales el producto de la tierra se dividía entre el propietario y el labriego y el contrato *ed laborandum,* por el cual el labriego pagaba al propietario de un viñedo por su cultivo un censo o renta.[8]

Los labriegos sometidos al dominio señorial de la Iglesia estaban obligados, además, a realizar servicios personales, tales como faenas agrícolas en los campos de reserva señorial, trabajo en la construcción de los monasterios e iglesias, caminos y puentes del señorío y otra serie de actividades como la mandadería, el hospedaje y el yantazgo, o sea la atención, hospedaje y alimento a los señores eclesiásticos y sus acompañantes, siempre que lo requirieran.

Las leyes reales, por su parte, cuidaron de la aplicación del

[8] Valdeavellano, Luis G., de *Curso de historia de las instituciones españolas,* Madrid, Biblioteca de la Revista Occidente (4a. ed.), 1975, pp. 249-250.

diezmo eclesiástico, especificando los bienes y especies con los cuales debía cubrirse y manteniendo o derogando la costumbre sobre la periodicidad, el tiempo de pago, monto de la cuota y volumen de las especies. José María Luis Mora, indica en sus *Obras sueltas,* como:

> ...antes del siglo XVI los diezmos los cobraban sus iglesias, aunque hasta esta época no hubo ley general que obligase a los españoles a su pago. Los Reyes Católicos, Fernando e Isabel, fueron los primeros que en el año de 1480 y 1501 mandaron que los pagaran a la iglesia todos sus vasallos, Alfonso el Sabio, Alfonso XI y don Juan II habían expedido varios decretos mandando pagar los diezmos; pero sus providencias fueron especiales para Sevilla y Segovia...[9]

La propiedad territorial de la Iglesia

En la España cristiana de la Alta Edad Media la ocupación de la tierra reconquistada se sujetó a un régimen de tenencia que variaba según si la repoblación se hacía por particulares carentes de los medios necesarios para ocupar grandes extensiones de tierra o por los magnates, los grandes monasterios y las órdenes militares.

En el primer caso, se creó la pequeña propiedad territorial en el campo, y para el segundo se produjo con el tiempo la creación de los latifundios o señoríos y, posteriormente, el desarrollo del régimen señorial tal y como quedó estudiado, en el capítulo I de este trabajo, a pesar de la legislación preventiva en contrario.

Hasta el siglo IX predominó en Castilla la ocupación de las tierras baldías por población de escasos recursos económicos, de la cual derivaron pequeños propietarios rurales no sometidos a vínculo de dependencia respecto del propietario o "señor" de un gran dominio. Lo contrario ocurrió en la repoblación de las regiones del sur de España, donde las donaciones, las iglesias y monasterios, así como el despojo violento de las tierras de los pequeños propietarios por parte de los potentados y el repoblamiento efectuado por las órdenes militares, dieron origen a los grandes latifundios privados y eclesiásticos de Valencia y Andalucía.

A partir del siglo XI se inició en Castilla y León el proceso de concentración de la propiedad de la tierra mediante la su-

[9] Mora, José María Luis, *Obras sueltas, op. cit.,* p. 295.

cesiva incorporación de las pequeñas propiedades a un "señorío", que condujo finalmente a la creación del régimen señorial, fuera laico o eclesiástico.

Los monarcas de Castilla, para controlar el poder del clero y de las órdenes religiosas les impidieron poseer grandes riquezas, fuera en bienes inmuebles o en riqueza monetaria o bienes suntuarios. Existieron siempre leyes que regulaban la adquisición de bienes territoriales y así, desde el siglo XII, Alfonso VII en el fuero de Baeza estampó la siguiente ley:

> ninguno pueda vender ni dar a monjes ni omes de orden raíz ninguna a omes seglares, viede a vos vuestro fuero, e vuestra costumbre aquello mesmo.[10]

De la misma manera actuó Fernando III al finalizar la conquista de los moros, ya que, el 3 de marzo de 1241, en el fuero de Córdoba asentó que:

> En Córdoba ningún hombre, varón ni mujer, pueda vender su heredad a alguna orden, fuera inclusive a la Santa María de Córdoba, pudiendo vender sólo un bien inmueble señalado según el fuero de la Villa. En caso contrario el vendedor quedaba sujeto a la pérdida del dinero fuera el propio o su ponentes.[11]

Al iniciarse el siglo XIV, la propiedad de la tierra de los monasterios decayó, produciéndose el caso contrario; los nobles ofrecieron su protección armada a cambio de recibir en encomienda las posesiones en bienes y servicios de las órdenes; los nobles vivían de la tierra, sin raíces en ella, como propietarios ausentistas y encomenderos de las órdenes militares; Alfonso XI, durante su reinado, luchó contra la nobleza terrateniente y Pedro I, su hijo, continuó esta política. En cambio, Enrique II de Trastámara, a efecto de fortalecer su gobierno usurpador, buscó apoyo en la clerecía y para ello hizo donación de enorme cantidad de tierras realengas a los magnates eclesiásticos, con las que reconstituyeron nuevos dominios señoriales integrados bajo una economía relicaria, o sea aquella en la que la villa del señor era el centro de su actividad con arreglo al sistema de organización económica, social y jurídica del régimen señorial. En el caso de las grandes propiedades eclesiásticas, la propiedad territorial no fue compactada, sino distri-

[10] Mora, José María Luis, *Obras sueltas, op. cit.*, p. 207.
[11] *Ibid.*, pp. 307-308.

buida en unidades territoriales dispersas llamadas villas, heredades o decarias, cuya tierra o bienes abadengos cultivaban en provecho del señor –en este caso del abad, arzobispo u obispo–, los labriegos en estado de servidumbre o de semilibertad. Los señoríos de abadengo de mayor extensión fueron propiedad de los arzobispos de Toledo y del monasterio de Sahagún en el reino de León; el arzobispo de Santiago contaba, además de su enorme riqueza territorial, con un bien armado ejército.[12]

Las donaciones, diezmos y beneficios parroquiales

La Iglesia, como segundo Estado de la sociedad estamental, gozó de los privilegios reales, entre ellos, el de recibir regalías de la corona tales como donaciones de tierras del patrimonio real para fundar sus iglesias y monasterios. Pero además, los arzobispos, obispos y abades de los grandes monasterios –asimilados a la nobleza– se consideraban parte de la curia o gobierno real, y eran señores de grandes dominios territoriales o señoríos eclesiásticos. Sus privilegios eran semejantes a los de los magnates y se extendían también al bajo clero, el cual gozó de concesiones especiales y privilegios atribuidos a la nobleza, tales como: exención de tributos y cargas, servicios e indemnizaciones por delitos cometidos en su contra, denominados *caloña*.[13]

Las propiedades territoriales de la Iglesia, tanto las del clero regular como las de las órdenes monásticas, se constituyeron a partir de las donaciones de tierras realengas por parte de los monarcas y se incrementaron con las donaciones que de sus fincas y campos hacían los grandes y pequeños propietarios a una iglesia o monasterio para la salvación del alma del donante. Estas donaciones fueron parte importante de la costumbre y, como tales, un instrumento decisivo en la formación de los grandes señoríos eclesiásticos. La posición real denotaba una seria contradicción entre esta forma de actuar y el esfuerzo legislativo para impedir que se produjese la acumulación de riquezas.

Desde el punto de vista jurídico, las donaciones a eclesiásticos estaban sujetas a dos modalidades: se hacían efectivas des-

[12] Valdeavellano, Luis G. de, *Curso de historia de las instituciones españolas*, *op. cit.*, pp. 525 y 526.
[13] *Ibid.*, pp. 324-325.

pués de la muerte del donante, quien seguía en propiedad y posesión de la tierra donada con la limitación de enajenarla, y en este caso se llamaban bienes de almas, o bien, la donación se hacía con reserva de usufructo mientras viviese, a lo cual se llamaba censo prestatario.

La Iglesia, como los señores, hacía trabajar sus tierras a labriegos o colonos libres, a quienes las arrendaba, o a siervos rurales adscritos a sus propiedades, asignándoles un fundo para que lo cultivaran en provecho propio, vivieran de sus productos, le pagasen un censo y le prestasen determinados servicios artesanales y agrícolas en los campos de reserva señorial.

Además, la Iglesia contaba para el desempeño de las labores agrícolas con los oblatos o gentes libres, quienes al ofrecer sus personas o bienes a una iglesia o monasterio, quedaban bajo la protección de éstos en calidad de sometidos, y también con los colonos, quienes a cambio de cultivar los campos del dominio eclesiástico pagaban rentas y servicios.

Las confiscaciones del Tribunal de la Inquisición

La política real en materia inquisitorial tuvo su origen en la España medieval, cuando la sociedad cerrada e intolerante se dedicó a perseguir las herejías que afectaban la sociedad española. La Inquisición sirvió entonces como instrumento de consolidación de los ideales de la Iglesia, de la aristocracia militar y de la Reconquista.

Durante varios siglos prevaleció en Castilla y Aragón el criterio de la convivencia entre hispanos, moros y judíos, pero a partir del siglo XV se relegó a los judíos porque amenazaban el poderío económico y político de la nobleza feudal, al enriquecerse con el desempeño de las profesiones liberales y el comercio con tanto éxito, como para permitirse llegar a ocupar cargos altamente redituables en la administración pública, las finanzas y la clerecía; existía otro medio de enriquecimiento: su infiltración en las casas de alta alcurnia castellana y aragonesa mediante la celebración de matrimonio entre cristianos viejos y conversos. El deseo de eliminar a los conversos del estamento de la nobleza terrateniente, fue el que, como acertadamente señala Kamen, acrecentó el insignificante problema de los conversos, para llegar a acusarles de constituir una amenaza al orden social,[14] en virtud del poder económico y político adquirido por los mismos.

En el siglo xv se inició el movimiento en favor de la pureza de sangre; la discriminación racial culminó en 1492. De este modo, apunta el propio autor:

> la genealogía se convirtió en un arma social, y en una sociedad donde un buen árbol genealógico era el único pasaporte para tener una carrera en la Iglesia o el Estado, se puede decir sin temor a equivocarse que el racismo fue elevado a sistema de gobierno.[15]

A su vez, la aplicación política de este prejuicio racial motivó la confirmación de las propiedades y el destierro de los judíos de España.

En tanto la institución inquisitorial expresaba la ideología de la gran mayoría, fue apoyada por ésta. Sin embargo, tanto los cristianos viejos, como los conversos, criticaron los métodos empleados por el tribunal y dieron a conocer las verdaderas causas políticas y económicas que había detrás del celo por mantener la ortodoxia religiosa, y eran denunciados dada la frecuencia ya alarmante de los casos en que la Inquisición actuaba en base a la codicia de los bienes y propiedades poseídos por procesadores y condenados.

Para la aplicación de la política racial la corona de Castilla se valió del Santo Oficio y su Tribunal de la Inquisición, jurisdicción eclesiástica de valor para nuestro estudio, en virtud de haber sido uno de los medios por los cuales la Iglesia de la Nueva España también adquirió bienes y riquezas compartidos con la corona, guardados en la cámara inquisitorial, o invertidos en la adquisición de propiedades territoriales e inmuebles.

Este tribunal se instauró formalmente en Castilla y León en 1478, y en 1483 en Aragón, cuando los Reyes Católicos requirieron más capitales para afrontar la guerra de Reconquista. El Papa Sixto IV les autorizó el establecimiento de la Inquisición, confiriéndoles, además, facultades para nombrar inquisidores. En 1483 nombraron a Torquemada Inquisidor General para todos los estados de la corona de Castilla y Aragón.

Fue un tribunal mixto del Estado y de la Iglesia, creado como consecuencia de la necesidad de limpiar el territorio de los cristianos que por haber tenido tratos con moros y judíos

[14] *Ibid.*, p. 30.
[15] *Ibid.*

hubieran dejado de observar el estricto apego a la fe católica, también para vigilar el cumplimiento ortodoxo de la religión oficial del Estado español por parte de los nuevos conversos. Se componía por eclesiásticos peritos en el dogma y la moral católica que clasificaban a los acusados sin pronunciar sentencia de muerte, lo que correspondía a los jueces civiles conforme a las leyes del reino. Se perseguía a los heréticos y judaizantes y no a los católicos sino a los que, perteneciendo a la religión católica la abandonaban o ejercían en contra de ella.

A los inculpados se les aplicaban penas que iban desde la penitencia y la reconciliación hasta la relajación o pena de muerte en la hoguera. Para nuestro estudio resulta importante la confiscación de bienes como pena accesoria. Esta práctica proveyó de recursos muy considerables a los monarcas españoles y, especialmente, a las autoridades eclesiásticas de la Nueva España, haciendo aumentar sus propiedades en bienes muebles e inmuebles por medio de la confiscación de los bienes de judíos y judaizantes que emigran a estos territorios coloniales después de su expulsión de España, el propio año de 1492, infringiendo las disposiciones legales en contrario.[16] El enriquecimiento del clero también ocurrió por las considerables sumas de dinero recabado durante los juicios promovidos por el Santo Tribunal de la Inquisición en contra de judaizantes o judíos observantes de las leyes mosaicas, y bajo el pretexto de proveer de alimentos y habitación a los procesados.

Los monarcas de Castilla y el patronato real

El poder monárquico en la Alta Edad Media comprendía algunas atribuciones en materia eclesiástica debido a las dificultades para reanudar las relaciones con la sede apostólica de Roma después del sisma religioso de fines del siglo XIV y de la reconquista territorial. Así, al no poderse delimitar las esferas de actuación entre las potestades real y eclesiástica, los reyes se atribuyeron acciones correspondientes a la Santa Sede. Así, los monarcas tuvieron facultades para elegir obispos, señalar nuevas diócesis, restaurar otras, suprimir algunas y fijar y modificar las demarcaciones territoriales; también el poder real se adjudicó la facultad de fundar monasterios, de designar a sus

[16] Liebman, Seymour B., *The Jews in New Spain*, Florida, University of Miami Press, 1970.

abades y de decretar normas de disciplina eclesiástica sobre las costumbres y la moral del clero, entre las cuales se consideraba cierto control sobre la forma y volumen de adquisición de riquezas territoriales y bienes inmuebles.

En León y Castilla, la intervención de la potestad real en cuestiones eclesiásticas fue definitiva y se hizo manifiesta aun en la legislación donde se consagró el derecho de patronato, o sea, el derecho de presentar o proponer a los aspirantes a las dignidades y beneficios eclesiásticos. Este derecho fue concedido por el Papa Gregorio IX a Fernando III de León y Castilla en el año de 1236, y a Jaime I de Aragón en 1239. A fines del siglo xv, Inocencio VIII lo otorgó a los Reyes Católicos para que lo aplicaran en el reino de Granada e Islas Canarias y posteriormente, Alejandro VI, en las Indias Occidentales y tierra firme, con lo cual el derecho regalista de la monarquía se continuó ejerciendo en materia de propiedad territorial en las nuevas colonias.

El decaimiento del poder papal en España motivó a Fernando e Isabel a continuar las reformas eclesiásticas iniciadas por sus antecesores con miras a controlar el poder económico y social de la Iglesia. La creación de una Iglesia nacional los llevaría también a controlar la Inquisición, a expulsar a los judíos y a forzar la conversión de los mudéjares de Granada y Castilla y, en caso contrario, a forzar la ocupación de sus bienes y riquezas mediante su expulsión previa. El primer paso fue limitar el cobro de diezmos y primicias y por indulgencias y, en seguida, a restringuir la jurisdicción eclesiástica. En el cambio eclesiástico de 1478, los reyes presentaron ante la clerecía de Castilla y León las peticiones para tener el derecho de nombrar a los ocupantes de los puestos eclesiásticos, y en esta forma evitar los legados al Papa y a los nuncios, hechos en detrimento del patrimonio real; esta acción se motivó en la derogación del derecho del patronato real, dictada por Sixto IV en 1475, en contra de las acciones de los Reyes Católicos; Inocencio III en 1486, les restituye el derecho específicamente para la edificación y constitución de las nuevas iglesias en Granada, concesión que serviría después para instaurar la Iglesia en los nuevos territorios conquistados. De esta manera se restringió el derecho irrestricto sobre la propiedad territorial de la Iglesia.

El derecho del patronato real sobre todas las iglesias de España y las Indias fue otorgado a Carlos V en 1523 por el Papa Alejandro VI. Sin embargo, los fundarores fueron los Reyes Católicos. Quedó establecido legalmente en las Indias, en virtud de la disposición de Felipe II dada en San Lorenzo el 1 de julio de 1574 y ratificada por el monarca en Madrid el 24 de febrero de 1575. En esta ordenanza, el rey dice que en virtud del descubrimiento y de las bulas otorgadas a los Reyes Católicos, sus antecesores, el patronazgo eclesiástico le pertenece en todo al Estado de las Indias, que éste es único e indisoluble y reservado para siempre a los reyes y a la real corona, sin que pueda salir de ellos, ni por gracia o merced o cualquier otro privilegio; también considera que nadie puede ejercer derecho judicial o extrajudicialmente en ninguna cosa tocante al dicho patronazgo real.

INSTAURACIÓN DE LA IGLESIA EN LA NUEVA ESPAÑA

En concepto de Lucas Alamán, todo lo que se hizo para la introducción del culto católico durante la conquista, "puede verse más bien como prueba del celo, a veces imprudente, que animaba a Cortés, que como refuerzo sistemado dirigido al grande objeto de cambiar la religión establecida".[17]

Esto es, el aniquilamiento de la religión indígena tuvo, por parte de los conquistadores, más razones económicas y de aprovechamiento de las circunstancias que motivos de índole piadosa: Cortés y sus hombres querían para sí las mejores propiedades urbanas, las tierras agrícolas y las posesiones mineras que eran detentadas por los señores, la nobleza y el sacerdocio autóctonos. En consecuencia, era necesario —además de evangelizar— destruir la cultura y lo edificado para poder entrar en posesión de todo, como si con anterioridad no hubiera existido nada: ni religiones establecidas, ni organización social o estructura política, cuya manifestación fuera reconocida por los propios conquistadores. Por ello, fue indispensable acabar con dioses y templos, colegios y enseñanza, palacios y monarquía, *calpullis* y familia; en fin, con la cultura y sus estructuras sociales y económicas. Al decir de Orozco, el despojo mayor fue el de la tierra, consumado con esto el más inmoral y más infame de los pillajes.[18]

[17] Alamán, Lucas, *Disertaciones sobre la historia de la República Mexicana desde la época de la Conquista,* México, Imprenta José Mariano Lara, 1844, t. I, p. 130.

[18] "A lo menos el cultivo de la tierra podría ser un refugio para la

Con el tiempo, Cortés, adelantándose a la solicitud que hizo a Carlos V para manejar el patronato real, lo cual le fue negado, dio amplias facultades a las órdenes religiosas para establecer monasterios y colegios; con ello inició la difusión de la nueva fe católica.

La organización eclesiástica de la Nueva España hubo de adecuarse a las circunstancias propias en las cuales fue establecida la Colonia. Surgió de las instrucciones dadas por Carlos V a Nicolás de Ovando en su cédula del 26 de junio de 1523, en la que lo instruía sobre la forma en que debería ser organizada la vida comunitaria de los nativos en las nuevas poblaciones en donde habían de ser reducidos. Habría de construirse una iglesia, un cabildo instituido por nativos con los regidores correspondientes, hospitales y mercados. En septiembre 28 de 1534 el emperador giró instrucciones en este mismo sentido con respecto al poblamiento de Michoacán, en lo cual continuó insistiendo Felipe II, entre 1550 y 1590, en diferentes cédulas.

Por su parte, el obispo Zumárraga insistía también en la necesidad de concentrar a los nativos en los poblados con la idea de que, estando reunidos, sería más fácil su conversión a la religión católica. La junta episcopal de 1537, la eclesiástica de 1546 y el sínodo de la Iglesia mexicana de 1555 hicieron las mismas recomendaciones, como vimos en el capítulo anterior.

Por otra parte, la idea de la evangelización surgió del propio Cortés, quien lo solicita a Carlos V en la III Carta de Relación, pero en criterio de Ramón Iglesia el conquistador actuó motivado por otras razones:

> Escépticos, podríamos hoy preguntarnos si este deseo de convertir a los nativos hubiera sido tan ardiente si el oro no se hubiera descubierto en las nuevas tierras; pero estas reflexiones son ociosas. Uno no tiene que ser un lince para ver la sed de oro y riqueza que consumía a los conquistadores. Ellos son los primeros en admitirlo, siendo hombres rudos y francos, para quienes los intereses materiales no tenían que ser disfrazados bajo ideologías sofisticadas, como sucede hoy en día. Pero sería una persona prejuiciada, quien no reco-

actividad del pueblo conquistado. Privado éste de todos sus derechos políticos, podría conservar en el recinto del hogar las tradiciones de sus mayores, y hacer del terruño fecundado por su trabajo el lazo de unión entre el presente y el pasado, entre el pasado y el porvenir, y al legar a sus postreros la fecundada heredad, legarles también el recuerdo de la antigua patria y de la libertad ausente." Orozco Westano, Luis, *Los ejidos de los pueblos,* México, Ed. El Caballito, 1975.

nociera en ellos, al menos en los mejores, un deseo igualmente poderoso de traer la salvación a las Indias.[19]

Para lograr la finalidad de fortalecer la economía colonial, el emperador Carlos V necesitaba tener un control absoluto sobre el clero regular y secular que habría de emprender la conquista espiritual. Contando ya con el apoyo heredado de sus abuelos, los Reyes Católicos, sobre los derechos otorgados por los papas Alejandro VI y Julio II —quienes otorgaron el "real dominio de diezmos" y el "real patronato" en 1501 y 1508 respectivamente, y con ello confirieron el dominio efectivo y completo en el orden económico y jerárquico sobre la iglesia novohispana—, Carlos V utilizó la religión como el instrumento adecuado del Estado español para cimentar la conquista territorial de sus nuevos imperios; sus ejecutores serían Cortés y las órdenes religiosas.

Alamán considera a Cortés como el fundador de la Iglesia de la Nueva España y le reconoce el mérito de haber ordenado la construcción de las primeras iglesias con anterioridad a la llegada de los frailes de la orden menor. Ordenó se fundara la iglesia parroquial de la Villa de México-Tenochtitlan y la iglesia del Hospital de Jesús, construida en 1521. La primera, en el recinto del templo a Huitzilopochtli y la segunda al lado del propio hospital. Ambas se construyeron con los materiales de los templos indígenas destruidos.[20]

En su obra, Alamán hace una descripción muy detallada del arribo de las órdenes religiosas y de cómo con ellas ocurrió un cambio necesario en la política de colonización, aun en contra de la voluntad del capitán general y sus huestes militares, en tanto los frailes se ocuparon de evitar el maltrato a los indígenas y mejorar dentro de lo posible sus condiciones de vida.

La relación de Alamán resulta sumamente interesante porque contiene con gran exactitud los nombres de todos los varones cuyas actitudes dieron al indígena, por lo menos al principio de su labor, una imagen diferente de la conquista y del significado del establecimiento de la Colonia.

[19] Iglesia, Ramón, *Columbus, Cortés and other essays,* Los Ángeles, University of California Press, 1969, p. 173.

[20] El relato de Bernal Díaz del Castillo de cómo Cortés mandó hacer un altar, es un ejemplo ilustrativo de cómo se destruían los templos y a su vez servían como material para las nuevas construcciones españolas. Díaz del Castillo, Bernal, *Historia verdadera de la Conquista de la Nueva España,* México, Ed Pedro Robredo, 1939, t. I, p. 190.

La ocupación territorial de las órdenes religiosas

Las diferentes órdenes religiosas, desde su arribo en 1524, iniciaron la evangelización y junto con ella la ocupación paulatina del territorio mesoamericano.

En el mismo año, los frailes menores fundaron conventos y se hicieron de propiedades territoriales en dos zonas, sede de su actividad apostólica: el valle de México y la región de Puebla. En cada una de ellas instalaron dos monasterios de acuerdo con la gran importancia política y religiosa de las antiguas ciudades prehispánicas. Desde la Ciudad de México, los frailes menores empezaron a difundir la educación religiosa en Cuautitlán y Tepoztlán, en la región del valle de Toluca y Tula. Su monasterio de Tezcoco tuvo jurisdicción sobre Otumba, Tepeapulco y Talancingo; el de Tlaxcala sobre la importante región de Zacatlán, Jalapa y Verarcuz y finalmente, al de Huexotzingo se le dio jurisdicción sobre Cholula, Tepaca, Tecomochaco, Tehuacán y la Mixteca. Esta primera organización se modificó a la llegada de los franciscanos y con la expansión de las demás órdenes monásticas.

El periodo entre 1525 y 1531 fue el de mayor desarrollo del apostolado franciscano en la Nueva España y de la consolidación de la orden en la región de Puebla. En el valle de México fundaron los conventos de San Francisco de la Ciudad de México. En 1530 se establecieron en forma definitiva las misiones de la ciudad de Cuernavaca y del sur de la Ciudad de México, aunque el convento de Cuernavaca haya sido fundado en 1525, fecha en la cual los padres visitaron Ocuituco y Malinalco. En el propio año, el franciscano fray Martín de Valencia, y a pedimento de Caltzontzin, gobernante de Michoacán, visitó su provincia y, en 1526, llegó al lago de Chapala. A partir de 1531 los sitios más importantes del apostolado franciscano fueron: Hidalgo, Puebla, Nueva Galicia, Zacatecas y Durango.

Hacia 1524, y a petición del cardenal Cisneros,[21] los franciscanos enviaron misiones a la Nueva España con el propósito expreso de evangelizar a los habitantes de las tierras firmes descubiertas en las Indias. Cortés, por conducto del propio cardenal, había insistido en pedir a los monarcas la presencia de los misioneros para establecer la religión en lugar de la clerecía estructurada, en virtud de que el monto de los tributos exigi-

[21] Gibson, Charles, *Los aztecas bajo el dominio español (1519-1810), op. cit.*, México, pp. 102-103.

dos a la población por parte del clero vendrían a convertirse en una carga prácticamente imposible de sustentar por la población indígena, la cual también se vería imposibilitada de cubrir el pago de diezmos y primicias exigidos para el sostenimiento de la organización eclesiástica.

La organización eclesiástica

En cuanto a la organización eclesiástica, Cortés pide a Carlos V que, aprovechándose el viaje de los consejeros Antonio de Quiñones y Alonso Dávila, se proveyesen obispos y otros prelados para los oficios y culto divino. Pero en su IV Carta le dice al emperador "que mirándolo bien, le ha parecido que se debe mandar proveer de otra manera, y es que V.M., mande que vengan a estas partes muchas personas religiosas, muy celosas de la conversión de estas gentes, y que éstas se hagan casas y monasterios que debe suplicar a su Santidad, que a estas partes vinieren, uno de la orden de San Francisco, y otro de la orden de Santo Domingo, los cuales tengan los más largos poderes que V.M. pudiere".[22]

Alamán, comenta a este respecto que Cortés cambió de opinión debido al concepto muy poco ventajoso del estado de las costumbres del alto clero español en aquella época, pero en nuestro criterio estas razones obviamente no eran las verdaderas. A la ley de las investigaciones actuales, sobre el comportamiento de Cortés, sabemos que éste temía la injerencia de los obispos en los asuntos de su gobierno, tal y como fue demostrado desde la llegada de Zumárraga,[23] pero más debió temer la vigilancia del Santo Tribunal de la Inquisición.

Es posible que ello motivara, por el contrario, su defensa de la evangelización monástica como único medio para cristianizar a los indígenas, aunque tampoco esta actitud de apoyo a los mendicantes y su rechazo al establecimiento del clero regular le impidiera posteriormente enemistarse con las órdenes religiosas y limitarles su campo de acción.

[22] Cuevas, Mariano, P., *Historia de la Iglesia en México,* México, Ed. Patria, S. A., (5a. ed.), 1946, pp. 336 y 337; Cortés, Hernán, IV Carta de Relación, *Cartas de relación de la Conquista de América,* México, Ed. Nueva España, S. A., p. 463.

[23] *Ibid.*

La construcción de misiones

Durante todos estos años, la labor de las órdenes, además de la evangelización, consistió en establecer sus dominios religiosos y terrenos en las comarcas aledañas a las ciudades y villas más populosas. Es decir, construir un sistema de defensa para su labor evangelizadora. De esta manera crearon tres tipos de misiones: de ocupación, de penetración y de enlace.

Las misiones de ocupación se localizaban en un punto central estratégico: había misiones de ocupación franciscanas en Puebla, Michoacán y en Jalisco, cerca de la ciudad de Guadalajara; los agustinos las tenían en Michoacán y los dominicos en la Mixteca.

Las misiones de penetración fueron establecimientos precarios y esporádicos, edificados en regiones de difícil acceso, no pacificadas, con clima extremoso, o bien en los límites de territorios no conquistados. Tal es el caso de las misiones de los frailes menores establecidos en Guanajuato, los frailes evangelizadores en Oaxaca y los agustinos en el estado de Guerrero. Estas misiones participaban o acompañaban a la conquista militar, mientras que las misiones de ocupación la seguían y consolidaban.

Por último, las misiones de enlace formaban línea territorial de unión entre la ciudad de México y los conventos regionales. Así, los conventos dominicos de Oaxaca estaban unidos por medio de las instalaciones edificadas en Puebla, y los conventos agustinos de Morelos eran el enlace entre la Ciudad de México y los conventos de Guerrero. El mismo caso fue el de la misión de los agustinos en la región de Toluca, que servía de unión entre México y Michoacán.[24]

A estas edificaciones mayores deben agregarse la multitud de conventos construidos sobre las ruinas de los grandes centros ceremoniales y religiosos de Mesoamérica. La orden dada por Zumárraga de destruir los templos para construir la nueva religión y sus iglesias fue seguida fielmente en todo el territorio y así, en pocos años, se edificaron los conventos e iglesias señoriales de Churubusco, Xochimilco, Cuautitlán, Acolman, Texcoco, Tlaxcala y Huexotzingo, a los cuales podemos añadir también Cholula, Tula, Huexotla, Teotihuacan, Cuernavaca, Tepoztlán, Achiutla, Mextitlán y muchos más.[25]

[24] *Ibid.*, p. 78.

[25] Gibson, Charles, *Los aztecas bajo el dominio español (1519-1810)*, *op. cit.*, pp. 101-137.

Esta distribución territorial anárquica trajo como consecuencia la creación de grupos religiosos sustentados algunos en privilegios y ventajas y otros, distantes, pobres y aislados, que no tenían la menor influencia sobre las grandes regiones del país. Las órdenes consideraban territorios cerrados a su favor aquellos que les habían sido distribuidos y autorizados, a pesar de que muchas veces carecían de religiosos suficientes para la evangelización y, en otras ocasiones, la concentración de los frailes en las regiones privilegiadas con alta densidad de conventos construidos les hacía llevar una vida más señorial que conventual.[26]

Desde el punto de vista geográfico, las órdenes se distribuyeron en el territorio mesoamericano de la siguiente forma: *a*] los franciscanos dirigieron su apostolado hacia el sureste, este y noroeste del valle de México; la primera corriente hacia los valles de Puebla y Tlaxcala y la segunda hacia Hidalgo y Querétaro; también establecieron misiones en Michoacán; *b*] el apostolado de los dominicos se concentró básicamente en la región central del país donde ejercieron prácticamente un monopolio evangelizador. Su territorio fue: Puebla, la región mixteca y la zapoteca en conexión con la región sureste del valle de México; y *c*] el apostolado de los agustinos se dirigió hacia tres regiones: el sur, partiendo de Mizquic hacia Ocuituco, Jontelelco, Chetla, Tlapa y Chilapa en Guerrero; hacia el norte se dirigieron a los actuales estados de Hidalgo, Puebla y Veracruz, con conventos en la región de Pachuca y, finalmente, hacia la región de Meztitlán.[27]

Durante los primeros treinta años de su estancia, los franciscanos se ocuparon de consolidar sus misiones. Hasta después de 1570, los agustinos fundaron los conventos de Tlalnepantla, Xochimilco, Huejutla, Otumba, Tula, Zempoala, Cholula, Atlixco y Tehuacán. En 1528, los dominicos empezaron a administrar tres parroquias en territorio indígena: la del valle de Oaxtepec en el estado de Morelos, las de Chimalhuacán-Chalco y la de Coyoacán. Por esta misma época construyeron la parroquia de Izúcar de Matamoros y fray Domingo de Betanzos construyó el convento de Tepetlaostoc, entre Texcoco y

[26] Ricard, Robert, *The espiritual conquest of Mexico, op. cit.*, pp. 80 y 81, cita a Motolinía (Toribio de Benavente) OFM, *Historia de los indios de la Nueva España*, Londres, Kingsborough, *Antiquities of Mexico*, vol. 9, 1948.

[27] *Ibid.*, pp. 76-77.

Otumba. Correspondió a los dominicos la construcción del convento de Puebla en 1535 y en 1552 el de Yautepec. Se procedió, paulatinamente, a la construcción de los conventos más importantes de los valles de Puebla, Oaxaca, Morelos y Toluca.[28]

La dificultad de la lengua popolaca obligó a los agustinos a iniciar la evangelización de la región Matlalzinca hasta después de 1540, cuando fray Andrés de Castro fundó el convento de Villa de Toluca, y hacia 1555 el provincial fray Francisco de Bustamante fundó el convento Cinantincha; en 1558 el de Actozingo, cerca de Tepeaca; en 1559 el de San Juan Teotihuacan y en 1571 el de Tepetitlán, cerca de Tula; finalmente, hacia 1572 se inició la construcción del convento de Apan.[29]

La llegada de los jesuitas

En 1572 llegó la orden de los jesuitas a la Nueva España con la intención de convertir y educar a los indígenas. Para 1585 este deseo se había traducido en actividad misionera y trabajo educativo destinado primordialmente a proporcionar más sacerdotes tanto para la sociedad como para los obispados. Los jesuitas decidieron concentrarse en el adiestramiento previo en los seminarios, impartiendo instrucción en colegios y escuelas secundarias donde espiritual e intelectualmente podían formar a los jóvenes estudiantes a su propia imagen.

Esta política educativa, descrita por Denson Riley, condujo al cabo de los años a la formación del dominio territorial más extenso de la Colonia, pues las necesidades del sostenimiento de los grandes colegios jesuitas en el país trajo como resultado la creación de todo un sistema agrícola de alto rendimiento económico y ganadero que requería de una infraestructura territorial adecuada.[30]

Tanto la organización de los monasterios y conventos como la de los colegios de la Compañía, requirieron de un estatus privilegiado, obtenible en aquellas épocas sólo a través de la explotación de la tierra. El resultado fue, al decir de los estudiosos de estos problemas, José Ma. Luis Mora y Lucas Alamán, la gran concentración de propiedad territorial.

[28] *Ibid.*, pp. 64-67.
[29] *Ibid.*
[30] Denson Riley, James, *Hacendados jesuitas en México*, México, SEP-Setentas, 1976, pp. 14-15.

La nueva orden recibió desde su llegada extensos donativos por parte de la población que contaba con recursos económicos, y también de parte del clero.

Sus primeras instalaciones y adquisición de bienes raíces, las efectuaron en el propio centro de la Ciudad de México, a un lado de la catedral. Posteriormente se instalaron en Puebla, donde, gracias a los donativos del benefactor Melchor de Covarrubias, fundaron el colegio del Espíritu Santo en 1587. La Compañía fundó más tarde los colegios de San Idelfonso en 1625; el de San Ignacio en 1702 y el de San Francisco Javier dedicado a los misioneros que habrían de desarrollar su labor en las comunidades indígenas.[31]

Esta labor educativa debía contar lógicamente con el apoyo económico que le permitiera el desarrollo deseado por los propios estatutos de la Compañía.

La fundación más importante fue sin duda la del amplio complejo del Espíritu Santo en Puebla. Para su sostenimiento, los jesuitas al principio se contentaron con comprar bienes inmuebles que lógicamente constituyeron un capital redituable de gran consideración, pero posteriormente compraron grandes propiedades territoriales con las que, además del uso del suelo agrícola, adquirirían materiales para la construcción de todos sus inmuebles.

De su política educativa surgió su política económica de inversión que se beneficiaba con ingresos en efectivo procedentes de bienes de capellanías y obras pías para los censos registrados sobre inmuebles que gravaban con hipotecas, pero sobre todo, de la política de inversión en propiedades territoriales de quintas urbanas y subarrendamiento y de todo el sistema de explotación agrícola que instauraron en el centro del país.[32]

Las grandes explotaciones de las órdenes religiosas, en especial la de los jesuitas que llegaron a ser las mejor administradas en toda la Nueva España, eran más apropiadas para el abastecimiento de mercados debido a su producción constante, fuera de los años precarios, que las haciendas de propietarios laicos, generalmente mal administradas. Lo que también debe de haber contribuido al favorecimiento oficial de los jesuitas. La supresión total o parcial del diezmo aumentó considerablemente sus ganancias en las explotaciones agrícolas.

[31] Ewald, Úrsula, "Las propiedades rurales del colegio del Espíritu Santo en Puebla", en *Estudios sobre la hacienda colonial en México,* Wesbaden, fray Steiner Werlog Gmbh, 1976, p. 7.

[32] *Ibid.,* p. 11.

Antes de su expulsión, los jesuitas tenían constituidas misiones en Sinaloa, Chihuahua, Sonora y las Californias; tenían éstas importancia estratégica para la protección de fronteras del país y también contribuyeron a la exploración y colonización de vastas regiones desligadas del centro del virreinato.

EL PATRONATO REAL EN LAS LEYES DE INDIAS

Se ha referido cómo Cortés solicito a Carlos V el derecho del patronato real para organizar la evangelización y consolidación del poder de la Iglesia. Posteriormente, en su viaje a España, reiteró ante el monarca su deseo de manejarlo, lo cual causó disgusto al emperador y fue quizá uno de los motivos del distanciamiento posterior ocurrido entre ambos y que culminó en los secuestros y pérdida de parte considerable de sus propiedades en la Nueva España.[33]

Las quejas del conquistador por el comportamiento de los eclesiásticos y los prelados, el relato de la situación existente hecho por los frailes defensores de los indios, los informes negativos de los oidores y otras autoridades respecto del enriquecimiento de la Iglesia en general, motivaron a Felipe II a dictar diversas cédulas y provisiones reales sobre su poder absoluto en el manejo del patronato real y la forma como debía comportarse la Iglesia y el resto de la población, comprendidas todas las autoridades tanto civiles como eclesiásticas. Las disposiciones del monarca pasaron a constituir, junto con disposiciones posteriores, el Título VI del libro I de la Recopilación de las Leyes de los Reynos de las Indias.

Constituyeron el Título, cincuenta y una leyes, entre las que destacan las relativas a las ordenanzas pronunciadas por Felipe II a lo largo de su reinado en materia del patronato real y que forman la mayor parte del texto recopilado.

De las ordenanzas pronunciadas por Carlos V pasaron como leyes: la XIV, donde se pide a los arzobispos y obispos nombren para cubrir sus vacantes a personas hábiles y que en los cabildos y la Ley XX, que manda que en las Indias ningún clérigo

[33] Iglesia, Ramón, *Columbus, Cortés and other essays*, *op. cit.*, pp. 202-206.

pueda tener a un tiempo dos dignidades, beneficios u oficios eclesiásticos.

En 1552 Carlos V pronunció una ordenanza autorizando a los presidentes de las audiencias de la Plata y Quito para que ejercieran el real patronazgo en sus distritos, pero prohíbe expresamente a las justicias, oficiales y encomenderos, se entrometan a nombrar curas. Esta ordenanza fue ratificada por Felipe II en 1565 y constituyó la Ley XXVI del Título analizado.

En virtud de la orden existente en el sentido de favorecer con el ejercicio eclesiástico en las Indias sólo a los originarios de Castilla y León, Carlos V y Felipe II autorizaron también este privilegio a los clérigos de Navarra, según el texto de la Ley XXXII; finalmente, la Ley XXXXII transcribe las ordenanzas de ambos monarcas pronunciadas a efecto de que no se puedan dar ni vender capillas en las iglesias catedrales de las Indias sin licencia real, y que a la puerta de las casas reales, escuelas, hospitales y otras propiedades del patronazgo no aparezcan más armas, escudos y blasones que los reales, excluyendo a las iglesias, seminarios y monasterios.

Felipe II estableció la prohibición de erigir, fundar o constituir iglesias catedrales, parroquias, monasterios, hospitales o iglesias votivas en las Indias sin licencia expedida por él mismo, y revocó en esta misma Ley II cualquier permiso anterior dado a favor de virreyes o cualquier otra autoridad. En la Ley III se reservó el derecho de presentar a la santa sede los arzobispados, obispados y abadías de las Indias y de otras dignidades por designación propia mediante providencia del Consejo de Indias (Ley IV).

La mayor parte de las leyes restantes se ocupan de diversos procedimientos a observar en el ejercicio y cumplimiento del patronato real, destacándose la Ley XXII donde se ordena que el colector general de las misas, limosnas, entierros, diezmos, oblaciones y obvenciones de las catedrales, sea nombrado por el patronato; la Ley XXVII autoriza a los gobernadores el nombramiento de sacerdotes doctrineros, o en su caso, lo autoriza a los virreyes y presidentes. La Ley XXX dispone que los clérigos y religiosos doctrineros deberán hablar la lengua indígena del lugar de adscripción; la Ley XXXI transcribe la ordenanza de Felipe II, dada en 1583, prohibiendo nombrar en oficios eclesiásticos a los extranjeros sin carta de naturalización, y asimismo, la Ley XXXII prohíbe el nombramiento de clérigos o doctrineros parientes de los encomenderos en las villas o pueblos de indios.

Felipe II autorizó mediante la Ley XXXIII que si alguna persona de su propia hacienda quiere fundar monasterio, hospital, ermita, iglesia o cualquiera otra obra pía en las Indias, se le dé licencia para ello y se cumpla la voluntad de los fundadores, quienes deberán poseer el derecho de patronazgo sobre estos bienes. En 1591 ordena que el administrador o mayordomo de estos bienes se nombre conforme a lo dispuesto en la ley del patronazgo real y deja su cumplimiento en manos de los virreyes y presidentes.

En 1593, en el texto de la Ley XXXVI de este Título, reconoce haber tenido noticia que en la educación de los indios y enseñanza de la fe católica no ponen todo el cuidado que deben los ministros de la doctrina, a pesar de haberse creado las iglesias necesarias, de haberse pugnado a los ministros y doctrineros las rentas competentes y ordenado a las cajas reales cubrieran lo necesario, tanto para los obispos como para los clérigos religiosos y doctrineros. El problema está en que se les encarga más indios de los que pueden atender para enseñarles la doctrina y administrarles los santos sacramentos, por lo que deben modificar el procedimiento y no tener bajo su jurisdicción más de cuatrocientas almas.[34]

De acuerdo con un documento de la época, recopilado por el padre Cuevas y publicado en su obra *Historia de la Iglesia en México,*[35] todas las ordenanzas de Felipe II incluidas en el patronazgo de 1574 y otras posteriores, difícilmente se cumplían, dando ello lugar a informes de los visitadores que provocaban extrañamientos a los provinciales de las órdenes, en el sentido de recordarles que deberían cumplir con las leyes del patronato real. Tal es el caso de las provisiones reales dictadas en 1586, cuando el virrey Manrique de Zúñiga recomienda, por orden de Felipe II, se cumplan las disposiciones relativas al procedimiento para nombrar y remover a los religiosos, que se deje a las órdenes la administración y conversión de los naturales y que sus obligaciones religiosas serán no sólo con los indios sino también con los españoles que habiten entre ellos, a título gratuito y no mediante la demanda de una caridad compensatoria.

[34] *Ibid.*, folio 28v.

[35] Cuevas, Mariano, *Historia de la Iglesia en México, op. cit.*, t. II.

LAS FUENTES DE ADQUISICIÓN DE LA PROPIEDAD DE LA IGLESIA

Desde el punto de vista de la estructura económica, las principales fuentes de ingreso de la Iglesia fueron las propiedades territoriales constituidas por fincas rústicas y urbanas y el manejo de los capitales financieros adquiridos por medio de: *a*] la dotación de los beneficios simples, de aniversarios perpetuos de finados y fiestas eclesiásticas; *b*] las contribuciones impuestas, constituidas por diezmos y primicias; *c*] los derechos parroquiales como limosnas, bienes de difuntos, obras pías y fundaciones piadosas, constituían los orígenes de la propiedad productiva, invertida fuera en bienes raíces o de capital financiero, en operación básicamente aplicada a créditos hipotecarios, préstamos con garantía prendaria y censos, operaciones efectuadas casi siempre con intereses elevados. La mayor parte del sistema se manejaba por medio del juzgado de capellanías, como institución encargada de aplicar las normas jurídicas en materia de asuntos piadosos, y del juzgado de bienes de difuntos, encargado de resolver los juicios hereditarios de quienes muriesen en las Indias *ex testamento* y *ab intestatos*.[36]

En las Indias como en España, se debe de agregar una cuarta fuente de ingresos para la Iglesia, que fueron los bienes confiscados a las juzgadas por el Santo Tribunal de la Inquisición, y que si bien en España pasaban a formar parte del patrimonio de la corona, en las Indias parte importante de ellas se quedaban en manos de los miembros del tribunal y otras autoridades eclesiásticas.

Las Leyes de Indias se ocuparon de reglamentar varias de estas actividades económicas y así se encuentran en la Recopilación de las Leyes de Indias diversos títulos dedicados a materia tales como: bienes de difuntos, obras pías, fundaciones piadosas, derechos parroquiales, bienes y propiedades del Santo Oficio.

Generalmente en la Ley I de los diferentes títulos, los monarcas Carlos V y Felipe II hicieron constar, a guisa de introducción, las razones aducidas para reglamentar las materias, objeto de la ley, y explicar cómo, debido a la situación prevaleciente en sus posesiones de Indias, se hacía necesario legislar a efecto de proteger los intereses de sus vasallos o de los parientes herederos y sucesores, frente a quienes ejercían el poder

[36] Costeloe, Michael P., *Church wealth in Mexico, op. cit.*, t. II.

eclesiástico y, en consecuencia, ejercían sus facultades legales para disponer de personas y bienes cuando la materia correspondía a las autoridades y tribunales religiosos. Tal era el caso de asuntos relacionados con juzgados de capellanías, juzgados de bienes difuntos y Tribunal de la Inquisición, ya mencionados.

Con el deseo de fundamentar las hipótesis sostenidas en el curso de este trabajo, procederemos en los separados siguientes a analizar el contenido de estas materias.

Obras pías, derechos parroquiales o de estola

Entre los diversos beneficios recibidos por los monasterios e iglesias se encontraba el recibido por el derecho de los entierros dentro de sus instalaciones. Carlos V, en julio de 1523, autorizó este derecho a los arzobispos y obispos de las Indias; en 1577 Felipe II manifestó que los clérigos cobraban más derechos de los debidos, motivo por el cual se han dejado de solicitar este tipo de entierros en perjuicio de las órdenes religiosas. Por ello, en el Título XVIII libro I de las sepulturas y derechos eclesiásticos de la Recopilación de las Leyes de Indias, establece que no se deben causar agravios a los herederos por cobros excesivos de los clérigos, quienes deben de cobrar lo justo.

Respecto a las obras pías tales como mandas, misas y legados que los españoles difuntos en las Indias hubieren ordenado, Carlos V pide a los virreyes, presidentes, audiencias y gobernadores se entreguen las cantidades correspondientes a la corona, sin descontar una cuarta parte a favor de los fondos eclesiásticos y autoridades indianas; la disposición comprendida en la Ley III de este título se complementa con el contenido de la Ley IV, en la que se ordena se aconseje a los vecinos gasten en obras pías en sus lugares de origen y les señala a los prelados su obligación de restituir los excedentes de las obras a los herederos y beneficiarios.

Correspondía a los juzgados de capellanía cobrar y vigilar el cumplimiento de esas disposiciones.

M. P. Costeloe,[37] en su estudio sobre juzgado de capellanías en el arzobispado de México, señala la función de prestamista y banquero que además el Juzgado tenía, prestando dinero de

[37] Costeloe, Michael P., *Church wealth in Mexico, op. cit.*

las obras pías a particulares, gobierno o corporaciones. De esta forma la Iglesia apoyaba notablemente la vida económica mexicana y precisamente con sus créditos a particulares.

Otros tipos de contribución impuesta por la Iglesia fueron los derechos parroquiales o de estola, con los cuales se gravaba por partida doble a los fieles, quienes además estaban obligados a cubrir el diezmo.

El juzgado de capellanías retenía y manejaba los ingresos en efectivo que recibían las órdenes como donaciones, legados y otras obras pías en cuanto el capital o usufructo fijado por un donador se destinaba a fines religiosos o sociales por medio de esta institución. Para este efecto se utilizaban generalmente los censos, o sea, la pensión anual que recibía la Iglesia como producto de explotación de una propiedad territorial cuyo dominio directo y útil continuaba a favor de quien lo estipulaba. En ocasiones, la Iglesia daba a cambio una cantidad de dinero, con la cual el censo se convertía en una hipoteca, temporal o perpetua, fuera irredimible o muerta, o bien, redimible o al quitar. Generalmente el rédito percibido por la Iglesia era de cinco por ciento del capital, o sea, el monto de los intereses.

En la colonia, ante la ausencia de bancos comerciales, el dinero destinado a la inversión circulaba con rapidez. Los mineros y los comerciantes enriquecidos operaban entre sí con pingües ganancias gracias a diversos factores, entre ellos, la fuerza de trabajo barata que les permitía un plusvalor considerable y el auge de la Nueva España en materia marítima, que le permitió abrir las puertas del servicio europeo en el resto de América Latina. El capital así obtenido se invirtió en la adquisición de tierras cuya propiedad cambió de manos de dos maneras: o creándose los grandes latifundios que pasaban de una a otra generación, o bien, en la inversión de haciendas y ranchos menores, cuya compraventa se realizaba a través de los juzgados de capellanías. El caso de la Iglesia fue el primero: las órdenes invirtieron sus bienes en la adquisición de ranchos y haciendas agregadas unas a otras hasta constituir latifundios, cuya propiedad permaneció en sus manos casi hasta la desamortización de los bienes del clero, producto de las Leyes de Reforma o, tratándose de los jesuitas, hasta 1779, fecha de su expulsión.

El prestamista más importante de la Colonia era la Iglesia. Algunas décadas después de la Conquista, esta institución había ya formulado toda una política financiera que le permitía la inversión de sus fondos provenientes de ganancias, obras pías y donativos en la imposición de capitales a réditos (préstamos hipotecarios) con garantía prendaria sobre bienes inmuebles y propiedades territoriales; como una mera excepción aceptaba fiadores.[38]

El período para el que se otorgaban los préstamos variaba entre cinco y nueve años con un interés del cincuenta por ciento. La consecuencia más importante de esta actividad económica, independientemente del proceso de acumulación de la propiedad eclesiástica, fue el freno que se estableció a las operaciones financieras encaminadas al préstamo hipotecario, limitando el desarrollo de actividades industriales o de formación de capital, lo cual hubiera producido resultados más productivos a la economía virreinal; los financiamientos de los préstamos clericales excluían expresamente esta posibilidad de otorgar créditos a empresas industriales.[39]

Las operaciones crediticias de la Iglesia eran, por lo demás, seguras, y permitían una rápida capitalización de los intereses acumulados sobre las propiedades inmuebles, los cuales llegaban a ser de tal magnitud que cuando persistía la deuda, dichas propiedades acababan por pasar a manos de la Iglesia. La actitud monopolista del capital clerical se acentuaba por la reticencia de los prelados para conceder préstamos a las autoridades gubernamentales y para reconocer y pagar los intereses generados por los créditos, tal actitud denuncia el sentido capitalista del clero quien intentaba asegurar al máximo la devolución del crédito y la percepción de los exagerados intereses.

Para confirmar la tesis hasta aquí expuesta en cuanto a la influencia eclesiástica en la economía de la Nueva España, se presenta a continuación la siguiente tabla en la cual se asienta el valor cuantitativo del capital financiero en poder del clero en el año de 1804, al que se debe agregar los altos valores de las propiedades en muebles; la tabla fue presentada por Abad y Queipo a don Manuel Sixtos Espinosa del Concejo de Estado y director de Hacienda en la metrópoli.[40]

[38] Semo, Enrique, *Historia del capitalismo en México*, México, ERA (9a. ed.), 1980, pp. 175 y 176.

[39] *Ibid.*, pp. 176-179.

[40] González de Cossío, Francisco, *Historia de la tenencia y explotación del campo desde la época precortesiana hasta las Leyes del 6 de enero de 1915*, México, Biblioteca del Instituto Nacional de Estudios Históricos de la Revolución Mexicana, 1957, t. I, p. 392.

La disponibilidad de los bienes de difuntos

En la Ley VI del Título VI del libro I, de la Recopilación de Leyes de Indias se consignó una ordenanza de Carlos V relativa a la prohibición dada a la justicia real de intervenir para ayudar a hacer efectivo el derecho a la cuarta parte de los bienes de difuntos cuando éstos se hayan destinado a mandas para edificar iglesias dotaciones de capillas, fundaciones o capellanías y demás obras pías.

En este Título se insertan dos leyes relativas a los derechos que deben ser cobrados por los curas y doctrineros a los indios administrados (Ley X) y la Ley XIII, libro I, a la que se hace referencia en páginas anteriores, la cual se ocupa de señalar que los doctrineros no deben solicitar de los indios más de lo establecido de acuerdo a lo estipulado en los concilios, por la costumbre legítima y por los aranceles de derechos; consecuentemente, ordena a los prelados no cobrar de los doctrineros la cuota funeral y de obligaciones, donde no hubiere costumbre legislativa. Leyes dadas por Felipe II en 1594, y ratificadas por Felipe III.

Los juicios recurridos por inconformidades o violaciones al derecho hereditario y participación de la Iglesia y las órdenes en estos bienes se llevaban ante el juzgado de bienes de difuntos. Los bienes no reclamados eran remitidos a España a disposición de la casa de contratación de Sevilla, organismo encargado de hacer llegar a los herederos los bienes a su favor.

El derecho parroquial se creó con el fin de dotar de un medio económico de sustentación a las parroquias; sus cuotas se regían por la Ley de aranceles, específica para cada diócesis, aranceles que, tanto en España como en la Nueva España, debían ser aprobados por el rey.

Pero lo más significativo en cuanto a la adquisición de bienes y propiedades fueron las *fundaciones piadosas,* las cuales, por el indudable beneficio económico que representaron para la Iglesia, se multiplicaron considerablemente en el país, pero sobre todo en el valle de México, ya que:

"en sólo el tiempo en que fue arzobispo, don Juan Pérez de la Serna, 1613, se fundaron en Méjico y sus cercanías quince conventos, iglesias, hospitales y ermitas gastándose en los edificios y dotes respectivos, la suma de dos millones doscientos veintisiete mil ducados". Constituían bienes de fundaciones piadosas, las dotes de monjas, fincas rústicas y urbanas, capitales pertenecientes a capellanías, colegios, hospitales, cofradías y otras instituciones cuyo origen como capital piadoso fueron legados testamentarios. "El barón de Humboldt que tuvo a su disposición muchos registros en que constan este género de fundaciones piadosas, valuó la suma total de los capitales en más de cuarenta millones de pesos fuertes. Sin embargo, es necesario convenir en que cuando este ilustre viajero visitó nuestro país, excedían los capitales impuestos al efecto en más del duplo de su cálculo, pues para formarlo ni tuvo a la vista todos los registros de los obispados, ni éstos son tan importantes y exactamente seguidos, que no falta en ellos una gran parte de las fundaciones piadosas."[41]

De esta manera, en tres siglos el capital eclesiástico se convirtió en el sustentador más sólido de la propiedad financiera y fundaria de la Colonia.

En 1526 Carlos V ordenó que los herederos de los españoles que muriesen en las Indias *ex testamento* o *ab intestato* adquirieran los bienes que, conforme a derecho, les correspondieran. En el texto de la Ley I del Título XXXII de la Recopilación de las Leyes de Indias dictada en 1550,[42] el monarca reconoce que en la administración y cobranza de dichos bienes se ha procedido con notable descuido, omisión y falta de legalidad, mediante las usurpaciones de ministros que los han invertido en su propio beneficio y en perjuicio de los interesados. A efecto de corregir tal situación, ordena a los virreyes y presidentes de las audiencias de las Indias, nombrar anualmente un oidor de confianza para que cumpla funciones de juez, administrador y ejecutor de los bienes de difuntos, así como para que cubriera a la corona las partes correspondientes a partir de la Ley II de este Título y hasta la Ley XIX; se establece el procedimiento a seguir en el cumplimiento de esta ordenanza de Carlos V, la cual fue ratificada y complementada con otras ordenanzas sobre la materia dadas por Felipe II, Felipe III y Felipe IV.

Los textos de las leyes XX, XXXII y XXXIV, se ocuparon de la creación de las cajas reales, encargadas de custodiar los bienes recibidos una vez separados los correspondientes al quinto del rey; debiendo quedar debidamente registrados en un libro especial tanto los bienes recibidos como los entregados al recaudador real.

[41] Riva Palacio, Vicente, *México a través de los siglos,* México, Ed. Cumbres, S. A., 1958, p. 17.

[42] *Recopilación de las Leyes de los Reynos de las Indias, op. cit.,* t. I, Ley I, Título XXXII, libro II, folio 281.

Los defensores de bienes de difuntos y los escribanos del juzgado no tenían acceso a los bienes ni derecho a recibir comisión por su cobro, reservándose este privilegio a los oficiales reales encargados de la caja, a quienes además se autorizaba a recuperar el importe de los créditos a favor del fallecido así como cualesquiera otros bienes materiales que se encontrasen en posesión de terceros al producirse la muerte del autor de la herencia, con la obligación de hacer entrega cabal de todo ello a la propia caja.

Cada año, de acuerdo con la Ley XXXIII, los virreyes y presidentes recibían cuentas de los bienes depositados en las cajas, a efecto de remitirlos a España.

El rey Felipe II prohibió en la Ley XXXVII a quienes tuvieran a su cargo el manejo de difuntos, tales como albaceas o tenedor de bienes, salir del lugar donde residían; a los infractores se les sancionaba con la pérdida de todos sus bienes, de los cuales pasarían la mitad a la caja y al fisco reales y la otra mitad a los herederos del difunto. La misma prohibición regía para quienes, encontrándose en esta situación, desearan trasladarse a la Nueva España; ello con objeto de proteger el buen manejo de los bienes.

Entre las leyes más importantes destaca la Ley XV, recopiladora de la ordenanza de Felipe II dada en enero de 1584, en la cual el rey dice:

> que está enterado de cómo el dinero procedente de las mandas y legados para obras pías y misas de quienes fallecieron en las Indias, se queda en la casa de contratación de Sevilla, y el presidente y el juez lo han distribuido en algunas ocasiones en hospitales y monasterios de Sevilla y entre las personas que les han parecido, con lo que las disposiciones de los difuntos no se cumplen, ni ejecutan en sus tierras por los herederos y albaceas y entre sus deudos, vecinos y amigos como se debe hacer. Ordenamos que las dichas mandas se entreguen a los herederos de los difuntos... y no se queden en las cajas.[43]

Felipe III agregó a esta orden que el empleo hecho por el juez eclesiástico de los bienes se haga con información de oficio y entregue testimonio de ello al heredero o albacea. El propio rey, en 1609, mediante la Ley XXII, reconoce que de haber algunas veces mandado tomar el dinero de bienes de difuntos en las Indias y viajes, el juzgado no ha cumplido con las memo-

[43] *Ibid.*, t. III, Ley XV, Título XIV, libro IX, folio 207 v.

rias y obras pías ordenadas en los testamentos, por lo cual las autoridades "por ningún motivo, aunque sea con pretexto de nuestro real servicio, tomen ni consientan tomar ningún dinero ni efectos de bienes de difuntos, prestado, ni en otra forma, pena de privación de oficio, lo contrario haciendo."[44]

Felipe IV estableció el periodo de acción de los jueces de bienes de difuntos a dos años y les obligó a enviar al Consejo de Indias un informe anual sobre sus actividades y lo recibido por las cajas; también ordenó —Ley XXXXIII— que de existir parientes evidentes del difunto, el juicio respectivo se llevara ante la justicia ordinaria y no ante los juzgados de bienes de difuntos. A efecto de lograrse un correcto manejo de los bienes y la distribución conveniente entre los herederos, la casa de contratación de Sevilla quedó encargada por este monarca de intervenir en los actos correspondientes, una vez hubiera retenido lo suficiente para cubrir posibles cuentas de acreedores.

En tiempo de Felipe II se dictó la orden prohibiendo al juez y demás autoridades, realizar cambios y otras operaciones financieras con el oro existentes en las cajas, ni tomar ninguna cantidad prestada para sí mismos, ni a favor de terceros, aunque fuera a título de ganancia o lucro modesto. El título XXXII termina con varias leyes donde se dan instrucciones para el traslado de estos bienes de un continente al otro.

El Título XIV del libro IX, t. III de la Recopilación de Leyes de Indias se ocupa por su parte del manejo de los bienes de difuntos por parte de la casa de contratación de Sevilla, de la custodia, registro y distribución de lo recibido entre el fisco y los herederos, según corresponda en derecho.

Los argumentos esgrimidos por los monarcas a través de los siglos XVI y XVII sobre la disposición equívoca que hacía el juzgado de bienes de difuntos y las autoridades encargadas de los trámites sobre bienes de difuntos, obras pías y funciones parroquiales, como eran las mandas y legados para misas, son una manifestación elocuente de su uso equivocado en perjuicio de los vasallos hispanos. La importancia de estos comentarios es su procedencia: las propias autoridades reales.

El Tribunal de la Inquisición

En la Nueva España, el Santo Tribunal de la Inquisición tuvo

[44] *Ibid.*, Ley XXII, folio 208 v.

como propósito la defensa de la religión impuesta por el Estado español, o sea, la protección de la religión católica, interpretada de acuerdo con la organización eclesiástica hispánica, principalmente contra los blasfemos, herejes y judaizantes. Dicho tribunal tuvo especial importancia en tanto fue establecido para vigilar la ortodoxia religiosa de los pobladores hispanos, de los conversos —generalmente judíos— y de la población aborigen, convertidos al catolicismo en virtud de la evangelización y el bautismo. Debía vigilar, además, las prácticas religiosas de la nobleza indígena a fin de poder estructurar la nueva sociedad novohispana.

Desde la conquista de las Indias Occidentales, los obispos trataron en sus respectivas diócesis de corregir las malas costumbres y la mala conducta de los indígenas, colonos y eclesiásticos. Por ello es que podemos hablar de causas de fe anteriores a la fundación oficial del Santo Oficio de la Inquisición en la Nueva España. A esta época se le conoce como la *etapa apostólica* de la Inquisición, y comprendió el periodo de 1536 a 1570. Anterior a esta etapa sólo encontramos un proceso en 1522 y dos edictos fechados en 1523.[45]

Los frailes franciscanos y dominicos actuaron en 1520 como jueces eclesiásticos, autorizados por la Bula Omnímoda del Papa León X, fechada el 10 de abril de 1521.[46]

Con el tiempo, la "mala conducta" de los pobladores —conquistadores y colonos— llegó a tal grado que fray Bartolomé de las Casas y fray Antonio de Valdivieso escribieron a Felipe II una carta en la cual relataban la situación de la fe en la Nueva España y quejosos le decían: "La Iglesia acá está tan perdida y abatida, y la obediencia a los prelados tan olvidada, que opinamos en verdad, que nos parece muy poco menos que estar en Alemania."[47] Recordemos que Alemania era considerada por los españoles como la nación más hereje de Europa.

Surgió así la necesidad de una institución reconocida ampliamente que devolviera el orden a las nuevas tierras, y la más adecuada era la ya probada institución del Santo Oficio de la Inquisición. La Iglesia y las autoridades pidieron a Felipe II la fundación del Santo Tribunal en la Nueva España, a fin de

[45] Ramírez, Guillermina Montes, *Catálogo del ramo de Inquisición*, México, Archivo General de la Nación, 1979, t. I, p. 4.

[46] Greenleaf, Richard E., *The Mexican Inquisition of the sixteenth century*, Alburquerque, University of New Mexico Press, 1969, p. 8.

[47] Medina, José Toribio, *Historia del Tribunal del Santo Oficio de la Inquisición en México*, Santiago de Chile, Imprenta Elzeveriana, 1905, p. 13.

atemorizar y enmendar la conducta de los pobladores. La respuesta del monarca fue pronta. El 25 de enero de 1569 dictó la real cédula que creaba los tribunales en sus dominios de ultramar.[48]

La Ley I, Título IX, libro I, dice textualmente: "Fundación del Santo Oficio de la Inquisición en las Indias." El 26 de diciembre de 1571, Felipe II dictó la siguiente Ley: "Que los tribunales del Santo Oficio de las Indias asistan en las ciudades de Lima, México y Cartagena." Ese mismo año llegó a México el Inquisidor mayor de la Nueva España: don Pedro Moya de Contreras,[49] comenzando con ello la etapa de poder absoluto del Tribunal del Santo Oficio de la Inquisición en la Nueva España. Sin embargo, a pesar de las quejas de los frailes sobre la condena de la Inquisición en los asuntos de fe relacionados con la población aborigen; a partir de entonces la Inquisición se dedicó exclusivamente a vigilar la observancia de la fe de la población hispana, la cual incluía un número considerable de conversos de origen portugués radicados en la Nueva España quienes buscaban nuevas oportunidades de vida compitiendo, al decir de Kamen,[50] con los comerciantes hispanos y ante quienes deseaban ocupar cargos en la administración pública y eran sus delatores potenciales.

A este respecto, Zavala señala cómo, al igual de lo ocurrido en España, la clerecía de la Colonia tuvo que actuar sobre las autoridades civiles para ayudarlos a preservar la fe, estableciéndose una verdadera cooperación entre la Iglesia y el Estado; como resultado, el ejercicio de las funciones inquisitoriales permitió la injerencia del Santo Oficio de la Inquisición en la vida política, enfrentándose a quienes deseaban obtener el dominio político-económico de la Nueva España. El poder y la riqueza que adquirió el Tribunal fue motivo de críticas por parte del Consejo de Indias, tal y como se desprende de la petición que hizo esta autoridad a Felipe II sobre encomendar el Tribunal en manos de personas de satisfacción, experiencia y edad madura... que garantizaran la honestidad y los manejos.[51]

[48] *Ibid.*

[49] *Recopilación de las Leyes de los Reynos de las Indias, op. cit.*, t. I, Ley III, Título XIX, libro I, folio 92.

[50] Kamen, Henry, *La Inquisición española*, Barcelona, Grijalvo, 1967.

[51] Zavala, Silvio, *Las instituciones jurídicas en la Conquista de América, op. cit.*, p. 54.

Las confiscaciones de bienes propiedad de judaizantes, herejes y blasfemos

Los primeros judíos llegaron al Nuevo Mundo con Colón. El navegante zarpó del Puerto de Palos el 1 de agosto de 1592 y la última expulsión de los judíos de España y Portugal coincidió con su salida. Durante los cinco años de los descubrimientos, se hicieron frecuentes viajes de Europa hacia La Española y Cuba que traían entre los emigrantes a judíos ocultos bajo nombres falsos que llegaban con el propósito de establecerse en las nuevas comunidades.

Los Reyes Católicos y los demás monarcas españoles, con excepción de Carlos V, concedían derecho de emigrar a las Indias Occidentales sólo a los católicos españoles. Para emigrar se necesitaba de una licencia y los judíos moros o extranjeros debían obtenerla ilícitamente.

En septiembre de 1501, Fernando e Isabel dictaron un decreto instruyendo a fray Nicolás de Ovando para que los judíos, moros, cristianos nuevos, herejes y reconciliados no pudieran emigrar a las Indias. Carlos V, en 1522, decretó que los judíos conversos no podían ir a las Indias. El primer edicto que prohibió la entrada a la Nueva España de cristianos nuevos, judíos, moros y otros herejes, o descendientes de reconciliados o relajados por el Santo Tribunal, data de 1523.[52]

Evidentemente, la situación de los judíos conversos en España los obligó a emigrar a las nuevas tierras, utilizando para ello toda clase de subterfugios y así lograron llegar primero a las islas y después a la Nueva España y a Perú, para vivir durante el siglo XVI en tranquilidad, poblando todo el territorio. Liebman considera que en 1545 habitaban en la Nueva España 1385 españoles de los cuales cerca de 300 eran judíos, de tal forma que se corrobora la información de Francisco Fernández de Castillo,[53] en el sentido de que en 1550 había más judíos en la Ciudad de México que católicos, contándose incluso con la presencia de un gran rabino. Como ocurrió en España, al llegar los judíos a los territorios americanos se ocuparon principalmente de actividades comerciales y financieras en la Ciudad de México y poblaciones aledañas. Desarrollaron el comercio de ganado y el tráfico mercantil con América del Sur y Europa. Aparentemente, la Ciudad de México era una meta desea-

[52] *Ibid.*, pp. 46 y 47.
[53] Liebman, Seymour, B., *The Jews in New Spain, op. cit.*

ble para quienes habitaban en otras colonias del Nuevo Mundo por el auge agrícola y minero. Durante el siglo XVI, y especialmente en el reinado de Felipe II, los judíos gozaron de libertad relativa para establecerse en el nuevo continente y adquirir en el mismo, todo tipo de propiedades territoriales e inmuebles. Sin embargo, en septiembre de 1561, el monarca pronunció un edicto[54] en el cual quedó establecida la confiscación de todas las propiedades personales de los judíos, a efecto de cubrir con ello –dado el caso –los gastos de los juicios y proteger a sus familias. Como ya mencionamos, los bienes confiscados se vendían en pública subasta y del producto se entregaba parte a la corona y parte al Tribunal de la Inquisición.

La propiedad secuestrada fue una gran fuente de ingresos para el Santo Tribunal, y ocasionalmente, para llenar las arcas de los inquisidores. El secuestro comprendía todos los bienes muebles e inmuebles, inclusive la ropa y otras pertenencias personales. Los bienes que eventualmente hubieran quedado en posesión de los herederos, podían ser nuevamente secuestrados por motivo de nuevas acusaciones contra el procesado. Los daños recaían entonces en los nietos, quienes perdían la propiedad heredada. Quedaban sujetos a secuestro todos los bienes adquiridos después de la fecha en que el procesado empezara a observar el rito herético, de tal manera que se podía despojar de los mismos a poseedores pacíficos adquirentes de buena fe.[55]

Las propiedades de los judíos se extendieron en Tlaxcala donde, en virtud de la existencia de centros textiles, se desarrolló el comercio de exportación. En Puebla, principalmente en Tepioca y Amoxoc, así como en Oaxaca y Yucatán, fueron propietarios de tierras y ganados y establecieron comercios importantes.

En 1626 y 1635 se confiscaron propiedades de judíos en Michoacán, Sinaloa, Zacatecas, Texcoco y Campeche, donde residían familias propietarias de instalaciones agrícolas, muchas de ellas emigrantes del Perú y Venezuela.[56]

Durante la década de 1640 y 1650 se produjeron los más severos autos de fe de la Nueva España. Ello se atribuyó a diferentes causas: primero, a la conspiración de los judíos portugueses habitantes del Perú y Nueva España quienes, de acuer-

[54] *Ibid.*, pp. 101 y 102; 121-123.
[55] *Ibid.*, p. 102.
[56] *Ibid.*, apéndice A.

do con los judíos radicados en Holanda, pretendieron derrocar a las autoridades religiosas y administrativas de la Nueva España para convertirla en una colonia del recién independizado Portugal; y segundo, a los rumores de la llegada del Mesías, personificado por Gaspar Vaez, noticia perjudicial a todas luces a los intereses de la Iglesia[57] a pesar de su ingenuidad.

En su estudio, Haring y Lea inciden sobre la posición de los intereses económicos de la Iglesia y la Inquisición unida, además, a los intereses de los criollos iniciados en los asuntos comerciales, para quienes la competencia con los judíos resultaba desventajosa y perjudicial pues éstos prácticamente dominaban el ramo mercantil y comercial hacia la mitad del siglo XVII.[58]

Medina, estudioso del Santo Oficio de la Inquisición en las colonias americanas, ofrece, a su vez, datos reveladores de la avaricia de la Inquisición y muestra cómo el Santo Tribunal se fue apropiando de las grandes fortunas judías de la Nueva España.

A este respecto comenta:

> Iban a llegar en México, como decíamos, los grandes días del Santo Oficio con la celebración de los autos de fe de mediados del siglo XVII, que a la vez que permitiera a los inquisidores exhibirse con toda la fuerza de su poder les produciría dineros suficientes y sobrados para salir de la situación precaria de fortuna en que hasta entonces habían vivido.
>
> Sus predicciones respecto a la fortuna de los reos resultaron fallidas en el primer momento... Pero como estaban los inquisidores bien informados de que eran realmente ricos, cayeron en cuenta de que tenían ocultas sus haciendas por el temor en que se hallaban de que el virrey se los hubiese confiscado con motivo del levantamiento de Portugal; y así, a fin de que pareciesen, procedieron a publicar un edicto amenazando con censuras hasta la de los que no denunciasen los bienes de los portugueses.[59]

[57] *Ibid.*, pp. 225 y 228.

[58] Haring, Clarence H., *The Spanish empire in America,* Nueva York, Harcoort, Brace and World, 1963; Lea, Henry C., *History of the Inquisition in Spain,* Nueva York, MacMillan and Co., 4 vols., 1907.

[59] Medina, José Toribio, *Historia del Tribunal del Santo Oficio de la Inquisición en México, op. cit.,* p. 173.

LA EXPANSIÓN DE LA PROPIEDAD RELIGIOSA

Desde los albores de la Conquista, Hernán Cortés manifestó sus temores sobre el efecto negativo que provocaría el manejo de bienes por parte de la Iglesia, así se lo hace saber a Carlos V en el año de 1524:

> Vuestra sacra majestad mande que vengan a estas partes muchas personas religiosas como yo he dicho, y muy celosas deste fin de la conversión destas gentes, y que destos se hagan casas y monasterios por las provincias que acá nos pareciere que conviene, y que éstos se les dé, de los diezmos, para hacer sus casas y sostener sus vidas, y lo demás que restaren dellos sea para las iglesias y ornamentos de los pueblos donde estuvieren los españoles, y para clérigos que las sirvan, y que estos diezmos los cobren los oficiales de vuestra majestad, y que tengan cuenta y razón dellos y provean dellos a los dichos monasterios e iglesias, que bastarán para todo y aun sobre harto de que vuestra majestad se puede servir; y que vuestra alteza suplique a su majestad conceda a vuestra majestad los diezmos destas partes para este efecto, haciéndolo entender el servicio que a Dios Nuestro Señor se hace en que esta gente se convierta, y que esto no se podría hacer sino por esta vía, porque habiendo obispos y otros prelados, no dejarían de seguir la costumbre que por nuestros pecados hoy tienen, en disponer de los bienes de la Iglesia, que es gastarlos en pompas y en otros vicios y dejar mayorazgos a sus hijos o parientes, y aun sería otro mayor mal, que como los naturales destas partes tenían en sus tiempos personas religiosas que entendían en sus ritos y ceremonias, y éstos eran tan recogidos, así en honestidad como en castidad, que si alguna cosa fuera desto a alguno se le sentía, era punido como pena de muerte, y si ahora viesen las cosas de la iglesia y servicio de Dios en poder de canónigos u otras dignidades, y supiesen que aquellos eran ministros de Dios y los viesen usar de los vicios y profanidades que ahora en nuestros tiempos, en esos reinos usan, sería menospreciar nuestra fe y tenerla por cosa de burla, y sería tan gran daño, que no creo aprovecharía alguna otra predicación que se le hiciese.[60]

Por cédula de Carlos V, contenida en la Ley x, Título xii, libro iv de la Recopilación de Indias, prohibió la adquisición de bienes por parte de la Iglesia, previendo quizá el enorme poder que podría adquirir de permitírsele la libre adquisición de propiedades. "Repártanse las tierras sin exceso entre descubridores y pobladores antiguos y sus descendientes que hayan

[60] Cortés, Hernán, *III Carta de Relación*, *op. cit.*, pp. 462-464.

de permanecer en la tierra, y sean preferidos los más calificados, y no las puedan vender a la Iglesia, ni monasterio, ni a otra persona eclesiástica, pena de que los hayan perdido y pierdan, y puedan repartirse a otros."[61]

En 1562 se pronunció una nueva cédula por medio de la cual se reglamentó la clase de bienes que podían adquirir los religiosos en la Colonia en la cual se previene que por ningún modo se les permita que se apropien los de los indios.

Durante el gobierno de Carlos V se emitieron varias cédulas restrictivas a la percepción de ingresos por parte de la Iglesia, como por ejemplo: se prohibía el pago de diezmos personales, comprendiendo tanto a españoles como a los indios; se disponía que el indio tan sólo pagase los diezmos a que estuviese acostumbrado, sin excederse en el monto de sus pagos; se ordenaba que los prelados procedieran atentamente y las reales audiencias cuidaran que a título de éste no recibieran daños, agravios, ni vejaciones, y por último, se prohibía el rediezmo.[62]

La misma condición de escasez del erario impedía a la corona aplicar en toda su extensión las disposiciones ordenadas por ella misma en el sentido de prohibir a la Iglesia obtener propiedades territoriales. En 1538 —como se ha visto— su majestad autorizó a la Iglesia y a los frailes y clérigos a gozar provisionalmente de las propiedades o rentas destinadas en otro tiempo a los ídolos y a los templos indígenas, pero a partir de 1542, las mercedes de caballería o de estancias otorgadas por los virreyes llevaron constantemente la cláusula de prohibición de venta de los bienes recibidos a clérigos, frailes o miembros de la Iglesia.

En julio de 1562, una nueva cédula obligó a las órdenes a deshacerse de todos los bienes, tierras o explotaciones que poseyeran en los pueblos de indios, pero con la curiosa compensación —como escribiría Chevalier—, de que podrían recibir donativos o legados en el distrito de las villas de españoles provenientes de éstos. El citado autor comenta "se abría así una puerta que luego sería imposible cerrar".[63]

Al iniciarse el siglo XVII, el virrey de México fue compelido a informar acerca del rápido acaparamiento de las tierras por

[61] *Recopilación de las Leyes de los Reynos de las Indias, op. cit.*, t. II, Ley X, Título XII, libro IV, folio 102.

[62] *Ibid.*, t. I, Ley XXIV, Título II, libro I.

[63] Chevalier, François, *La formation des grands domaines au Mexique, op. cit.*, p. 183.

los religiosos, pues el rey sabía que éstos poseían la tercera parte de los bienes raíces, adquiridos gracias a las fundaciones de minas, dotes de los novicios, legados y compras. Las protestas de los oidores fueron infructíferas, como las de la Paz de Vallecillo, quien se negó entre 1607 y 1608 a confirmar la posesión de las tierras a los conventos e iglesias de la Nueva Galicia, aunque no les obligó a devolverlas. Más tarde, a petición de Solórzano y Pereyra para que se aplicara la ley que prohibía la adquisición de bienes raíces, la corona debió ceder, y en virtud de la necesidad de recabar dinero de sus colonias, ordenó se cobraran las composiciones de tierras no sólo de la propiedad civil, sino también de la Iglesia.

El ayuntamiento de México pidió a Felipe IV en 1644, le concediera que no se fundaran conventos de monjas aduciendo:

> que es excesivo el número y mayor el de los criados que tienen. Que las haciendas de los conventos de religiosos se limiten, y se prohiba al adquirir de nuevo; y se lamenta de que la mayor parte de las haciendas está con dotaciones y compras en poder de religiosos y que si no se pone remedio en ello, en breve serán señores de todo.[64]

Éstos no fueron sino conatos de limitar la desmesurada riqueza del clero, el cual al tener como función básica la evangelización, se convirtió en el *factotum* de la conquista y apoyo natural del poder militar y civil. De esta suerte, los religiosos ocultaban bajo el pretexto de la evangelización sus desmedidas ambiciones en materia de adquisición de propiedades de muebles e inmuebles, olvidados totalmente o ignorantes de su antigua profesión e instituto, y agregaba:

> Contra gloria y decencia de su orden, ponían su principal estudio en adquirir villas, y tierras, y posesiones, y molinos, e iglesias, altares y beneficios, y en recibir y dar feudos y homenajes, tener labradores por colonos y tributarios, y cuidar de sólo dilatar sus términos y debiendo ser su cuidado y conversión de cosas del cielo, se mandaban y confundían de todo, poniéndole en las del mundo tan temporales.

En México, el ayuntamiento no estaba conforme con la rápida expansión de la propiedad de las religiones y en una carta dirigida al rey en 1636 manifiesta los principales problemas que han resultado de esta situación:

[64] Chavero, Alfredo, "Historia antigua de la Conquista de México", en Riva Palacio, Vicente, *México a través de los siglos, op. cit.*, pp. 16-18.

Desde el año de mil y quinientos y setenta, ha continuado esta ciudad súplicas a su majestad se sirviese de prohibir que las órdenes mendicantes de Santo Domingo y San Agustín y los padres de la Compañía de Jesús, no se apoderasen de las casas y haciendas de esta ciudad, porque los vecinos no tenían ya qué comprar ni sobre qué dejar a sus hijos patrimonios para la conservación de sus familias y que durasen las haciendas en sus descendientes, con que veían obligados a dejárselo en reales, y como los hijos de esta tierra son de condición tan pródiga lo consumen y acaban de manera que lo que los padres adquirieron fenece en los hijos sin pasar a los nietos y se oscurecen las noblezas y familias porque como el nervio principal para conservarlas son los caudales y rentas, en faltando éstas enflaquecen y se traban aquéllos, con que resultan los inconvenientes que se dejan ponderar; y aunque los padres conocen las naturalezas de sus hijos y quisieran perpetuar lo adquirido, como no hay en este reino más que seis géneros de haciendas que son casas, labores de panes, molinos, ingenios de azúcar, ganados mayores y menores de los primeros tienen los dos conventos de Santo Domingo y San Agustín el número que consta por testimonio, de manera que esta parte no pueden llegar a efectuar sus intentos de imponer ni comprar posesiones por estar las más, con los censos de los conventos de monjas, obras pías y capellanías; y las haciendas de panes no son estables por la declinación de los indios y no haber otro género de gente que las cultive; los molinos poseen también en todos los lugares y contornos de esta ciudad las dichas religiones y las misas los ingenios de azúcar, los ganados menores, en mucha cantidad los padres de la Compañía; de manera que conmensurado tienen por lo menos el tercio de todo, y siendo estas haciendas bastantes para el alimento del reino si se quisieran acrecentar otras en el estado presente y que hoy tienen las provincias por el consumo grande de indios se exponían los fundadores a no tener útil de los gastos que hiciesen, a que se añade que cada día van pocos años será suya la mitad del reino, cuyas rentas están exentas de todos tributos y de los diezmos de la iglesia, que apenas puede sustentarse con los que goza, por ocasión de los muchos que las dichas religiones poseen.

Por todo lo cual se ha de suplicar a su majestad se sirva de prohibir a las dichas religiones el poder comprar casas, ningún género de haciendas ni admitir donaciones de ellas gravando por perdido a los poseedores que vendieren a convento, iglesia o monasterio, pues por derecho les está prohibido y mandado que el fiscal de su majestad, luego que conste de haberse hecho la venta, o donación lo denuncie y se aplique a la real cámara y si fuere otro el denunciador se aplique la tercia parte y que los señores virreyes no den licencia a ninguna religión para fundar hacienda ninguna, y que los que tienen molinos de pan e ingenios de azúcar y crías de ganado no puedan ser para más que el sustento de la religión sin venderlo por menudo ni por mayor, y en los molinos beneficien menester para su sustento prohibiendo a el seglar no mezcle con el eclesiástico, con lo que se atajará si ya no todo la mayor parte y podrán los demás fundar y criar con seguro de que tendrán gasto y ocupación y se irá corrigiendo tan grande exceso.[65]

LA MAYOR PROPIEDAD ECLESIÁSTICA: LAS HACIENDAS DE LOS JESUITAS

Como hemos analizado a lo largo de este capítulo, la Iglesia en México, durante el período colonial, controlaba grandes extensiones de tierras y de propiedades en general. El ejemplo más claro es el de los jesuitas, que decidieron, como los agustinos, no vivir del dinero ajeno a través de hipotecas y donaciones, sino emplearlo ellos mismos y de ésta manera independizarse, creando una base económica para manejar sus colegios.

El colegio Espíritu Santo de Puebla vivió principalmente de limosnas y pequeños donativos hasta la donación de Melchor de Covarrubias; después, siguió una política de inversión, es decir, asumiendo funciones bancarias, como las que ya realizaban conventos de monjas, juzgados de capellanías, bienes de difuntos, obras pías y demás instituciones eclesiásticas. Los jesuitas se vieron obligados a comprar tierras a particulares, ya que no podían esperar donaciones del cabildo poblano o de los virreyes. Para el siglo XVII se perfilaban los primeros rasgos de latifundios eclesiásticos, que coincidían también con la depresión económica que sufría México desde fines del siglo XVI.[66]

Así pues, las grandes explotaciones y haciendas de la orden jesuita llegaron a ser las mejor administradas en toda Nueva España, ya que al elegirlas como inversión de capital, trataron de hacerlas rendir tanto como fuera posible.

Las haciendas de los jesuitas contaron con la organización óptima de la época, tanto técnica como administrativa; gracias a la introducción de animales útiles a la Nueva España y la similitud del altiplano mexicano con su patria, los jesuitas pudieron disponer de múltiples posibilidades en la agricultura y

[65] *Ibid.*

[66] Ewald, Úrsula, *Estudios sobre la hacienda colonial en México, op. cit.*, pp. 12-14.

la ganadería. La Compañía no sólo produjo para su consumo propio, sino que, dándose cuenta de las necesidades económicas y sociales de la Nueva España desde fines del siglo XVI, decidió cultivar los productos indispensables para el mercado. Las haciendas contaron con aves, crías de ovejas que producía carnes, lana y piel, cría de ganado bovino y caprino y en particular cría de cerdos exclusivamente para la venta.[67] También establecieron huertos para satisfacer sus propias necesidades. En el siglo XVIII los hacendados que buscaron un rápido enriquecimiento cambiaron su cultivo por el maguey, lo mismo hicieron los jesuitas en algunas de sus haciendas. Los demás productos agrícolas fueron destinados casi exclusivamente para la venta.

El colegio sólo contaba con algunos jesuitas especializados en las ciencias agrícolas, distinguiéndose entre ellos Juan Nicolás, el padre Francisco de Dios, Antonio Noriega y Joaquín de Donazar, entre otros. Crearon cinco unidades administrativas regionales, presididas cada una de ellas por un prior o encargado religioso.

Para mediados del siglo XVIII sus empresas significaban en su totalidad el potencial económico más considerable de la Nueva España. Su riqueza legendaria estaba basada mucho más en la capacidad de formación y productividad del capital invertido que en el dinero guardado e inactivo.[68]

Hacia 1573, la Compañía fundó el colegio San Pedro y San Pablo en la Ciudad de México; más tarde y gracias a la donación de Melchor de Covarrubias, se fundó el colegio del Espíritu Santo (15 de abril de 1587) en Puebla. En la Ciudad de México se fundaron otros centros de enseñanza primaria: los colegios de San Idelfonso (1625), San Ignacio (1702) y San Francisco Javier (1743).

Entre los años de 1583 y 1607 quedó establecida la hacienda de Amaluca, situada al este de Puebla. Los jesuitas juzgaron su localización excelente por estar en las inmediaciones de Puebla: el centro principal de consumo y al lado del camino real de Veracruz. Con los productos de esta gran hacienda, se abastecían parte importante de las necesidades alimentarias de los colegiales y maestros. La hacienda de San Lorenzo colindaba al este con Amaluca y junto con el rancho de San Felipe formaron el complejo administrativo que contaba, para la fecha

[67] *Ibid.*, p. 17.
[68] *Ibid.*, pp. 26-28.

de la expulsión de los jesuitas, con once caballerías y media de superficie apta para el cultivo (aproximadamente 492.5 ha) y quince caballerías y media (aproximadamente 663.4 ha) repectivamente. En gran parte, estas tierras eran laborales y fue el trigo el que produjo las mejores utilidades.[69]

La hacienda de los Reyes fue conformada por los jesuitas entre 1578 y 1686 en una región originalmente reservada para la población indígena; se situaba a orillas del río Zahuapan, en una fértil llanura aluvial. Las numerosas acequias de las haciendas transformaron la región durante la época colonial en una región apta para el cultivo. El estudio de esta hacienda resulta particularmente interesante porque en pocas décadas cambió fundamentalmente su estructura económica y su forma de explotación, utilizando costosas medidas para secar pantanos y ríos y también sistemas de zanjas y desaguaderos.

Otra de sus propiedades más importantes fue la hacienda de San Pablo, que tuvo una situación igualmente favorable: localizada en la cercanía de los mercados de consumo y abastecimiento dentro del valle de San Pablo, que fuera de los graneros más famosos de la época colonial, situado a 60 kilómetros al oriente de Puebla, entre Acatzingo y Quecholac. La hacienda tenía dos ranchos con una extensión aproximada de 40 caballerías (aproximadamente 1 712 ha).[70]

Las haciendas de los llanos comprendían las seis explotaciones de Santa Lugarda, la Norai, Teoloyuca, San José Ozumba, San Juan Bautista, Ojo de Agua y el rancho de Nuestra Señora de Loreto. Estaban situadas al noroeste y este de la Malinche, en la cuenca interior de los Llanos de Liebres, Oriental y San Salvador el Seco.

Estas tierras llegaron a manos de la Compañía por medio de compras aisladas. A diferencia de las haciendas de Amaluca y los Reyes, cuando fue adquirida la hacienda de San Juan Bautista, que fueron erigidas entre 1607 y 1761, la hacienda de Ojo de Agua fue la última adquisición importante de la orden, ocasionando diversas dificultades a los jesuitas debido, entre otras casas, a las pocas tierras con que contaba el cultivo y el bajo rendimiento de las mismas y por lo daños causados al ganado por el fuerte tránsito del camino real. Para 1767 las hacien-

[69] Existen pocas fuentes que permitan sacar deducciones respecto a la estructura económica y forma de explotación de la hacienda.

[70] *Ibid.*, pp. 54-73.

das de los Llanos comprendían 290 caballerías (aproximadamente 12 412 ha).[71]

El conjunto administrativo de la hacienda de San Jerónimo contó, además de su propia hacienda, con otras cinco haciendas más: Santa María Buenavista, Astacingo, Petalzingo, Putla y Tlacama, y diez ranchos: Atiopan, San José Pitiflor, San Salvador de las Lagunas, Xoxocotla, San Miguel Zongolica, San José de los Carneros, San Juan Petlalzingo Yeguas, San Javier el Ídolo, Guajilote y el rancho de Vaquería de Putla. Este conjunto se convirtió, hasta la segunda mitad del siglo XVIII, en la propiedad más valiosa del colegio. Es también un ejemplo de la estrategia jesuita de convertir tierras no explotadas o sólo parcialmente cultivadas en centros de producción, con una administración y dirección ejemplar. La zona de influencia se extendió desde el altiplano central hacia el occidente; atravesaba la Sierra Madre del sur y la costa del Pacífico y al oriente descendía de la Sierra Madre Oriental hacia el Golfo de México. La orden obtuvo con su explotación grandes beneficios. El conjunto San Gerónimo fue erigido entre 1596 y 1730.

El panorama analizado sobre las formas de explotación de las grandes haciendas jesuitas explica el poderío económico y social de la orden y la forma como manejaron a nivel de empresas agroindustriales de alto rendimiento sus propiedades territoriales durante los siglos XVI y XVII. La especialización en la producción y el hecho de constituir complejos agrícolas y ganaderos, les permitió establecer un control sobre los mercados y llegar a dominar en su totalidad el mercado de la lana, de la carne, del trigo y del maguey, con las utilidades consiguientes. La red de abastecimientos que establecieron entre las haciendas y los colegios les garantizó a éstos el consumo de los productos básicos alimenticios y de indumentaria, constituyendo una economía de autosuficiencia en el mercado.

La legislación de los Borbones

Al morir Carlos II sin dejar sucesión para ocupar el trono de España, pasa a ocuparlo el duque de Aragón, segundo nieto de Luis XIV de Francia y con ello se establece la dinastía de los Borbones. Felipe V asciende al poder en 1700 y a partir de entonces se inicia una política de lucha contra la Iglesia a fin

[71] *Ibid.*, pp. 79-89.

de modificar las formas de gobierno absolutista para incorporar a España al Estado moderno, y establece nuevos sistemas administrativos con los cuales lograr mejoras en la deteriorada economía de la península y la Colonia.

Como medida de importancia se inició todo un proceso para desamortizar los bienes del clero, el cual fue llevado a la Colonia donde las corporaciones eclesiásticas, tanto las órdenes como el clero regular habían creado un poder competitivo con el poder de los borbones, situación que, si bien tolerada por los Habsburgos, fue desde el inicio combatida por los Borbones.

Con anterioridad a la expulsión de los jesuitas se dictaron diversas reales cédulas con este sentido, como son las siguientes: bajo el reinado de Felipe V, de 1700 a 1744, se dicta en 1717 la prohibición para fundar nuevos conventos en América, y en 1734 la relativa a que las órdenes religiosas no admitieran más novicios por un período de diez años.

En 1754, Fernando VI prohibió a las órdenes residentes en la Nueva España intervenir en la redacción de testamentos, aunque por otro lado patrocinó el establecimiento del colegio de las Vizcaínas, dedicado a la educación religiosa de niñas.

Carlos III, al ascender el trono en 1759, reanuda luchas de España contra el papado y una de las manifestaciones de esta política fue la expulsión de los jesuitas de todos los territorios imperiales, entre ellos del territorio novohispano debido tanto a su gran poder económico y social adquirido al operar como una auténtica corporación, como por su adhesión al Papa.

A partir de 1788, con el ascenso de Carlos IV al poder, continúan los rompimientos con la Iglesia y el clero. El fuero eclesiástico y los privilegios especiales se afectaron en Nueva España por medio de reales cédulas. La respuesta a tal actitud la produjeron Miguel Abad y Queipo y el obispo Antonio de San Miguel y a la cual hicimos referencia en páginas anteriores. Defienden la Iglesia como la institución de salvaguarda de la población aborigen de la Colonia y la única defensora verdadera de los derechos de la corona.

Con la expedición de la real cédula sobre enajenación de bienes raíces del 26 de diciembre de 1804, se exige a la Iglesia la venta obligada de sus bienes raíces a fin de remitir los productos a España, en calidad de préstamo obligatorio a la corona.

Debido a las modalidades propias de la inversión del capital eclesiástico en la Nueva España, el cual estaba destinado a financiar las industrias minera, azucarera y ganadera y a la agricultura en general al obligarse al clero a solicitar el pago inmediato de censos e hipotecas establecidos sobre estas industrias, se motivó la protesta de todos los sectores de la población novohispana pero sobre todo de los criollos quienes resultaron más afectados en tanto no eran los grandes capitalistas españoles que podían disponer de fuertes capitales de operación.

Los propietarios agrícolas y sus trabajadores fueron los más afectados de ahí que no sea de extrañar que el descontento creciente por la aplicación de esta real cédula –del 6 de septiembre de 1805 al 14 de enero de 1809– fuera materia inflamable para la Revolución de Independencia, iniciada por elementos del clero regular y criollos hacendados y seguida por el pueblo campesino *irredento*.

IV. LA GRAN PROPIEDAD TERRITORIAL

1. ANTECEDENTES HISPÁNICOS EN LA CREACIÓN DE LAS GRANDES PROPIEDADES

La formación de la gran propiedad novohispana tuvo como origen legal diversas fuentes. Las primeras fueron las disposiciones castellanas sobre constitución de feudos y señoríos, que condicionaron a los conquistadores y primeros pobladores para constituir señoríos, haciendas y mayorazgos. Cuando Cortés estableció los primeros repartimientos, lo hizo con plena capacidad de gobernante omnímodo y de ahí derivó su conducta respecto a la aplicación de las leyes de población dictadas por Carlos V, al interpretarlas en beneficio propio y de sus allegados. En segundo término, para la formación de las grandes propiedades contribuyeron las gracias y mercedes otorgadas a los encomenderos, quienes utilizaron sus ganancias en la adquisición de tierras agrícolas y ganaderas. De la misma manera, los requerimientos de hombres y de tierras hechas a favor de las órdenes monásticas contribuyeron a la generación de riqueza invertida en extensas propiedades raíces, no obstante las prohibiciones reales existentes al respecto. El tercer factor condicionante de la creación de las grandes haciendas y latifundios a partir del siglo XVII fueron las medidas legales dictadas por el emperador Carlos V para reducir a los indígenas a congregaciones o pueblos de Indios, y las dictadas posteriormente por Felipe II sobre composición de tierras, pues a pesar de que se dictaron posteriormente diversas medidas para evitar el despojo de tierras a los congregados, dichas medidas no tuvieron repercusión, y a cambio de ello los litigios entre los naturales de los pueblos y los españoles, autores de los despojos de tierras comunales, fueron innumerables y duraron hasta el momento en que se aplicó el procedimiento de la composición para legalizar las posesiones ilegítimas. Los antecedentes de las reducciones los analiza Floris Margadant[1] y los remite a las instrucciones dadas por los Reyes Católicos a Nicolás de Ovando cuando pasó a las islas. En 1501 le dieron instrucciones de vigilar la

[1] Floris Margadant, Guillermo, *Introducción a la historia del Derecho mexicano,* México, Ed. Esfinge, 1980, p. 223.

libertad de los indios; éstos podían vivir donde quisieran a cambio de pagar un tributo a la corona; en 1503 la reina dispuso que los indios debían vivir cerca de los españoles y se obligó a los caciques a aportar grupos de indígenas para que realizaran los trabajos en campos y minas. De ahí nació la idea de la encomienda, reglamentada después por Fernando V. Posteriormente, en 1551, Carlos V, influido por los frailes y especialmente por Las Casas, ordenó la reducción de los indígenas cuando promulgó la Ley IX del Título III, libro VI de la Recopilación de Leyes de Indias:

"Que a los indios reducidos no se quiten las tierras que antes hubieran tenido."

Dicha disposición no fue acatada y así, el rey Felipe II hubo de dictar en 1570 una real cédula previniendo "se procure que los indios formen pueblos" pero conservando las tierras que poseyeran,[2] reiteradamente ordenó en 1594 "que no se den tierras en perjuicio de los indios y las dadas se vuelvan a sus dueños."[3]

Las disposiciones anteriores fueron infructuosas y las grandes propiedades se empezaron a consolidar mediante el procedimiento de la composición, en tanto que, como ha quedado escrito, se legalizaron mediante el mismo procedimiento, todos los repartimientos, mercedes, títulos de compraventa legales o simulados y despojos cometidos en agravio de los indígenas para venir a constituir los primeros títulos de propiedad de terratenientes y hacendados españoles. La disposición de Felipe II decía:

"Que los virreyes y presidentes revoquen las gracias de tierra que dieren los cabildos y las admitan a composición" y especificaba que era voluntad que los virreyes, presidentes y gobernadores "pudieran revocar y dar por negadas las gracias que los cabildos de las ciudades hubieren hecho o hicieren de tierras en sus distritos si no estuvieren

[2] La envió Felipe II a don Luis de Velasco, ordenándole que "para con mejor voluntad y más pronto se junten los indios en poblaciones, estaréis advertido que no se les quiten a los que aún poblaren la tierras e granjerías que tuvieren en los sitios que dejaren, antes proveréis que aquellos se las dejen o conserven como las han tenido hasta aquí." Fabila, Manuel *Cinco siglos de legislación agraria, op. cit.*, p. 22.

[3] *Recopilación de las Leyes de los Reynos de las Indias,* Madrid, editado por Julián de Paredes, 1681, t. II, Ley IX, Título XII, libro IV, folio 103.

confirmadas por su propia y real persona y ordena también, que si fueran tierras de los indios, se les desolvieran".[4]

Esta ley fue dictada en 1589 bajo el número xx, Título xii, libro iv.

Al correr del tiempo, tanto la usurpación de tierras realengas como la de propios y consejiles, o bien la de las tierras de indios y comunidades, continuaron en forma desmedida. Los monarcas sucesivos debieron reiterar las autorizaciones y permitir la formación de comunidades y congregaciones, a pesar de que tuvieran ordenado hacerlo sólo cuando fuera absolutamente necesario.

En 1618, Felipe III dictó la Ley xxi del Título xii y Felipe IV, en 1638, la Ley xv del propio Título: que se admitan tierras de composición para proteger a los nuevos poseedores, pero no en detrimento de la propiedad de los indios.[5]

La situación social y política motivada por el despojo de tierras continuó agravándose y así, en 1646, Felipe IV mediante la Ley xvii, dictada expresamente para que no se admita composición de tierras que hubieren sido de los indios, o con título vicioso, los fiscales y protectores sigan su justicia. Mediante dicha ley, ordenó la nulidad de los contratos celebrados por los españoles para adquirir tierras de indios y de aquellos contratos basados en título vicioso. En una ley complementaria el propio monarca señaló el plazo de diez años en posesión pacífica para admitir la composición de tierras y ordenó dar preferencia a las comunidades indígenas.

Al disminuir la población indigena, los recursos humanos utilizados por los españoles como mano de obra barata, tanto en sus explotaciones agrícolas como en las mineras, escasearon, por lo que los inversionistas cambiaron sus actividades económicas hacia el comercio y la minería trabajada por esclavos africanos y antillanos; posteriormente, quienes se dedicaban a la ganadería extensiva y la minería que le servía de apoyo, reclamaron para la realización de sus empresas la posesión de grandes extensiones territoriales. Al iniciarse el siglo xvii los privilegios otorgados por las ordenanzas de Mesta se hicieron efectivos en la Nueva España y permitieron el surgimiento de una nueva clase social: la de los grandes hacendados y latifun-

[4] Fabila, Manuel, *Cinco siglos de legislación agraria*, *op. cit.*, p. 25.
[5] *Ibid.*, pp. 27-28.

distas del norte del país cambiando su estatus por el de señores terratenientes ennoblecidos.

Durante el siglo XVIII las disposiciones dictadas por los monarcas españoles relativas al ramo de tierras y su propiedad, fueron básicamente nuevas condiciones para el otorgamiento de mercedes y composiciones de tierras realengas y baldías, así como la real cédula dictada por Carlos II en 1687, que corrigió la anterior de 1567, relativa a los límites de los pueblos de indios.

En su cédula real de 1754, el rey Fernando VI reconoció los perjuicios que causaron las disposiciones dadas en 1735 por Felipe II, en el sentido de que quienes desearan la confirmación de los bienes realengos poseídos, deberían acudir precisamente a su real persona para obtener su confirmación, en el término que se les señaló. Ello perjudicó a los propietarios de escasos recursos que no podían viajar a España, por lo cual el monarca acabó por autorizar a los virreyes y presidentes de la real audiencia a nombrar ministros subdelegados encargados de ejercer la venta y composición de las tierras y baldíos de la corona.

Durante toda la época colonial, los virreyes dictaron instrucciones tendientes a la consecución de mercedes para la edificación de nuevos pueblos y misiones, para evitar la venta y enajenación de tierras de indios y las sobreventas y composiciones de tierras realengas, así como otras ordenanzas tendientes a evitar la usurpación de las tierras de los indígenas y naturales, pero con iguales resultados: "el principio empezó mal y así ha continuado", como lo diría el virrey Martín de Enríquez.[6]

En pocas palabras, el sentido de todo este cúmulo de legislación dictada no fue suficiente: la formación de grandes latifundios y grandes haciendas se aceptó como un hecho consumado cuyos resultados produjeron una situación económica y social desfavorable para el pueblo indígena; al correr de los años los indígenas encontraron en la insurrección el único camino para salir de la miseria. Las causas de la crísis económica, motivo del detrimento en los niveles de la vida de los habitantes de la Nueva España, a excepción de los grandes propietarios de tierras "fueran civiles o eclesiásticos", han sido anali-

[6] Extracto de una carta del virrey Martín de Enríquez a su majestad (Felipe II), sobre la carencia de un plan de conjunto para la repartición del suelo. En Chevalier, François, *La formation des grands domaines au Mexique, op. cit.*, pp. 413-417.

zadas por autores distinguidos desde Humboldt, el obispo fray Antonio de San Miguel, Abad y Queipo y José Ma. Luis Mora, hasta Molina Enríquez, Westano Luis Orozco, Chevalier, Chávez Orozco, Florescano y Semo, a quienes remitimos al lector en tanto su análisis profundo escapa al objetivo de este trabajo; baste afirmar que en nuestro criterio, el esfuerzo desplegado por los monarcas y los virreyes no bastó, la mayor parte de las veces, para corregir las graves crisis económicas de una sociedad, donde el pueblo indígena —a salvedad de algunos caciques— perdió junto con su ser e identidad, la mayor parte de sus posesiones, propiedades y derechos territoriales.

En las páginas introductorias de su obra *Historia de los vínculos y mayorazgos hispánicos,* Sempere y Guarinos plantea todo el conflicto social y económico de las relaciones entre España y sus colonias. El autor, al analizar las fuentes de propiedad en el Oriente y entre los germanos, las compara con los usos y costumbres existentes entre los iberos,[7] antiguos habitantes de España, y encuentra mayor relación entre éstos y los germanos, que entre las formas de propiedad de aquellos y los pueblos orientales, incluyendo la India.

Sempere encuentra también similitud entre la forma goda de tenencia de la tierra y la sociedad agraria de características comunitarias prevaleciente en los pueblos conquistados en América y, entre ellos, los mesoamericanos quienes trabajaban la tierra del pueblo en forma comunitaria y sólo una parte la limitaban a propiedad privada del *Tlatoani;* los reyes por el contrario luchaban por consolidar la propiedad real como propiedad privada de la corona, provocándose, al inicio de la Colonia, la contradicción básica entre un sistema y otro.

Durante la baja Edad Media, como un resultado de las guerras de reconquista contra los moros, las huestes hispanas destruyeron la riqueza agrícola sarracena. Las capitulaciones reales dieron el derecho a los señores y sus ejércitos de repartirse las ganancias obtenidas por los triunfos, a manera de compensación por los gastos ocasionados. Las tierras reconquistadas —como ha quedado escrito— se dividían para su uso en realengas, abadengas y de señorío. A fin de evitar confusión y usurpaciones, los reyes ordenaban frecuentes apeos y deslindes para especificar los límites y derechos de los poseedores, tal como

[7] Sempere y Guarinos, Juan, *Historia de los vínculos y mayorazgos hispánicos,* Madrid, Establecimientos Tipográficos de Ramón Rodríguez de Rivera, Editor (2a. ed.), 1847, pp. 5-6.

ocurrió en tiempos de Alfonso VII, quien ordenó restituir a la corona y a la Iglesia una serie de bienes realengos y abadengos que habían sido usurpados por los nobles y los grandes hombres.

Por razones económicas y de prestigio social, las tierras de los nobles y señores eran cultivadas por colonos libres o por esclavos de guerra.

La propiedad de los señores estaba constituida por los dominios solariegos o señoríos, que se diferenciaba de las llamadas beluterías o tierras baldías que se daban a cultivar a los campesinos interesados mediante una especie de contrato que garantizaba el uso del suelo; estos labradores eran de condición menos dura y servil que los solariegos, pero también debían pagar renta y peaje a los señores. El fuero viejo de Castilla regulaba la vigencia de ambos sistemas y señalaba, además, los procedimientos para ejecutar los apeos y deslindes necesarios a fin de sanear la propiedad. Sin embargo, el poder económico y político de los señores llegó a impedir el ejercicio de la soberanía real en el uso y tenencia del suelo, por lo que la corona se vio obligada a limitar las libertades señoriales, abatiendo y reformando los dominios y la autoridad de los hidalgos mediante los fueros concedidos a los pueblos.

Existían también los bienes otorgados sólo en usufructo, que podían ser: feudos, mandación, préstamo y encomienda.

A este respecto el propio Semper explica:

> Algunos autores han dudado si hubo feudos en España, cuando apenas se puede dar un paso en nuestra historia y legislación antigua sin tropezar en los más claros y palpables vestigios de instituciones y costumbres feudales. El propio autor comenta cómo se definía el feudo en las Partidas:[8] "Así se define el feudo en la Ley I, Tít. XXVI, de la Partida 4, y en la Ley 68, Tít. XVIII de la Partida 3, se pone la fórmula de las cartas o escrituras de donación o feudo. Lo que en las citadas leyes e instrumentos se explica es el nombre de tierra, honor y feudo y se dan a entender otros como los contratos de mandación; préstamo y encomienda son palabras casi sinónimas y equivalentes a la de feudo." En la misma época... "la milicia estaba entonces sobre muy diverso pie que la actual". No había lo que se llama tropa viva, ni regimientos fijos, como ahora. En la monarquía gótica todos los propietarios eran soldados y debían salir a campaña cuando se presentaba el enemigo, con la décima parte de sus esclavos armados.[9]

[8] Real Academia de la Historia, *Las Partidas del rey don Alfonso el Sabio*, París, Librería Castellana, 1847.

[9] Sempere y Guarinos, Juan, *Historia de los vínculos y mayorazgos hispánicos, op. cit.*, p. 70.

La forma de adquirir la propiedad feudal como pago de los servicios prestados en la milicia, dieron origen posteriormente a la creación de caballerías, peonías y demás modos de ocupación de la tierra.

De acuerdo con el libro I del fuero viejo de Castilla, que se ocupa del derecho feudal de propiedad, los bienes de la corona no podían enajenarse en propiedad, solamente podían donarse en usufructo, que duraba lo que la vida del rey donante, a no ser que el sucesor lo confirmara; sin embargo, el dominio señorial llegó a establecer la costumbre de prorrogar el feudo por lo que durara la vida del poseedor y después darlo en sucesión hereditaria, sobre todo cuando los bienes se obtenían por un servicio prestado al rey y venían acompañados de la protección de títulos nobiliarios o de gobierno, así como de señoríos dados en administración o mandación.

Posteriormente, y a fin de contentar a los vasallos por conducto de los caballeros, se dio a éstos la posibilidad de enriquecerse mediante el otorgamiento de feudos a perpetuidad, por lo que llegaron estos ricos hombres a tener el señorío de todas las villas y ciudades del reino. Ante este hecho, la corona decidió limitar las donaciones perpetuas, pero Alfonso XI, en su ordenamiento de Alcalá de 1348, en lugar de evitarlas las auspició, motivando con ello vejaciones y agravios a los pueblos y dando, por el contrario, feudalidad a los ricos para defender sus mercedes.

El sistema señorial

El sistema señorial se caracterizaba por el dominio inminente o total sobre las propiedades; se hacía más radical cuando incluía en la merced que los creaba derechos de dominio sobre montes, prados, pastos y aguas, incluyendo tierras baldías que no estaban en propiedad de tercero alguno. También existía un señorío de dominio inminente cuando se hablaba de rentas, pechos y derechos, en los que se incluían los tributos que se daban como reconocimiento de soberanía. La jurisdicción civil y criminal de los señoríos estaba explícitamente señalada, mientras que el rey se reservaba sólo el derecho de hacer justicia en caso de apelaciones a las sentencias dictadas en los señoríos o tratándose del uso de la moneda, las minas y las salinas, del control del ejército y de la disponibilidad o el uso de explotación de las fortalezas militares. El titular del señorío no tenía tampoco autorización para enajenar las iglesias, monasterios o propiedades religiosas, ni para sostener a las órdenes eclesiásticas ubicadas en sus territorios.[10]

Los señores que prestaban mayores y mejores servicios al rey recibían, además de gracias y mercedes, los títulos de nobleza que les permitían constituir sus territorios y dominios feudales.

De aquí surgió la vieja nobleza castellana que llegó a convertirse en estamento independiente de la corona, hasta la reunificación del reino lograda por los Reyes Católicos.

El repartimiento-encomienda en Castilla

Al decir de Chevalier, la ocupación de los territorios mesoamericanos fue similar a la conquista de los territorios sarracenos del sur de España. Los primeros en establecerse en los territorios conquistados fueron las huestes militares con sus señores o nobles al frente quienes al tomar posesión de la tierra se atribuyeron los repartimientos autorizados por los reyes. En Andalucía se repartieron entre los caballeros llegados del norte, las villas, poblados, castillos y behetrías rescatados de manos de los moros, para establecer en ellos la jurisdicción señorial sobre los habitantes. Después, las órdenes militares atribuyeron a sus miembros escogidos encomiendas que representaban el uso de las tierras y recursos acuíferos, a cambio de que los señores encomenderos defendieran las ciudades y villas con sus fuerzas armadas y sostuvieran además los gastos de las iglesias y monasterios.

La creación de los mayorazgos

Meza Fernández, al ocuparse de los mayorazgos en España anota esta definición del maestro Felipe Sánchez Román:

> Los mayorazgos son una vinculación civil perpetua, por virtud de la cual se realiza una sucesión en la posesión y disfrute de los bienes según las reglas especiales de la voluntad del testador o funda-

[10] Valdeavellano, Luis G., de, *Curso de historia de las instituciones españolas,* Madrid, Biblioteca de la Revista de Occidente (4a. ed.), 1973, pp. 518 y ss.

dor, y en su defecto, por las generales de la ley establecida para los regulares.[11]

La fundación de los mayorazgos está directamente relacionada con el concepto de propiedad feudal y de repoblación por medio de los repartimientos; fue la forma establecida para dar perpetuidad al derecho adquirido en virtud de la guerra de conquista y además para hacer hereditaria la merced o gracia recibida. Está relacionada además con la necesidad de mantener la propiedad indivisa, para los efectos de su unidad y mejor administración y gobierno, todos ellos requisitos indispensables a la vez para mantener una propiedad territorial consolidada.

Se distinguieron en regulares que se ajustaban a la ley de la corona para la sucesión y los irregulares dependían de lo dispuesto por el fundador.[12]

Alfonso el Sabio señala en la Ley x, Título iv, libro vi de la Ley de las Siete Partidas que "el hijo mayor tiene adelantamiento y mayoría sobre los otros hermanos; mayoría en nacer primero es muy gran señal de amor, que muestra Dios a los hijos". El texto literal dice: "en lo antiguo como se sucedía, el hijo mayor ha adelantamiento", en la Ley ii, Título xv, t. ii. En la Partida 5, Ley xi, se señalan derechos de los hermanos."

Esta legislación surgió una vez que el rey había señalado el orden de la sucesión en la corona y hecho el reino indivisible; posteriormente los magnates o grandes hombres y los particulares hicieron lo mismo. Es entonces cuando los mayorazgos o ciertas vinculaciones aparecen en Castilla y en el reino de Aragón. Posteriormente a la promulgación de las Siete Partidas, el propio rey permitió la venta de los bienes vinculados, si su producto se destinaba a obras pías.

Enrique II, en una cláusula de su testamento hecho en 1371 como apoyo a la política de reconocimiento a la lealtad de sus servidores, estableció la necesidad de vincular los bienes realen-

[11] Meza Fernández, Ángel, "Los mayorazgos españoles en la Edad Media", Madrid, *revista hidalguía,* noviembre-diciembre, 1962, núm. 55; citado como apéndice por Guillermo Fernández de Recas en: *Mayorazgos de la Nueva España,* México, Universidad Nacional Autónoma de México, 1965, p. xxix; Chevalier, François, *La formation des grands domaines au Mexique, op. cit.,* p. 39; Valdeavellano Luis G., de, *Curso de historia de las instituciones españolas, op. cit.,* pp. 518 y ss.

[12] Cadenas, Vicente de, *Instituciones sociales y nobiliarias, apuntes de nobiliaria y nociones de genealogía y heráldica,* Madrid, Ediciones Hidalguía, 1960; apéndice de Fernández de Recas, Guillermo, *op. cit.,* pp. xxv-xxvii.

gos cedidos por medio de gracias y mercedes; para lograrlo instauró el mayorazgo, condicionándolo: "que los bienes que comprenden los gocen las personas gratificadas por mayorazgos, sucediendo en ellas el hijo mayor y muerto su hijo legítimo, vuelvan a la corona", el rey quiso con ello disminuir los daños ocasionados al reino por su magnanimidad al repartir las tierras del patrimonio real,[13] donaciones realizadas ante el temor de que al restringir las enajenaciones perpetuas de bienes de la corona, se renovaran los resentimientos y discordias entre los nobles. Su muerte prematura le impidió llevar al fin la reforma intentada para acabar con el sistema feudal establecido a perpetuidad sobre la propiedad de la tierra. En la propia cláusula se usa por vez primera de manera implícita.

La disposición arriba anotada sobre el mayorazgo o sucesión del hijo mayor, fue convertida en ley general por los Reyes Católicos el año de 1486, y Felipe II la incluyó en la nueva Recopilación. En las Leyes de Toro se dedicó un capítulo al mayorazgo, y disponía, entre otras cosas: *a*] en caso de muerte del hijo mayor heredaban sus descendientes con preferencia al hijo segundo; *b*] el mayorazgo se legalizaba mediante la licencia dada por el rey; y *c*] la licencia no expiraba por muerte del rey otorgante; *d*] el mayorazgo era revocable por quien lo constituyó, salvo fuera estipulado por contrato, en cuyo caso se obligaba su observación; los bienes raíces vinculados incluían las nuevas obras y mejoras realizadas.

Los Reyes Católicos publicaron las Leyes de Toro en el año de 1505, aunque fueron iniciadas a mediados del año 1498. Las leyes relativas a los mayorazgos quedaron numeradas de la XI a la XXV inclusive, del tomo VI.[14] Posteriormente legislaron en materia de mayorazgos, el emperador Carlos V, Felipe II, Felipe V y Carlos III, quien exigió se dictara una previa licencia real para constituir un mayorazgo. Finalmente, la política absolutista de Carlos IV llevó a abolir los mayorazgos en 1789.

Éstos eran los hábitos y costumbres en el uso y tenencia del suelo dado a los señores hispanos instituidos en mayorazgos; pasaron a la Nueva España para permitirles a los conquistadores su creación y con ello, el establecimiento de la nueva nobleza criolla cuyos primeros exponentes fueron: Juan de Alca-

[13] Cadenas, Vicente de, *Instituciones sociales y nobiliarias*, *op. cit.*
[14] *Los códigos españoles concordados y anotados*, Madrid (2a. ed.), 1872.

zar, hijo del conquistador del mismo nombre, los descendientes del Adelantado Melchor de Legazpi, Juan Alonso Altamirano, hijo del licenciado Altamirano (conquistador) y el también conquistador Juan de Cuevas y su esposa María Tellez Sarmiento, hija del licenciado Tellez (conquistador).[15]

MODOS DE PRODUCCIÓN DE LA TIERRA, ORIGEN DE LA GRAN PROPIEDAD

En capítulos anteriores hemos analizado los modos aplicables para establecer la relación entre la corona de Castilla y el uso y la tenencia del suelo en la Nueva España, modos que a la vez condicionaron la formación de la gran propiedad territorial, cuya máxima expresión se alcanzó durante el reinado de los Borbones. Ello produjo una nueva contradicción entre la metrópoli y sus posiciones de ultramar en tanto los reyes continuaban legislando a favor de la propiedad indígena comunal e individual como lo disponían los ordenamientos citados, y al mismo tiempo fomentaban la creación de la riqueza, autorizando la composición y confirmación de las propiedades territoriales recién adquiridas por sus súbditos hispanos.

Beatriz Bernal señala la contradicción generada, por una parte en la soberanía política de la metrópoli sobre América y en su señorío sobre el territorio conquistado, y por la otra en:

> el reconocimiento que hacía la corona del dominio privado de los indios sobre sus propias tierras basado en la calidad de hombres libres y vasallos de la corona de Castilla, que se les otorgó desde los primeros tiempos de la Conquista. Estas medidas tuvieron que compaginarse con el naciente capitalismo expansionista de España... que necesitaba, por un lado la producción eficiente de la tierra, y por otro, una urgencia de dinero para ingresar a las arcas reales, en una época de graves crisis económicas, debido a las empresas militares descubridoras y colonizadoras, en las cuales la corona se encontraba inmersa.[16]

[15] Fernández de Recas, Guillermo, *Mayorazgos de la Nueva España, op. cit.*, pp. 3-32.

[16] Bernal, Beatriz, "Panorama sobre la política agraria de la corona española en el México colonial", en: *Boletín Mexicano de Derecho Comparado*, México, Universidad Nacional Autónoma de México, septiembre-diciembre, 1980, pp. 651-669.

Al decir de la propia autora, a lo largo de la Colonia se efectuaron tres intentos para resolver esta contradicción, los cuales se manifestaron en otras tantas formas de producción de la tierra lo bastante satisfactorias como para permitir a la corona cubrir las necesidades reclamadas por su política económica por medio de los impuestos cobrados, a saber: *a*] la encomienda; *b*] las reducciones-congregaciones, y *c*] las estancia-haciendas, modos de producción íntimamente ligados a los modos de adquirir la propiedad de la tierra.

Sobre la encomienda, Zavala[17] concluye que no constituyó una forma de dominio territorial sino sólo el medio para obtener el producto del trabajo por medio de los tributos. Semo,[18] la considera una institución temporal que otorga derechos sobre el trabajo indígena y los tributos, un usufructo, en tanto la corona conserva la propiedad de la tierra y los recursos naturales. Sin embargo, se convirtió en uno de los medios para lograr el excedente de capital producido dentro del marco de la sociedad indiana y con ello en un conducto directo para la fundación de la propiedad privada y la paulatina suplantación de la comunidad por otras unidades productoras, como fueron los ranchos, las estancias, las haciendas y las minas.

Con las reducciones y congregaciones y con la estancia-hacienda ocurrió lo contrario: ambas formas de producción pudieron ser establecidas sólo mediante un cambio en los modos de tenencia de la tierra; la corona hubo de otorgar permisos de repartimientos, regalías, mercedes y gracias, títulos de venta y otros, sobre bienes realengos en detrimento de su dominio real y de la propiedad territorial indígena, a fin de dotar de tierras a las unidades de producción mencionadas: a las reducciones de indios con nuevas tierras comunales y a las estancias y haciendas, mediante el reconocimiento del derecho de propiedad privada, con el disfrute pleno del *ius fruendi, utendi et abutendi.*

La corona además dotó de tierras realengas a las villas y unidades, fueran de indios o de españoles, y a los monasterios, conventos e iglesias, mediante el otorgamiento de los títulos reales de rigor. También hizo reconocimiento expreso de las propiedades comunales de antiguos poblados o ciudades indígenas, garantizándoles el respeto a su límites territoriales.

[17] Zavala, Silvio, *La encomienda indiana,* México, Editorial Porrúa (2a. ed.), 1973.

[18] Semo, Enrique, *Historia del capitalismo en México. Los orígenes 1521-1763,* México, Ediciones ERA (9a. ed.), 1980, p. 211.

Los modos de adquirir la gran propiedad

La tierra podía ser adquirida por diferentes medios o modos tal y como quedó analizado en el capítulo II, pero tratándose de la consolidación de las grandes propiedades, estos modos revistieron características específicas, utilizadas frecuentemente por los terratenientes poderosos con dolo y mala fe y en perjuicio de las comunidades indígenas y de la propia corona.

A este respecto se puede establecer el siguiente criterio de clasificación sobre las acciones que permitieron a los agricultores españoles consolidar la gran propiedad novohispana y posteriormente latifundista.

En los inicios de la Colonia:

a] Utilización de la fuerza de trabajo encomendada y repartida en actividades altamente remunerativas, lo que permitió un enriquecimiento rápido, en virtud del plusvalor generado.

b] Adquisición de la propiedad dentro de los límites de la encomienda y el repartimiento, lo que implicaba la utilización de mano de obra barata o gratuita en trabajos personales de los encomenderos y con ello un ahorro considerable y adecuado para la capitalización.

c] Solicitud de mercedes de tierras aledañas a las encomiendas, repartimientos o propiedades privadas de los indígenas por medio de interpósitas personas, lo cual permitía la consolidación de una gran propiedad.

A partir del establecimiento de las reducciones:

a] Compra en muy bajo precio de los terrenos abandonados por las comunidades indígenas empobrecidas o algunos avencidados indígenas pobres, en circunstancias poco favorables para los vendedores.

b] Ocupación de las tierras abandonadas por una comunidad indígena trasladada a otro sitio con motivo de la fundación de otra reducción.

Al iniciarse el establecimiento de los ranchos y haciendas.

a] La ocupación ilegal de demasías de tierras realengas o sea de superficies no adjudicadas por la corona y limítrofes a las propiedades en más de consolidación.

b] Los procedimientos llamados de conformación y composición.

Para lograr la consolidación de los latifundios.

a] Adquisición de propiedades agrarias abandonadas por sus propietarios hispanos en virtud de la carencia de mano de obra.

b] Adquisición de fundos mineros cuyas utilidades se invirtieron en adquisición de estancias ganaderas y negocios comerciales, con rendimientos suficientemente fuertes como para ser reinvertidos en la adquisición de nuevas tierras aledañas a los fundos.

c] Acaparamiento de tierras con objeto de eliminar a los competidores locales.

De la encomienda al latifundio

La encomienda existió en Castilla hasta el momento en que se establecieron los grandes señoríos; fue el paso de las pequeñas explotaciones territoriales a la formación del territorio señorial de corte feudal. La unión del reino de Castilla y Aragón inició la entrada de España al capitalismo moderno y la necesidad de la expansión mercantil requirió de oro y su transformación en el sólido sistema monetario.

La aventura de los descubrimientos de las islas y las Indias Occidentales le produjo a la metrópoli los metales requeridos; para ello se creó toda una organización mercantil —comprendiendo flota y sistema de comercio exterior— que permitía recibir de sus colonias no sólo metales sino productos agrícolas y ganaderos en abundancia. Fue esta primera etapa una época de capitalización, independientemente de que las formas de producción fueran las encomiendas y los repartimientos indianos. La riqueza de los tributos recabados y las explotaciones minera y agrícola así lo permitieron. Los repartimientos y congregaciones indígenas empobrecidos, resultaron beneficiosos para el proceso de formación de la propiedad realenga y privada porque permitieron la ocupación de las antiguas propiedades territoriales indígenas, salvo aquellas que se respetaron a caciques y pueblos privilegiados.

Las empresas tipo capitalista creadas por los conquistadores dieron nacimiento a las haciendas y a las estancias ganaderas que trabajaban con métodos diversos y modernos para su época, al paralelo de las explotaciones encomendadas. Las haciendas empezaron a cumplir su función y podemos así calificar a Cortés como el primer empresario de corte moderno en la sociedad colonial.

Pero al ocurrir la crisis de los sistemas, el sistema se rompió: se extinguió la fuerza de trabajo y con ello la posibilidad de crear y fomentar la capitalización. La Iglesia entra en escena acaparando la tierra e iniciando un recurso seguro en una época de crisis de producción alimentaria, de inflación y de decadencia. Así, la hacienda sustituiría a la encomienda y al recién creado capitalismo, y se concentrará en sí misma para volverse durante varios decenios subsecuentes una institución cerrada, tradicionalista, donde la mano de obra estaba ocupada ante todo en el servicio inmediato del terrateniente.

Diversos autores han estudiado y escrito sobre el porqué del cambio en estas estructuras y cómo se logró establecerlo; desde la fecha en la que Gibson escribió su obra, anticipada en los estudios de Zavala y L. B. Simpson, a la actualidad, ha habido un gran interés por el estudio de los problemas de la propiedad de la tierra en la época colonial. Un grupo considerable de investigadores han realizado estudios profundos para llegar a establecer cómo se efectuó el cambio de estructuras y por qué la hacienda, finalmente, prevaleció constituida en la forma de explotación agraria por excelencia a pesar de las presiones ejercidas por los grandes latifundios y por las estructuras agrícolas y ganaderas. Entre ellos Bazant, Morner, Tovar, Pinzón, Semo, Frank y Kay.

Para Bazant,[19] la encomienda fue una estructura feudal, en tanto la hacienda se caracterizaba por su modo capitalista de producción; para Keith,[20] la encomienda era esencialmente una institución precapitalista corrompida por rasgos feudales. Ambas tesis han sido criticadas por otras posiciones, como la de Miranda.[21] Gunder Frank considera que los calificativos de arcaico y feudal, usados frecuentemente para calificar al sector agrario novohispano no son reales; para dicho autor lo válido es un sistema capitalista incipiente con serias contradicciones internas, con tentativas desarrollistas pero finalmente fracasadas.[22]

Un cuarto punto expresado por Pablo Macera,[23] considera

[19] Bazant, Jan, "Feudalismo y capitalismo en la Historia de México", *El Trimestre Económico,* México, XVII, 1944, pp. 89-98.

[20] Keith, Robert G., "Encomienda, hacienda and corregimiento in Spanish America: a structural analysis", *The Hispanic Historial Review,* XLVI, 1971, pp. 431-446.

[21] Miranda, José, *La función económica del encomendero en los orígenes del régimen colonial: Nueva España, 1525-1531,* México, Universidad Nacional Autónoma de México, 1965.

[22] Gunder, Frank, André, *Capitalismo y subdesarrollo en América Latina,* México, Siglo XXI (6a. ed.), 1977.

[23] Morner, Magnus, "La hacienda hispanoamericana: examen de las in-

la hacienda como el producto de las formas sociales arcaicas aparecidas en las colonias hispanoamericanas después de la conquista, tal y como fueron la encomienda y los repartimientos de corte feudal, formas que condujeron a modos de producción definidos como producto del subcapitalismo dependiente, que para evolucionar necesitaba de un feudalismo agrario de tipo colonial como eran las haciendas y los latifundios o estancias ganaderas, en las cuales deberían apoyarse para lograr su propia estructuración.

En nuestro criterio, el cambio en las formas de producción de la tierra y en los modos de adquirir la propiedad se debió no a la sociedad en formación, sino a necesidades explícitas de la corona para adecuar la explotación colonial a la situación política y económica de Europa y por consiguiente de la Metrópoli: recabar tributos e ingresos, aun a costa de debilitar un sistema económico de producción.

En este proceso se encuentra la explicación de por qué la economía de la hacienda latifundista y monopólica frenó la entrada de las colonias hispánicas de América al desarrollo industrial: su economía de abastecimiento familiar o de grupo religioso, aunque fuera productivo y redituable, por ser en beneficio de una casta hispana —militarizante y aristocrática—, no permitió el proceso de creación de capitales, salvo aquellos cerrados por la Iglesia, impidiéndose con ello renovar el frustrado sistema de corte capitalista y mercantil de producción; por el contrario, fomentó la proliferación de los asalariados del campo.

LOS GRANDES DOMINIOS TERRITORIALES

A lo largo de todo el territorio de la Nueva España y demás provincias que componían las posesiones de la corona hasta Septentrión, la ocupación de la tierra presentó las misma características: enormes latifundios obtenidos a través de mercedes reales, de gracias de origen dudoso, y de ocupación de tierras cuya propiedad era discutible y discutida.

vestigaciones y debates recientes", en *Haciendas, latifundios y plantaciones en América Latina, op. cit.*, p. 19, cita a: Macera, Pablo, *Feudalismo colonial americano: el caso de las haciendas peruanas,* Acta Histórica xxxv, Szeged, Hungría, 1971, pp. 5-7.

Al lado de estas enormes extensiones se encontraban propiedades menores y mejor legalizadas, gracias a las composiciones ordenadas por la corona en los años de 1631. El establecimiento de las composiciones fue ordenado por Felipe IV para regularizar la posesión de la propiedad no titulada; el rey ordenó la expedición de nuevos títulos conforme a medidas actualizadas y el remate de las encontradas en exceso. Su ley de 1642 prevenía que se dejaran tierras a los indios con agua suficiente, después de haber realizado una venta, beneficio o composición de tierras y la de 1646 especificaba que no debían admitirse a composición tierras que hubieran sido de indios, o que tuvieran títulos viciosos.[24]

Por su mayor o menor extensión, las tierras agrícolas podían ser latifundios, estancias, haciendas o ranchos subordinados o dependientes y, finalmente, los pueblos de indios con sus tierras aledañas.

La encomienda y los repartimientos

Solórzano y Pereyra reconoció que aunque las tierras que se repartían entre los conquistadores, las poseían y usufructaban quienes habían sido reconocidos como señores de ellas, el directo dominio se reservaba para el príncipe; éstas tierras se llamaron antiguamente predios estipendarios y tributarios. Esto es, el repartimiento como la encomienda, eran un derecho de usufructo y no de plena propiedad, no obstante lo cual, Gibson[25] ha comprobado cómo los encomenderos frecuentemente tenían propiedades dentro de su encomienda, lo cual implicaba la posibilidad de abusar del derecho otorgado.

Casos efectivos de la existencia de la situación referida se encuentran en documentos pertenecientes a los volúmenes V y VII de los libros de mercedes; en ellos se mencionan a los encomenderos; Hernán Cortés, Antón Bravo de Lagunas, Alfonso de Ávila, Martín de Cuellas, Martín López, Juan Ponce de León, Gerónimo de Baeza, Alonso de Estrada, Gonzalo de Salazar, Francisco Verdugo Bazán, Diego Arias de Sotelo, Blas de

[24] *Recopilación de las Leyes de los Reynos de las Indias, op. cit.*, t. II, Ley XV, Título XII, libro IV, folio 104; t. II, Ley XVIII, Título XII, libro IV, folio 104 v; t. II, Ley XVII, Título XII, libro IV, folio 104 v.

[25] Gibson, Charles, *Los aztecas bajo el dominio español (1519-1810), op. cit.*, p. 217.

Bustamante y Alonso de Bazán como adquirentes de tierras dentro de sus encomiendas y fuera de ellas o en encomiendas de otros.

Al mismo tiempo de la expansión de las encomiendas ocurrieron los repartimientos de hombres y tierras. La primera ocasión en la cual se aplicó en los territorios indianos los repartimientos de tierras fue cuando los Reyes Católicos dictaron una real provisión facultando a Colón para repartir tierras de la isla española en propiedad, con la condición de que los agraciados mantuvieran casa poblada durante los primeros cuatro años y que realizaran cultivos agrícolas en la forma señalada por el almirante.[26]

Las disposiciones sobre repartimientos otorgaban extensiones medidas en peonías y caballerías y vecindades; así lo señalaban las Leyes II, IV y V del Título XII, libro IV de la Recopilación de Leyes de Indias. El mal trato dado a los indios repartidos al hacerse la repartición de la tierra, dio motivo a la expedición de leyes, tales como las que prohibían a los favorecidos e infractores, habitar en tierras de sus repartimientos. En 1601 Felipe II envió al virrey Gaspar de Zúñiga una cédula real, prohibiendo los repartimientos de hombres por coacción.[27]

La forma de explotación del trabajo indígena dio motivo —al igual que la encomienda— para obtener excedentes económicos con los cuales se formaban capitales y monopolios agrícolas y comerciales. Las utilidades percibidas por los terratenientes hispanos se emplearon en la adquisición de tierras compradas a otros españoles que abandonaban sus repartimientos, o a caciques de los pueblos indígenas cuyos habitantes habían sido trasladados, habían muerto o desaparecido. Las disposiciones reales a este precepto condicionaban la venta ante un juez y en pública subasta, pero éstas no se cumplían, dando motivo de adquisiciones ilícitas, tal y como se comprueba en las inconformidades de los pueblos de indios registrados en los libros del Ramo de Tierras o en los estudios de estos materiales realizados por Zavala y Colín.[28]

[26] Zavala, Silvio, *La encomienda indiana, op. cit.*, nota al pie de pagina, p. 13.

[27] Zavala, Silvio y Castillo, María, *Fuentes para la historia del trabajo en la Nueva España*, México, Fondo de Cultura Económica, 1938, 1946, vol. VIII, t. III, pp. 141-178.

[28] Zavala, Silvio, *La encomienda indiana, op. cit.*; Colín, Mario, *Índice de documentos relativos a los pueblos del estado de México*, México, Ramo de Indios, Biblioteca Enciclopédica del Estado de México, 1968.

El repartimiento fue abatido formalmente en enero de 1633 cuando ya carecía de efectividad como sistema de explotación agrícola; sin embargo perduró clandestinamente por algunos años más porque todavía era útil como medio de enriquecimiento ilegítimo para las autoridades hispanas, especialmente los alcaldes mayores y corregidores, quienes adquirían tierras y fortuna manteniendo vigente esta forma de trabajo obligatorio.

Los bienes realengos, las tierras recibidas como regalías y los territorios vacos o vacantes, podían ser otorgados por medio de mercedes de tierras. Estas tierras eran trabajadas por los indios entregados en repartimientos de hombres.

La corona de Castilla obtuvo del Papa Alejandro VI, tierras de las islas y tierra firme y, en consecuencia, los territorios sobre las tierras de los dominios novohispanos que no fueran propiedad indígena reconocida; con ello aumentó e incrementó sus bienes realengos o su patrimonio regio. Otorgó mercedes y gracias de tierras a los conquistadores en forma de solares, caballerías y peonías; a las villas y ciudades; dehesas, ejidos, solares, y a las iglesias y monasterios, mercedes de sitios y solares para fundar sus diversas instalaciones. Las mercedes eran los títulos legales que justificaban el repartimiento de tierras.

Las mercedes se otorgaban a los descubridores, pobladores antiguos y sus descendientes como una concesión con carácter individual, condicionada a ciertos requisitos: residencias por el término de cinco años, edificación de solares, poblar casas, cultivar las tierras repartidas y deslindar parcelas; en caso de que se perdieran las tierras y solares y se pagaba una multa en maravadíes.[29] Como el usufructo otorgado sobre las tierras repartidas quedaba sujeto a confirmación, una vez cumplidos los requisitos legales los beneficiados cedían sus derechos a terceros, dando lugar a posesión ilegítima de la tierra y a su aprovechamiento por avencidados que, poseyendo algún capital, comprobaban estos derechos incrementando así su propiedad territorial y en virtud de existir la prohibición de otorgar mercedes a quienes ya hubieren sido favorecidos.[30]

[29] El patrimonio regio lo constituían los dominios territoriales de la corona, bajo la administración directa del rey y de sus oficiales, o sea los territorios de realengo como se decía en León y Castilla. También lo constituían las regalías recibidas por donaciones del papado, caso de las Indias o de otros orígenes, en calidad de honores al rey; finalmente los bienes abandonados, vacíos o vacantes y las tierras inertes o yermas. Valdeavellano, Luis G., de, *Curso de historia de las instituciones españolas, op. cit.*, pp. 141-178.

[30] Méndez Montenegro, Julio César, *Aspectos legales del problema de la*

La ley relativa a quienes tuvieran tierras en una nueva población de alguna provincia consignaba que no se les podía dar ni repartir en otro, si no fuere dejaba la primera residencia y se decretaba nulo el repartimiento, que contra esta decisión se hiciera. La violación constante a estos preceptos motivó se reiterara el contenido en la ordenanza de población de Felipe II de 1573, y más tarde consignado en diversas disposiciones de la recopilación de 1680.[31]

En base al despojo hecho a las tierras de los pueblos indígenas y a las mercedes magnánimas que llegaron a efectuarse con parecer de los cabildos, y más tarde por los virreyes y presidente de la real audiencia, la propiedad privada llegó a tener las dimensiones acusadas por los enormes latifundios comentados en páginas atrás.

En el capítulo III nos referimos a las reducciones o congregaciones de indios, como una forma de supervivencia de la propiedad comunal indígena. En este apartado nos limitaremos a comentar que en nuestro criterio, si la corona buscó aumentar la produción agrícola mediante la creación de las congregaciones o reducciones, además de agilizar la evangelización, logró su objetivo, en tanto forzó a la ya escasa población indígena a producir más para poder pagar los tributos excesivos a que fueron sometidos los nuevos pueblos congregados. Por otra parte, las utilidades que las congregaciones hubieran podido obtener de la realización del trabajo a través de la venta del excedente de su producción agrícola o ganadera o por la renta de las tierras vacantes del fundo legal, fueron mínimas, en virtud del control que ejercen las cajas de comunidades o cajas de censos sobre los bienes y beneficios de los pueblos de indios.

Las haciendas

Como ha quedado señalado, en la Nueva España el dominio privado sobre la tierra se fundamentaba en las gracias y mercedes reales, según la regulación jurídica del Derecho de propie-

tierra, México, Academia Nacional de Historia y Geografía, Universidad Nacional Autónoma de México, 1978, p. 86.

[31] González de Cossío, Francisco, *Historia de la tenencia de la tierra y explotación del campo desde la época precortesiana hasta las leyes del 6 de enero de 1915,* México, Biblioteca del Instituto Nacional de Estudios Históricos de la Revolución Mexicana, 1957.

dad, establecido en las fuentes legales castellanas, cuya fisonomía estaba influida por el Derecho romano.

La Legislación de los siglos XVI y XVII muestra un desarrollo recurrente al uso agrícola y ganadero de la tenencia de la tierra, y casi nunca hacia la minería, actividad que en un principio fue el foco de atracción de los inmigrantes, pero que debido a las difíciles circunstancias para su aprovechamiento fue quedando monopilizada en unas cuantas familias. Dicha política económica respondía a la limitación de la Metrópoli para restringir las exportaciones de productos competitivos. De cualquier manera, las grandes posesiones agrarias llegaron a ser el más patente reflejo de las actitudes francamente colonialistas impuestas en la Nueva España, sobre todo en lo que respecta al uso y tenencia del suelo, tal y como lo demuestra el desarrollo de las leyes básicas en apoyo de la creación de grandes haciendas.

Todos los elementos legales básicos para la formación de las grandes propiedades o haciendas se dictaron a lo largo de los siglos XV y XVII, en tanto el siglo XVIII fue el siglo de la consolidación de la gran propiedad rural, no obstante lo cual, en este siglo la legislación sobre la tierra no fue importante, sino un mero apuntamiento de disposiciones anteriores.

A continuación se presenta un listado cronológico de diversas leyes consagradas en la Recopilación de Leyes de Indias de 1680, que en una forma u otra regularon la propiedad territorial de las haciendas; se han seleccionado aquellas que por su contenido permitirán seguir el proceso que permitió la constitución de las haciendas y de los grandes latifundios.

Tomo II, Ley I, Título XII, libro IV, folio 102. "Que a los nuevos pobladores se les den tierras y solares, y encomienden indios; y qué es peonía y cavallería." Fernando V en Valladolid a 18 de junio y 9 de agosto de 1513.

Tomo II, Ley XVII, Título XII, libro IV, folio 104 v. "Que no se admita a composición de tierras, que huvieren sido de los indios, o con título vicioso, y los fiscales y protectores sigan su justificia." Felipe IV en Zaragoza a 30 de junio de 1546.

Tomo II, Ley III, Título XII, libro IV, folio 119. "Que a los que acepten asiento de caballerías o peonías se les obligue a tener edificados los solares, poblada la casa y hechas y repartidas las hojas de tierra de labor." Felipe II, 20 de noviembre de 1536.

Tomo II, Ley XII, Título XII, libro IV, folio 103 v. "Que las estancias para ganados se den apartadas de pueblos y sementeras de indios." Carlos V, 24 de marzo y 2 de mayo de 1550.

Tomo II, Ley I, Título III, libro VI, folio 198. "Que los indios sean reducidos a poblaciones." Carlos V en regalía a 21 de marzo de 1551 y Felipe II en Toledo a 19 de febrero de 1560.

ORDENANZAS DE 26 DE MAYO DE 1567, del marqués de Falces, "sobre mercedes de tierras." Del Código de la Maza, núm. 16, p. 17.

Tomo II, Ley IV, Título XII, libro IV, folio 102 v. "Que los virreyes puedan dar tierras y solares a los que fueren a poblar." Dada por Felipe II en Madrid a 18 de mayo de 1572.

Tomo II, Ley XIV, Título XII, libro IV, folio 103 v. "Que a los poseedores de tierras, estancias, chacras y cavallerías con legítimos títulos, se les ampare en su posesión, y las demás sean restituidas al rey. Felipe II en Madrid a 20 de noviembre de 1578 y en el Prado 1 de noviembre de 1591."

Tomo II, Ley XX, Título XII, libro IV, folio 104 v. "Que los virreyes y presidentes revoquen las gracias de tierras, que dieren los cabildos, y las admitan a composición." Felipe II en Madrid a 1 de enero de 1589.

Tomo II, Ley XI, Título XII, libro IV, folio 104 v. "Que se admita a composición de tierras." Felipe IV en Madrid a 17 de mayo de 1631.

REAL CÉDULA. Tomada del Código de la Maza, núm. 30, p. 30. 15 de octubre de 1754. "En que se da instrucción sobre las condiciones que deben observarse para el otorgamiento de mercedes y composiciones de tierras realengas y baldíos que son a cargo de los exmos. sres. virreyes y presidentes de las reales audiencias."

DISPOSICIÓN DE 4 DE DICIEMBRE DE 1786. Tomada del Código de la Maza, núm. 33, p. 46. "Para que los intendentes sean jueces privativos en sus distritos de las causas y dependencias que ocurrieren sobre ventas, composiciones y repartimientos de tierras realengas."

REAL CÉDULA DE 23 DE MARZO DE 1878. Tomada del Código de la Maza, núm. 34, p. 47. "Sobre terrenos baldíos que corrige las anteriores disposiciones, con respecto a la remisión de títulos y autos a la junta superior."

Sin embargo, el cumplimiento de las normas dictadas por la

Metrópoli a las autoridades locales rara vez eran cumplidas. El derecho natural y de gentes que respetó las instituciones comunales de propiedad de los indígenas, no modificó la actitud de los españoles hacia los naturales. Las limitadas posibilidades de los pueblos indígenas para hacer valer sus derechos tampoco lograron modificar tal conducta en tanto la defensa de los despojados eran los recursos legales, pero la realidad fue distinta en cuanto al cuerpo jurídico, pues "frente a unos preceptos legales en buena parte inaplicables, surgieron prácticas consuetudinarias",[32] que se tradujeron en afirmar el término de que "las leyes se hicieron para ser violadas". Así, autoridades y encomenderos fomentaron el caos en la aplicación de las normas jurídicas, cuyo beneficio fue en exclusivo favor de los colonos hispanos, su interés particular y bienestar social y económico.

En base al despojo hecho a las tierras de los pueblos indígenas y a las mercedes magnánimas que llegaron a efectuarse con complacencia de los cabildos, y más tarde por los virreyes y presidentes de las audiencias, la propiedad privada llegó a tener dimensiones tales como la encomienda de Juan Villaseñor y Cervantes, que representaba "un área de más de veintiséis mil kilómetros cuadrados", y que "comprendía casi todo lo que hoy es el estado de Guanajuato".[33]

Por su parte, la autoridad real sufría contradicciones internas; por un lado promulgaba leyes limitativas al acaparamiento de tierras y de explotación de los naturales, y por el otro, nunca se opuso a la acción de la real hacienda en el cobro excesivo de tributos a las comunidades indígenas, motivando con ello su pobreza y la necesidad de enajenación de sus posesiones para cubrir las demandas reales, así como la prestación de servicios laborales obligatorios, forma oculta de esclavitud, a fin de compensar las deudas a las cajas de la comunidad. De tal forma, la legislación dictada para la Nueva España casi nunca respondió a las necesidades de los indígenas, aunque su normatividad fuera directamente dirigida a ellos.

Como ha quedado escrito, el primer ciclo histórico de la explotación agropecuaria colonial, se significó por la encomienda y los repartimientos; el segundo por las reducciones y con-

[32] Ots y Capdequí, José María, *Historia del Derecho español, op. cit.*, p. 233.

[33] McBride, George, "Los sistemas de la propiedad rural en México", en *Problemas agrícolas e industriales de México*, México, 1956, núm. 3, vol. III, pp. 15 y 55.

gregaciones y el tercero por la hacienda-estancia como típico sistema de explotación territorial utilizada por mucho tiempo en España y propiciado por las condiciones sociales y económicas de la Nueva España: al decir de Moreno Toscano.

Durante el siglo XVII se definen las principales estructuras económicas de la Nueva España, entonces surge la hacienda y se consolida como la principal unidad de producción.[34]

Frecuentemente se ha calificado a la hacienda como un producto de la encomienda; sin embargo, desde el origen de sus títulos es distinta: la encomienda fue una institución castellana trasladada a las Indias y sancionada por la corona aun en contra de su voluntad; la hacienda es el resultado primero de la obtención de mercedes reales y después de los despojos y compras simuladas a indígenas y comunidades de las concesiones virreinales, de las *composiciones* y, finalmente, del ejercicio del derecho de adquisición a título oneroso de bienes y propiedades territoriales.

En criterio de Gibson "su posesión y propiedad daba al hacendado características diversas de los del encomendero. La hacienda podía permitirse cierto tipo de benevolencia que hubiera sido incongruente con la dureza menos sutil, más rígida y superficial de la encomienda. En esta forma el hacendado podía aparecer como el protector y abogado de sus indios contra las presiones exteriores. El encomendero era destinado por la ley para representar este mismo papel, pero nunca lo hizo... Cuando el hacendado autorizaba a los pueblos a rentar algunas de sus tierras o concedía permiso a los habitantes a vivir dentro de su propiedad, tanto el hacendado como los beneficiarios indígenas, veían este hecho como un acto de benevolencia. Todas las condiciones que los rodeaban se aceptaban como normales. Se había creado una aristocracia a través de innumerables actos parecidos sobre generaciones de tiempo."[35]

Cabe mencionar aquí, acerca de la persona del hacendado, que en los tiempos coloniales lo era exclusivamente el español o conquistador y después sus descendientes criollos o hispanos llegados a América, y que todo lo existente en el ámbito de su

[34] Moreno Toscano, Alejandro, *Historia mínima de México*, México, El Colegio de México, 1973, p. 62.

[35] Gibson, Charles, *Los aztecas bajo el dominio español (1519-1810), op. cit.*, pp. 416-418.

hacienda era materia, y de posesión: "no conocía el hacendado, límite entre uso y arbitrariedad."[36]

Aunque hay diversas opiniones respecto a las medidas que debía tener una hacienda para distinguirla de un rancho, se puede considerar que "era costumbre popular distinguir, atendiendo al tamaño de los predios, y considerar como haciendas, los mayores de mil hectáreas y como ranchos los que tienen mil o menos".[37]

Pero más que el tamaño de la hacienda fue importante el sistema de explotación económica de la misma, pues representó una empresa perfectamente integrada ya que se producía dentro de ella todo lo necesario para que fuera autosuficiente, contando además con la mayor parte de recursos naturales que servían de insumos a sus diversas actividades, como eran: bosques, tierras de pastos, magueyales, huertas, recursos acuíferos y en ocasiones recursos mineros. Inclusive, se llegaron a instituir haciendas que poseían extensiones con terrenos dentro de los climas de tierra fría y caliente, lo cual les permitía una mayor diversificación de sus productos.

Una consecuencia directa de la concentración de la propiedad de la tierra en manos de los españoles fue la desaparición de la propiedad indígena, fuera individual o en ocasiones, también de los bienes comunales, lo cual condujo a un nuevo sometimiento a los habitantes de las comunidades en calidad de dependientes de los hacendados, sin otros recursos para sobrevivir que el de prestar sus servicios personales en la hacienda por tiempo indefinido y de generación en generación.

Con el tiempo, la forma de vida dentro de los límites de su territorio era la de una gran comunidad, pues en ella habitaban numerosos grupos de familias que giraban en torno de la vida estereotipada dentro de una hacienda.

La hacienda creó hombres ricos y poderosos, llamados por Chevalier aristócratas terratenientes. Ellos establecieron las primeras empresas agroindustriales integradas con criterio capitalista en las formas de explotación de la propiedad territorial; se convirtieron en ricos ausentistas en virtud de que las ganancias obtenidas por la exportación a la Metrópoli y a otras colo-

[36] Molina, Enríquez, Andrés, *Los grandes problemas nacionales,* México, Imprenta de A. Carranza e Hijos, 1909.

[37] Wetten Nathan, L., "México rural", México, *Revista Problemas Agrícolas e Industriales de México,* publicación trimestral, vol. v, núm. 2, abril-junio, 1953, p. 86, cita a: McBride, George, *The land system of Mexico,* Nueva York, 1923, p. 82.

nias americanas, de la mayor parte de su producción, hecho que en nada favoreció al desarrollo colonial.

El término *hacienda* utilizado para nombrar esta forma de propiedad territorial, se hizo frecuente en los títulos de las composiciones y las confirmaciones reales. Al decir de Gibson: "Las grandes haciendas del valle de México, se formaron por medio de la concesión legal, la consolidación, la expansión, la compra, la composición y la denuncia. Sus títulos de posesión incluían las mercedes originales y subsecuentes documentos de venta las composiciones, los registros topográficos, las declaraciones limítrofes y papeles relacionados con todo ello. Por ejemplo, los títulos de la hacienda de los Portales, cercana a Cuautitlán, consisten en tres enormes libros de documentación extendida desde mediados del siglo XVI, hasta las postrimerías del XVIII. Más o menos quince mercedes originales, concedidas a varios residentes en la última mitad del siglo XVI, forman las concesiones básicas de los Portales."[38]

Las propiedades pasaron a través de innumerables poseedores, fueron vendidas, devinieron materia de procesos legales, aumentaron de extensión por medio de otras adquisiciones directas de los dueños indígenas y se incorporaron gradualmente dentro de una sola propiedad. El territorio esencial, fue denominado hacienda de Los Portales, en el principio del siglo XVII y continuó acrecentándose y consolidándose a fines del mismo siglo, cuando varias haciendas se adhirieron bajo el mismo nombre. Otros registros de propiedad de haciendas, tales como la de Santa Lucía, cerca de Xaltocan y de Huatongo, en la jurisdicción de Coatepec, demuestran asombrosas similitudes. La hacienda de Xalpa puede ser investigada desde sus mercedes originales de estancias y caballerías, a través de etapas intermedias a su creación, como la célebre propiedad jesuita del siglo XVIII. Todos los títulos hacendarios muestran que en tanto los virreyes concedían las mercedes originales, en las partes de tierra relativamente pequeñas, los españoles en lo individual inmediatamente compraban tierras de los recipientes y, comenzaban el proceso de consolidación. Una activa especulación de la tierra, principió a mediados del siglo XVI, cuando las propiedades se vendían por sumas hasta de 40 000 pesos, cantidad exorbitante para la época.

En el valle de México existían, en el último periodo colo-

[38] Gibson, Charles, *Los aztecas bajo el dominio español (1519-1810), op. cit.*, p. 297.

nial, ciento sesenta haciendas. A primera vista, su número resultaba menos importante de lo supuesto, pero ello obedece a que el término "hacienda", no tenía una definición precisa, y la diferencia entre haciendas y otras propiedades similares –ranchos, rancherías, estancias, "hacienditas"– no siempre se basaba en su extensión.

Al finalizar el siglo XVIII, la hacienda Jáuregui,[39] pertenecía al marqués de San Cristóbal, en la jurisdicción de Ecatepec –se encontraba en ruinas– e inclusive, la hacienda de Santa Lucía se había deteriorado en comparación con su antiguo esplendor. La denominación de hacienda dependía en mucho de la condición de los edificios y la calidad de las tierras, así como de otros factores arbitrarios. Los precios de la tierra variaban considerablemente, de unos cuantos pesos por caballería, para tierra no agrícola a grandes fortunas por la tierra de mejor calidad. En la evaluación de una hacienda, especialmente de las localizadas en la parte norte del valle, representaba un factor importante la presencia del agua, lo que por eso le dio tanta importancia a la llamada Ojo de Agua de la jurisdicción de Ecatepec, una de las más exuberantes de su área y de mayor valor en el país, propiedad también de la Compañía de Jesús.

Las grandes haciendas, representaban inversiones de más de cien mil pesos, capital cuantioso para la época y ello permitía considerarlas como propiedades de primera clase. Algunas llegaron a poseer, durante los siglos XVII y XVIII tres, cuatro y cinco haciendas dependientes bajo un mismo nombre y los propietarios frecuentemente registraban sus tierras a nombre de diferentes personas, fueran parientes o amigos, para evitar ser considerados como potentados y latifundistas.[40]

Las mayores transacciones en materia de tierras durante el período colonial, en el valle de México y circunscripciones vecinas, tuvieron lugar a fines del siglo XVIII, cuando el conde de Regla compró la antigua propiedad jesuita –Santa Lucía, Xalpa, Los Portales, San Javier y numerosas otras– a un precio de 1 020 000 pesos. Las cuatro haciendas incluían una enorme fracción de todo el territorio situado al norte del valle de México, y aunque en realidad, pertenecía a una sola persona, se mantenía como propiedades diversas. Hubo inclusive casos en los cuales no era necesariamente un bloque continuo de tierra.

[39] Según dato de Gibson, Jáuregui aparece como rancho en la referencia.
[40] Gibson, Charles, *Los aztecas bajo el dominio español (1519-1810)*, *op. cit.*, pp. 297 y ss.

Podía consistir, como ocurría con San Javier, en tierras dispersas sobre una gran área, interrumpida y dividida por pequeñas posesiones de otras personas o pueblos de indios.[41]

Debido a las características de la propiedad aquí apuntadas, actualmente resulta imposible elaborar un mapa mostrando los límites de tierras de las haciendas del valle de México, ya que, ni los propios hacendados conocían la extensión de sus propiedades. No obstante, es evidente que las haciendas tendían a extenderse alrededor del declive del valle y, no se concentraban en la región lacustre, en la cual se dispersaban llegando a las provincias de Chalco y Amecameca.

Por su tradición agrícola, Chalco alojaba varias de notable productividad, continuando en importancia las establecidas en el valle de Teotihuacan. Por obvias razones, el desarrollo agrícola siguió la ubicación de los poblamientos indígenas.

La historia de las relaciones entre las haciendas y las comunidades indias fue una historia de presiones encontradas con la ventaja a largo plazo siempre a favor de los hacendados.

Al declinar las encomiendas, de todas maneras la organización social se hallaba definitivamente establecida. La sociedad, estaba formada de audaces aventureros, llenos de orgullo, de sus hijos que veían con desdén el trabajo, de una muchedumbre de proletarios considerados casi como animales, de los bodegoneros, que venían a enriquecerse con el comercio de abarrotes, para ingresar en seguida a las clases privilegiadas.[42]

Aquí está, pues, el origen económico de la sociedad subsecuente. El clero, los latifundios y otros privilegiados por una parte. El infinito número de gentes miserables y sin aspiraciones por otra. En ninguna parte los pequeños colonos amantes del trabajo y que riegan con su propio sudor la tierra que los mantiene... si una encomienda comprendía todo lo que la vista pudiera abarcar desde una alta montaña, una hacienda podía contener toda la extensión de un país sudamericano.[43]

[41] *Ibid.*

[42] González Roa, Fernando, *El aspecto agrario de la Revolución mexicana,* México, Poder Ejecutivo Federal, 1919, p. 61.

[43] Todo el país de Uruguay comprende 18 600 ha. La hacienda de los Cedros, en Zacatecas, medía 754 912 ha, según nos dice Westano Luis Orozco en su importante obra: *Legislación y jurisprudencia sobre terrenos baldíos,* México, Ed. W. L. Orozco, 1895, p. 56.

Finalmente, comenta González Roa:

Lo primero que llamaba la atención a los extranjeros al llegar a México, era la extremada miseria de la población contrastando con la opulencia de los poderosos.[44]

El contraste era advertido en toda su crudeza por aquellos extranjeros oriundos de comarcas europeas.

Las categorías sociales comenzaron a estratificarse. En la cima de la pirámide hallábase el terrateniente, el poderoso peninsular, en la base el mulato y el negro. En la mitad de semejantes contrastes, se encontraban los criollos, mestizos e indios.

El gran tamaño de las haciendas se debió en gran medida a que la hacienda típica aspira a bastarse a sí misma, a ser autosuficiente, de aquí que para lograrlo necesitara tener dentro de sus límites diferentes tipos de tierra llamada para la producción de granos, tierra arable, que constituía el mucho de la finca; pastos para los rebaños de ganado, caballos, ovejas y cabras, etc. Tan grandes extensiones ofrecían grandes dificultades además, por lo que muchas están divididas en unidades llamadas estancias o ranchos, cada una con su mayordomo.

El hacendado, por su parte, es más un terrateniente que un agricultor, un propietario ausentista más que un ranchero y su interés en la hacienda se debe menos a las posibilidades económicas de ésta, que a su carácter de propiedad hereditaria.

Las grandes estancias o latifundios ganaderos

La introducción de las nuevas especies de aves y ganados en el continente tropezó con algunos inconvenientes tal y como lo señala Alfredo Chavero.

Al principio, Diego Velázquez, por su enemistad con Cortés y con colonos españoles de las Indias, por no perder las ganancias que el comercio de caballos y reses les proporcionaban, pusieron grandes obstáculos a la exportación de esos animales para el continente, pero a pesar de eso, muy pronto hubo en la colonia tal número de caballos, mulas y de ganado vacuno que perjudicaban las sementeras de los indios...[45]

[44] González Roa, Fernando, *El aspecto agrario de la Revolución mexicana, op. cit.*, p. 64.

[45] Chavero, Alfredo, "Historia antigua y de la Conquista de México", en Riva Palacio, Vicente, *México a través de los siglos, op. cit.*, t. II, p. 491.

Otro tipo de ganado como cerdos, ovejas y ganado ovino, se criaron alrededor de las ciudades y villas aproximadamente dos décadas después de la conquista; el ritmo de reproducción fue bastante acelerado según Chevalier:

> La multiplicación de ganado en general, fue rápida y extensa: muchos propietarios novohispanos llegaron a poseer de diez a treinta mil cabezas, y aun 100 mil; las gallinas se procrearon en tal cantidad que inclusive formaban parte del tributo indiano. ...y a mediados del siglo XVI, las monturas no costaban casi más que el trabajo de domarlas, y muchos indios obtuvieron del segundo virrey licencia de tener caballos de Albardón y aun de silla.[46]

Sin embargo, el crecimiento de la ganadería comenzó a crear problemas: por una parte los propietarios fundaron la corresponsalía de la Mesta como una asociación de ganaderos, sobre todo para recuperar animales extraviados y para que las autoridades gubernamentales muchas veces formadas por ellos mismos, les reconocieran o les reservaran extensiones de pastos; por otra, los agricultores o las grandes comunidades que no poseían ganado y se dedicaban a trabajar las tierras —indios en su inmensa mayoría— entraron en conflicto con los ganaderos, pues los animales de éstos invadían sus terrenos y aquéllos, en venganza, mataban cabezas de ganado. Como consecuencia de tales conflictos, hubo necesidad de dictar ordenanzas en el sentido de obligar a los propietarios a cercar sus terrenos, método desconocido por los naturales.

Los españoles, además de introducir otras especies de ganado enseñaron a los indígenas el uso diverso que de ellos podía hacerse, en adición al del simple consumo. Así, se utilizó la fuerza de tracción animal para el cultivo y para mover los molinos de agua se les empleó como bestias de carga, en sustitución de los tamemes, al mismo tiempo que se aprovechaban como alimentos.

La cría de ganado requirió de terrenos adecuados para ello y la autorización real les llamó estancias, las cuales vinieron a ser los antecedentes de la creación de las grandes haciendas y latifundios del norte del país, instituidos a raíz de la promulgación de la ordenanza de población de 1573.

Las estancias fueron sitios de crianza de ganado mayor y menor, cuya propiedad surgió por disposiciones diversas a las da-

[46] Chevalier, François, *La formation des grands domaines au Mexique*, *op. cit.*, p. 60.

das para las tierras de labor o labrantías, sobre todo respecto a la extensión de las propiedades, pues debido al fomento de la ganadería, desde los primeros años de la conquista cuando inclusive se cambiaba ganado por esclavos, ésta se volvió un verdadero problema para los pueblos indígenas que día a día veían destruidos sus simientes y cultivos por la invasión de los ganados propiedad de los colonizadores hispanos. Debido a esta situación Carlos V dictó en el año de 1550 la Ley XII, Título II, libro IV de la Recopilación de Leyes de Indias, ordenando que las estancias para ganados se den apartadas de pueblos y sementeras de Indios.[47]

En mayo de 1567 el virrey marqués de Falces, conde de Santiestevan dictó otra ordenanza para salvaguardar los derechos de los indígenas frente a la invasión de sus tierras por los dueños de las nuevas estancias establecidas.

> Que de aquí en adelante no se haga merced de ninguna estancia ni tierras si no fuere que la tal estancia esté y se pueda asentar mil varas de medir paños o seda, y desviados de la población y casas de indios, y las tierras quinientas de las dichas varas... y si alguno asentare la tal estancia o tierras de que fuere fecha la merced, sin que haya en medio de ellas y las dichas casas de indios, las dichas varas, pierda las tales estancias y tierras, y derecho a que ello tuviere adquirido...[48]

La Ley XIV del t. II, libro IV de la Recopilación de fecha 20 de noviembre de 1578, confirmada en noviembre de 1591 por el propio Felipe II, fue el instrumento que permitió a los poseedores de estancias ampararse en los títulos y en la justa prescripción para no ser privados de los mismos en virtud de la disposición dada en el sentido de devolver al rey los baldíos, suelos y tierras que no estuvieren concedidos. En 1596 insistió el propio rey en que visitadores especiales vieran si las estancias situadas estaban en perjuicio de los indios y para ello argumentó:

> Que algunas estancias que los españoles tienen para sus ganados se les han dado en perjuicio de los indios, por estar en sus tierras, o muy cerca de sus labrazas y haciendas y a esta causa los ganados les comen y destruyen los frutos, y les hacen otros daños. Mandamos

[47] González de Cossío, Francisco, *Historia de la tenencia de la tierra y explotación del campo, op. cit.*

[48] *Ibid.*, p. 241.

que los oidores que salieran a la visita de las tierras lleven a su cargo visitar las estancias, sin ser requeridos, y ver si están en perjuicio de los indios, o en sus tierras, y siendo así, llamadas y oídas las partes a quien tocare, breve sumariamente o de oficio, como mejor les pareciere, las hagan quitar luego, y pasar a otra parte, todo sin daño y perjuicio de tercero.[49]

Sin embargo, en 1612, su sucesor Felipe III tuvo a bien ordenar de nueva cuenta que los virreyes hicieran sacar los ganados de las tierras de regadío y que éstas se sembraran de trigo, orden necesaria en virtud de que ocurría la invasión paulatina de los terrenos de cultivo por los numerosos ganados propiedad de ganaderos latifundistas.

Finalmente, por lo que respecta a las estancias, el virrey Diego Carrillo dictó en septiembre de 1622 una ordenanza donde regula el nombramiento de mayordomos en las estancias, con el objeto de proteger a los indígenas de los repartimientos del mal trato dado en su perjuicio por parte de españoles, mestizos, mulatos o negros encargados de administrar las estancias y haciendas, obligando a los indígenas a abandonar sus pueblos y tierras y morir en las regiones donde buscaron refugio.[50]

El contenido de esta ordenanza apoya lo afirmado ilustrando cómo los ganaderos o estancieros contribuyeron a la desaparición de los poblados indígenas e hicieron acrecentar sus tierras con las tierras pertenecientes a los corregimientos y pueblos de indios.

Las ordenanzas de la Mesta

De todas las disposiciones sobre la posesión de estancias y crianza de ganado, la disposición más importante fue la relativa a las ordenanzas de la Mesta que aparecieron en forma integrada en 1574, aunque con anterioridad se dictaron diversos ordenamientos y leyes sobre estancias y ganados desde la constitución del ayuntamiento de la Ciudad de México.

En virtud de que la formación de la propiedad y la riqueza en los inicios de la colonia se basó en la ganadería, la legislación sobre la materia fue no sólo abundante, sino de primera

[49] Chavero, Alfredo, "Historia antigua y de la conquista de México", en Riva Palacio, Vicente, *México a través de los siglos*, *op. cit.*, p. 491.

[50] Chevalier, François, *La formation des grands domaines au Mexique*, *op. cit.*, p. 60.

importancia para la vida económica de la naciente colonia; así, desde los primeros años de gobierno de Cortés, en su carácter de gobernador y capitán general, empezó a expedir ordenanzas al respecto, las cuales fueron complementadas posteriormente por la serie de ordenanzas de la Mesta pronunciadas por diversas autoridades municipales y virreinales de 1529 a 1574, año en el cual se da organización definitiva al gremio de la Mesta.

La Mesta en la Nueva España, como en Castilla, estaba constituida por el gremio de los ganaderos, organizados con el fin de gozar de la protección de las autoridades y la corona. Este gremio de ganaderos en un principio fue municipal, limitándose básicamente a la Ciudad de México y sus alrededores. Pero con el tiempo se convirtió en un organismo extendido por toda la Nueva España y sujeto a una ley única.

El deseo de consolidar los privilegios de los ganaderos, así como su completa organización, dio motivo a una legislación larga y continua, lo cual constituyó un testimonio de que la economía de la Nueva España en el siglo XVI era por excelencia ganadera. Entre 1524 y 1574 se pronuncian cuatro ordenanzas y una cédula real, conteniendo las disposiciones que han de regir la Mesta.[51]

Las leyes ganaderas tuvieron gran preponderancia sobre las que regían la vida corporativa de los otros sectores económicos. Así, por ejemplo, los comerciantes constituidos como gremio, consiguieron la creación de su "consulado de mercaderes" el año de 1593-1594, en tanto que los mineros no lo lograron sino hasta 1783.[52]

Las ordenanzas de la Mesta fueron instrumentos bastante rígidos, dados para salvaguardar los intereses de los ricos ganaderos y en detrimento de quienes trabajaban para ellos o podían ser sus eventuales contrapartes en juicio y ajenos a su gremio; el Consejo de la Mesta estaba constituido por alcaldes con facultades para juzgar y sentenciar sobre los asuntos de los agremiados y sus propiedades.

[51] *Papeles sobre la Mesta de la Nueva España, la organización de los ganaderos del siglo XVI*, México, Ed. Banco Nacional de Crédito Agrícola y Ganadero, prólogo de Luis Chávez Orozco, 1956, pp. 1-36.
[52] *Ibid.*

La existencia real de los latifundios

La existencia de los latifundios puede referirse como la forma más usual de la propiedad territorial sobre todo en las jurisdicciones políticas del norte del territorio nacional. Por ejemplo, en la Nueva Galicia y en la Nueva Vizcaya la familia Ibarra formada por Diego de Ibarra y Francisco de Ibarra fundaron en Zacatecas los latifundios de Trujillo y Valparaíso.

Más tarde, en 1589, Juan Bautista de Lomas y Colmenares constituye un verdadero estado dentro de otro Estado, con la complacencia del virrey Villamanrique; los propietarios mencionados poseían diez de las mayores haciendas-estancias del país.

En Durango, Rodrigo de Río de la Loza y Gordojuela funda haciendas ganaderas y de beneficio de minas; Francisco de Urdiñola entre Saltillo y el Río Grande, funda cinco o seis haciendas con superficie de millones de hectáreas; en Nuevo León, Martín de Zavala, en su carácter de gobernador, concede a los ganaderos grandes extensiones de tierra en calidad de encomiendas.[53] La creación de los grandes latifundios del norte del país ocurrió al mismo tiempo que se fue extendiendo la conquista territorial. Los favorecidos con las tierras fueron los hacendados, adelantados y gobernadores. La autoridad virreinal les permitió la colonización y el obtener en propiedad estas extensiones; los virreyes generalmente se limitaban a confirmar la legitimidad de los títulos, cuando existían.

En el centro del país, en la región llamada El Bajío, la situación fue diferente: Guadalajara, Guanajuato y Querétaro fueron ciudades donde al inicio de la colonización se establecieron pequeñas industrias ganaderas, textiles y mineras. La propiedad agrícola estaba muy dividida y sólo progresaron las encomiendas de Hernán Pérez de Bocanegra y Juan de Villaseñor, en las tierras de Apaseo y Huango. Con los años, la propiedad de Villaseñor, llegó a constituir el mayor latifundio de la región.[54] Al inicio del siglo XVII, se formó en Lagos de Moreno, Jalisco, el latifundio del alcalde mayor Ortiz de Saavedra, constituido por tierras de Acámbaro y Jalpa.

Esta gran hacienda sería conocida como el latifundio de Jal-

[53] Chevalier, François, *La formation des grands domaines au Mexique*, *op. cit.*, pp. 204-205.

[54] Bradin, D. A., *Haciendas and ranchos in the Mexican Bajío, León 1700-1860*, Londres, Cambridge University Press, 1978, pp. 16 y 27.

pa de Cánovas. En el siglo XVIII, la propiedad fue compuesta y el propietario Rafael Monterde la consolidó con una superficie de 158 000 acres.[55]

El latifundio mayor del Bajío fue el perteneciente a los mariscales de Castilla, quienes, como ocurrió en el siglo XVI, con Juan de Villaseñor, llegaron a ser también en el siglo XVIII propietarios de la casi totalidad del estado de Guanajuato, desde San Miguel Allende hasta Pénjamo. Las primeras tierras se obtuvieron entre 1611 y 1617 como mercedes dadas por el virrey a seis diferentes personas, quienes inmediatamente se las vendieron al propietario don Hernán Carrillo Altamirano, de la Ciudad de México. Años más tarde él mismo adquirió, por medio de otras mercedes, una mayor extensión que fue heredada por Rodrigo Mejía Altamirano (19 sitios grandes y 16 pequeños). Su hija Juana, heredera universal, casó con Carlos de Luna y Arellano, 11º mariscal de Castilla, descendiente del conquistador Tristán de Luna. La mariscala, como fue llamada, adquirió propiedades en Valladolid y en Querétaro, de tal manera que unidas sus haciendas de Rincón, Piedragorda, Río Turbio, Potrero del Río y San Pedro y San Pablo, reunió una extensión de 11 000 hectáreas, comprendidas varias fracciones de la mejor tierra de cultivo de la Nueva España. Le seguían en importancia Jalpa de Cánovas, Santa Ana Pacueco, propiedad de los banqueros Sánchez de Table y las propiedades de Tomás Manuel de la Canal, distribuidas en San Miguel el Grande y León.[56]

La forma de consolidación de la gran propiedad fue siempre la misma: los hispanos se convirtieron de encomenderos en hacendados en virtud de la obtención de mercedes y gracias, y de la compra ilegal de tierras mercedadas a favor de terceros. La condición de la mano de obra obtenida, primero en la encomienda, después en los repartimientos y, finalmente, como fuerza de trabajo cautiva, bien por el control de la paga a los peones, bien por los adeudos contraídos con los mismos por falta de recursos de los hacendados, permitió la acumulación de propiedades y el control de una agricultura monopolística apoyada en los grandes latifundios. En los apartados siguientes pasaremos a analizar en detalle cómo se produjo esta transformación en la posesión de la tierra.

[55] *Ibid.*, p. 27.
[56] *Ibid.*, p. 29.

LOS MAYORAZGOS NOVOHISPANOS

En la Nueva España, varios de los conquistadores y sus descendientes aspiraron a poseer títulos de nobleza. El primer paso para lograrlo era constituir un mayorazgo como respaldo a sus aspiraciones. Para ello necesitaban vincular los bienes obtenidos en recompensa por las acciones de guerra y una vez vinculados, someterlos a las disposiciones legales concernientes al mayorazgo y la sucesión hereditaria de los bienes sujetos al perpetuo dominio de alguna familia, con prohibición de enajenarlos. En virtud de ser un derecho hereditario a favor del primogénito, éste quedaba sujeto a la condición de conservar íntegros y perpetuamente los bienes en familia, dando seguridad de integración a las fortunas recién adquiridas. Se llamaban también mayorazgos el conjunto de bienes vinculados, y la persona poseedora quien habría de heredarlos. Esta característica distinguía a los herederos de un mayorazgo, de quienes debían contentarse con herencias parciales, empequeñecidas por la división; los mayorazgos otorgaban privilegios y estatus a los favorecidos dentro de los estratos superiores de la sociedad novohispana.

Tal fue el caso de Francisco de Urdiñola, conquistador y gobernador de Nueva Vizcaya, quien siendo de humilde origen, por su fortuna labrada en las explotaciones mineras llegó a constituir el mayorazgo de San Miguel de Aguayo, considerado como uno de los latifundios más grandes del mundo. Así, la propiedad de la tierra fue a la vez que símbolo de prestigio, un camino para perpetuar el linaje, creándose con ello, la potente aristocracia territorial.

Los primeros repartimientos y las mercedes cuyo objetivo fue el de dotar a los encomenderos de tierras y trabajadores indígenas para que realizaran todas las labores agrícolas, fueron también los antecedentes de las propiedades agrícolas instruidas en mayorazgos.

En la Ciudad de México, existieron treinta y cuatro mayorazgos, siendo el más importante el ya mencionado de San Miguel de Aguayo, y decíase que su poseedor, Francisco de Urdiñola, podía abandonar la capital por su rancho del Altillo en Coyoacán, y llegar a su hacienda principal en Coahuila, sin salir de tierras de su propiedad.[57]

[57] Fernández de Recas, Guillermo S., *Mayorazgos de la Nueva España*, *op. cit.*, pp. 1-271. El autor realiza en esta obra el estudio más completo

La creación de los mayorazgos permitió también conservar la unidad de la propiedad territorial y de las riquezas de la aristocracia hispana y criolla, representada por los descendientes de los conquistadores, quienes gracias a las riquezas y fama adquiridas, celebraban matrimonio con damas de alcurnia, fuera a su regreso a España —como el caso de Martín Cortés— o bien porque los matrimonios convenidos por interpósitas personas así lo permitieran.

A este respecto McBride apunta:

tan pronto como un colonizador adquiría una fortuna, fuera para la explotación de minas, el comercio, los tributos recaudados o por el producto de sus propiedades agrarias, buscaba un título de nobleza y la propiedad y riqueza que le apoyara, la cual debía permanecer consolidada. Los servicios eran distinguidos con el otorgamiento de un título de nobleza acompañados de un mayorazgo y frecuentemente por gracias y mercedes que amparaban grandes propiedades territoriales, con sus tributarios correspondientes. La costumbre de constituir mayorazgos prevaleció hasta la época de la Independencia, la cual fue en gran parte responsable de la conservación de las grandes propiedades en México. Se podía acumular la tierra, pero la división de la propiedad era prácticamente imposible.[58]

Ejemplo de esto es la constitución del mayorazgo de los mariscales de Castilla mencionados en párrafos anteriores como grandes propietarios de haciendas y ranchos.

Doña Juana Mejía Altamirano, —la mariscala—, fue descendiente del conquistador Altamirano, quien fundara el mayorazgo de Altamirano, el 20 de marzo de 1560. Altamirano vinculó tierras de Coyoacán, Tacuba, Valle de Matlalzingo en Ecatepec o pueblos de Calimaya, Metepec y Tepemayalco que le fue dado en nombre de su majestad por el virrey don Antonio de Mendoza; una estancia en Chapultepec recibida por merced de la Sra. Marquesa del Valle, y todas las tierras y viñas y molinos que tenía en término del pueblo de Coyoacán y Tacubaya, así como las que eran del prado de Gonzalo Ruiz, regidor de la ciudad y como los que compró de Pedro Zamorano y de los indios del pueblo de Culhuacán y Tacubaya.[59]

que existe respecto del tema, su investigación consigna además los mayorazgos establecidos en todo el país.

[58] McBride, George, *The land systems of Mexico*, *op. cit.*, p. 45.

[59] Fernández Recas, Guillermo, *Mayorazgos de la Nueva España*, *op. cit.*, pp. 19-20.

Otro ejemplo que nos sirve para comprobar lo aquí afirmado es el que corresponde a las actuaciones de Agustín Guerrero de Luna, descendiente de Rodrigo Gómez de Ávila, el conquistador, y de los más antiguos pobladores de la Ciudad de México, constituyó el mayorazgo de Guerrero de Luna, a favor de su hijo Juan Guerrero de Villaseca, con propiedades mineras en Guanajuato, haciendas y estancias en el actual estado de Hidalgo y otras más en el actual estado de Veracruz.

Por el interés del documento y por tratarse de descendientes directos de descubridores y pacificadores, transcribimos la real cédula constitutiva del mayorazgo:

Real cédula, fundación de mayorazgos. Don Felipe, por la gracia de Dios, etc., etc. Por cuanto por parte de voz, don Agustín Guerrero de Luna, vecino de la Ciudad de México, se me ha hecho relación que Rodrigo Gómez de Ávila, vuestro abuelo, fue de los primeros descubridores y pacificadores y Juan Guerrero de Luna, vuestro padre, fue de los más antiguos pobladores de la dicha ciudad y casó con doña Beatriz Gómez de Ávila, hija de Rodrigo Gómez de Ávila me sirvieron en las ocasiones que se ofrecieron como caballeros hijosdalgo y voz el dicho Agustín Guerrero de Luna, sois hijo mayor del dicho Juan Guerrero y casasteis, con doña Mariana de Villaseca hija legítima y única heredera de don Alonso de Villaseca y que teneis cuatro hijos dos varones y las otras dos hembras, etc., etc. Dado en San Lorenzo a 17 de julio de 1595. En virtud de dicha cédula. Por el amor perfecto y particular que he tenido y tengo al dicho don Juan Guerrero de Villaseca, mi hijo, y porque así mismo le tuvo doña Mariana de Villaseca, su madre, y que está casado con doña Magdalena de Reza y Mendoza y ser persona de calidad y de los hijos que tiene y en delante tuviere, por vía de mayorazgo y vínculo perpetuo y en la forma que más convenga:

Item, todas las haciendas, estancias, sitios y caballerías, que tengo en los Chichimecas y parte de las minas en Guanajuato. Item, todas las haciendas y estancias, que tengo en la jurisdicción de Ixmiquilpan, Alfayuca y Mextitlán. Item, todas las estancias en el río de Alvarado. Item, así mismo las casas principales que yo compré a Diego de Ibarra, caballero de Santiago y doña Ana de Castilla, y otras casas que están junto a éstas, que son el barrio de la Santa Veracruz, en la calzada que va a Tacuba, enfrente del Caño del Agua y lindan con la esquina Real y están en esquina y lindan con casas del canónigo Antonio de Salazar y por delante la calzada y calle que llaman de Tacuba. Cláusulas de imposición. Ciudad de México a 15 de mayo de 1620.[60]

[60] *Ibid.*, p. 55.

De acuerdo también con la investigación realizada por Fernández de Rescas en el Archivo General de la Nación, sabemos que en el resto del territorio de la Nueva España y en torno a las ciudades más importantes, se distribuían veintinueve mayorazgos, mismos que, atendiendo a la conformación política actual, correspondería: cuatro al estado de México; dos al de Hidalgo; nueve al de Puebla; tres al de Veracruz; uno al de Querétaro; dos al de Guanajuato; dos al de San Luis Potosí; dos al de Zacatecas; dos al de Oaxtepec; y dos al de Yucatán.

En el actual estado de México, existieron uno en Tezcoco, otro en Chalco y uno más en Cuautitlán; el más antiguo de ellos fue el fundado en Tezcoco en 1695, por Cristóbal Gudiel y Catalina Mejía, y con base en los títulos de la hacienda de San Nicolás de los Pilares, y el rancho de Nextla; lo fundaron en favor de su hijo Andrés Gudiel, anexando además, dos estancias de ganado y dos heredades de siembra de trigo situadas en Acolman. La escritura más antigua de este mayorazgo corresponde a la propiedad adquirida por el encomendero Francisco de Solís, encomendero del pueblo de Acolman, adquirida en 1587.

Un ejemplo de cómo los fundadores de mayorazgos adquirieron títulos de nobleza, lo tenemos en el caso de Antonio de Vivanco, de origen vasco, que adquirió el mineral de Bolaños en Zacatecas cuando se encontraba abandonado y explotó las minas de donde extrajo mercurio y plata en gran cantidad.

Su experiencia como minero, más los conocimientos que tenía para adiestrar el personal que trabajaba para él, sobre todo a los indios a quienes capacitó para que se convirtieran en mineros, le permitió un éxito financiero extraordinario. Sin embargo, al rebelarse los indígenas en su contra, organizó todo un ejército que puso al servicio del virrey esto más la fortuna que logró reunir, comprendidas en ellas las dos haciendas de Chapingo y Ojo de Agua, que había vinculado a un mayorazgo, justificó su petición ante el rey, de un título de nobleza, mismo que le fue conferido en 1791, cuando recibió el título de marqués de Vivanco y vizconde de Bolaños. A partir de entonces, por agotamiento del mineral, no pudo ya aumentar su fortuna, heredando a su hijo Antonio Guadalupe Vivanco los derechos sobre el mayorazgo y los títulos. En el estado de Hidalgo existieron dos mayorazgos, uno de ellos de otro minero, Agustín Moreno de Castro, quien obtuvo el título de marqués de Valleameno, y otros el del hacendado José Romero Pérez, cuyo mayorazgo se llamó Romero Méndez de Castro.

Puebla fue durante la Colonia, la segunda ciudad en importancia del territorio novohispano, ello se manifiesta en el número de mayorazgos constituidos en la localidad: nueve, de los cuales los más importantes fueron el de Orduña y el de San Miguel de Atlixco. El mayorazgo de Orduña se remonta al encomendero de Santiago Tecalli, conquistador, al que se conoció como encomendero de Tepeaca, y sus bienes se esparcían de los llanos de Ozumba al actual estado de Veracruz, incluyendo un ingenio en la provincia de Jalapa, conocido como San Pedro de Buenavista. Este mayorazgo era de los que contaban con armas y escudos de nobleza y emparentaba con los poseedores de otros mayorazgos, como el parentesco que se estableció por matrimonio de Catalina de Orduña con el mariscal de Castilla, Carlos de Luna de Arellano.

En Veracruz, el mayorazgo de Madrazo Escalera, vinculado por propietarios de dos grandes haciendas, molinos y solares, lograron obtener en consideración a estas riquezas los títulos de marqueses del Valle de la Colina y marqueses del Valle de Eugenio.

Diego Madrazo Escalera vinculó los bienes, siendo propietarios de San Lucas, en la provincia de Tehuacán, los dos mayorazgos llamados el de Enmedio y el de la Puente, con el sitio de ganado mayor que está en medio de los dos mayorazgos nombrado comúnmente Mizoapa, la casa principal con los cuatro solares que le pertenecen que se encuentra ubicada en la ciudad de Orizaba. Esta familia emparentó con la familia del conde de la Canal, cuyo mayorazgo se instituyó en San Miguel de Allende, Guanajuato. Los Madrazo Escalera, poseyeron los títulos de marqueses del Valle de la Colina y vizconde de San Eugenio, títulos que le fueron otorgados por Felipe IV en España, con anterioridad a la institución del mayorazgo en Nueva España.[61]

Otro ejemplo de ricos hacendados que constituyeron mayorazgo es el de la familia Teruel, que recibió la autorización de fundar mayorazgo en Querétaro. Las haciendas más importantes propiedad de Antonio Teruel, eran: Santa María de Todos los Santos, San Nicolás Antillón, Tequisquiapan y Fuentezuela, que constituían junto con las de Tepetitlán, San Lorenzo de Endó, San Nicolás Concoa, El Chilar, San Pablo, Jaripeo y

[61] *Ibid.*, p. 381.

Santa Clara y San José Buenavista, prácticamente la mitad del territorio actual del estado de Querétaro.

Pero los mayorazgos más importante del siglo XVIII fueron los constituidos por el minero Pedro Romero de Terreros, quien invirtió las riquezas obtenidas en sus minas de Pachuca y Zacatecas en la adquisición de haciendas y, entre ellas, varias de las haciendas de los jesuitas expulsados.

HACIENDAS PERTENECIENTES A MAYORAZGOS DE LA CIUDAD DE MÉXICO

Mayorazgos de Cuevas	*Fundador: don Juan de Cuevas (1571)*	*Haciendas*
Sucesores Don Juan de Cuevas Tellez (1619) Don Alonso de Cuevas Tellez Don José de Cuevas Xirón (1641) Don Matías de Cuevas Sandoval (1682) Capitán don Felipe de Cuevas Don Antonio R. de Cuevas Solís Don Antonio de Cuevas Campoy Doña Josefa de Cuevas y Monroy (1735) Don José de Cuevas Aguirre y Espinosa (1746) Don Antonio de Cuevas Garcés de los Fayos (1754) Don Agustín de Cuevas y Campoy (1769) Capitán Don Mariano de Cuevas y Valle (1810)		Hacienda de labor "Ocotepec" en el valle de Ixtlahuaca Hacienda "Nigini" en la jurisdicción de Ixtlahuaca Hacienda "La Torre" en el Partido de Temaxcalcingo, jurisdicción de Metepec Hacienda "San Nicolás Sila", hacienda "San Sebastián Xocozingo", hacienda "Santa Lucía", jurisdicción de Xiquipulco, Ixtlahuaca y Chiapas Hacienda "Nuestra Señora de la Concepción Ocotepec" con sus sitios y caballerías: Ocotepec, Hoyos, Oskintempa, La Sabanilla, Las Alamillas, el Cerro Redondo y Cabras Hacienda de "Ciénega" Hacienda "San Onofre" Hacienda "Bojoní" Hacienda "Coti" Hacienda "Quinchi" Hacienda "Morogoro" Hacienda "De la Labor" Hacienda "Zoltiziare" Hacienda "Tultenango" Hacienda "Xaltepeque"

Mayorazgos de Romero de Terreros	*Don Pedro Romero de Terreros Ochoa y Castilla, Conde de Regla*	*Haciendas*
Primera Fundación		
Don Pedro Ramón Mariano Romero de Terreros Trebuestos y Dávalos*		Haciendas del beneficio del "Real del Monte" y "Zimapan" Haciendas de campo de "San Javier", "Chibasco", "San Pablo", "La Concepción", "La Florida", "Pastores de Ocuila", "Santa Lucía", "Tepenemé", "San Juan de la Labor", "Ixtula", "San Juan Bautista", "Estanzuela" y "Algibe"

Mayorazgos de Romero de Terreros	*Don José María Antonio Romero de Terreros Trebuestos y Dávalos (1779)*
Segunda Fundación	
Don José María Antonio Romero de Terreros Trebuestos y Dávalos	Hacienda de "Jalpa" Hacienda "Casablanca" Hacienda "Xilocingo" Hacienda "Los Portales" Hacienda "El Parial" Hacienda "La Concepción" Hacienda "Xuchimangas" Hacienda "Santa Inés" Hacienda "La Gavia" Hacienda "El Agostadero" Hacienda "Pastores de Colima" Hacienda "Tepozotlán"

* Haciendas que fueron propiedad de la Compañía de Jesús.

Mayorazgos de Romero de Terreros	*Fundador: Don Pedro Romero de Terreros (1779)*	*Haciendas*
Tercera Fundación		Hacienda "San Cristóbal" Hacienda "Acámbaro" Hacienda "Guadalupe" Hacienda "La Trinidad" Hacienda "San Juan Coyotes" Hacienda "Magueyes" Hacienda "Parácuaro y anexas" Hacienda "La Cañada" Hacienda "San Nicolás"
Doña María Antonia Gregoria (marquesado de San Francisco)		
Sucesores		
Doña Guadalupe Romero de Terreros		

Mayorazgos de López de Peralta	*Fundador: Don Gerónimo López de Peralta (s/f)*	*Haciendas*
Primer Mayorazgo		
Don Gabriel López de Peralta		Hacienda "El Molino Prieto" cerca de Tacuba
Segundo Mayorazgo		
Don Francisco López de Peralta		
Tercer Mayorazgo		
Don Gerónimo Miguel López de Peralta		Hacienda "Guaracha"

Mayorazgos de Monterde y Santillón	*Fundador: Don Luis Monterde y Santillón (1726)*	*Haciendas*
Sucesores		
Don José Monterde y Antillón		Hacienda de ganado mayor "Jalpa" y "Cañada Honda" en la jurisdicción de Santa María de los Lagos.

Carlos IV continuó la misma política de consolidación o sucesión de la propiedad territorial y de la riqueza minera y los bienes inmuebles de sus antepasados. Con el propósito de romper el extenso dominio territorial de la nobleza ordenó en 1789 la supresión de los mayorazgos, orden que empezó a cumplirse en la Nueva España hasta ya iniciada la guerra de Independencia.

La respuesta del pueblo a la conducta de los hacendados sostenida a través de todo el siglo XVIII fue dicha guerra, una revolución contra el dominio español manifestado en este caso por los hacendados y latifundistas acaparadores además de la tierra, de sus productos y básicamente del maíz, alimento del indio y del mestizo, protagonistas fundamentales del drama que daría fin a la colonia.

Sólo muchos años después, más bien por causas económicas que políticas ocurrió la división de los grandes latifundios del centro del país; la existencia de los grandes latifundios y mayorazgos del Septentrión motivaron —entre otros graves efectos— la guerra de Texas y la actuación nefasta de las compañías deslindadoras, origen indirecto de la Revolución de 1910.

BIBLIOGRAFÍA

Academia de Historia de Madrid, *Alfonso X el Sabio. Opúsculos Legales,* Madrid, 1848 (2 vols.).

Acosta Saignes, Miguel, *Los potchecas* en Acta Antropológica, México, Instituto Nacional de Antropología e Historia, 1945.

Aguayo Bleye, Pedro, *Manual de Historia de España,* Madrid, Ed. Espasa Calpe, S. A., 1956, 3 tomos.

Aguirre Beltrán, Gonzalo, *El factor negro de la Independencia de México,* México, núm. 91, 1943.

——— *Formas de gobierno indígenas,* México, Imprenta Universitaria, S. A., 1953.

Ajofrín, Francisco de, *Diario del viaje que hizo en América en el siglo XVIII,* México, 1964, 2 vols.

Alamán, Lucas, *Disertaciones sobre la Historia de la República Mexicana desde la época de la Conquista,* México, Imprenta José Mariano Lara, 1844, t. I y II.

——— *Historia de México,* México, Ed. Jus, S. A., 1972 (3a. ed.).

Alba Carlos, *Estudio comparado entre el Derecho azteca y el Derecho positivo mexicano,* México, Ediciones Especiales del Instituto Indigenista Interamericano, Biblioteca del Museo Nacional, 1949.

Alegre, Francisco Javier, *La Ciudad de México,* Humanistas del siglo XVIII. Selección de Méndez Plancarte, Gabriel, México, Ed. Universidad Nacional Autónoma de México, 1941.

Alfonso el Sabio, *Las Siete Partidas del rey don Alfonso el Sabio,* París, Real Academia de la Historia, glosadas por el licenciado Gregorio López, Nueva Edición, Librería de Rosa y Bouret, 1861.

Altamira, Rafael de, *Historia de España y de la civilización europea,* Barcelona, 1928-1929, 2 vols. (4a. ed.).

Altman, Ida y Lockhart, James, *Provinces of early Mexico, variants of Spanish American regional evolution,* Los Ángeles, UCLA Latín American Center Publications, University of California, 1976.

Alva Ixtlilxóchitl, Fernando, *Obras históricas, cronología de Historia Antigua de México,* México, Universidad Nacional Autónoma de México, 1977, t. I y II.

Alvarado Tezozomoc, Hernando, *Crónica mexicayotl,* notas de Manuel Orozco y Berra, México, Editorial Galatea, 1944.

Amábilis, Manuel, *La arquitectura precolombina en México,* México, Orcón, 1956.

Anderson, J. Arthur; Berdan, Frances; Lockhart, James, *Beyond the codices. The Nahua view of Colonial Mexico,* Berkeley University of California Press, 1976.

Anguiano, Marina; Chapa, Matilde, "Estratificación social en Tlaxcala durante el siglo XIV", en *Estratificación social en la Mesoamérica prehispánica,* México, Instituto Nacional de Antropología e Historia, 1976.

Anzoategui, Tao; Arboleda Llorente, José Ma., *El indio en la Colonia,* Bogotá, Ed. Ministerio de Educación, 1948.

Arcila Farías, Eduardo, *Reformas económicas del siglo* XVIII *en Nueva España,* México, Ed. SEP-Setentas, t. II, núm. 118, 1974.

Armillas, Pedro, *Tecnología: formación socioeconómica y religiosa en Mesoamérica,* Chicago, Chicago Press, 1951.

Arraingois, Francisco de Paula, *México desde 1808 a 1867,* México, Ed. Porrúa, 1968.

Arrom, José Juan, *Relación acerca de las antigüedades de los indios,* México, Siglo XXI, Editores, S. A., 1974.

Ashburn, P. M., *The ranks of death, a medical history of the Conquest of America,* Nueva York, 1947.

Ávalos Guzmán, Gustavo, *Don Antonio de Mendoza, 1er. virrey de la Nueva España,* México, Ed. Universidad de Michoacán, 1941.

Aveleyra Arroyo de Anda, Luis, *Prehistoria de México,* México, Ed. Mexicanas, S. A., 1950.

Ayala Anguiano, Armando, *México antes de los aztecas, círculo literario de contenido,* México, Ed. Navarro, Centenova, 1970.

Bakewell, P. J., *Silver mining and society in Colonial Mexico, Zacatecas 1546-1700,* Londres, Cambridge University Press, 1971.

Ballesteros y Berreta, Antonio, *Historia de España y su influencia en la Historia Universal,* Barcelona, 1920, 2 vols.

Balbuena, Bernardo de, *Grandeza mexicana,* México, Universidad Nacional Autónoma de México, 1941.

Bandelier, Adolf Francis, *On the social organization and mode of goverment of the ancient mexicans,* Nueva York, Library of Latin American, Cooper Square Publisher Inc., 1975.

Barba de Piña Chan, Beatriz, *Tlapacoya, un sitio preclásico de transición,* México, Escuela Nacional de Antropología e Historia, 1956.

Barbosa Ramírez, René A., *La estructura económica de la Nueva España, 1519-1810,* México, Siglo XXI Editores, S. A. (2a. ed.), 1973.

Barrio Lorenzo I., Francisco del, *El trabajo en México durante la época colonial,* México, Ed. Talleres Gráficos de la Nación, 1921.

Bataillon, Marcel, *Erasmo y España,* México, Fondo de Cultura Económica, 1947.

Baumann, Hans, *El mundo de los faraones,* Barcelona, Ed. Juventud, 1963.

——— *En el país de Ur,* Barcelona, Ed. Juventud, 1971.

Bazant, Jan, *Feudalismo y capitalismo en la Historia de México,* México, *El Trimestre Económico,* t. XVII, 1944.

——— *Los bienes de la Iglesia en México (1856-1875),* México, Ed. El Colegio de México, 1971.

——— *Cinco haciendas mexicanas, tres siglos de vida rural en San Luis Potosí (1600-1910),* México, El Colegio de México, 1980.

Benavente, fray Toribio de, *Historia de los indios de la Nueva España,* México, Ed. Salvador Chávez, 1941.

Benito Pérez, Juan, *Historia de la administración española en Hispanoamérica,* Madrid, Ed. Aguilar, 1958.

Bernal, Beatriz, *Panorama sobre la política agraria de la corona española en el México colonial,* México, Boletín Mexicano de Derecho Comparado, Universidad Nacional Autónoma de México, año XIII, núm. 39, septiembre-diciembre, 1980.

Bernal, Ignacio, *El mundo olmeca,* México, Ed. Porrúa, 1968.

Beyneto Pérez, Juan, "Estudios sobre la historia del régimen agrario y la concepción jerárquica de la sociedad en el pensamiento medieval español", en *Estudios de historia social de España,* Madrid, t. I, 1949.

Bloch, Marc, *Liberté et servitude personnelle au Moyen Age, particulièrement en France,* Anuario de Historia del Derecho Español, 1933.

——— *La sociedad feudal, la formación de los vínculos de dependencia,* traducido por Eduardo Ripoll Perelló, México, UTEHA, 1979.

Bobb, Bernard E., *The viceregency of Antonio María Bucareli in New Spain, 1777-1779,* Austin, University of Texas Press (2a. ed.), 1970.

Borah, Woodrow y S. Cook, *The population of Central Mexico in 1548 a critical analysis of the suma de visitas de Pueblos,* Berkeley, Los Ángeles, University of California Press, 1960.

——— *La despoblación de México Central en el siglo* XVI, México, *Historia Mexicana,* vol. XII, 1962-1963.

Bosch Gimpera, Pedro, *Historia de Oriente,* Guatemala, I y II, s/e., 1951.

Boutruche, Roberto, *Señorío y feudalismo, primera época: los vínculos de dependencia,* Buenos Aires, Siglo XXI Editores, traducido por Margarita B. Pontiere (2a. ed.), 1976.

Boxer, C. R., *The Church militant and the Iberian expansion 1400-1770,* Baltimore y Londres, The John Hopkins University Press, 1978.

Boyd-Bowman, Peter, *La emigración peninsular a América, 1520-1539,* México, Historia Mexicana, XIII, 1963.

Brading A., David, *Haciendas and ranchos in the Mexican Bajío. León 1700-1860,* Londres, Cambridge University Press, 1978.

——— *Los orígenes del nacionalismo mexicano,* México, SEP-Setentas, 1973.

——— *Miners and merchants in Bourbon Mexico, 1763-1810,* Londres, Cambridge University Press, 1971.

Bravo Ugarte, José, *Instituciones políticas de la Nueva España,* México, Ed. Jus, colección México-Heroico, 1968.

——— *Compendio de Historia de México hasta 1958,* México, Ed. Jus, 1964.

——— *Historia de México,* México, Ed. Jus, 2 vols., 1953.

Brentano Frantzi, Frank, *La societé au Moyen Age,* París, Ed. Flamarion, 1937.

Brito Figueroa, Federico, "El Derecho de propiedad territorial en la época colonial", en *Revista de Historia,* Caracas, núm. 17, julio, 1963.

Broda, Johanna, "Los estamentos en el ceremonial mexica", en *Estratificación social en la Mesoamérica prehispánica,* México, Instituto Nacional de Antropología e Historia, 1976.

Brown Castillo, Gerardo, *Estudios de Abad y Queipo,* México, SEP, Biblioteca Enciplopedia Popular, 2a. época, 1947.

Burrus, Ernest J., *Misiones norteñas mexicanas de la Compañía de Jesús, 1751-1757,* México, Biblioteca Histórica Mexicana, 1963.

——— *La obra cartográfica de la provincia mexicana de la Compañía de Jesús, 1567-1967,* Turanzas-Madrid, Ed. Porrúa, 1967.

Cabo P., Andrés, *Los tres siglos de México durante el gobierno español hasta la entrada del ejército Trigarante,* México, 1836.

Cadenas, Vicente de, *Instituciones sociales y nobiliarias, apuntes de nobiliaria y nociones de genealogía y heráldica,* apéndice de Fernández de Recas, Madrid, Ediciones Hidalguía, 1960.

Calderón Quijano, José Antonio, *Los virreyes de la Nueva España en el reynado de Carlos III,* Sevilla, Escuela de Estudios Hispanoamericanos, 1967.

Canseco Vincourt, Jorge, *La guerra sagrada,* México, Instituto Nacional de Antropología e Historia, 1966.

Cantú, César, *Cortes and the face of the Aztec empire,* Los Ángeles, Modern World Publishing Co., 1966.

Carbia, Rómulo D., *Historia de la leyenda negra hispanoamericana,* Madrid, Publicaciones del Consejo de la Hispanidad, 1944.

Cárdenas, Juan de, *Problemas y secretos maravillosos de las Indias,* México, 1591.

Carrasco Pizana, Pedro, *Estratificación social en la Mesoamérica prehispánica,* México, Instituto Nacional de Antropología e Historia, 1976.

——— "Los linajes nobles del México antiguo", en *Estratificación social en la Mesoamérica prehispánica,* México, Instituto Nacional de Antropología e Historia, 1976.

Carreño, Alberto María, *La real y pontificia Universidad de México, 1536-1865,* México, Publicaciones de la Coordinación de Humanidades y del Instituto de Historia, Universidad Nacional Autónoma de México, 1961.

Carreras Stampa, Manuel, *Gacetas históricas,* México, Ed. Jus, 1956.

Caro Baroja, Julio, *Inquisición, brujería y cripto-judaísmo,* Barcelona, Ediciones Ariel, 1970.
Carochi, Horacio, *Compendio del arte de la lengua mexicana,* Puebla, México, Imprenta El Escritorio, 1910.
Careri, Gemelli, *Le Mexique a la fin du XVIIe siècle,* París, Calmann Levy Editeurs, 1968.
Caso, Alfonso, *Instituciones indígenas precortesianas,* México, Memorias del Instituto Nacional Indigenista, vol. VI, 1954.
——— *Los calendarios prehispánicos,* México, Universidad Nacional Autónoma de México, 1967.
——— "Evolución política y social de los aztecas", en *De Teotihuacan a los aztecas,* Antología, México, Universidad Nacional Autónoma de México, 1977.
——— *El pueblo del sol,* México, Fondo de Cultura Económica, 1971.
Castillo, A. M., Andrés, V., *Spanish mercantilism, Gerónimo de Uztariz, economist,* Filadelfia, Porcupine Press, 1980.
Catálogo de Ramo de Indios, volúmenes III y IV, México, Archivo General de la Nación, serie: Guías y Catálogos (19), 1978 y 1979.
Catálogo del Ramo de Tributos II, elaborado por Cayetano Reyes García, México, Archivo General de la Nación, serie: Guías y Catálogos (15), 1977.
Cervantes de Salazar, Francisco, *Crónica de la Nueva España,* México, Ed. Talleres Gráficos del Museo de Arqueología, Historia y Etnología, 1936.
——— *México en 1554 y túmulo imperial,* México, Editorial Porrúa, S. A. (2a. ed.), 1972.
Cirlot, Juan Eduardo, *Diccionario de símbolos,* España, Editorial Labor, S. A. (3a. ed.), 1979.
Clavijero, Francisco Javier, *Historia antigua de México,* México, Departamento Editorial de la Dirección General de Bellas Artes, 1917.
——— *Carácter de los mexicanos,* en *Humanistas del siglo* XVIII, recopilado por Méndez Plancarte, Gabriel, México, Universidad Nacional Autónoma de México, 1941.
——— *Capítulos de Historia y disertaciones,* México, Imprenta Universitaria, 1944.
Códice, Anales de Cuauhtitlán y leyendas de los cuatro soles, México, Universidad Nacional Autónoma de México, 1945.
Códice Bouturini, colección de documentos conmemorativos del CCL aniversario de la fundación de Tenochtitlan, México, SEP, 1975.
Códice Chimalpopoca, traducción directa del náhuatl por Primo Feliciano Velázquez, México, Imprenta Universitaria, 1945.
Códice mendocino o colección de Mendoza, México, San Ángel Ediciones, S. A., 1979.
——— Antigüedades de México, matrícula de tributos, México, editado por la Secretaría de Hacienda y Crédito Público, 1964.

Códigos, los códigos españoles concordados y anotados, Madrid (2a. ed.), 1872.

Coe, Michael D., *American's first civilization,* Nueva York, The Smithsonian Library, 1968.

Colín, Mario, *Índice de documentos relativos a los pueblos del estado de México,* Ramo de Indios, México, Biblioteca Enciclopédica del Estado de México, 1968.

Colón, Cristóbal, *Cartas de Indias,* Guadalajara, México, Ed. Facsímil, 1970.

——— *Diario del primer viaje,* Barcelona, Ed. Nauta, 1955.

Corona Baratech, Carlos, *Las ideas políticas en el reinado de Carlos IV,* Madrid, Ed. Ateneo, 1951.

Corona Sánchez, Eduardo, "La estratificación social en el Acalhuacan", en *Estratificación social en la Mesoamérica prehispánica,* México, Instituto Nacional de Antropología e Historia, 1976.

Cortés, Hernán, *Cartas y relaciones con otros documentos,* Buenos Aires, Emecé Editores, S. A., 1946.

——— *Cartas de relación de la Conquista de América,* México, Editorial Nueva España, S. A., t. I y II.

Cossío, José Lorenzo, *Apuntes para la historia de la propiedad, el real patrimonio y la propiedad privada,* México, Ed. Biblioteca Nacional, Universidad Nacional Autónoma de México, clasif. D, 346-40972.

Costa Joaquín, *Ensayo de un plan de historia del Derecho español de la antigüedad,* Madrid, 1889.

Costeloe, Michael, *Church wealth in Mexico, a study of the juzgado de Capellanías in the Archbishopric of Mexico,* Cambridge, Cambridge University Press, 1967.

Cooks, S., y Borah Woodrow, *The population of Central Mexico in 1548 an analysis of the suma de Visitas de Pueblos,* Berkeley, Los Ángeles, Ed. Iberoamericana, University of California, 1960.

Cronistas de las culturas precolombinas, antología y prólogo de Luis Nicolau D'Oliver, México, Fondo de Cultura Económica, 1963.

Cuevas, Mariano, *Documentos del siglo* XVI *para la Historia de México,* México, Ed. Genaro García, Museo Nacional de Antropología, Historia y Etnología, México.

——— *Historia de la Iglesia de México,* México, Ed. Patria, S. A. (5a. ed.), 1946.

——— *Historia de la nación mexicana,* México, Ed. Buena Prensa (2a. ed.), 1952.

Cuter, Jorge Enrique, *Contribución al estudio del Derecho prehispánico,* San José de Costa Rica, 1956.

Chavero, Alfredo, "Historia antigua y de la Conquista de México", en Riva Palacio, Vicente, *México a través de los siglos,* México, Editoral Cumbre, S. A., 1958, t. I y II.

Chávez, Ezequiel A., *Apuntes sobre la Colonia; la reeducación de indios y españoles,* México, Ed. Jus, 1958.

Chávez Padrón, Martha, *El Derecho agrario en México,* México, Editorial Porrúa, S. A. (4a. ed.), 1977.

Chávez Orozco, Luis, *La organización de los ganaderos del siglo* XVI, México, Ed. Banco Nacional de Crédito Agrícola y Ganadero, 1956.

——— *Historia de México,* México, Ed. Patria, 1947.

——— *Las instituciones democráticas de los indígenas mexicanos,* México, Ed. del Instituto Indigenista Interamericano, 1943.

Chevalier, Jean, *Dictionnaire des symboles,* París, Ed. Robert Lafont, 1973.

Chevalier, François, *La formation des grands domaines au Mexique, terre et société aux XVI-XVII siécles,* París, Institut D'Ethnologie, 1952.

Dávalos Hurtado, Eusebio, "La alimentación entre los mexicas", México, *Revista Mexicana de Estudios Antropológicos,* vol. XIV, 1954-1955.

De Acosta, Joseph, *Historia natural y moral de las Indias,* Edición preparada por Edmundo O'Gorman, México, Fondo de Cultura Económica (2a. ed.), 1962.

De Ciudad Real, Antonio, *Tratado curioso y documento de las grandezas de la Nueva España,* México, Universidad Nacional Autónoma de México, t. I y II, 1976.

De la Serna, Jacinto, *Manual de Ministros de indios,* México, Imprenta del Museo Nacional de México, 1892.

Del Paso y Troncoso, Francisco, *Epistolario de Nueva España 1505-1518,* México, Antigua Librería Robredo, t. XII, XIII, XIV, XV y XVI, 1940.

Denson, Riley James, *Haciendas jesuitas en México,* México, SEP-Setentas, 1976.

Departamento del Distrito Federal, *Guías de actas del cabildo de la Ciudad de México,* siglo XIX, acta 258, México, Fondo de Cultura Económica, 1979.

Dhondt, Jan, *La Alta Edad Media,* Madrid, Siglo XXI Editores, S. A. (4a. ed.), 1974.

Díaz del Castillo, Bernal, *Historia verdadera de la Conquista de la Nueva España,* México, Editorial Pedro Robredo, t. IV, 1939.

Díaz Polanco, Héctor, *Teoría marxista de la economía campesina,* México, Juan Pablos Editor, S. A. (2a. ed.), 1979.

Diccionario Porrúa, historia, biografía y geografía de México, México, Editorial Porrúa, S. A. (3a. ed.), 2 vols., 1970.

Documentos sobre la expulsión de los jesuitas y ocupación de sus temporalidades en Nueva España (1772-1783), introducción y versión paleográfica de Víctor Rico González, México, Universidad Nacional Autónoma de México, Instituto de Historia, 1949.

Documentos inéditos relativos a Hernán Cortés y su familia, México, Publicaciones del Archivo General de la Nación, XXVIII, Talleres Gráficos de la Nación, 1935.

Dorantes de Carranza, Baltazar, *Sumaria relación de las cosas de la*

Nueva España con noticia individual de los descendientes legítimos de los conquistadores y primeros pobladores españoles, México, 1902.

Dubretón, J. Lucas, *Los Borgia,* Buenos Aires, Compañía General Fabril Editora, 1962.

Duby, Georges, *Economía rural y vida campesina en el Occidente Medieval,* Barcelona, Ediciones Peninsular, 1973.

Durán, Diego, *Historia de las Indias de Nueva España e islas de tierra firme,* México, Editorial Porrúa, 2 vols., 1967.

Durán, José, *La transformación social del conquistador,* México, Ed. Porrúa, 1953.

El libro de las tasaciones de pueblos de la Nueva España, siglo XVI, prólogo de Francisco González de Cossío, México, Archivo General de la Nación, 1952.

Encinas, Diego de, *Cedulario indiano,* Madrid, reproducción facsímil de la Edición de 1596, con estudio e índices del doctor don Alfonso García Gallo, 1946.

Engels, Federico, *El origen de la familia, la propiedad y el Estado,* Moscú, Ed. Progreso, s.f.

Escriche, Joaquín, *Diccionario razonado de legislación civil, penal, comercial y forense,* París, Imprenta de P. Dupont, 1881.

Esquivel Obregón, Toribio, *Biografía de don Francisco Javier Gamboa, ideario político y jurídico de la Nueva España en el siglo XVIII,* México, Talleres Gráficos Laguna, 1941.

——— *Apuntes para la Historia del Derecho en México,* México, Editorial Polis, 4 vols., 1937-1938.

Ewald, Úrsula, *Estudios sobre la hacienda colonial en México,* Las propiedades rurales del Colegio del Espíritu Santo en Puebla, Wiesbaden, Ed. Franz Steiner Verlag Gmbh, 1976.

Fabila, Manuel, *Cinco siglos de legislación agraria en México,* México, Ed. Talleres Gráficos de la Nación, 2 vols., 1968.

Fernández de Oviedo, Gonzalo, *Historia general y natural de las Indias, islas y tierra firme del mar océano,* Real Academia de la Historia, cotejada con el códice original.

——— *Sumario de la natural historia de las Indias,* México, Fondo de Cultura Económica, 1979.

Fernández Navarrete, Martín, *Colección de documentos inéditos para la Historia de España,* Imprenta de la Viuda de Calero, Academia de la Historia, 1842, impreso en Vaduz, Alemania, 1964.

Fernández Recas, Guillermo S. de, *Los mayorazgos de la Nueva España,* México, Biblioteca Nacional de México, 1965.

Fijó Montenegro, Benito, *Teatro crítico universal,* 1753.

——— *Fincas urbanas de la ciudad en general, 1723-1872,* México, Archivo del Ayuntamiento de la Ciudad de México.

Fisher, Lillian Estelle Ph. de, *Champion of reform, Manuel Abad y Queipo,* Nueva York, Russell & Russell, 1971.

——— *The background of the Revolution for Mexican Independence,* Nueva York, Russell & Russell, s.f.

Flores Caballero, Romeo, "La consolidación de vale en la economía, la sociedad y la política novohispana", México, *Rev. Historia Mexicana,* vol. XVIII, núm. 3, El Colegio de México, enero-marzo, 1969.

——— *La contrarrevolución en la Independencia, los españoles en la vida política, social y económica de México (1804-1838),* México, Ed. El Colegio de México, 1969.

Florescano, Enrique (coordinador), *Haciendas, latifundios y plantaciones en América Latina,* Simposio de Roma, organizado por CLACSO, México, Siglo XXI Editores, S. A., 1975.

——— *Estructuras y problemas agrarios de México (1500-1821),* México, SEP-Setentas, 1971.

——— *Precios del maíz y crisis agrícolas,* México, El Colegio de México, 1969.

Floris Margadant S., Guillermo, *Apuntes sobre los archivos mexicanos, importantes para la investigación del Derecho indiano,* en el III Congreso del Instituto Internacional de Historia del Derecho indiano, *Actas y estudios,* Madrid, Instituto Nacional de Estudios Jurídicos, 1973.

——— *Introducción a la Historia del Derecho mexicano,* México, Editorial Esfinge, 1980.

Fostar, George M., *Cultura y Conquista: la herencia española en América,* Xalapa, Universidad Veracruzana, 1962.

Fuente, José Julio, de la, *Paralelo histórico entre el fuero real y el libro de los fueros de Aragón de Don Jaime I,* Madrid, Ed. Pérez Pujol, 1858.

Gage, Thomas, *Travels in the New World, with introduction by Erich S. Thompson,* Londres, University of Oklahoma Press (2a. ed.).

Gamio, Manuel, "El carácter de las Leyes", comentarios, artículo publicado en *Revista La Justicia,* México, noviembre, 1939.

——— *La población del valle de Teotihuacán,* México.

Garcés, fray Julián, *Vasco de Quiroga, Arnoldo de Basacio, Pedro de Gante y Andrés de Olmos, humanistas del siglo XVI,* México, Universidad Nacional Autónoma de México, 1949.

García Cantú, Gastón, *El pensamiento de la reacción mexicana 1810-1867,* Historia documental, México, Empresas Editorales, S. A., 1965.

García Gallo, Alfonso, *Estudios de Historia del Derecho indiano,* Madrid, Ed. Instituto Nacional de Estudios Jurídicos, 1972.

——— "La Universidad de Salamanca en la formación del Derecho indiano", en VII Congreso del Instituto Internacional de Historia del Derecho indiano, *Actas y estudios,* Madrid, Instituto Nacional de Estudios Jurídicos, 1973.

——— *Los orígenes de la administración territorial de las Indias,* Madrid, Anuario de Historia del Derecho Español, 1944.

——— "La unión política de los Reyes Católicos y la incorporación de las Indias", en *Estudios de Historia del Derecho indiano,* Madrid, Instituto Nacional de Estudios Jurídicos, 1972.

——— "Génesis y desarrollo del Derecho indiano", en *Estudios de Historia del Derecho indiano,* Madrid, Instituto Nacional de Estudios Jurídicos, 1972.

García, Genaro, *Carácter de la Conquista española,* México, Secretaría del Fomento, 1901.

——— *Documentos del siglo XVI para la Historia de México,* corrección y anotación de Mariano Cuevas, México, Ed. Museo Nacional de Arqueología, Historia y Etnología.

García Icazbalceta, Ignacio, *Conquistador anónimo; relación de algunas cosas de la Nueva España,* México, Joaquín Mortiz, 1858.

——— *Documentos inéditos de Indias,* México, Editorial Pedro Robredo, 20 vols., t. XVI.

——— *Nueva colección de documentos para la Historia de México,* México, Ed. Porrúa, 2 vols., 1971.

García Martínez, Bernardo, *El marquesado del Valle, tres siglos del régimen señorial en Nueva España,* México, El Colegio de México, 1969.

——— *El sistema monetario de los últimos años del periodo novohispano, Historia Mexicana,* México, El Colegio de México, vol. XVII, núm. 3.

García Pimentel, Francisco; García Icazbalceta, Joaquín, *Nueva colección de documentos para la Historia de México,* México, Antigua Librería de Andrade Sucesores, 5 tomos.

——— *Documentos inéditos para la Historia de México,* México, 1897.

García, Rubén, *Itzcóatl, primer forjador de la Patria,* México, Editorial Talleres Gráficos de la Nación, 1951.

Garibay, Ángel Ma., *La literatura de los aztecas,* México, Joaquín Mortiz (6a. ed.), 1979.

——— *Teogonía e Historia de los Mexicanos, tres opúsculos del siglo XVI,* México, Ed. Porrúa (2a. ed.), 1975.

——— *Época náhuatl,* México, Ed. Universidad Nacional Autónoma de México, 1945.

——— *Vida económica de Tenochtitlan, paleografía,* versión, introducción y apéndices, México, Ed. Universidad Nacional Autónoma de México, Instituto de Historia, Seminario de Cultural Náhuatl, 1961.

Gamio, Manuel, "El carácter de las Leyes". Artículo publicado en México, Revista *La Justicia,* noviembre, 1939.

Gaylord Bourne, Edward, *España en América,* La Habana, Librería, Papelería e Imprenta La Moderna Poesía, 1906.

Gerhard, Peter, *A guide of the historical geography of New Spain,* Londres, Cambridge University Press, 1972.

Getino, Alonso, *Segunda reelección de los indios, dedicada al examen de la guerra justa,* reelecciones teológicas del maestro fray Francisco de Vitoria, Madrid, 1934.

Gibson, Charles, *Spain in America,* Nueva York, Harper Colophon Books, 1966.

——— *Tlaxcala in the sixteenth century,* Stanford, California, Stanford University Press, 1967.

——— *Los aztecas bajo el dominio español, 1519-1810,* México, Siglo XXI Editores, S. A., 1976.

Glanz, Margo, *Viajes en México, crónicas extranjeras,* México, Ed. Secretaría de Obras Públicas, 1964.

Gómez de Cervantes, Gonzalo, *La vida económica y social de la Nueva España al finalizar el siglo XVIII,* México, 1944.

Gómez Robledo, Xavier, *Humanismo en México en el siglo XVI,* México, Ed. Jus, 1954.

Gómez Zamora, Mateos, *Regio patronato español e indiano,* Madrid, 1897.

Góngora, Mario, *El Estado en el Derecho indiano, época de fundación 1492-1570,* Santiago de Chile, 1951.

González de Cossío, Francisco, *Crónica de la Compañía de Jesús en la Nueva España,* México, Universidad Nacional Autónoma de México, 1957.

——— *Historia de la tenencia y explotación del campo desde la época precortesiana hasta las Leyes del 6 de enero de 1915,* México, Biblioteca del Instituto Nacional de Estudios Históricos de la Revolución mexicana, Talleres Gráficos de la Nación, t. I, 1957.

González Obregón, Luis, *Rebeliones indígenas y precursores de la Independencia mexicana en los siglos XVI, XVII y XVIII,* México, Ediciones Fuente Cultural (2a. ed.), 1952.

González Ramírez, Manuel, *La revolución social de México. El problema agrario,* México, Fondo de Cultura Económica, t. III, 1966.

González Roa, Fernando y Cobarro, José, *El problema rural de México,* México, Ed. Tipografía de la Oficina Impresora de Hacienda, 1917.

González Sánchez, Isabel, *Haciendas y ranchos de Tlaxcala en 1712,* México, Instituto Nacional de Antropología e Historia, 1969.

González Torres, Yolotl, *El culto a los astros entre los mexicas,* México, SEP-Setentas 217, 1975.

——— "La esclavitud entre los mexicas", en *Estratificación social en la Mesoamérica prehispánica,* México, Instituto Nacional de Antropología e Historia, 1976.

Gordon Cyrus, H., *Before Columbus,* Nueva York, Crown Publishers Inc., 1973.

Gortari, Eli de, *La ciencia en la Historia de México,* México, Editorial Grijalbo, S. A., Tratados y Manuales, 1980.

Greenleaf, Richard E., *The Mexican Inquisition of the sixteenth century,* Albuquerque, University of New Mexico Press, 1969.

Guerra, Francisco, *The Precolumbian mind,* Nueva York, Seminar Press, 1971.

Gunder Frank, André, *Capitalismo y subdesarrollo en América Latina,* México, Siglo XXI (6a. ed.), 1977.

——— *Mexican agriculture, 1521-1630. Transformation of the mode of production,* Londres, Cambridge University Press y París, Éditions de la Maison des Sciences de L'Homme, 1979.

Hamill Jr., Hogh M., *The Hidalgo revolt, prelude to Mexican-Independence,* Gainesville, University of Florida Press, 1966.

Hamilton, Earl, J., *The decline of Spain, essays in economic History,* Edward Arnold Ltd.

Hammond Normand *et al., Mesoamerican archeology, new approaches,* Austin, University of Texas Press, 1972.

Hammnett, Brian R., *Politics and trade in Southern Mexico 1750-1821,* Londres, Cambridge University Press, 1971.

Hanke, Lewis, *The first social experiments in America,* Cambridge, Mass., 1935.

——— *Bartolomé de Las Casas. De unico vocationis modo omnium gentium ad veram religionem,* México, Fondo de Cultura Económica, 1942.

——— *El perjuicio racial en el Nuevo Mundo,* Aristóteles y los indios de Hispanoamérica, México SEP-Setentas, 156, 1974.

——— *La lucha por la justicia en la Conquista de América,* Buenos Aires, Sudamericana, 1949.

——— "El requerimiento y sus intérpretes", México, *Revista de Historia de América,* t. I.

Hardoy E., Jorge, *Pre-Columbian cities,* Nueva York, Walken and Company, 1964.

Haring, Clarence H., *The Spanish empire in America,* Nueva York, Harcourt, Brace and World, 1963.

Helace Fritz, Hans, *Mexico, city of the gods,* Nueva York, Fraeher Publishers, 1970.

Hernández, Francisco, *Antigüedades de la Nueva España,* México, Ed. Pedro Robredo, 1946.

Hicks, Frederick, "Mayeque y Calpulleque en el sistema de clases del México antiguo", en *Estratificación social en Mesoamérica prehispánica,* México, Instituto Nacional de Antropología e Historia, 1976.

Hilgarth Jocelyn, Nigel, *The Spanish kingdoms,* Oxford, Clarendon Press, 2 vols., 1978.

Historia general de México, México, El Colegio de México, t. I y II (2a. ed.), 1977.

Howe, Walter, *The mining guild of New Spain and its tribunal general, 1770-1821,* Nueva York, Greenwood Press Publishers, 1968.

Huizer, Gerrit, *La lucha campesina en México,* México, Centro de de Investigaciones Agrarias, Imprenta Casas, 1970.

Humboldt, Alejandro de, *Ensayo político sobre el Reyno de la Nueva España,* México, Ed. Robredo, 4 vols., 1941.

Huriel, Juan F., *Breve relación, destrucción de las Indias Occidentales,* impresa en Sevilla, reimpresa en Londres y ahora en Filadelfia, 1821.

Iglesia, Ramón, *Cronistas e historiadores de la Conquista de México,* México, SEP-Setentas, 1972.

——— *Columbus, Cortes and other essays,* Los Ángeles, California, University of California Press, 1969.

Instituto Panamericano de Geografía e Historia, *El mestizaje en la Historia,* México, Cultural, 1961.

Instrucciones que los virreyes de la Nueva España dejaban a sus sucesores, México, Imprenta Imperial, 1867.

Israel, J. I., *Race, class and politics in Colonial Mexico, 1610-1670,* Oxford, Oxford University Press, 1975.

Jiménez Moreno, W.; García Ruiz, A., *Historia de México,* México, Instituto Nacional de Antropología e Historia, 1970.

Kamen, Henry, *La Inquisición española,* Barcelona, Ed. Grijalbo, colección Norte, 1967.

Katz, Friederich, *Situación social y económica de los aztecas durante los siglos XV y XVI,* México, Universidad Nacional Autónoma de México, Instituto de Historia, 1966.

——— *The Ancient American civilizations,* Londres Weindenfeld and Nicolson, 1972.

Kay, Cristóbal, *El sistema señorial europeo y la hacienda latinoamericana,* México, ERA, Serie Popular, 1980.

Keith, Robert G., *Encomienda, hacienda and corregimiento in Spanish America: a structural analysis,* The Hispanic American Historical Review, XLXI, 1971.

Kirchoff, Paul, *Mesoamérica, sus límites geográficos, composición única y caracteres culturales,* Acta Americana I, Instituto Nacional de Antropología e Historia, México, 1943.

Kirchoff, Paul; Odena Guemes, Lina y Reyes García Luis, *Historia tolteca-chichimeca,* México, Instituto Nacional de Antropolgía e Historia, 1976.

Klein, J., *The Mesta, a study in Spanish economic History. 1273-1836,* Londres, Cambridge University Press, 1920.

Konetzke, Richard, *Historia Universal, América Latina, la época colonial,* México, Editorial Siglo XXI, 1976.

——— "La emigración de mujeres españolas a América durante la época colonial", Madrid, *Revista Internacional de Sociología,* año 3, núm. 9, 1945.

Krickeberg, Walter, *Las antiguas culturas mexicanas,* México, Fondo de Cultura Económica, 1975.

——— *Mitos y leyendas de los aztecas, incas, mayas y mexicas,* México, Fondo de Cultura Económica, 1971.

Kubler, George, "Population movements in Mexico, 1520-1600", *The Hispanic Historical Review,* vol. XXII.

Labat, R. P., *Viajes a las islas de la América,* Cuba, Ed. Casa de las Américas, 1979.

Lafaye, Jacques, *Quetzalcoatl et Guadalupe, la formation de la concience national au Mexique,* París, Gallimard, 1974.

Lalinde Abadía, Jesús, *Iniciación histórica al Derecho español,* Barcelona, Ediciones Ariel, 1970.

Las Casas, fray Bartolomé de, *La destrucción de los indios,* México, Ed. Porrúa, Col. Sepan Cuántos, 1971.

——— *Doctrina,* México, Universidad Nacional Autónoma de México, 1941.

——— *Apologética Historia sumaria,* México, Ed. Porrúa, S. A., 1971.

——— *Breve relación de la destrucción de las Indias Occidentales,* Romero Vargas y Blasco Editores, S. A., 1822.

——— *Los Indios de México y Nueva España,* México, Ed. Porrúa, 1971.

Lea, Henry C., *History of the Inquisition in Spain,* Nueva York, MacMillan Co., 4 vols., 1907.

Leander, Brigitt, *Herencia cultural del mundo náhuatl,* México, SEP-Setentas, 1972.

Lee Benson, Nettie, *México and the Spanish cortes 1810-1812,* 2a. ed. Austin/Londres, Institute of Latin American Studies, University of Texas Press (2a. ed.), 1968.

León, Nicolás, *Las castas del México Colonial o Nueva España,* México, Talleres Gráficos del Museo de Arqueología, Historia y Etnología, 1924.

León Pinelo, Antonio, *Tratado de las confirmaciones reales de encomiendas, oficios y casos en que se requieran para las Indias Occidentales,* Madrid, 1630.

León-Portilla, Miguel, *Los antiguos mexicanos a través de sus crónicas y cantares,* México, Ed. Fondo de Cultura Económica, 1972.

——— *De Teotihuacan a los aztecas,* México, Antología, Universidad Nacional Autónoma de México, 1971.

——— *La filosofía náhuatl, estudiada en sus fuentes,* México, Universidad Nacional Autónoma de México, 1974.

——— *Ritos, sacerdotes y atavíos de los dioses,* México, Universidad Nacional Autónoma de México, 1958.

——— *El reverso de la Conquista,* México, Ed. Joaquín Mortiz, (4a. ed.), 1974.

Le Goff, Jacques, *La Baja Edad Media,* México, Siglo XXI Editores, (4a. ed.), vol. II, 1974.

León y Gama, Antonio, *Descripción histórica y cronología de las dos piedras,* México, Dirección de Difusión Cultural del Instituto Politécnico Nacional, 1978.

Lerner, Victoria, *Consideraciones sobre la población de Nueva España (1793-1810)*, según Humbold y Navarro y Noriega, Historia Mexicana, vol. XVII, 1968.

Levene, Ricardo, *Historia del Derecho argentino*, Buenos Aires, 1945.

Liebman, Seymour B., *The enlightened. The writings of Luis de Carvajal, El Mozo*, Florida, University of Miami Press, Coral Gables, 1967.

——— *The Jew in New Spain*, Florida, University of Miami Press, 1970.

Lihne, Sigvald, *Radio carbon dates of Teotihuacan*, Estocolmo Ethnos XXI, 1956.

Lipschutz, Alejandro, *El problema racial en la Conquista de América*, México, Siglo XXI Editores (3a. ed.), 1975.

Lira, Andrés; Muro, Luis, "El siglo de la integración" en *Historia general de México*, México, El Colegio de México, 1980.

Lizt Arzubide, Germán, *Tlatoani, vida del gran señor Netzahualcóyotl*, México, Librería Manuel Porrúa, S. A., 1975.

Lockhart, James, "Encomienda and hacienda, the evolution of the great state in the Spanish Indies", Durhan, N. C., *The Hispanic American Historial Review*, XLIX, 1969.

Lombardo Pérez Salazar, Sonia, *El espacio en la arquitectura prehispánica de México*, tesis, México, Universidad Iberoamericana, 1965.

Look, Sherburne F., y Simpson, *The population of Central Mexico in the Sixteenth Century*, Berkeley, University of California Press, Los Ángeles, 1948.

López Austin, Alfredo, *Hombre-dios, religión y política en el mundo náhuatl*, México, Instituto de Investigaciones Históricas, Universidad Nacional Autónoma de México, 1973.

——— *La constitución real de México-Tenochtitlan*, México, Universidad Nacional Autónoma de México, 1961.

López Cámara, Francisco, *La génesis de la conciencia liberal en México*, México, El Colegio de México, 1954.

López de Gómara, Francisco, *Historia de la Conquista de Hernando Cortés*, México, Ed. Imprenta de la Testamentaria de Ontiveros, 1826.

——— *Historiadores primitivos de Indias*, México, Ed. de Enrique Vedía, 2 vols., Imprenta de M. Riva de Negra, 1952-1958.

López de Tovar, Gregorio, *Índice de las leyes y glosas de las Siete Partidas del rey don Alfonso el Sabio*, Madrid, 1831.

López de Velasco, Juan, *Geografía y descripción universal de los indios*, Madrid, 1894.

López Gallo, Manuel, *Economía y política en la Historia de México*, México, Ed. El Caballito, S. A., 1972.

López, Gregorio, *Las Siete Partidas del rey don Alfonso el Sabio*, Real Academia de la Historia, glosadas por Gregorio López, París, Librería de Rosa y Bouret, 1861.

——— *Repertorio muy copioso del texto y leyes de las Siete Partidas,* Salamanca, 1576, Valladolid, 1588, Madrid, 1592.

López Sarrelangue, Delfina E., "Población indígena de la Nueva España en el siglo XVIII", *Historia Mexicana,* vol. XII, México, 1963.

Lorenzana, Francisco Antonio, *Concilio provincial primero y segundo celebrados en la muy noble y muy leal Ciudad de México, presidiendo el ilustrísimo y reverendísimo señor fray Alonso de Montúfar en los años 1555 y 1565,* México, 1769.

Lozano, Antonio J., *Diccionario razonado de legislación y jurisprudencia mexicana,* México, J. Vallesca y Cía., 1905.

Llaguno, S. J., José A., *La personalidad jurídica del indio y el III Concilio provincial mexicano (1585),* México, Ed. Porrúa, S. A., 1963.

Mac Kay, Angus, *Spain in the Middle Ages, from frontier to empire 1000-1500,* Londres, The MacMillan Press Ltd., 1977.

Macnisch, R. S.; Byers Douglas S., *The prehistory of the Tehuacan valley, environment and subsistence,* Austin, University of Texas Press, 12 vols., 1970.

Madariaga, Salvador de, *El ocaso del Imperio español en América,* Buenos Aires, Ed. Sudamericana, 1959.

Malrauz, André, *The voices of silence, man and his art,* Nueva York, 1953.

Manchip White, John, *Cortes and the downfall of the aztec Empire,* Londres, Hamish Hamilton, 1971.

Manzano y Manzano, Juan, "Cómo se formó la Ley Primera de la Recopilación de Indias en 1680", en III Congreso del Instituto Internacional de Historia del Derecho Indiano, *Actas y Estudios,* Madrid, Instituto Nacional de Estudios Jurídicos, 1973.

——— "¿Por qué se incorporaron las Indias a la corona de Castilla?" *Revista de Estudios Políticos,* Madrid, 1942.

Maravall C., José Antonio, *Sobre el concepto de monarquía en la Edad Media española,* estudios dedicados a Menéndez Pidal, Madrid, 1954.

——— *El concepto de España en la Edad Media,* Madrid, 1954.

Mariluz Urquijo, José María, *El régimen de la tierra en el Derecho indiano,* Buenos Aires, Editorial Perrot (2a. ed.), 1973.

——— "El Derecho prehispánico y el Derecho indiano como modelos del Derecho castellano", en *Actas y Estudios,* Madrid, Instituto Nacional de Estudios Jurídicos, 1973.

——— III Congreso del Instituto Internacional de Historia de Derecho indiano.

Martínez Garza, Bertha Beatriz, *Los actos jurídicos agrarios,* México, Ed. Porrúa, S. A., 1971.

Martínez, José Luis, *Netzahualcóyotl, vida y obra,* México, Fondo de Cultura Económica, 1975.

Martínez Marina, Francisco, *Teoría de las Cortes o grandes juntas nacionales de los reinos de León y Castilla,* Madrid, 1808-1813.

——— *Ensayo histórico-crítico sobre la legislación y principales cuerpos legales de los reinos de León y Castilla,* Madrid, 1808.

Martínez Ríos, Jorge, y otros, *La investigación social de campo en México,* México, Instituto de Investigaciones Sociales, Universidad Nacional Autónoma de México, 1976.

Martínez Víctor, José, *Sinópsis histórica, filosófica y política de las revoluciones mexicanas,* México, Ed. Imprenta Tipográfica, 1884.

Martiré, Eduardo, *Proceso recopilador de las Leyes de Indias,* Buenos Aires, Editorial Perrot, 1978.

Marroqui, José Ma., *La Ciudad de México,* México, Jesús Medina, Editor (2a. ed., facsimilar), 2 vols., 1969.

Marx, Carlos, *El capital,* trad. de Wenceslao Roses, México, Fondo de Cultura Económica, 3 vols., 1959.

Maza, Francisco de la, *La Ciudad de México en el siglo XVII,* México, Fondo de Cultura Económica, 1968.

McCutehen McBride, George, "Los sistemas de propiedad rural en México", Revista *Problemas Agrícolas e Industriales de México,* publicación trimestral, núm. 3, vol. III, julio-septiembre, México, 1951.

——— *The land systems of Mexico,* Nueva York, 1923.

Medina, José Toribio, *Historia del Tribunal del Santo Oficio de la Inquisición en México,* México, Ediciones Fuente Cultural, 1952.

——— *Historia del Tribunal del Santo Oficio de la Inquisición en México,* Santiago de Chile, Imprenta Elzeveriana, 1905.

Meek T., Wilter, *The exchange media of Colonial Mexico,* Nueva York, 1948.

Mellafe, Rolando, *Breve historia de la esclavitud en América Latina,* México, SEP-Setentas, núm. 115, Secretaría de Educación Pública, 1973.

Méndez Montenegro, Julio César, *Autos acordados de la Real Audiencia de Guatemala, 1561-1807,* México, Costa Amic Editor, 1976.

——— *Aspectos legales del problema de la tierra, época colonial,* México, Academia Nacional de Historia y Geografía, Universidad Nacional Autónoma de México, 1978.

Méndez Plancarte, Gabriel, *Humanistas del siglo XVIII,* México, Universidad Nacional Autónoma de México, 1941.

Mendieta, fray Gerónimo de, *Historia eclesiástica indiana,* México, Editorial Porrúa, S. A., 1971.

Mendieta y Núñez, Lucio, "El Derecho mexicano antes de la Conquista", México, Revista *Ethnos,* noviembre-mayo, 1920-1921.

——— *El problema agrario de México y la ley federal de Reforma Agraria,* México, Ed. Porrúa, S. A., 1971.

——— *La economía del indio,* México, Ed. del Instituto de Estudios Hispánicos, 1938.

Mendizábal, Miguel O., *Obras completas: influencia de la sal en la distribución geográfica de los grupos indígenas de México,* México, Corp. de los Talleres Gráficos de la Nación, 10 vols., 1946-1947.

Meyer, Jean, *Problemas campesinos y revueltas agrarias (1821-1910)*, México, SEP-Setentas, núm. 80, 1973.

Meza Fernández, Ángel, "Los mayorazgos españoles en la Edad Media", Madrid, Revista *Hidalguía*, noviembre-diciembre, núm. 55, 1963.

Mier, Servando Teresa de, *Escritos y memorias*, México, Ed. Imprenta Universitaria, 1945.

Millon, René, *Urbanización de Teotihuacan-México*, Austin, University of Texas Press, vols., I, II y IV, 1973.

——— *Extensión y población de la ciudad de Teotihuacan en sus diferentes periodos: un cálculo provisional*, XI mesa redonda, Teotihuacan, México, Soc. Mexicana de Antropología, 1966.

Miranda, José, *La función económica del encomendero en los orígenes del régimen colonial: Nueva España, 1525-1531*, México, Universidad Nacional Autónoma de México, 1965.

——— *Les problémes agraires de L'Amerique Latine*, París, CNRS, 1967.

——— *Vida colonial y albores de la Independencia*, México, SEP-Setentas, núm. 56, Secretaría de Educación Pública, 1972.

——— *El tributo indígena en la Nueva España durante el siglo XVI*, México, Ed. El Colegio de México, 1952.

——— *La propiedad comunal de la tierra y la cohesión social de los pueblos indígenas mexicanos*, México, Cuadernos Americanos, 1966.

Mitchell, Julio, *La minería en México, pergenio histórico de 1559 a 1857*, México, Soc. Antonio Alzate, Memorias.

Molina Enríquez, Andrés, *Juárez y la Reforma*, México, Ed. Libro-Mex, Editores, 1956.

——— *Filosofía de mis ideas sobre reformas agrarias*, Guadalajara, Jal., Imprenta "Plus Ultra", 1911.

——— *Los grandes problemas nacionales*, México, Imprenta de A. Carranza e Hijos, 1909.

——— *La Revolución agraria en México*, México, Instituto Panamericano de Geografía e Historia, Editor Talleres Gráficos del Museo Nacional.

Molina Fabregá, M., "El Códice mendocino y la economía de Tenochtitlan", México, *Revista Mexicana de Estudio Antropológico*, vol. XIV, I parte, 1954-1955.

Molina, fray Alonso de, *Vocabulario en lengua castellana y mexicana*, Madrid, Ediciones Cultura Hispánica, ed. facsimilar, 1944.

Monzón, Arturo, *El calpulli en la organización social de los Tenochcas*, México, Instituto Nacional de Antropología e Historia, Universidad Nacional Autónoma de México, 1949.

Mora, José María Luis, *Obras sueltas*, México, Ed. Porrúa, S. A. (2a. ed.), 1963.

——— *México y sus revoluciones*, México, Ed. Porrúa, S. A. (3a. ed.), 3 vols., 1977.

Moreno, Manuel M., *La organización política y social de los aztecas,* México, Universidad Nacional Autónoma de México, 1937 y México, Instituto Nacional de Antropología e Historia, 1971.

Moreno Toscano, Alejandra, *Geografía económica de México, siglo XVI,* México, El Colegio de México, 1968.

——— *Historia mínima de México,* México, El Colegio de México, 1973.

Morgan, Lewis H., *Ancient society of researches in the life of human progress from savagery through barbarism to civilization,* traducción de Edición Pavlov, s/f.

Morner, Magnus, "La Hacienda hispanoamericana: examen de las investigaciones y debates recientes", en *Haciendas, latifundios y plantaciones en América Latina,* Simposio de Roma, organizado por CLACSO.

——— *The theory and practice of racial segregation in colonial Spanish America,* procedimientos del XXXII Congreso Internacional de Americanistas, Copenhague, 1958.

Muñoz Camargo, *Historia de Tlaxcala,* México, Talleres Gráficos Laguna, 1948.

Muñoz y Romero, Tomás, *Colección de fueros municipales y cartas-pueblos de los reinos de Castilla, León, Corona de Aragón y Navarra,* Madrid, 1847, vol. I. Contenido en documentos de los años de 780-1144.

Muria, José Ma., *Sociedad prehispánica y pensamiento europeo,* México, SEP-Setentas, 1973.

Nalda, Enrique y Suguwara, Masae, *México, un pueblo en la Historia,* México, Universidad Autónoma de Puebla, Ed. Nueva Imagen, 1981.

Norman I., Martín, *Los vagabundos en la Nueva España,* México, Ed. Jus, 1957.

Nigel, B., Davis, *Los señoríos independientes del Imperio azteca,* México, Instituto Nacional de Antropología e Historia, 1968.

Nunn, Charles F., *Foreign inmigrants in early Bourbon Mexico 1700-1760,* Londres, Cambridge University Press, 1979.

Ocampo, Javier, *Las ideas de un día, el pueblo mexicano ante la consumación de su Independencia,* México, El Colegio de México, 1969.

O'Gorman, Edmundo, *Cuatro historiadores de Indias, siglo XVI,* México, SEP-Setentas, 1972.

——— *Guía de las actas de cabildo de la Ciudad de México, siglo XVI,* coordinado por O'Gorman, Edmundo y Salvador Novo, México, Fondo de Cultura Económica, 1970.

——— *Historia de las divisiones territoriales en México,* México, Ed. Porrúa, S. A., 1968.

Olivarría y Ferrariz, Enrique de, *El Real Colegio de San Ignacio de Loyola, vulgarmente Colegio de las Vizcaínas,* México, Ed. Imprenta de Francisco Díaz de León, 1889.

Olivera, Mercedes, "El depósito tributario en la región de Cuauhtinchantepeaca", en *Estratificación social en la Mesoamérica prehispánica,* México, Instituto Nacional de Antropología e Historia, 1976.

Olmedo, Mauro, *El desarrollo de la sociedad mexicana, la fase prehispánica,* México, Ed. Mauro Olmedo, 1966.

Oppelet Sans, Amador, *Historia de España,* Málaga, Ed. Escuela Topográfica Salesiana, 1916.

Ordenamiento de Alcalá, *Los códigos españoles, concordados y anotados,* Madrid (2a. ed.), 1872.

Orozco y Berra, Manuel, *Historia antigua y de la conquista de México,* México, Editorial Porrúa, S. A., 4 vols., 1960.

Orozco Wistano, Luis, *Los ejidos de los pueblos,* México, El Caballito, 1975.

——— *Legislación y jurisprudencia sobre terrenos baldíos,* México, Ed. W. L. Orozco, 2 tomos, 1895.

Osmanscaky Edmund, Jan, *Enciclopedia mundial de relaciones internacionales,* México, Fondo de Cultura Económica, 1976.

Otero, Mariano, *Ensayo sobre el verdadero estado de la cuestión social y política que se agita en la República Mexicana,* México, Impresa por Ignacio Cumplido, 1964.

Ots y Capdequí, José María, *Historia del Derecho español en América y del Derecho indiano,* Madrid, Editorial Gráficos Aguilar, 1969.

——— *El Estado español en las Indias,* México, Fondo de Cultura Económica, 3a. edición, 1957.

——— *España en América, El régimen de tierras en la época colonial,* México, Fondo de Cultura Económica, 1959.

——— "El Derecho de propiedad en las Indias", en *Anuario de Historia del Derecho español,* Madrid, 1944.

Palacios Prudencio, Antonio, *Notas a la recopilación de Leyes de Indias,* México, Universidad Nacional Autónoma de México, 1979.

Palacios Rubio, Juan López de, *De las islas del mar océano,* México, Fondo de Cultura Económica, 1954.

Palerm, Ángel, *Agricultura y sociedad en Mesoamérica,* México, SEP-Setentas, 1972.

Palerm, Ángel y Wolf, Erick, "Agricultura y civilización en Mesoamérica", México, *Revista de Ciencias Sociales,* 1954, vol. 5.

——— *Obras hidráulicas prehispánicas en el sistema lacustre del valle de México,* México, Instituto Nacional de Antropología e Historia, 1973.

Papeles, *Papeles sobre la Mesta de la Nueva España,* "La organización de los ganaderos del siglo XVI", prólogo de Luis Chávez Orozco, México, Ed. Banco Nal. de Crédito Agrícola y Ganadero.

Paso y Troncoso, Francisco del, *Papeles de la Nueva España,* México, 1905-1948.

Paz, Cristóbal de y Sandoval, Francisco de, *Scholia and Leges Regias Stily,* Madrid, Ed. Opúsculos Legales de Alfonso el Sabio.

Paz, Matías de, *Del dominio de los reyes de España sobre los indios,* México, Fondo de Cultura Económica.

Peñafiel, Antonio, *Ciudades coloniales y capitales de la República mexicana,* México, Ed. Secretaría de Fomento, 1908.

Pérez Embid, Florentino, *Los descubrimientos en el Atlántico y la rivalidad castellano-portuguesa hasta el tratado de Tordesillas,* Sevilla, 1948.

Pérez Martínez, Héctor, *Cuauhtémoc, vida y muerte de una cultura,* México, Colección Austral, 1948.

Phipps, Helen, *Some aspects of the agrarian question in Mexico a historical study,* Austin, Ed. University of Texas Press, 1925.

Picón Salas, Mariano, *De la Conquista a la Independencia, tres siglos de Historia cultural hispanoamericana,* México, Fondo de Cultura Económica, Colección Tierra Firme, núm. 4 (2a. ed.), 1958.

Pidal, Pedro José, *Lecciones sobre la historia del gobierno y legislación de España,* Madrid, 1880.

Piña Chan, Román, *Las culturas preclásicas de la cuenca de México,* México, Fondo de Cultura Económica, 1955.

Pirenne, Henry, *Historia económica y social de la Edad Media,* México, Fondo de Cultura Económica, 2a. Edición Española, 1941.

Plancarte y Navarrete, Francisco, *Prehistoria de México,* México, Imprenta del Asilo Patricio Sainz, 1916.

Plaza y Jaen Cristóbal Bernardo de la, *Crónica de la real y pontificia Universidad de México,* México, Universidad Nacional Autónoma de México, 2 tomos, 1931.

Población, *Population decline and the social and Institucional changes of New Spain in the middle decades of the Sixteen century,* Procedimientos del XXXIV Congreso Internacional de Americanistas.

Poinsset, J. R., *Viajes en México,* México, Ed. Secretaría de Obras Públicas, 1964.

Ponce, fray Alonso, *Relación breve y verdadera de algunas cosas de las muchas que sucedieron al padre fray Alonso Ponce,* Madrid, Imprenta de la Viuda de Calero, t. I.

Pratt, Fairchild Henry, *Diccionario de sociología,* México, Fondo de Cultura Económica, 1949.

Prescott, W. H., *Historia de la Conquista de México,* México, Ed. del Constitucional, Imprenta de Valle Hermanos, 2 tomos.

Procesos de Luis de Carvajal (El Mozo), México, Publicaciones del Archivo General de la Nación XXVIII, Talleres Gráficos de la Nación, 1935.

Quintana, José Miguel, *La astrología en la Nueva España en el siglo XVII* (de Enrico Martínez a Sigüenza y Góngora), México, Ediciones Oasis, 1969.

Quirarte, Martín, *Visión panorámica de la Historia de México,* México, Ed. Cultura T. G., S. A., 1965.

Quiroga, Vasco de, *Reglas de ordenanzas para el gobierno de los hospitales,* reimpresión del Primer Congreso Indigenista Interamericano, Pátzcuaro, México, Secretaría de Economía Nacional, 1940.

Quiroz, José María, *Memoria del estatuto: idea de la riqueza que daba a la masa circulante en la Nueva España sus naturales producciones en los años de tranquilidad y su abatimiento en las presentes condiciones,* Veracruz, 1817.

Ramírez, Guillermina Montes, *Catálogo del Ramo de Inquisición,* México, Archivo General de la Nación, 1979, tomos I y II.

Ramírez, José Fernando, *Códice Ramírez,* manuscrito del siglo XVI, intitulado *Relación del origen de los indios que habitaban esta Nueva España, según sus historias,* comentado por Manuel Orozco y Berra, México, Ed. Innovación, 1979.

Ramírez Venegas, Carmen, *Régimen hospitalario para indios en la Nueva España,* México, Ed. Instituto Nacional de Antropología e Historia, 1973.

Real Academia de la Historia, *Las Partidas del rey don Alfonso "El Sabio",* París, Ed. Librería Castellana, 1847.

Recopilación de las Leyes de los Reynos de las Indias, Madrid, editado por Julián de Paredes, 1681.

Ricard, Robert, *The spiritual conquest of Mexico,* Berkeley, Los Ángeles, University of California Press, 1966.

——— *La conquista espiritual de México,* México, Ed. Jus, 1947.

Riley, Michael G., "El prototipo de la hacienda en el centro de México: un caso del siglo XVI", en *Haciendas, latifundios y plantaciones en América Latina,* México, Siglo XXI, 1975.

——— *Fernando Cortés and the marquesado in Morelos, 1522-1547,* Albuquerque, University of New México Press, 1973.

Río Frío, Bernardo, *Hospitales de Santa Fe,* México, 1978.

Riva Palacios, Vicente, *México a través de los siglos,* México, Ed. Publicaciones Herrerías, S. A., 5 vols.

——— *México a través de los siglos,* México, Ed. Cumbres, S. A., VI vols., 1958.

Rivas Hernández, Eulalio, *El régimen en el Derecho agrario en México,* tesis profesional, México, Universidad Nacional Autónoma de México, 1967.

Robelo, Cecilio, *Diccionario de aztequismos,* México, Fuente Cultural (3a. ed.).

——— *Diccionario de Mitología náhuatl,* México, Ed. Fuente Cultural, 1954.

Rodríguez Vallejo, José Ixcatl, *El algodón mexicano,* México, Fondo de Cultura Económica, 1976.

Romero de Terreros, Manuel, *El arte en México durante el virreinato,* México, Ed. Porrúa, S. A., 1951.

——— *La Edad Media,* México, Fondo de Cultura Económica, 1977.

Romero Vargas, Ignacio, *Organización política de los pueblos de Aná-*

huac, México, Ed. Universidad Nacional Autónoma de México, Instituto de Historia, 1957.

Rosa, Agustín de la, *La Inquisición en México,* México, Ed. Instituto Tecnológico de la Universidad de Guadalajara, 1952.

Rosemblat, Ángel, *La población indígena y el mestizaje de América,* Buenos Aires, 2 volúmenes.

Rosenzweig, H., Fernando, "La economía novohispana al comenzar el siglo XIX", México, *Rev. de Ciencias Políticas y Sociales,* UNAM, núm. 33, año IX, julio-septiembre, 1963.

Rubio Mañe J., Ignacio, *Introducción al estudio de los virreyes de la Nueva España,* México, Ed. Universidad Nacional Autónoma de México, 1963.

Rumeu de Armas, Antonio, *Colón en Barcelona,* Sevilla, 1944.

Sabau y Larroya, *Observaciones acerca de la relación que pueda tener el espéculo con las Partidas,* Madrid, Ed. Academia de la Historia, 1845.

Sahagún, Bernardino de, *Historia general de las cosas de la Nueva España,* México, Ed. Pedro Robredo, 5 tomos, 1938.

Salas Anzures, Miguel, *La Ciudad de México,* México, Artes de México, 1964.

Salinas, Samuel, *La segunda audiencia en Madrid, a 12 de julio de 1530,* Ley XXXIII, lib. VI, Tít. I, de la Recopilación de Indias.

Sánchez de Albornoz, Claudio, *Cambridge economic history, I. The agrarian life of The Middle Ages,* Cambridge, Ed. J. H. Clapham y Eileen Power, 1941.

——— *España y el Islam, España y Francia en la Edad Media,* Buenos Aires, Editorial Sudamericana, 1943.

——— *La Edad Media y la empresa de América,* La Plata, 1933.

——— *Estudios sobre las instituciones medievales españolas,* México, Universidad Nacional Autónoma de México, Instituto de Investigaciones Históricas, 1965.

Séjourné, Laurette, *Pensamiento y religión en el México antiguo,* México, Fondo de Cultura Económica, 2a. Edición, 1964.

——— *El universo de Quetzalcoatl,* México, Fondo de Cultura Económica, 1962.

Selter, Eduardo, *Comentarios al Códice Borgia,* México, Fondo de Cultura Económica, 1963.

Semo, Enrique, *Historia del capitalismo en México, los orígenes 1521-1763,* La Habana, Colección Investigaciones Casa de las Américas, 1979.

——— *Historia del Capitalismo en México, los orígenes, 1521-1763,* México, ERA (9a. ed.), 1980.

Sempere y Guarinos, Juan, *Historia de los vínculos y mayorazgos,* Madrid, Ed. Establecimientos Tipográficos de Ramón Rodríguez de Rivera, Editor (2a. ed.), 1847.

——— *Historia del Derecho español,* Madrid, 1841 y 1846, actualizado en 1847 por Teodoro Couseno.

Shimpman, Donald E., *Nuño de Guzmán and the province of Panuco in New Spain, 1518-1533,* Glendale, California, The Arthur H. Clark Co., 1967.

Sigüenza y Góngora, Carlos, *Relaciones históricas,* México, Universidad Nacional Autónoma de México, 1940.

Sierra, Justo, *Evolución política del pueblo mexicano,* México, Fondo de Cultura Económica, 1940.

Silva Herzog, Jesús, *El agrarismo mexicano y la Reforma Agraria,* México, Fondo de Cultura Económica, 1964.

Simpson Eyler, N., *The ejido, Mexico's way out,* Chapel Hill, The University of North Carolina Press, 1937.

Simpson, Leslie Byrd, *Cortes, the life of the conqueror by his secretary Francisco López de Gomara,* Berkeley y Los Ángeles, University of California Press, 1965.

——— "Orígenes del ejido", México, *Revista Problemas Agrícolas e Industriales de México,* publicación trimestral, vol. IV, núm. 4, octubre-diciembre, 1952.

——— *The encomienda in New Spain,* Berkeley y Los Ángeles, University of California Press, 1966.

Solís, Antonio de, *Historia de la Conquista de México,* México, Editorial Cosmos, t. I y II, 1977.

Solórzano y Pereyra, J., *Política indiana,* México, Edición facsimilar tomada de la de 1776 de Madrid, Secretaría de Programación y Presupuesto, 1979.

Soustelle, Jacques, *México tierra india,* México SEP-Setentas, 1971.

——— *La famille otomi-pami in Mexique Central,* París, Institut d'Ethnologie, 1937.

——— *La vida cotidiana de los aztecas,* México, Fondo de Cultura Económica, 1970.

Spranz, Bodo, *Los dioses en los códigos mexicanos del grupo Borgia,* México, Fondo de Cultura Económica, 1973.

Stephenson, Carl; Lyon, Bryce D., *Medieval institutions,* Nueva York, Cornell University Press, 1954.

Suárez de Peralta, Juan, *La conjugación de Martín Cortés,* México, Ed. Imprenta Universitaria, 1945.

Suárez Fernández, Luis, *Nobleza y monarquía en la estructura política castellana en el siglo XV,* Valladolid, 1975.

Tannenbaum, Frank, "La revolución agraria mexicana", México, en *Revista Problemas Agrícolas e Industriales de México,* publicación trimestral, vol. IV, núm. 1, enero-marzo, 1952.

Tau Anzoategui, Víctor, "Las costumbres como fuente del Derecho indiano en los siglos XVI y XVII", en III Congreso del Instituto Internacional de Historia del Derecho Indiano, *Actas y Estudios de Derecho indiano,* Madrid, Ed. Instituto de Estudios Jurídicos, 1973.

Teja Zabre, Alfonso, *Historia de Cuauhtémoc,* México, Ediciones Bota, 1934.

——— *Revolución mexicana,* México, Ediciones Bota, 1939.

——— *Vida de Morelos,* México, Instituto de Historia, Universidad Nacional Autónoma de México, 1959.

Tena Ramírez, Felipe, *Leyes fundamentales de México, 1808-1957,* México, Ed. Porrúa, S. A., 1957.

Thompson, J. Erik, S., *Thomas Gage, travels in the New World,* Norman, University of Oklahoma Press, 1969.

Thompson, James V., *An introduction to Medieval Europe,* Nueva York, W. W. Norton and Co., 1937.

Toro, Alfonso, *La familia Carbajal,* México, Ed. Patria, S. A., t. I y II, 1944.

——— *Historia de la Suprema Corte de Justicia de la Nación,* México, t. I, 1934.

——— *La Revolución de Independencia y México independiente,* México, Ed. Porrúa, S. A., 1961.

Torres Qintero, Gregorio, *México hacia el fin del virreinato español,* México, Imprenta Vda. de Ch. Bouret, 1921.

Torquemada, fray Juan de, *Monarquía indiana,* México, Ed. Porrúa, S. A. (5a. ed.), 3 vols., 1969.

Toscano, Salvador, *Derecho y organización social de los aztecas,* tesis profesional, México, Universidad Nacional Autónoma de México, 1937.

——— *Cuauhtémoc,* México, Fondo de Cultura Económica, 1953.

Trabulse, Elías, y otros, *Fluctuaciones económicas en Oaxaca durante el siglo XVIII,* México, El Colegio de México, 1979.

Trigueros S., Eduardo, *La evolución doctrinal del Derecho internacional privado,* México, Editorial Polis, 1938.

Universidad Nacional Autónoma de México, *Épica náhuatl,* México, Imprenta Universitaria, 1942.

——— *Mitos indígenas,* México, Imprenta Universitaria, 1942.

Vaillant, George C., *La civilización azteca,* México, Fondo de Cultura Económica, 1944.

Valadez, José, *Alamán estadista e historiador,* México, Antigua Librería Robredo, José Porrúa e Hijos, 1938.

Valdeavellano, Luis G., de, *La sociedad feudal, la formación de los vínculos de dependencia,* México, UTEHA, 1979.

——— *Curso de Historia de las instituciones españolas,* Madrid, Biblioteca de la Revista de Occidente, 4a. Edición, 1975.

Valle Arizpe, Antonio, *La muy noble y leal Ciudad de México,* México, Cultura Universo, 1924.

Vance, John Thomas, *The background of Hispanic-American life,* Washington, The Catholic University of America, 1937.

Vargas Martínez, Ubaldo, *La Ciudad de México (1325-1960),* monografía, México, Impresora Juan Pablos, 1961.

Vázquez de Espinosa, fray Antonio, *Descripción de la Nueva España en el siglo XVII, y otros documentos del siglo XVII,* México, Ed. Patria, 1944.

Vázquez de Tapia, Bernardino, *Relación de méritos y servicios del Conquistador Bernardino Vázquez de Tapia,* México, Universidad Nacional Autónoma de México, 1972.

Velasco Piña Antonio, *Tlacaélel, el azteca entre los aztecas,* México, Ed. Jus, 1979.

Velázquez, Ma. del Carmen, *El Derecho agrario en México,* México, Ed. Porrúa, S. A. (2a. ed. aumentada), 1970.

——— *Establecimiento y pérdida del Septentrión de Nueva España,* México, El Colegio de México, 1974.

Venegas, Ramírez, Carmen, *Régimen hospitalario para indios en la Nueva España,* México, Instituto Nacional de Antropología e Historia, 1975.

Verdad, J. F., *Memoria póstuma,* documentos para la Historia de México, México, Ed. Genaro García, vol. II.

Veytia, Mariano, *Historia antigua de México,* México, Editorial Leyenda, S. A. (2a. ed. de 1836), publicada con un apéndice de C. F. Ortega por Taller de Juan Ojeda, 1944.

Villaseñor y Sánchez, José Antonio de, *Theatro Americano.* Descripción general de los reynos y provincias de la Nueva España y sus jurisdicciones, México, Imprenta de la Vda. de don Joseph Bernardo de Hogal, 1952, Fondo Hilario Medina.

Viñas y Mey, Carmelo, *El estatuto del obrero indígena en la colonización española,* Madrid, 1929.

Von Wuthenau, Alexander, *The art of terracotta pottery in Precolumbian Central and South América,* Nueva York, Crown Publishing, Inc., 1969.

Weckman, Luis, *El pensamiento político medieval,* México, Instituto de Historia, Universidad Nacional Autónoma de México, 1950.

——— *Las bulas alejandrinas de 1493 y la teoría política del papado medieval,* México, Editorial Jus, 1949.

Welley, Gordon R., *The patterns of farming life and civilization,* Hand Books of Middle American Indians, Austin, University of Texas Press, vol. I.

Whetten, Nathan L., "México Rural", México, *Revista Problemas Agrícolas e Industriales de México,* publicación trimestral, vol. V, núm. 2, abril-junio, 1953.

——— *Rural Mexico,* Chicago y Londres, The University of Chicago Press, 1964.

Wolf, Erick R., *Sons of the shaking earth,* Chicago, The University of Chicago Press, 1959.

Yáñez, Agustín, *Crónicas de la Conquista,* México, Universidad Nacional Autónoma de México, 1950.

Zamacois, Niceto de, *Historia de México desde sus tiempos más remotos, hasta nuestros días,* Barcelona, México, J. F. Partes y Cía., 1878.

Zamora Gómez, Matías P., *Regio patronato español e indiano*, Madrid, Imprenta del Asilo de Huérfanos del S. C. de Jesús, 1897.

Zaudot, Georges, *Las letras precolombinas*, México, Siglo XXI Editores, S. A., 1979.

Zavala, Silvio, *La encomienda indiana*, México, Editorial Porrúa, S. A., 2a. Edición, 1973.

——— *Las instituciones jurídicas en la Conquista de América*, México, Editorial Porrúa, 1971.

——— "Orígenes históricos del peonaje en México", México, *El Trimestre Económico*, x, 1944.

——— *Filosofía de la Conquista*, México, Fondo de Cultura Económica, 1972.

——— *La colonización española en América*, México, SEP-Setentas, 1972.

——— *Los habitantes indígenas en el periodo colonial de la Historia de América*, Ed. Miscelánea Paul Rivet.

——— *Los intereses particulares de la Conquista de la Nueva España*, México, Inst. de Investigaciones Históricas, Serie Histórica núm. 10, Universidad Nacional Autónoma de México, 1964.

Zavala, Silvio; Castillo, María, *Fuentes para la historia del trabajo en la Nueva España*, México, Fondo de Cultura Económica, 1938-1946, vol. VIII, t. III.

Zorita, Alonso de, *Los señores de la Nueva España*, México, Universidad Nacional Autónoma de México, Imprenta Universitaria, 1942.

impreso en editorial galache, s.a.
privada dr. márquez 81 — col. doctores
delegación cuauhtémoc — 06720 méxico, d.f.
tres mil ejemplares y sobrantes para reposición
24 de junio de 1983

www.ingramcontent.com/pod-product-compliance
Ingram Content Group UK Ltd.
Pitfield, Milton Keynes, MK11 3LW, UK
UKHW041843190726
13854UKWH00002B/697